정신보건사회복지론

이영실 · 이윤로 · 강윤경

창지사

머리말

우리나라는 1996년 12월 31일에 정신보건법 시행령이 발표되고 그 다음 해인 1997년 2월 24일에 정신보건법 시행규칙이 제정되어 정신장애인에 대한 보호와 관리가 개선될 수 있는 계기를 맞았다. 정신장애인의 인권보장과 사회복귀 및 사회참여를 이뤄내고 정신장애인의 치료 및 예방사업의 토대를 제공할 제도적 장치가 뒤늦게나마 마련된 것은 다행스러운 일이다.

그러나 아직까지도 정신장애인들은 함께 살아가야 할 사람들로부터 가장 소외되고 격리되고 있어 이들의 삶의 질은 아주 낙후되어 있다. 그리고 정신장애인의 사회복귀를 돕는 정신보건 관련 기관의 서비스가 과거보다 많이 개선되었다 하더라도, 퇴원 후 정신장애인을 위한 사회지지망 체계가 구축되지 않아 이들이 재입원하는 악순환을 반복함으로써 정신보건법의 원래 목적인 탈시설화의 정책은 아직까지도 정착하지 못하고 있는 실정이다. 정신보건체계가 갖추어지려면 아직 많은 문제점이 개선되어야 하고 계속적인 연구가 진행되어야 한다.

일본이나 미국 등지에서는 이미 과거의 시행착오를 통해 의료적 모델 중심에서 벗어나 재활모델을 강조하고 있으나 우리나라의 현행 정신보건체계는 정신과 의사 중심의 치료가 강조되는 의료적 치료 분위기가 상당히 팽배해 있다. 앞으로 정신보건사업의 성공적 시행을 위해서는 지역사회를 기반으로 하는 정신보건서비스 전달체계를 확립해야 하고 정신보건사회복지사를 비롯한 다양한 정신보건 관련 전문가들의 활동방향과 내용을 제시해 주는 법적근거가 마련되어야 하며 그들의 의견과 접근방법이 존중될 수 있는 장치를 마련해야 할 것이다.

사회복지실천의 중요 분야인 정신보건사회복지 분야에서 훈련받기를 원하는 학생들이 증가하고 있고, 관심 있는 부분을 참고할 교재에 대한 욕구도 점차로 증가하고 있다.

본서는 한국사회복지교육협의회에서 추천하는 『정신보건사회복지론』 교과목의 목표, 즉 첫째, 정신보건과 사회복지의 연계성 이해, 둘째, 정신보건사회복지의 이론적 배경 및 실천 분야 이해, 셋째, 정신병리와 정신장애의 이해, 넷째, 정신보건정책과 제도 및 전달체계에 대한 이해, 마지막으로 치료 및 재활프로그램 학습을 통한 정신보건사회복지사의 역할수행능력 배양 등에 기초하여 집필하였다.

한국사회복지교육협의회에서 추천하는 『정신보건사회복지론』 교과목의 목표에 입각하여 집필한 본서는 크게 4부로 구분하여 집필하였다.

1부에서는 기본개념과 이념, 역사적 이해, 정신건강과 정신장애 등 정신보건사회복지의 기초적 이해 중심으로 집필하였다.

2부에서는 정신보건사회복지의 실천이론(생태체계, 강점지향이론), 정신보건사회복지의 사정방법, 정신보건사회복지의 개입방법과 기술Ⅰ(정신장애인을 위한 사례관리, 정신장애인 가족을 위한 개입방법), 정신보건사회복지의 개입방법과 기술Ⅱ(정신장애인을 위한 집단개입방법/사회기술훈련, 정신장애인을 위한 직업재활, 정신장애인을 위한 주거재활), 정신보건사회복지의 기록과 평가 등 정신보건사회복지의 이론과 실제 중심으로 집필하였다.

3부에서는 정신보건실천현장에 따른 서비스(예방, 치료, 재활영역), 실천대상별 서비스Ⅰ(알코올 및 약물중독, 학대와 방임, 성폭력), 실천대상별 서비스Ⅱ(청소년 정신건강/학교정신보건프로그램, 치매와 노인 정신건강, 여성과 정신건강) 등 정신보건사회복지 실천영역과 서비스 중심으로 집필하였다.

4부에서는 정신보건서비스 전달체계(정신보건 관련 행정 체계, 정신보건 관련 기관과 시설), 정신보건사회복지 인력체계(정신보건전문인력 체계, 정신보건전문요원의 교육과 수련), 정신보건법과 실천윤리(정신보건법의 이념과 체계, 정신보건사회복지의 실천윤리), 정신보건사회복지의 현황과 과제(정신보건사회복지의 현황과 과제, 정신보건사회복지의 정책방향) 등 정신보건사회복지 체계와 과제 중심으로 집필하였다.

본서를 집필한 궁극적 목적은 정신보건영역에서의 정신보건사회복지활동을 통하여 정신장애인과 그 가족 및 공동체를 원조하는 정신보건사회복지사들의 역할을 학습하고, 정신장애인의 지역사회재활을 증진시키는 전문적인 지식을 습득하고, 나아가서 다학제간 팀워크 활동, 정신의학이론, 정신장애 판정기준, 지역사회정신건강 등에 대해서도 학습함으로써 정신보건사회복지사로서의 자질을 향상시키는 데 도움을 주고자 하였다.

본서가 정신보건 분야에 뜻을 두고 있는 많은 사회복지학과(부) 및 사회복지 관련 대학원 학생들, 그리고 정신건강분야에서 실천하고 있는 정신보건사회복지사들에게 유익한 정보가 되기를 기대한다. 뿐만 아니라 정신장애인과 가족들의 삶에 적용되는 자료가 되기를 기대한다. 앞으로 정신보건 분야에서 새롭게 대두되는 지식과 기술 등 도전적인 과제들을 계속 보완해 나갈 것이다.

끝으로 본 저서를 집필하는 데 격려와 지지를 아끼지 않았던 한국임상사회사업학회 이사님들께 감사드리며, 본 저서가 완성될 수 있도록 자극을 주시고 도움을 주신 창지사 김기섭 사장님과 편집부 직원 여러분들에게 심심한 감사의 뜻을 표한다. 마지막으로 사회복지적 학문과 실천을 통해 복지의 비전을 심어 주신 하나님께 모든 영광을 돌리고 싶다.

2010년 2월

이영실 · 이윤로 · 강윤경

차 례

PART 01 정신보건사회복지의 기초적 이해

PART 02 정신보건사회복지의 이론과 실제

PART 03 정신보건사회복지의 실천영역과 서비스

PART 04 정신보건사회복지의 체계와 과제

PART

01 정신보건사회복지의 기초적 이해

PART 01에서는 다음과 같은 질문들에 대해서 다룰 것이다.

- 정신보건사회복지의 개념과 패러다임은 무엇이며 정신보건사회복지사들은 이것을 왜 알아야 하는가?

- 서구 및 우리나라의 정신보건사회복지의 발달과정을 왜 이해해야 하는가?

- 정신보건사회복지실천에서 정신건강과 정신장애 및 정신병리 이해가 왜 필요하며 이러한 이해를 클라이언트에게 어떻게 적용할 것인가?

CHAPTER

01 기본개념과 이념

1 정신보건사회복지의 개념

정신보건사회복지는 정서적 · 심리적 · 정신적 영역을 중심적으로 다루는 사회복지실천이다. 의료사회사업이 각종 질병의 치료, 예방, 회복, 그리고 재활을 포괄적으로 다루는 영역이라면, 정신보건사회복지는 심리적 · 정신적 문제를 해결하는 전문적인 사회복지서비스로서, 인간의 육체적 고통을 해결함과 동시에 전인적 서비스를 제공하는 실천영역이다.

가정폭력, 우울증, 정신분열증, 알코올 중독이나 약물중독과 같은 정신질환을 가진 장애인들은 사회적 무관심과 냉대로 인해 사회로부터 격리된 정신요양시설에서 장기간 입원되어 생활함으로써 개인적인 고통은 말할 것도 없이 가정적 · 사회적 문제를 동시에 겪어 왔다. 이들의 정신질환은 가족과 사회적 관계를 악화시켜 질병의 악순환을 경험하게 한다.

정신질환을 가진 사람은 생활 속에서 일탈적인 사고와 행위를 함으로써 사회규범에 맞지 않는 사회적 관계를 가지게 된다. 따라서 정신보건사회복지의 개념은 다음과 같이 정의할 수 있다.

정신보건사회복지는 정신적 · 정서적 장애로 고통을 받고 있는 사람들의 건강회복과 정신건강을 촉진하고, 경제적 · 사회적, 그리고 증상회복에 따른 지지적 문제 등을 실천하는 전문 사회복지영역이다. 정신보건사회복지사는 정신의학자, 정신보건임상심리사, 정신보건간호사, 작업치료사 등과 함께 정신과 치료팀의 일원으로서 활동한다.

1940년대 미국에서 Lois M. French(1940)는 『정신보건사회복지』라는 책에서 "정신보건사회복지는 정신의료기관에서 정신의학, 심리학, 정신분석학, 자아심리학, 그리고 사회학 등의 지식과 이론을 바탕으로 사회사업의 방법론과 기술을 통하여 정신질환자의 치료활동에 다양하게 적용하여 소기의 목적을 달성하기 위한 학문이며, 집단치료도 정신보건사회복지사의 활동업무에 적용된다"고 정의하였다. 또한 정신보건사회복지사는 사회사업의 전문성을 정신의학의 실제에 계속적으로 기여하며, 정신과 분야에서 얻은 지식과 경험을 사회사업 실제에 계속적으로 적용시키는 것으로 보았다.

Arthur E. Fink 등(1949)은 "정신보건사회복지란 정신적이고 정서적인 질병에 대해, 전적인 책임이 정신의학자에 의해 수행되고 있는 병원이나 진료소에서 실시하는 개별사회사업(casework)이다"라고 했으며, Elizabeth A. Ferguson(1954)은 "정신보건사회복지사업은 첫째, 정신병 기관 내의 프로그램을 본격적으로 돕는 한 형태로써의 사회복지의 일종이며, 둘째, 치료기관에서의 실천적 본질을 강조하는 것으로 정신병에 관한 지식과 사회복지 과정에 적용시킬 수 있는 능력을 소유하면서 실시하는 것이다"라고 하였다.

1954년 미국 『사회복지연감』에서는 "정신보건사회복지사업은 정신의학과 함께 직접적이고 책임감 있는 관계 내에서 이루어지는 사회복지이다. 그것은 정신의학적 치료에 관련된 전문적인 사람들, 즉 정신의학자, 심리학자, 정신과 간호사, 작업요법사 등을 포함하는 치료팀 활동의 일부분으로 병원이나 진료소 그 외 정신의학적 기관에서 실시되는 것이다. 그 목적은 정신적 또는 정서적 장애로 고통을 받고 있는 사람들의 건강을 회복시키며 지역사회 내에서 정신건강을 촉진하는 활동을 하는 데에 있다"라고 정의하였다.

1960년대 Daniel E. O'Keefe는 "정신보건사회복지사업은 정신보건기관이나 정신위생프로그램에서 이루어지는 사회사업이며, 그 목적은 지역 내의 정신위생을 향상시키는 사업과 정신적 · 정서적 장애가 있는 사람들에게 봉사하는 데에 있다. 이것은 병원이나 진료소, 정신의학기관에서 이루어지며 정신의학자, 심리학자, 흔히 환자들의 치료와 정신보건사업에 관심이 있는 다른 전문가들을 포함하는 치료팀으로 이루어진다"라고 정의하였다.

1990년대 한국에서 발간된 『정신의학사전』(이병윤, 1990: 391)에 수록된 정신의학적 사회사업의 정의를 보면 "정신의학적 사회사업이란 정신병원, 정신과 진료소, 종합병원 내 신경정신과, 사회복지시설 등 전문치료팀의 일원으로서 정신과 환자 및 그들의 가족과 관계를 가지는 특수사회사업영역을 말하며, 주로 다음과 같은 일을 하게 된다. 첫째, 환자의 질병에 영향을 준 가정환경, 그리고 사회적 요소들에 대한 평가, 둘째, 환자의 수용 및 그에 대한 적응훈련과 치료계획, 그리고 사회적 요소들에 대한 평가, 셋째, 집단상담과 가족상담 담당, 넷째, 퇴원과 퇴원 후의 추후 치료계획의 수립, 다섯째, 지역사회의 유관단체와의 관계성 유지 등이다"라고 했다.

이상의 다양한 정의는 다음의 여섯 가지로 요약될 수 있다.

① 정신보건사회복지의 목적은 정신적·정서적 장애로 고통을 받고 있는 사람들의 건강회복과 동시에 문제발생을 예방하여 국민정신건강을 증진시키는 것이다.
② 그 대상은 정신적·정서적 장애가 있는 환자와 그들의 가족들이다.
③ 실시 장소는 병원이나 진료소 그리고 정신의학기관과 나아가서는 지역사회로 확대될 수 있다.
④ 활동은 전문치료 팀의 일원, 즉 정신의학자, 심리학자, 정신과 간호원, 작업치료사 등으로 구성된 치료팀으로 활동한다.
⑤ 역할은 환자의 질병에 영향을 준 가정, 환경, 사회적 요인에 대한 평가 및 진단, 치료계획수립에 참여, 개별 또는 집단상담 및 가족상담 등을 통한 치료, 퇴원 후의 추후 치료, 재활 및 지역사회와의 관계성 유지 등에 적극적으로 활동한다.
⑥ 방법은 임상사회사업의 적용이다.

따라서 정신보건사회복지는 정신의학 및 정신건강영역에서 이루어지는 사회복지활동이라고 할 수 있으며, 정신장애를 가진 사람들이 환경에 적절히 적응할 수 있도록 원조하고 그들이 처해 있는 환경을 변화시키는 것에 목적을 두고 있다.

결론적으로 정신보건사회복지란 "정신적·정서적 장애로 어려움을 겪고 있는 사람들의 치료 및 재활, 문제에 대한 조기 개입과 예방을 통하여 국민건강증진을 목적으로 정신보건의료기관, 사회복귀시설, 정신요양시설, 지역사회시설 등에서 실시하는 사정, 치료, 재활, 예방의 모든 사회복지 접근방법"이라고 정의할 수 있다.

2 정신보건사회복지의 구성요소

정신보건사회복지의 구성요소는 크게 네 가지로 나누어 설명할 수 있다(김규수, 2005; 신선인, 2002).

1) 사람(Person)

환자, 클라이언트 : 정신보건사회복지의 대상은 정신적, 정서적, 사회적 생활면에서 전문적인 원조로 받을 필요가 있다고 자인하거나 혹은 받을 필요가 발견되어 정신의료기관에 찾아오는 정신병자 혹은 정신장애자, 정신질환자, 또는 부적응적, 일탈적 이상적인 사람이다.

2) 문제(Problem)

환경의 압력에 의해 성격의 요소들이 왜곡되어 있어 사회적 역할을 적절히 수행할 수 없는 상태를 말한다.

3) 장소(Place)

정신보건사회복지의 실천 장소로는 주로 환경요법에 역점을 두는 정신병원이나 외래환자를 대상으로 개별적인 치료를 주로 하는 진료소, 아동지도상담소, 지역사회정신보건센터, 정신요양원, 사회복귀시설 등 기타 정신의료기관 및 정신보건시설을 말한다.

4) 과정(Process)

정신의학적 치료 팀의 협력 하에 사회복지의 실천론과 기술론, 즉 현실지향적, 인본주의적, 민주적인 생활을 통한 학습활동으로 실시한다.

3 정신보건사회복지의 패러다임

정신보건사회복지의 패러다임은 정신보건패러다임에 기초하고 있는데, 크게 다음과 같이 세 가지 측면으로 설명할 수 있다(박석돈 외, 2004; 김기태 외, 2001; 김규수, 2002).

1) 시설-의료접근(Institutional-Medical Approaches)

① 1800년대 후반부터 시작, 대형정신병원
② '환자'로서만 취급, 의사와 시설의 직원들이 치료에 모든 통제력 - 정신장애인은 수동적이고 자신들의 치료과정에 참여를 기대할 수 없었다.
③ 정신장애인에 대한 사회의 편견과 정신장애인 스스로가 부정적인 정체감을 형성하였다.
④ 시설 - 의료접근에 대한 부정적인 영향의 노출과 탈시설화의 확산으로 지역사회치료 - 재활접근이 등장하기 시작하였다.

2) 지역사회치료-재활접근

(Community Treatment-Rehabilitation Approaches)

① 1960년대부터 시작

② 지역사회치료, 정신사회재활, 지지적 주거서비스, 클럽하우스, 사례관리 등의 프로그램 전개 - 지역사회 내에서 정신장애인들의 치료와 재활 강조

③ '클라이언트'로 인정

④ 정신장애인의 정신적 증상과 입원치료의 비율을 줄이고 정신장애인의 만족을 증가시키는 데 크게 공헌

⑤ 문제점의 노출

가. 치료자와 정신장애인 사이에 힘의 불균형을 유지

나. 정신장애인의 결함에 초점, 비공식적 지지 자원을 무시하고 전문적 서비스에 의존 - 사회적 낙인 조장 용이

다. 정신장애인의 문제에 있어 빈곤, 열악한 주거 환경, 교육, 그리고 고용의 기회 부족 같은 사회적 상황을 인정하지 않음

3) 능력고취-지역사회 통합접근

(Empowerment-Community Integration Approaches)

(1) 능력고취

지역사회 통합접근의 목적 : 정신장애인의 능력을 고취하여 자신의 무기력을 극복하고 자신과 자신의 상황에 대한 통제력을 회복하여 지역사회로의 진정한 통합을 도모하는 것이다.

(2) 능력고취 - 지역사회 통합접근의 가치 및 개념

① 관계인 참여와 능력고취

가. 정신장애인들의 삶에 대한 통제력을 회복 : 정신장애인들과 그들의 가족이 함께 참여하는 것을 의미하며 정신장애인과 가족의 목소리가 커지고 선택

기회가 증가된다.

나. 정신장애인과 전문가 사이의 관계수준 : 정신장애인과 그들의 가족이 지지·감독하는 현실적인 역할을 가지며, 원조하는 자 또는 촉진자의 역할을 한다.

다. 정신장애인의 자발적인 조직의 개발 : 자조, 상호원조, 동료지지, 그리고 옹호 등을 강조한다.

② **지역사회 지지와 통합**(Community support and Integration)

가. 지역사회가 '지역사회 중심의 서비스'의 의미에서 '이웃과 함께 하는 장소'의 의미로 전환된다.

나. 정신장애인을 위한 조직이 전문가에 의한 서비스에서 정신장애인의 독립적인 자조집단과 상호원조집단으로 전환된다.

다. 비공식적 지지망 강조, 정상적인 지역사회로의 통합의 중요성 인지한다.

라. 개인의 강점이나 전 인격체로서의 정신장애인에 초점

③ **사회정의와 가치 있는 자원에의 접근**

가. 자원의 평등한 분배와 사회정의에 대한 관심, 사회정의와 가치 있는 자원에의 접근을 강조하며 정신장애인과 정치권 사이의 연결이 보다 의식되어야 한다고 주장한다.

나. 지역사회에서 정신장애인의 정상적인 직업, 교육, 주거에 접근하는 것을 옹호한다.

다. 사회정의와 가치 있는 자원에의 접근이 정책변화의 주요한 요소이다.

CHAPTER

02 역사적 이해

1 서구 정신보건사회복지의 발달과정

서구 정신보건사회복지의 발달과정은 크게 태동기, 발전기, 정착기로 구분할 수 있는데, 간략하게 서구 정신보건사회복지의 발달과정을 소개하면 다음과 같다(Musti, 1976; Nacmam, 1971; French, 1984).

1) 태동기

1773년 버지니아주 윌리암스버그에 최초로 정신병원이 설립되어 감옥과 소년원에 감금되어 있던 정신병환자를 이전시켰다.

1890년 영국의 민간사회복지단체가 주축이 되어 일부 정신질환자의 사후지도와 봉사활동이 시작되었다. 이들은 정신병원에 있는 전문가들의 지도감독 하에 위탁가정이나 사회복지시설 요양원에 불우한 정신병자들을 의뢰하였고, 또 퇴원환자들에 있어서는 단체의 주선으로 그들의 지역사회에 스스로 적응할 수 있도록 환자의 사후치료에 주력을 다 하였다.

1904년대에서 1906년대까지를 태동기라고 할 수 있다.

① 1904년 Adolf Meyer는 맨하탄 주립병원(Manhattan States Hospital)에서 환자의 생활에 영향을 미치는 사회적 힘에 대한 이해를 넓히고, 정신질환의 환경적 원인을 이해하기 위하여 그의 부인에게 환자의 가족을 방문하게 하였다. 또한 환자의

가족, 학교, 지역사회가 정신질환의 발병 초기에 관여하도록 권유하였으며 특히 회복기의 환자에 있어서 작업요법과 오락요법을 시도하였고 사후지도 계획을 통하여 정신보건사회복지의 원리를 최초로 실시하였다.

② 1905년 보스톤의 매사추세츠 종합병원에서 Richard C. Cabot과 Ida M. Canon이 많은 환자의 질병이 그 배후에 있는 사회환경과 깊은 관계가 있다는 것을 깨닫고 사회복지프로그램을 처음으로 시도하였다. 동년에 James J. Putman의 지도 하에 매사추세츠 종합병원의 신경진료소에서 사회복지사를 최초로 채용하였다.

③ 1906년에는 뉴욕 주의 자선조직협회의 후원을 받아 맨하튼 주립병원에서 새로 입원한 환자의 사회력을 조사하기 위하여 정신의료사회사업가[1]를 채용하게 되었다. 또한 정신과 병동(psychiatric ward)에서 정신질환자의 사후지도 프로그램의 마련을 위한 목적으로 사회복지사 E. H. Horton이 일을 하게 되었고 1910년에는 뉴욕 주의 자선기금협회는 정신과 병동에 퇴원한 환자의 보호 감독을 위한 사후지도 사회복지사를 채용하였다.

2) 발전기(1913년~1917년)

1913년 보스톤 정신병리병원에서 의사 Ernest E. Southard와 사회복지 책임자인 Mary C. Jarrett는 정신보건사회복지사 성장의 힘과 방향을 제시하였으며 "정신보건사회복지사"라는 용어를 최초로 사용하였다. 정신보건사회복지사를 위한 정신위생위원회, 단기훈련과정이 실시되고, 대도시뿐만 아니라 중·소도시에도 정신과 진료소나 정신병원에 사회복지사가 채용되었다. 정신의학자와 정신보건사회복지사의 협동체계를 통하여 환자를 치료하였다.

1914년에 Dr. Ernest E. Southard와 Miss Marry Jarrett를 비롯한 사람들이 병원에서 사회복지사를 위한 훈련을 시작하였으며, Simmon의 사회복지대학에 이런 과정을 두어 학생들이 실습훈련을 받았고 1918년에는 미국 동부의 대도시뿐 아니라 서부의 시카고에서까지 정신과 진료소나 정신병원에 사회복지사가 채용되었다. Smith College에서 최초로 정신보건사회복지사를 양성하기 위한 교과과정을

1) 정신의료사회사업가를 이하 정신보건사회복지사로 통일함.

두게 되었고, 뉴욕대학의 사회복지과에 특수한 목적으로 사회복지사를 위한 정신위생과정을 설치하고 Dr. Glueck과 Dr. Kenworthy에 의하여 운영되었다.

3) 정착기(1920년~1940년)

1920년 보스톤 병원에서 정신보건사회복지사들은 자신들의 서비스에 대한 전문적인 체계의 형성과 수준을 유지하기 위한 목적으로 협회를 조직하였다. 이러한 협회의 목적은, 정신의학과 관련된 사회복지의 특수성을 발전시키기 위한 사람들을 원조함에 있어 필연적인 "정신위생"에 관한 지식과 통찰을 필요로 하는 사회복지의 다른 분야에 기여하기 위한 것이었다. 아동의 일탈행위에 대한 접근방법의 시도와 사회복지사들의 정신보건 분야의 교육과 훈련기회의 확대는 아동상담소 사업에서 팀구성원으로서의 위치를 확립시키고 이 분야에서 전문직으로서 인정을 받게 하였다. 두 차례의 세계대전을 거치는 동안에 세계적십자의 후원으로 육군과 해군 및 보훈병원에 정신보건사회복지사를 두게 되었고, 1922년 정신보건사회복지사협회는 1919년 설립된 미국 의료사회사업협회에 소속되었다(Johnson, 1954). 한편 같은 해에 Common Wealth Fund는 8개 도시에 아동상담진료소를 설치하여 이곳에서 정신보건사회복지가 발달하게 되었다.

1926년 정신보건사회복지사들은 미국 의료사회사업가협회로부터 탈퇴하여 정신의료사업가협의회를 창설하였다. 그 목적은 첫째, 정신의학에 관련된 사회복지의 특수성을 발전시키기 위하여, 둘째, 사람들과 함께 일하는 데 필연적인 '정신위생'에 관한 지식과 통찰을 필요로 하는 사회복지의 다른 분야에 공헌하기 위한 것이었다(Ferguson, 1969).

1929년 영국 런던 경제학교의 정신건강과에도 정신보건사회복지사의 교육을 위한 전문적 훈련과정을 설치해, 영국에서도 정신의료사회사업[2]이 발달되기 시작했다. 따라서 1920년대와 1930년대에 더욱 진보적인 진료소에서는 사회사업가[3]들에게 정신요법을 허용하였다.

1930년대와 1940년대에는 아동상담운동이 정신보건사회복지를 급격히 발달시

2) 정신의료사회사업을 이하 정신보건사회복지로 통일함.
3) 사회사업가를 이하 사회복지사로 통일함.

키는 요소가 되었으며, 그것은 1930년대 말 정신분석학의 통합된 개념이 무의식과 방어기제, 인간관계 및 저항, 환경, 가정, 내적·정신적 요인에 대한 이해가 장애아동을 치료하는 데 필요함을 사회복지사가 자각하게 됨으로써 사회복지와 정신의학의 지식과 기술의 공동부문이 상호 밀접하게 통합되고 분담되는 계기가 되었다. 즉, 정신분석학의 영향으로 정신보건사회복지가 발달되어 의료사회복지와 정신보건사회복지가 분리되어 별개의 프로그램을 운영하게 되었다.

4) 지역사회정신보건체계의 확립(1950년~)

1950년대에서 2000년대까지는 지역사회정신보건체계의 확립시기로, 그 내용을 살펴보면 아래와 같다.

① 1950년대의 정신약물학의 급속한 발달로 의학모형의 절정을 이루게 되었고, 이 시기에 병원 중심의 치료환경에 대한 사회적인 비판과 문제의 제기에 따라 탈시설화에 대한 경향이 증가하고, 정신장애인의 치료를 지역사회 중심으로 하는 지역정신보건체계의 확대가 가능해졌다. 1950년대까지 casework나 정신요법을 주로 실시했던 사회복지사들은 점차로 집단요법, 가족치료, 병실환경 등에 관심을 기울였고 치료공동체프로그램을 운영하였다. 자문과 기획의 역할까지 포함되었고 경험 있는 사회복지사들은 교육자의 역할까지 수행하였다. 또한 지역사회정신건강센터에서 리더십을 가지며 행정적 역할까지 수행하게 되었다.

② 1960년대에는 지역사회프로그램이 본격화되어 지역사회정신건강센터의 발달과 더불어 정신보건사회복지사에 대한 역할기대의 요구는 가속적 경향을 띠기 시작하였다. 전통적인 개별사회복지와 집단치료를 중요시할 뿐 아니라 동시에 예방 및 교육적인 프로그램 같은 치료를 제공하는 것으로, 단기치료 및 위기에 대한 사전교육과 가족치료를 중요시여기며, 개별적 역동성에서 사회적 요인으로 치료의 초점을 바꾸었다. 1963년 Kennedy 대통령에 의해 지역사회정신보건법(Community Mental Health Act)이 제정되었다.

③ 1970년대에서 1980년대까지는 병원에서 사회복지의 실제가 다양한 치료 상

의 기술과 관련을 맺고 행동수정, 분석심리, 자아 심리적 기술, 위기중재, 그리고 가족치료에 다양한 접근을 하게 되었다(김홍원, 1994; 한국보건사회연구원, 1994).

④ 1990년대에서 2000년대를 살펴보면, 병원 위주의 치료에서 탈피하여 정신사회재활치료의 개념이 지역사회 내에 도입되면서 취해지는 다양한 모든 활동들이 강조되었다. 지역사회정신보건이 지니고 있는 특징으로는 지속성(continuity)과 포괄성(comprehensiveness), 지역 특성에 적합한 프로그램, 1980년대와 마찬가지로 단기치료, 위기중재, 행동수정 등 새로운 임상적 관리법, 가용한 인적 자원을 동원(multidisciplinary team approach), 지역사회의 참여(consumer participation), 지역사회를 근원으로 하는 정신 병리적 원인 추적 등이다(이미라, 1981; 이영실, 1982; 김규수, 1986).

〈표 2-1〉 정신보건사회복지의 발달과정

연대	중요한 역사적 사건	casework 발전과정	정신보건 분야의 사회복지사
1890	영국의 민간사회복지단체가 중심이 되어 정신질환자의 사후지도와 봉사활동을 함	사회봉사에 초점을 둔 casework가 시작됨	환자가 사회에 스스로 적응할 수 있도록 환자의 사후치료에 주력함
1900 – 1904	정신병원에 처음 사회복지사 채용	사회개선에 초점을 둔 casework가 발달	자발적인 우애 방문
1904 – 1905	환자의 가정방문(Manhatam State Hospital) : Adolf Meyer	casework 중 환자의 병의 원인과 역할에 중점을 둠	자발적인 우애방문이 계속됨
1910 – 1914	제1차 세계대전, 정신질환자 급증으로 정신보건서비스에 대한 요구와 관심 증가 : 사회복지사 훈련프로그램 발생	정신보건서비스의 프로그램에 중점	미 적십자를 통하여 사회복지사가 군인과 그 가족에게 부분적으로 정신보건서비스 제공
1920 – 1922	실험적으로 아동상담소를 8개 도시에 설치	정신분석학에 기초한 Marry Richmond의 사회진단이론	아동상담운동에서 사회복지사가 정신과 의사, 심리학자와 같이 Team Work의 일원으로 활동하게 됨
1930	전국적으로 확대	기계론적인 원인론과 결정론적인 관점인 진단학파에 반발, Otto Rank의 기능주의 학파 탄생	초기에는 환경 조성에 초점→심리 치료적 지향→가정, 부모의 태도에 중점, 환경적·가족적·심리 내적 모든 요인을 고려하는 균형적인 접근이 가능하게

연대	중요한 역사적 사건	casework 발전과정	정신보건 분야의 사회복지사
1930			됨. 정신분석학적 모델에 강하게 동일시 진단에 필요한 사회적 자료를 얻고 집중적인 정신치료에 참여하게 됨.
1940	제2차 세계대전 반발 : 정신건강서비스에 대한 욕구가 증가하고 정신과 요원부족	심리사회적 접근이론 : 개인의 심리 내적 실제와 그가 속한 사회적 환경과 그들의 상호작용 고려	군목이나 훈련사단, 기타 군 요원에게 정신건강에 관한 자문서비스 제공 : 직접 casework 서비스 제공
1950	1950년대는 수용적 치료 경향이 지배적이 된다. 정신병원 환경이 비치료적이라는 연구논문 다수 발표	Perlman의 정신분석학적 영향에서 탈피, 사회과학적 지식이 흡수됨. 문제해결 접근법이 개발됨(학습이론, 자아심리학, 실존주의, 사회심리학 등에 기반)	환자의 가족병리 스트레스가 환자의 질병에 영향을 준 정도를 측정, 환자가 병원으로부터 퇴원 후 대비. 실제적인 계획을 세우기 위해 환자의 가족과 가정환경을 평가하는 데 중점. 집단접근, 가족치료, 재활상담 제공
1960	치료적 지역사회의 환경치료 개념 탄생, 약물 개발	자아심리학 이론 도입	위의 상황이 계속됨
1963	지역사회정신건강법 통과 : 사회적·직업적 재활, 보호의 연속성, 지역사회의 참여, 예방에 대한 강조	위의 이론이 계속됨	위의 상황이 계속됨
1970 – 1980	낮병원, 밤병원 프로그램 개발, 중간요양소 급증, 지역사회건강센터 설립	사회학습이론과 행동수정 이론의 도입	단기간, 위기지향적, 가족치료적 접근, 집단사회복지, 집단치료 확대, 병원과 지역사회기관을 연결, 지역사회에 관한 지식, 가족환경이 개인에게 미치는 영향, 재활기술에 관한 지식을 기반으로 새로운 프로그램 개발 및 응용. 지역주민에게 정신건강에 대한 교육 및 예방 프로그램 제공, 정신건강에 바람직하지 못한 사회환경이나 제도를 변화시키기 위한 옹호자의 역할이 나타남
1990 –	정신사회재활치료의 개념을 도입, 환자치료를 정신사회재활이라는 통합적 이론으로 접근하고자 함.	사례관리이론 및 의사거래 분석 및 인간관계이론 도입	만성장애인의 사회기술훈련 및 그 가족을 위한 교육프로그램과 낮병원 제도 강화

앞에서 언급한 서구의 정신보건사회복지의 발달과정에 따르면, 중요한 역사적 사건, casework 발전과정, 그리고 정신건강 분야에서 정신보건사회복지사의 역할의 중요성이 어느 때보다 커지고 그 역할이 활기를 띠게 되었다(<표 2-1> 참조).

2 한국 정신보건사회복지의 발달과정

우리나라에서 정신보건사회복지를 제도적으로 마련하고자 한국의 정신보건사회복지의 변천과정을 요약하면 다음과 같다(이윤로, 2002: 11-12; 이영실, 2004: 78-81; 김규수, 2005).

1) 태동기(1940년~1960년대)

우리나라의 정신보건사회복지는 1945년 대한신경정신의학회가 조직되기 전에는 전무하였다. 사회복지사의 활동은 1945년 대한신경정신의학회가 조직되어 정신의학의 체계적인 연구가 시작되면서 심리학자와 사회복지사가 함께 청소년 문제에 관심을 갖고 연구하기 시작했고 직접적인 계기는 한국전쟁으로 미군병원에서 정신보건사회복지사가 정신과 의사와 함께 일하던 것에서 크게 영향을 받았다. 전쟁신경증을 가진 군인들을 돕는 과정에서 한국 정신과 의사들에게 사회복지사의 필요성을 인식시키게 되었다(Ralph W. Morgan).

1947년 이화여자대학교에 기독교사회사업학과가 발족하였고, 1958년 서울시립아동상담소가 개설되면서 정신의학자, 정신보건사회복지사, 심리학자 및 법률전문가들이 팀접근을 시도하게 되었다.

1962년부터 국립정신병원의 개설과 더불어 사회복지전공 학생들의 실습이 병원에서 실시되었고, 가톨릭대학 부속 성모병원 신경정신과의 김종은 교수의 요청에 따라 가톨릭의료원의 허락을 얻어 가톨릭사회복지회의 협조로 정신질환자의 진단과 치료 및 사후지도를 위하여 팀워크의 일원으로서 사회복지사가 신경정신과와 자살예방센터에서 활동하게 되는 등 이때부터 사회복지사가 채용되어 환자의 개인력 조사, 집단지도, 가족상담과 방문 등의 활동을 하였다.

1963년대에서 1969년대까지는 몇몇 대학병원 등의 정신과에서 전임사회복지사가 채용되어 개인력 조사, 집단지도, 가족상담 등의 역할을 담당하였다.

1965년에는 연세대학교 의과대학 부속병원에서 사회복지사가 정식 직원으로 채용되었으나 주로 재활부서에서 활동하였고 1966년에 사회복지사를 병원의 정식직원으로 채용하게 되었는데, 초기에 정신보건사회복지사는 주로 신경정신과 소속으로 신경정신과와 자살예방센터에 오는 환자의 심리사회적인 문제의 조사, 치료 및 퇴원 후의 사후치료가 주된 업무였고 같은 해 국립정신병원이 설립되면서 공무원으로 사회복지사를 채용하게 되었다.

1968년에 미국에서 수련한 계명대학교 부속 동산의료원의 신경준 교수의 신경정신과 개설과 함께 사회복지사(김기태)의 참여로 팀워크를 이루었고, 같은 해 미국 뉴욕대학에서 수학한 민명근 박사가 중앙대학교 부속 성심병원에 신경정신과 개설과 동시에 사회복지사(정의방)와 함께 정신과적 팀워크 접근을 하게 되었다. 또한 전주예수병원에 사회사업과가 신설되었고 고려병원 신경정신과 등에서 사회복지 업무가 시작되었다.

2) 발전기(1970~1980년대)

이 시기부터는 정신보건사회복지사가 정신과 전문병원에 근무하기 시작하였다.

1970년에는 계명대학교 의대 부속 동산의료원에서는 정신보건사회복지사가 정식으로 채용되어 이때부터 전문적 활동이 시작되었고 1971년에 한강성심병원, 안양정신병원, 혜동의원 정신과 등에서도 정신보건사회복지사업이 시작되었다.

1973년 9월 20일 대통령령 제6863호로 개정 의료법시행령이 공포되어 종합병원에 환자의 갱생, 재활과 사회복귀를 상담지도하기 위하여 사회복지사업법이 규정하는 유자격의 사회복지사 한 명 이상을 둔다고 규정하였다. 또한 의료사회복지의 전문직 향상을 위하여 대한의료사회사업가협회가 설립되었고 1974년에 이화여자대학교 의대 부속병원, 서울기독병원, 안양정신병원, 고려대학교 의대 부속병원, 순천향대학 병원에서 정신보건사회복지사를 채용하였다. 그리고 1975

년에 성분도병원에서 정신보건사회복지사를 채용하였다.

1976년에 가톨릭의대 부속 산업재해병원과 미국 미네소타대학과 위스콘신 대학병원에서 수학하고 온 노동두 박사가 서울 백제병원 신경정신과를 개원하면서 정신보건사회복지사를 채용하여 정신과적 치료팀의 이상적인 치료를 하고자 노력하였다. 많은 사회복지사들(정의방, 길성무, 김정옥, 이영실, 박정은 외 다수)이 그곳에서 정신보건사회복지사의 전문적 역할에 기여하였고, 1977년에 대구 파티마병원, 국립보훈병원 등에서도 정신보건사회복지를 시작하는 동시에, 7월 1일부터 실시되는 의료보험에서 정신보건사회복지사의 치료활동에 대한 보험수가를 청구할 수 있게 규정되었다. 1980년대를 거치면서 종합병원에서도 정신보건사회복지사를 채용하게 되었다.

1978년에 부산 한병원(정신과 전문), 1979년에는 부산 메리놀병원과 전주 예수병원, 1980년에 부산 아동병원, 1981년에 한림대학교 부속 신림종합복지관, 1982년에 인제대학교 부속 부산 백병원, 1983년에 서울적십자병원과 연세대학교 의대 부속 영동병원 및 목포 성골롬반병원과 마산 고려병원, 1984년에 군산 개정병원, 그 외 청량리정신병원, 사랑밭재활원, 복음병원, 서울대학교 병원 등에서 시작되어 오늘에 이르러 전국적으로 정신보건영역에서 정신보건사회복지사의 활동이 활발히 전개되고 있음을 알 수 있다.

3) 정착기(1990년 이후)

1990년에 이르러서는 전국적으로 약 100여 개에 이르는 기관에서 정신보건사회복지사들이 활동하고 있다. 1992년부터 정신보건사회복지의 특수한 전문성의 향상 및 상호 간의 협력 구축을 위해 한국정신의료사회사업학회의 창립을 위한 준비위원이 구성되었으며 1993년 2월 13일 대한의료사회사업가협회 회원 중에서 정신질환자의 사회복귀, 정신보건사회복지의 전문화와 교육체계, 연구목적에 뜻을 같이하는 사람들이 모여 한국정신보건사회사업학회를 창립하였다. 그 후 한국정신보건사회사업학회로 학회명칭이 바뀌었으며 지금까지 여러 번의 학술대회, 연수훈련, 학회지 출간, 지부월례집담회, 정신보건사회복지사의 임상수련 등을 통해 정신보건사회복지사들의 전문화 및 자격증취득 등을 위하여 활발한 활동을 전개하고 있다.

1995년 10여 년의 우여곡절 끝에 정신보건법이 제정됨으로써 이제 우리나라도 정신보건사회복지가 지금까지의 병원 중심의 활동에서 그 활동영역을 확대하여 지역사회까지 나아갈 수 있는 전기가 마련되었고 정신보건서비스를 제공하는 인프라가 구축되고 연결되기 시작하였다. 그리고 정신보건법의 제정으로 보건전문요원의 자격제도가 마련되었고 이에 따라서 정신보건사회복지사들도 전문적인 자격을 갖추기 시작하고 있다(1997년 9월 제 1차 정신보건사회복지사 수련 실시).

오늘날에 와서 정신보건사회복지사의 역할은 클라이언트의 개인력 조사, casework, 재활서비스, 집단치료, 가족치료, 치료공동체 프로그램 운영, 사회복지 전공학생의 실습교육 등 다양해지고 있을 뿐만 아니라 전문가로서의 역할을 요구하고 있다.

CHAPTER

03 정신건강과 정신장애

1 정신건강과 정신장애의 이해

1) 정신건강의 개념

표준국어대사전에서 정신(精神)을 찾아보면 첫째, 육체나 물질에 대립되는 영혼이나 마음, 둘째, 사물을 느끼고 생각하며 판단하는 능력 또는 그런 작용, 셋째, 마음의 자세나 태도, 넷째, (주로 일부 명사 뒤에 쓰여) 사물의 근본적인 의의나 목적 또는 이념이나 사상, 다섯째, 우주의 근원을 이루는 비물질적 실재로 정의되어 있다(국립국어연구원, 1999). 이 정의에 의하면, 정신과 마음을 동일하게 보고 있음을 알 수 있다. 즉, 정신은 겉으로 드러나는 육체와는 달리 인간의 내면적인 것으로서 사고하는 작용과 정서적인 작용뿐만 아니라 대인관계에서 나타나는 모든 자질을 통틀어 말한다(이영실, 2008: 1-2).

정신건강에 대한 정의들은 모두 상대적이다. 건강이란 주관적인 경험으로서 이 상태는 직관적으로 알 수 있을 뿐 단정적으로 기술되거나 양적으로 측정할 수는 없다. 그럼에도 불구하고 유기체가 어떤 식으로 기능을 발휘할 때 일어나는 안녕의 상태를 건강이라고 정의 내리게 된다. 여기서 기능발휘를 어떻게 기술하느냐는 유기체가 환경과 상호 작용하는 것을 어떻게 해석하고 설명하느냐에 달려 있다. 따라서 건강이란 개념과 이와 관련된 병, 질병, 병리라는 개념들은 엄밀하게 정의할 수 있는 실체를 말하는 것이 아니라 복잡하게 변화하는 생명현상과 우주의 다각적인 관계를 반영한다고 볼 수 있다(이영실, 2008: 1-2).

건강의 개념에 대한 WHO(세계보건기구)의 정의는 "건강이란, 단지 질병에 걸리거나 허약하지 않은 상태만이 아니라 신체적 · 정신적 · 사회적으로 양호한 상태(well-being)"라고 되어 있다. 이 개념에서는 병적인 상태가 아닌 양호한 상태로서, 기능이 충분히 발휘될 수 있는 상태를 말한다.

정신건강에 대한 미국 정신보건법(Mental Health Act, 1983)의 개념에 따르면 정신질환자, 범죄자를 법적으로 감형하거나, 정신장애인을 법적으로 병원에 억류(detention)시킬 수도 있다고 했다. 이러한 차원에서 정신건강은 '일상생활에서 언제나 독립적 · 자주적으로 처리해 나갈 수 있고 질병에 대해 저항력이 있으며 원만한 가정생활과 사회생활을 할 수 있는 상태이자 정신적으로 성숙한 상태'라고 기록하고 있다.

정신건강의 개념을 정의한 여러 학자들의 견해를 살펴보면, Wallin(1952)는 "건전한 정신이란 환경에 대한 개인의 적응과 만족스러운 인생철학을 가진 건전한 통합과 균형을 이룬 성격"이라고 언급했다. Kilandar(1962)는 "정신건강이란 사람이 환경을 조성하고 잘 적응하며, 만족과 성공과 행복을 누릴 수 있는 능력"이라고 했다. 흔히 '정신건강(mental health)'이라는 용어는 '정신위생(mental hygiene)'이라는 용어와 혼용되어 사용되고 있다. 그러나 엄밀히 말하면, 정신위생은 정신건강을 위한 실천적 수단을 보다 강조한 용어인 반면, 정신건강은 하나의 목표가 나름대로 달성된 이상적인 상태를 지칭하는 용어라 할 수 있다. 즉, 인간이 바라고 원하는 방향이 정신건강이라면, 이와 같은 정신건강을 유지하기 위해 최적의 적응과 원만한 인간관계를 유지해 나가는 적극적이고 실천적인 자세가 정신위생이다.

미국의 제3회 '아동건강 및 보호'를 위한 백악관회의 보고(1929)에 의하면 "건강한 정신이란, 정신장애가 없는 상태 그 이상의 것이다. 그것은 최대한 능률적으로 환경에 잘 적응하는 것"으로 되어 있고 미국 정신위생위원회(National committee for Mental Hygiene)의 보고에서는 "정신건강이란, 다만 정신적인 질병에 걸려 있지 않은 상태만이 아니고 만족스러운 인간관계와 그것을 유지해 나갈 수 있는 능력을 의미한다. 이것은 모든 종류의 개인적 · 사회적인 적응을 포함하며, 어떠한 환경에도 대처해 나갈 수 있는 건전하고(wholesome), 균형 있고(balanced), 통일된(Integrated) 성격(personality)의 발달을 의미한다"라고 하였다. 또한 Johoda(1950)는 정신건강이란, "개인이 자신의 환경을 적극적으로 극복하고 성격의 통일성과 일관성을 나타내 보일뿐만 아니라 자기자신과 주위 세계를 현실적으로 지각할 수 있는 것"으로 정의하고 있는데, 이를 통해 정신이 건강한 사람은 타인에게 과중한 요구를 하지 않고 효율적으로 기능할 수 있는 사람으로 볼 수 있다.

이와 같이 정신건강의 개념을 종합하여 정리하면 정신건강이란 개인에게 야기되는 각종 문제 및 스트레스를 해결하고 극복할 수 있는 능력을 최대한 발휘하여 개인의 생리·정신·사회적 상황 안(person-in-situation)에서 적응하는 것이라고 정의할 수 있을 것이다. 무엇보다도 정신건강을 유지하기 위해서는 첫째, 정신장애에 대한 치료, 둘째, 예방적 측면에서의 정신건강교육, 셋째, 정신건강 유지의 증진을 위한 과학적인 이론개발과 실천 등이 요구된다.

2) 정신건강서비스의 배경

정신건강서비스 배경은 크게 서구와 우리나라로 나누어 설명할 수 있다(이윤로, 2002: 10-12).

(1) 서구의 정신건강서비스 배경

초기 그리스 문헌을 보면 정신질환을 가지고 있는 사람들은 주로 도덕적으로 부패하였거나 악마에 사로잡혀 있다고 간주되었다(물론 이 시기에도 신체적 쇠약이 원인이 된다고 보는 관점도 있었다). 중세까지는 이러한 신학적 관점에서 정신장애인들이 다루어졌다. 19세기 들어서 정신질환의 치료를 위해 도덕적 및 생물학적 치료가 진행되었다. 정신질환이 있는 사람들을 보호하기 위해 프랑스의 Phillipe Pinel이라는 의사는 '도덕적 치료(moral treatment)'를 주장하였다. 그러나 이런 인본주의적 접근이 모든 정신장애인에게 제공되지는 않았고, 여전히 많은 사람들이 수용소나 교도소에 수감되었다. 1800년대 중반에 사회개혁가인 Dorothea Dix는 정신질환자들이 처한 어려움을 해결하기 위해 정신장애인을 범죄자나 걸인 같은 사람들과 분리시키려 노력하였다. 그는 또한 정신치료기관의 상태를 개선하는 데 일조를 했다.

정신치료기관을 개혁하려는 Dix의 노력에 뒤이어 Clifford Beers는 정신위행운동을 소개하였다. 그는 정신치료기관의 비인간적인 상태를 잘 알고 있었다. 그 자신이 정신장애를 겪은 당사자였기 때문이다. 그는 정신치료기관의 상태를 사회에 알리려고 노력하여 많은 진전을 보았을 뿐만 아니라 정신질환을 일으키는 사회적 스트레스를 방지하는 데 힘을 기울임으로써 정신질환을 좀 더 사회적으로 문제화하고 지역사회 지향적으로 해결하도록 하는 데 기여하였다. 한편 Adolf Meyer는 정신과 환자를 생물심리사회적 존재(biopsychosocial being)로 보았고 생활사건과 정신질환의 관계를 연구하였다. 그는 1913년에 이미 지역사회에서 치료소 개발을 강조함으로써 '제3의 정신과 혁명'이라고 불리는 미국의 지역사회정신건강운동의 최초 주창자가 되었다. 그러나 수용 및 입원 위주의 치료는 계속되었다(홍강의, 1987: 68).

20세기 초반에 정신건강 분야의 전문가들은 Freud의 영향을 많이 받았다. Freud의 의료적 모델은 정신 내적 요인에 초점을 맞추게 하였고 환경 속의 개인을 보는 견지를 약화시켰다.

제2차 세계대전을 통해 군대 내에서의 정신건강에 대한 문제들과 귀환병들의 정신건강문제가 확대됨에 따라 1946년에 국민정신건강법이 통과되었고, 1949년에는 국립정신건강연구소인 NIMH가 설립되었다. 국민정신건강법의 통과로 인해 정신보건사회복지사, 임상심리학자, 작업치료사, 정신과 의사 등 실무자를 위한 수련프로그램, 정신장애인의 예방과 치료를 위한 정신보건서비스의 실시, 다양한 연구프로그램 등이 이루어지게 되었다(김규수, 1992).

1950년대는 정신치료 약물이 개발되어 정신치료는 획기적 발전을 이루었다. 이 약물들은 정신질환의 증세를 줄일 수 있었고 정신장애인들의 자유로운 생활을 가능하게 하였다. 입원기간을 줄일 수 있게 되었고 지역사회에서의 생활이 가능하게 되었다. 정신치료 약물의 개발은 1963년 지역사회정신건강법 제정의 토대를 구축하였다. 주정부 산하의 정신병원이 형편없는 수용시설에 불과하다는 비판이 증대되는 속에서 1963년에 케네디 대통령이 지역사회정신건강법을 제정하였고, 정신장애인이 지역사회로 복귀하게 되었다. 인구 7만 5,000에서 20만 명에 이르는 인구 밀집 지역마다 지역사회정신건강센터가 전국에 걸쳐 설립되었다. 지역사회정신건강운동의 일부로서 이 법은 지역사회를 기반으로 하는 보호를 강조하였다.

이러한 지역사회정신건강운동은 정신과 진료체계와 진료방법의 혁신을 가져

왔다. 치료 및 재활에서 사회환경적 요소의 중요성을 인식하여 통합적인 접근을 시도하였고 예방과 재활에도 힘을 기울이게 되었다. 1990년대 현재 미국에서는 700여 개의 지역사회정신건강센터(Community Mental Health Center : CMHC)가 운영되고 있는데, 실제로 2,000개 정도는 필요하다고 한다(Farley et al., 2000).

지역사회정신건강센터와 낮병원의 서비스가 한동안 치료적인 면과 경제적인 면에서 성공적인 효과를 거두었다. 그러나 시간이 경과함에 따라 높은 재입원율과 거리배회자가 증가하는 등의 문제가 발생하게 되어 지역사회를 활용한 치료를 재평가하게 되었다(문인숙 · 양옥경, 1991: 125-126). 결국 1977년 NIMH는 지역사회지지 프로그램(Community Support Program)을 시작하였다. 기존 지역사회정신건강프로그램의 부족한 점을 보완하려는 의도에서 지역사회지지 프로그램은 주거, 치료시설, 재정적 자원, 옹호서비스 등을 포함해 지역사회의 능력을 향상시키는 데 목적을 두었다. 또한 지역사회 내에 빠져 있는 요소를 파악해 계획을 세우고 지원하였다.

(2) 우리나라 정신보건서비스의 역사

1980년대 초반까지 국가가 아무런 대책 없이 국민의 정신건강문제를 방치해 온 결과, 무허가 시설에서의 정신질환자는 아무런 법적 지원이나 감시를 못 받게 되면서 인권이 침해되고 치료 가능한 많은 정신질환자가 치료시기를 놓치며 장기간 수용되었다. 장기수용과 더불어 정신질환자에 대한 편견은 오히려 증가하였고, 불법적으로 정신질환자를 수용하는 대형 무허가 기도원들이 생기기 시작하면서 많은 인권침해사례가 TV프로그램을 통해서 하나둘씩 보고되기 시작하였다. 이에 따라 무허가 기도원에서의 정신질환자에 대한 비인권적 처우를 개선하고 최소한의 의료서비스를 제공하고자 정부에서는 많은 예산을 투자하여 정신병원을 증설하고 무허가 기도원을 정신요양시설로 양성화하면서 정신병상을 확대해 나갔다. 지역사회 중심의 정신보건서비스를 제공하는 시도도 있었다. 우리나라에서의 지역사회정신보건사업의 역사를 간략히 살펴보면, 1970년대 가톨릭대학병원 정신과에 개설된 우리나라 최초의 정신과 낮병원과 광주의 천주의 성요한병원에서 정신장애인 재활프로그램이 시작되었고, 1986년 '태화 샘솟는 집'이 문을 열면서 처음으로 병원거점(Hospital-based)이 아닌 지역사회거점(Community- based) 재활프로그램이 시작되었다. 또한 1987년 연세대학교에 의해 지역사회 전체를 사업의 단위로 생각하는 정신보건사업이 시범적으로 강화도에서 수행되기도 하였다(서동우, 2001).

1995년 말의 정신보건법 제정을 기점으로 정신보건서비스를 제공하는 인프라가 구축되고 연결되기 시작하였다. 또한 1999년 개정된 '장애인복지법'에서 정신질환에 의한 정신장애를 법정 장애인의 범주에 포함시키고, 2000년 1월부터 정신분열병, 조울증, 우울증, 자폐증 등으로 일상생활이 곤란한 정신질환자도 장애인에 포함하여 다양한 장애인복지서비스를 받을 수 있도록 하였다. 이처럼 점차로 정신보건을 위한 제도적 기반이 다져지고 있다(한국보건사회연구원, 2001). 이밖에도 2001년도에는 처음으로 전국 규모의 정신질환실태 역학조사를 실시하여 정신보건정책의 기초자료로 활용하도록 하였다.

3) 정신장애의 개념

장애(disorder)는 괴로움과 여러 개인적 수준의 기능 저해를 수반하는 임상적으로 인지 가능한 일군의 증상이나 형태의 존재라는 뜻으로 사용되고 있고 있다.

정신장애(mental disorder)라는 용어에 대해서 학자들 간에는 아직까지 동일한 어원을 확보하지 못하고 있다. 대체로 정신장애는 정신질병, 정신질환, 이상행동, 행동장애, 정동장애 등의 용어와 같은 의미로 사용되고 있다.

일반적으로 정신장애(mental disorder)는 어떤 조건에 의하여 영구적이거나 반영구적인 정신적 장애를 갖게 되거나, 질병으로 인하여 이전의 정신적 기능의 상태로 되돌아 갈 수 없는 것을 말한다. 이 정의에 의한 정신장애인은 진단상으로 보면 일과성 기절적 정신병상태를 제외한 모든 기질적 정신병상태, 인격장애, 성도착 및 성적장애, 정신발육지연(정신지체) 등을 지닌 자로서 일상생활에서의 역할 수행(개인적, 가족 내외적)에 장애를 갖고 있으며, 그 지속기간이 적어도 6개월 이상인 사람을 의미한다.

미국정신의학회의 DSM-IV에의 정신장애를 개념을 보면, 개개의 정신장애는 개인에게 발생되고 있는 임상적으로 중요한 행동적, 심리적 증후군이나 양상으로서, 이러한 증후군이나 양상은 현재의 고통이나 장애에 대해 예기될 만하거나 문화적으로 허용되는 반응이 아니다. 그리고 이러한 증상이나 양상의 원인이 무엇이든 간에 현재 개인에게는 행동적, 심리적 또는 생물학적 기능 이상이 나타나고 있어야 한다. 또한 이탈된 행동(정치적, 종교적, 성적)이나 갈등이 개인에게 이상 기능을 초래할 때 정신장애로 정의된다고 강조하고 있다. 다시 말하면 '정신장애'라는 용어는 환원주의적이고 이원론적인 개념을 바탕으로 한 '정신장애'와 '신체장애'의 구별을 함축하고 있다. 일부 정확한 문헌들은 '정신장애'에는 '신체적' 요소가 많이 있고, '신체장애'에는 '정신적' 요소가 많이 있다고 기록하고 있다.

'정신장애'라는 용어의 사용은 문제를 해결하기보다 문제를 제기하고 있는데, 그럼에도 불구하고 DSM-IV에서는 적절하게 바꿀 만한 다른 용어를 찾지 못했기 때문에 이 용어를 사용하고 있다. 우리는 아직까지 어떠한 정의도 적절하게 "정신장애"의 개념에 대한 정확한 경계선을 제공할 수 없음을 인정해야 한다. 다른 의학이나 과학에서의 개념들처럼 정신장애의 개념 역시 모든 상황을 포괄하는 일관된 조작적 정의가 결여되어 있다.

일반적으로 잘못된 개념은 정신장애의 분류가 사람을 분류하고 있다는 생각인데, 실제로 분류되는 것은 사람이 아니라 사람이 앓고 있는 장애이다. 이런 이유 때문에 DSM-IV의 본문은 '정신분열증적'이나 '알콜리즘적' 이라고 표현하지 않고 그 대신 보다 정확한, 그러나 보다 구체적 표현, 즉 '정신분열증이 있는 사람' 또는 '알코올 의존이 있는 사람'이라는 용어를 사용하고 있다.

정신장애와 일반적인 의학적 상태라는 용어는 DSM-IV 편람에 전반적으로 사용되고 있다. 이 편람에서, 일반적인 의학적 상태라는 용어는 ICD의 '정신 및 행태 장애' 이외에 포함되고 있는 상태와 장애를 언급하기 위해 편의상 짧게 줄여서 사용하고 있다. 이러한 용어는 단순히 편리함 때문이지 정신적 장애와 일반적인 의학적 상태 사이에 기본적인 구별이 있음을 의미하고 있지 않다는 점을 알아야 한다. 즉, 정신장애가 신체적 또는 생물학적 요인이나 과정과 무관하다거나, 일반적인 의학적 상태가 행동적, 심리사회적 요인이나 과정과 무관하다는 의미가 포함되어 있는 것은 아니라는 점이 인식되어야 한다는 것이다.

정신장애의 인접용어로써 흔히 쓰이는 것으로는 정신질환과 정신병을 들 수 있는데, 일반인은 말할 것도 없고 전문인들도 종종 혼용하여 사용하는 경우가 많다. 정신병(psychosis)은 일반인들이 가장 널리 사용하는 용어로서 정신적으로 이상이 있다고 생각되는 거의 모든 것을 지칭하는 것으로 다분히 포괄적인 의미로 쓰이지만, 사실상은 특수한 증상을 가리키는 것으로 기질적(organic)이거나 기능적(functional)인 증상을 일컫는 제한적인 의미를 지닌 것이다.

정신분열증이나 망상증과 같은 환자들에게서 대표적으로 볼 수 있는 증상군(psychotic syndromes)으로 환청 및 망상이 그 특징적 증상이라고 할 수 있다. '정신질환(mental illness)'은 질병의 개념을 강화시킨 용어이다. 정신병적(psychotic)이고 신경증적(neurotic)인 것 모두를 포함하고 있다. 반면에 정신장애는 정신병과 정신질환의 개념을 포괄하는 용어로서 생각, 느낌, 행동이 병리학적으로 특징짓는 장애를 일컫는다. 생각의 병리학의 예로는 비논리적 사고, 비합리적 생각 및 망상 등이 있으며, 느낌의 병리학의 예로는 만성적이면서도 강력한 불안, 분노 및 우울 등을 볼 수 있고, 행동의 병리학에는 극도의 불안이나 초조, 강박적인 섭취, 알코올 및 약물의 남용 등을 들 수 있다.

따라서 정신장애의 개념은 정신질환과 달리 질병 자체의 활발한 진행 외에도 질병으로 인한 기타 기능의 파손까지를 포함하는 것으로, 질병의 증상이 없어진 후에도 질병 이전의 상태로 복귀하지 못하게 되는 경우에는 해당되는 만성정신장애가 여기에 해당된다고 말할 수 있다.

4) 정신장애의 관점

정신장애의 관점은 주로 정신장애의 원인에 대한 네 가지 학파의 관점에서 설명될 수 있다. 각 학파의 이론들은 상호 배타적이지는 않지만, 각각 서로 다른 인간의 경험상 요소를 강조하므로 각 학파에 따라 정신질환을 다루는 방법도 다르다. 다음은 정신장애의 원인에 대한 네 가지 학파의 관점이다(이윤로, 2002: 21-26; 이영호, 2006: 14-20).

(1) 생물학적 설명

인간의 정신기능이란 생물학적으로 보았을 때 뇌가 그 중심이라는 것은 고대 히포크라테스 시대부터 널리 알려져 왔다. 그러므로 뇌가 어떤 장애를 받는다는 것은 당연히 정신기능의 변화를 초래한다고 할 수 있다. 그렇지만 정신기능이라는 것이 워낙 복잡 미묘해서 정신기능과 뇌 사이의 분명한 관계를 아직도 확실하게 밝히지 못하고 있는 것이 사실이다. 그렇지만 첨단의료기기의 발달과 엄청난 뇌 연구에 힘입어 뇌의 구조나 그에 따른 기능이 상당히 밝혀지고 있다. 뇌의 영역별 기능과 아울러 이에 따르는 각 신경세포들, 신경세포의 활동에서 일어나는 물질의 대사 등도 정신기능과 밀접하게 관련되어 있다. 즉, 이것은 뇌의 기능상의 취약성이 정신질환에 직접적 원인이 된다는 것이다.

한편 인간의 다양한 신체적인 형태나 기능 그리고 정신기능 등이 유전에 의해 상당히 영향을 받는 것으로 보인다. 물론 대부분의 형질은 유전과 환경에 의한 상호작용의 결과라고 볼 수 있지만 염색체의 유전 기전에 대해 상당히 많은 객관적인 사실들이 밝혀지고 있다. 정신기능 중에서도 유전이 지능에 미치는 영향은 상당히 크다고 할 수 있다. Baddely(1990)의 연구에 의하면 지능은 50~70%가 유전에 의해서 결정된다고 한다.

정신질환이 생물학적 원인 때문이라는 신념은 오랜 역사를 가지고 있다. 고대 그리스에서는 신체질병처럼 정신이상이 질환으로 간주되었다. 1800년대 후반에 과학자들은 매독균과 정신질환의 관계를 증명한 바 있다. 생물학적 요인에 대한 관심은 Freud가 성격발달이론을 발전시킴에 따라 다소 위축되었다. 그러나 1950년대 정신치료 약물의 발견과 함께 다시 고양되었다. 더욱이 최근에 학자들은 정신질환의 유전적, 화학적 원인 가능성을 제시하고 있고 뇌의 이상과 정신질환의 관계를 연구하고 있다.

정신분열증의 유전적 요인을 발견하려는 노력의 하나로 과학자들은 정신분열증을 갖고 있는 부모의 아동을 태어나자마자 입양하여 연구하였다. 그 결과 일반적으로 이 연구들은 정신분열증이 될 성향을 갖게 하는 유전적 요소가 있다는 것을 확인하였다. 그러나 유전적 요인만으로 정신질환이 발병한다고 주장하기에는 아직 미흡한 단계에 있다.

(2) 심리적 설명

정신건강이라고 하는 것을 적응이란 측면에서 생각해 볼 수 있다. 적응이란 자기 내부의 욕구나 사회로부터의 요청에 순응하여 정신적으로 살아남는다는 것을 의미한다고 하였다. 일반적으로 적응하는 상태의 인간이란 심리적인 만족감, 하는 일에서의 능률적인 활동, 그리고 사회에 대한 공헌 등을 가지고 있다고 볼 수 있으며, 달성하고자 하는 목표를 설정하고 있는 경우가 많다. Goldstein, Maslow, 그리고 Rogers 등은 개인이 가지고 있는 목표나 잠재적 가능성을 사회생활 속에서 실현하고 자기기능을 충분히 발휘하는 것을 강조하고 있다. 목표가 달성되면 만족과 자신감을 느끼지만 좌절되었을 때는 상당한 불안과 스트레스를 경험하게 된다. 이러한 상황에 어떻게 대처해 나가느냐 하는 것은 적응에서 매우 중요한 문제이다. 이러한 문제들은 인간이 가진 심리적 부분과 연결된다. 특히 적응하지 못했을 경우 정신질환의 질병에 노출될 수 있다.

정신질환에 대한 심리적 발달모델은 정신장애를 개인 성격발달의 부산물로 본다. 특히 Freud에 의해 발달한 이 접근방식은 과거의 경험이 현재의 기능에 어떻게 영향을 주는지를 본다. 사회적 원인보다 개인의 성격에 초점을 맞춘 Freud 심리학은 유럽보다는 개인주의 성격이 강한 미국에서 더욱 강력히 옹호되었다. 정신건강을 목표로 하는 정신보건실천에 있어서 심리학적 시각은 개인에 관한 문제를 이해하고자 할 때 Freud의 불안이라는 개념을 매우 중요하게 다룬다. 일상생활에서 불안한 감정을 경험하는 경우는 많다. 근본적으로 불안을 극복하고자 하는 인간의 노력은 종교, 예술, 자연과학 등의 문화를 창조하는 원동력이 되기도 하였다. 그러나 동시에 불안이라는 감정은 개인적・사회적으로 상당히 큰 장애가 되기도 한다. 전자를 정상적인 불안이라고 부르고 후자를 병적인 불안이라고 할 수 있다.

이 두 가지 불안은 몇 가지 점에서 차이점을 찾을 수 있다. 우선 병적인 불안은 대다수의 사람들이 불안을 느끼지 않는 일상적인 상황에서 느끼는 것으로, 불안이 일어나는 상황이 인식되지 않은 채 평가되는 데 그 특징이 있다. 또한 이러한 불안에 대해서 그것을 직시하고 극복하려 하지 않고 피하려 한다. 그 결과 병적인 불안은 쉽게 극복되지 않고 부정적인 의미가 계속 누적되어 가는 특징을 지닌다. 반면에 정상적인 불안은 극복이 되고 인격형성에 적극적인 의미를 제공한다.

인간의 정신기능에 미치는 불안의 생성에 대하여 심리학적 관점은 행동주의이론과 정신역동이론, 대인관계이론에 주로 근거한다.

행동주의이론은 정신건강에 대하여 특정하게 다루어 놓은 개념은 없지만 건강한 정신(정상적인 불안)이나 건강하지 못한 정신(병적인 불안)은 많은 조건화된 학습에 의해 생애 동안 영향을 받을 수 있고, 따라서 정신건강을 위해 학습이나 조건화 또는 행동 발생 후의 수정 차원에서 행동이론을 적용시킬 수 있음을 시사하고 있다.

정신분석이론은 프로이트의 의식과 무의식의 수준 그리고 본능, 자아, 초자아에 대한 구조적 이론과 심리성적 발달단계를 설명한 발달이론을 통합하여 인간 정신건강의 측정기준인 개인의 성격에 따라 정신건강에 영향을 미치는 불안 수준과 내용이 결정된다고 하였다.

대인관계이론은 Horney, Sullivan, Fromm으로 대표되는 신 프로이트 학파의 이론으로 타인으로부터 배척당하거나 소외당하는 것이 아니라 다른 사람들과 적당한 관계를 맺어가면서 욕구를 충족하며, 이 과정에서 오는 여러 가지 경험을 즐기고 이에 대한 정확한 지식과 자기자신 및 타인에 대한 확실한 신념을 가질 때에 정신건강이 성취되는 것으로 보았다.

후기 이론가들은 Freud의 아이디어를 확장하여 사회적 요인에 대해서도 강조를 하였다. Freud나 Erikson 등에 의해 발달한 자아심리학은 성격발달에서 방어기제의 역할, 성장과정의 심리사회적 양상, 그리고 생의 전반에 걸친 생활주기에 초점을 두었다. Erikson은 인간의 성격은 일련의 단계를 거쳐 발달하는데, 각 단계마다 수행되어야 할 과제 또는 해결되어야 할 위기가 있다는 것을 이론화했다. 예를 들어, 유아는 기본적 신뢰와 불신 사이에서 갈등에 직면하게 된다. 건강한 성장을 위해서 유아는 자신의 주변환경(중요한 인물들)과 친숙하고 편안한 감정 및 신뢰감을 발전시킴으로써 갈등을 해결해야만 한다. 이러한 해결을 통해 유아는 다음 발달단계로 넘어가게 된다. 다양한 발달단계마다 위기의 긍정적 해결을 통해 통합적이고 건강한 성격을 형성하게 된다. 그렇지 않다면 미래에 정서적인 문제를 갖게 된다. 예를 들어 아동기에 심각한 신체적, 성적 학대, 부모로부터의 격리를 경험한 아동은 나중에 정신적인 문제를 경험하게 될 가능성이 더욱 커진다고 볼 수 있다.

인지이론은 사고, 신념, 해석에 초점을 둔다. 정서적 반응이나 부적응적 행동은 사고에 의해 중재된다고 가정하고 있다.

(3) 사회환경적 설명

정신질환에 대한 행동주의적 접근은 성격의 내적 과정(inner processes of personality)

에는 관심을 두지 않는다. 대신 행동에 초점을 두고 정신질환이 보상과 벌에 의해 학습된 반응의 결과라고 본다. 예를 들어 아동의 과도한 행동은 부모의 관심 같은 강화 요인에 의해 발생했다고 보고, 그 강화 요인을 없애는 것이 문제행동을 제거하는 길이라고 본다. 한편 사회학습이론의 견지는 관찰적 학습을 강조한다. 개인의 인지(cognition)에도 관심을 두고, 관찰된 행동과 수행되는 행동 사이를 중재하는 정신적 과정을 인정한다. 행동은 다른 사람이나 사건을 관찰하여 학습된 것이라고 제시한다. 인간의 정신건강과 행동현상에 영향을 미치는 요인을 이해하고자 하는 많은 사람들이 오랜 역사적 과정을 통해 이루어졌다. 정신건강에 대한 관점에 있어서 사회환경적 관점 또한 의미가 있다. 인간의 행동이란 그 행동이 행해지는 환경 속에서 구체적으로 하나가 된다. 히포크라테스(Hippocrates)는 일찍이 사회환경이 인간의 건강을 결정짓는 중요한 변수라는 입장을 취하였다.

우리가 정신건강과 인간행동을 이해하는 방법은 개인을 중심으로 한 미시적인 차원에 그치지 않고 개인을 둘러싼 환경적인 요소, 즉 사회제도·문화와의 관계에서 이해하는 거시적인 차원의 접근을 모색하게 된다. 전자는 인간행동을 심리학적인 차원에서 이해하는 입장이고, 후자는 사회환경적 관점에서 이해하는 것으로 볼 수 있다. 사회학자들은 정신질환이 다양한 생활 스트레스에서 기인한다고 본다. 특히 빈곤, 성차별, 인종차별로 인한 생활스트레스가 정신질환을 발생시킨다고 본다. 그러므로 빈곤한 개인이나 소수민족은 스트레스적인 생활상황을 더 많이 맞게 된다고 보는 것이다.

인간은 단순한 자연적 생물의 집합체가 아니라 사회와 제도 및 문화에 대한 사회적 결합의 성숙과정(maturation)을 통해 외계에 반응하면서 행위 능력을 증대한다. 그래서 사회제도, 경제, 법과 문화는 개인에게 그 유형에 따라 행동하게 하고 일정한 행동양식을 강요한다. 이것을 낙인이론에서는 정신질환이 사람들에 의해 창출된 사회적 개념, 또는 낙인 붙은 사람들이 수행해야 하는 사회적 역할이라고 보았다. 즉, 사회가 사회적 반응과정을 통해 정신적으로 문제가 있는 개인을 창출한다고 보는 것이다. 사회적 규범을 설정해 놓고 그에 맞지 않게 행동하는 사람들을 비행적으로 다룸으로써 사회는 그들을 정신적 문제가 있는 사람들이라고 낙인찍는다. 다시 말해 개인이 어떤 지역사회나 집단의 규범을 어기는 방식으로 행동하게 되면(예 : 길거리에서 잠을 잠, 눈을 맞추지 않고 이야기함, 폭력적으로 화를 표시함)

정신적으로 아프다는 낙인이 붙게 되고 그 개인은 기대된 역할을 지속하게 된다.

집단적 관습은 식사 전의 기도와 같이 집단의 안녕에 있어서 중요할 수밖에 없는 행동양식, 즉 습속(forksway), 또 일부일처제와 같이 집단의 유지에 불가결한 것으로서 강하게 요구되는 관습(mores)단계를 거쳐서 여러 종류의 사회제도(social institution)의 형성으로 향한다. 사회집단 상호간에 조화로운, 비교적 항구적이고 안정되며 균질적이고 공식적인 양식이 사회제도라고 부르는 것을 형성해 내는 것이다. 사회제도 속에서 인간행위 양태를 연구한 Gecas(1981)는 이와 같은 제도를 정의하면서 '제도는 관습, 법률 및 물질적 도구를 가지고 확립되며, 중심적 목표 또는 목적을 둘러싸고 조직되는 집단 내에 존재하는 인간에 의해 성립하는 사회의 하위분화(Subdivision)'라고 하고 있다. 제도는 이와 같이 인간의 기본적 욕구를 충족시키기 위해 각각의 생활영역을 중심으로 사회적 규범에 기초한 일정한 행동양식이 기능적으로 통합되고 일정한 형태로 사회적으로 정착된 것이다.

인간의 본원적 성질은 개인이 이러한 제도적 집단에서 행동을 습득하고 자기 및 집단에 대한 태도를 발전시키며, 집단 내에서 자신의 역할을 수용하고 희망에 따른 행동상의 동기부여와 같은 경로를 거쳐 개인의 태도와 습관의 총계로 이루어지는 생활양식 또는 행동경향을 의미한다. 행동주체자로서의 개인은 사회생활상의 기본적인 욕구를 충족시키기 위해서 자기의 능력조건에 따라 사회적 역할을 선택, 수행해야 한다. 사회관계에서의 이러한 주체적 측면과 조화관계의 상실이 사회관계의 부적응이고 이는 정신건강상의 문제를 초래한다. 그것에 대응하는 재조정과 예방이 사회환경적 관점에서 정신건강의 실천적 과정으로 보는 것이다.

(4) 체계 · 생태학적 견지

체계 · 생태학적 견지는 정신질환의 원인에 대한 여러 가지 견지를 종합하고 있다. 다양한 방식으로 상호작용하는 요인들의 결과로 정신보건의 문제가 발생한다는 것이다. 예를 들어 어떤 정신장애인은 생물학적으로 정신보건문제를 경험할 성향을 가지고 태어났을 수도 있고, 어린 시절에 성폭행을 당했을 수도 있고, 부모가 정신장애를 경험했을 수도 있고, 또는 현재 극도의 스트레스적 생활상황에 놓여 있을 수도 있다. 이 경우 어느 한 요인이 정신질환의 직접적인 원인이 되었다고 말하기가 불가능하다.

체계·생태학적 견지는 정신보건문제를 다루는 데 있어 우리들로 하여금 개인의 신체적 특성뿐만 아니라 개인의 과거와 현재의 환경 내에 있는 모든 요인들에 초점을 맞추도록 안내해 준다.

Liberman(1988)에 의하면, 정신질환이론은 한 가지 요인 모델보다는 다양한 원인을 중시하는 모델로 초점이 옮겨지고 있다. 체계·생태학적 모델과 같은 선상에서 제시되는 모델은 스트레스-체질 취약성 모델 또는 스트레스-취약성 모델로서 현재 가장 설득력 있는 모델이며 생리심리사회적 견지를 가지고 있는데 다음처럼 묘사된다고 강조하고 있다. 생물학적 특성으로 인해 개인은 정신질환 성향을 갖게 된다. 즉, 생활사건이나 변화와 같은 스트레스적 조건이나 지속되는 긴장으로 인해 정신질환 성향을 가진 사람들은 정신장애의 발생을 가져올 수 있는 것이다. 그러나 개인적 대처능력(심리적 요인) 또는 사회적 자원 같은 중재 요인으로 인해 어떤 개인들은 정신장애의 촉진 조건을 성공적으로 극복할 수 있다.

5) 정신장애의 진단 및 통계편람류

정신장애인을 위한 진단과 재활의 기본이 되는 DSM-IV와 ICD-10은 다음과 같은 발달배경을 거쳐 완성되었다. 물론 정신장애 진단의 발달사를 요약한다는 것은 광범위한 문제이다. DSM-Ⅰ과 DSM-Ⅱ의 경우와 마찬가지로 DSM-Ⅲ는 ICD의 다음 판 ICD-9와의 상호 협조 아래 발전되었다. ICD-9는 1975년에 출판되었고 1978년에 시행되었다. DSM-Ⅲ의 작업은 1974년에 시작되었고 1980년에 출판되었다. DSM-Ⅲ는 여러 가지 주요한 혁신적인 방법론을 소개하고 있는데 이러한 점으로는 명백한 진단기준, 다축체계, 원인론에 대해 중립적인 입장을 취하는 서술적인 시도를 들 수 있다. 이러한 시도는 명백한 진단기준의 개념 및 타당도에 대한 광범위한 경험적 연구와 준표준화된 면담이 발달함으로써 촉진되었다.

ICD-9는 진단기준이나 다축체계를 포함하지 않았는데, 그 이유는 이 국제적 진단체계의 일차적 기능이 기본적인 건강 통계의 자료수집을 촉진하고자 하는 것이기 때문이었다. 이와 반대로 DSM-Ⅲ는 임상가와 연구자들을 위한 의학적 진단을 제공하려는 부가적 목적에 따라 발전하였다. ICD-9는 특정성이 결여되어 있다는 의학 분야에서의 불만에 따라 미국에서 사용할 목적으로 변형하기로 결정되었고, 그 결과 ICD-9-CM(임시적 변형)이 만들어졌다.

DSM-Ⅲ를 사용해 본 결과 진단체계에 여러 불일치점이 있으며 진단기준이 명백하지 않다는 점이 드러났다. 이에 따라 미국 정신의학회는 DSM-Ⅲ를 개정하기 위한 작업집단을 지정하였으며 이 집단은 개정판을 발전시키고 이를 수정하여 1987년에 DSM-Ⅲ-R을 출판하기에 이르렀다. 이후 한번 더 수정하여 오늘날 널리 사용되는 DSM-Ⅳ가 출판되었다.

우리나라도 정신보건법 제정 이후 2000년 1월 1일부터 시행되고 있는 정신장애의 장애등급 판정은 정신질환의 진단명 및 최초 진단시기에 대한 확인, 정신질환(Impairment)의 상태의 확인, 정신질환으로 인한 정신적 능력장애(Disability) 상태의 확인, 정신장애 등급의 종합적인 판정의 순서를 따라 이루어진다.

〈표 3-1〉 정신장애 등급판정 기준

장애등급	장애상태
1급	지속적인 정신질환과 그로 인한 기능 및 능력장애로 인하여 주위의 전적인 도움이 없으면 일상생활을 해나가는 것이 거의 불가능한 정도이다.
2급	지속적인 정신질환과 그로 인한 기능 및 능력장애로 인하여 일상생활을 영위하는 데 필요한 기능수행에 심한 제한을 받아 주위의 많은 도움이 없으면, 일상생활을 영위하기가 어려운 정도이다.
3급	지속적인 정신질환과 그로 인한 기능 및 능력장애로 인하여 일상생활 혹은 사회생활을 영위하기 위한 기능수행에 제한을 받아 주위의 도움이 간헐적으로 필요한 정도이다.

정신장애의 진단 및 통계편람(Diagnostic and Statistical Manual of Mental Disorders : DSM)은 모든 정신장애를 분류해 놓고 있다. 각 정신장애의 구체적 진단기준을 서술해 놓고 있어 임상가들이 신뢰성 있는 진단을 내릴 수 있도록 도와준다. 17개의 주요 진단범주가 포함되어 있다.

1994년에 DSM-Ⅳ가 제정되었고 2000년에 수정판인 DSM-Ⅳ-TR이 나왔다. 현재 DSM-Ⅳ는 다축체계(multiaxial system)를 갖추고 있는데, 이 다축체계를 활용함으로써 개인 기능의 심리적, 생물학적, 사회적 양상이 평가되며 그 결과가 각 축에 기록된다. DSM-Ⅳ에는 5개의 축이 있다. 각 축은 실천가들이 치료계획을 세우고 결과를 예견하는 데 도움을 준다. 축1과 축2는 모든 정신장애가 기록될 수 있다.

축2에는 특별히 성격장애(personality disorders)와 정신지체(mental retardation)만 기록되는데, 이 두 장애는 보통 증상이 다른 장애에 비해 만성적이고 온화하여 쉽게 간과되기 때문에 따로 빼놓은 것이다. 축3에는 일반적인 의료장애가 기록되고, 축4에는 진단이나 치료계획 그리고 예후에 영향을 줄 수 있는 심리사회적, 환경적 문제(예, 부모의 죽음, 직업의 상실 등)를 기록하게 된다. 마지막으로 축5에는 개인의 전반적 기능수준을 평가하는 척도가 제공된다. 이러한 다축체계는 전통적으로 사회복지에서 중요하게 고려했던 정보들을 강조하고 있다. 즉 심리사회적, 환경적 문제와 적응 기능에 대한 정보를 중요시하고 있어 환경 속의 인간이라는 초점을 유지하고 있다. DSM-Ⅰ이나 DSM-Ⅱ에는 정신장애의 간단한 묘사만이 있었다. DSM-Ⅳ의 진단기준은 진단의 신뢰도를 매우 향상시켰고, 정신건강전문가들 간에 효과적인 의사소통을 촉진시켰다. 그러나 높은 신뢰도가 반드시 진단의 높은 타당도를 나타내는 것은 아니라는 점을 인식해야 한다.

DSM-Ⅳ에는 또한 관계상의 문제도 포함되어 있는데, 정신장애와 관련 있는 관계상의 문제, 부모와 아동의 관계상의 문제, 배우자 간의 관계상의 문제, 형제 간의 관계상의 문제를 측정하도록 되어 있다. DSM-Ⅳ의 부록B에 관계상의 기능척도인 Global Assessment of Relational Functioning Scale이 첨부되어 있다.

DSM은 클라이언트를 낙인찍는다는 비판도 있지만, 정신장애의 정확한 분류를 통해 임상 및 조사 분야에서 많은 진전을 보게 했다. 임상사회복지사들은 DSM-Ⅳ에 대해 많이 알고 있을 필요가 있는데, 이 매뉴얼은 정신건강전문가들 사이에서 매우 보편적으로 활용되고 있기 때문이다. 또한 조사의 기본 자료로서 뿐만 아니라 치료계획 및 평가에도 많은 공헌을 하고 있기 때문이다.

2 정신병리의 이해

정신병리란 정신질환에서 흔히 관찰되는 병적인 정신 현상, 즉 비정상적인 지각, 사고, 정동, 의식, 기억 등을 말한다. 여기에서 비정상적이라는 것은, 여러 가지의 뜻이 있지만, 일반적으로는 보통 사람이 경험하는 정도를 넘어선다는 의미와 한 개인에게는 이전(병이 생기기 전)과 비교해 많이 다르다는 의미를 함께 포함한다.

정신병리 속에는 사고의 이상, 감정의 이상, 지각의 이상 같은 현상도 들어가는데, 첩보 영화에서 보듯이, 마치 자신이 누군가한테서 감시를 당하고 있거나 누군가의 음모로 피해를 보고 있다는 생각을 하는 경우에, 이것이 사실이 아니라면, 그 사람은 망상을 가지고 있다고 할 수 있다. 이런 망상은 사고 장애의 대표적인 한 예이다. 망상은 현실에 맞지 않은 잘못된 생각이다. 사실이 아닌 일을 사실이라고 믿는 이런 망상은 논리적으로 설득하기가 매우 어려워서, 그렇지 않다는 명백한 증거를 아무리 제시해도 그 믿음이 쉽사리 바뀌지 않는 특징이 있다.

다음은 지각, 사고, 감정, 의식, 기억 등 정신병리에 대한 구체적 설명이다(이영실, 2004: 16-46).

1) 지각의 장애

지각(perception)은 외부로부터 들어온 감각자극(sensory stimulus)을 과거의 경험과 결부시켜서 조직화하고 해석해서 그 외부 자극의 성질을 사실 그대로 파악하고 그 자극과 자기 자신과의 관계를 이해하는 능력이다.

지각의 장애(disorders of perception)는 들어온 자극을 과소평가 또는 과대평가 하는 단순한 장애에서부터 자극을 잘못 판단하는 착각, 또는 없는 자극을 있는 것처럼 지각하는 환각에 이르기까지 다양하다.

2) 사고의 장애

정상적 사고는 이성과 논리에 따른 합리적 사고이지만 비현실적 사고는 정신기능이 논리적 경험과 일치되지 않는다.

(1) 강박관념

강박관념(obsession)은 자신이 쓸데없는 존재라는 생각에서 벗어나려고 노력하는 데도 불구하고 그 어떤 생각에서 벗어나지 못하고, 반복해서 같은 내용의 생각 때문에 고통을 받는 경우이다. 암, 세균, 질병 또는 기타 어떤 상황에 대한 공포(phobia)에 연결되어 있는 수도 많은데 이는 그 두려움이 사실무근이라는 것을 알면서도 떨쳐버리지 못한다.

(2) 공포병

공포병(phobias)은 어떤 특정한 대상에 대한 사실무근한 사건에 위험을 느껴서 두려워하는 것을 말한다. 세균, 특정한 짐승 등 구체적인 대상과 좁은 공간, 군중, 광장, 높은 곳 등 특정한 상황이 주로 많은 곳이 공포의 대상이다. 이런 두려움은 그 자신의 내적 불안과 외계의 어떤 대상으로 투사되고 대치되어서 나타나는 경우가 많다.

(3) 자폐적 사고

자폐적 사고(autistic thinking)는 정신분열병 환자에게서 흔히 볼 수 있는 것으로 외계의 현실을 무시하고 자신에게만 뜻이 있고, 자신의 무의식이나 정동적 요소의 자극에 의한 비현실적인 사고가 이성이나 논리를 대신하는 것을 의미한다. 이런 사고는 때로는 망상(delusion)과 관계되기도 하며 심할 때는 백일몽(day dreams)에 빠져서 심하게 현실과 유리된 사고를 한다.

(4) 망상

망상(delusion)은 불합리하며 잘못되거나 허망한 생각을 말하는데, 여기에는 과대망상, 피해망상 또는 편집망상, 관계망상이 대표적이다. 망상의 특성을 보면 사실과 다른 생각을 가지고 있고, 사람의 교육 정도, 환경 등과 부합되지 않고 현실과 동떨어진 생각을 하며, 이성이나 논리적인 방법으로 교정되지 않는다.

3) 감정의 장애

감정은 심리적인 동시에 생리적인 현상으로서 신체 각부에 변화를 주는데 심장, 특히 순환계, 내분비계에 영향을 끼쳐 맥박, 혈액성분, 호흡, 땀, 타액, 위액분

비, 위장운동, 근육긴장 등을 변화시킨다. 감정의 장애(disorders of emotion) 중 기분장애와 정동장애가 가장 대표적이다.

(1) 기분장애

① 쾌감

병적으로 즐거운 기분을 다행감(euphoria)이라 하며 기질적 질환이나 경조증에서 흔히 본다. 가벼운 행복감에서 오는 즐거운 감정상태를 의기양양(elation)이라고 하며, 환자의 상황과 조화되지 않으면 병적인 것이다. 즐거운 기분이 더욱 고양되어 과대적이 되는 경우를 고양(exaltation)이라고 한다. 가장 극단적인 경우로 종교적인 신비스러운 요소가 있고 무아지경, 우주, 즉 신 등과의 일체감 및 융합감 등을 체험하는 것을 황홀경(ecstasy)이라고 하는데 조증, 정신분열병, 간질, 마약 사용, 해리(dissociation) 등에서 볼 수 있다.

② 우울

우울(depression)은 슬픈 느낌의 정동으로 감정이 심하고 오래 가며 병적인 것이다. 가장 흔한 증상 중 하나이다. 우울할 때 환자는 무겁고 처진 느낌, 절망감, 슬픈 기분, 비관, 자기 비하, 무력감, 고립무원감, 의욕감퇴, 흥미와 재미의 상실, 죄책감 등을 가지며 조용하고 행동이 감소되어 있다. 불면, 두통, 식욕상실, 체중감소, 성욕감퇴, 무력상태 등 신체증상이 동반된다. 우울은 대개 증오, 분노, 공격성 등의 감정을 억압한 결과로서 나타난다.

(2) 정동장애

① 불충분 정동

개인의 사고내용과 감정이 맞지 않는 상태이며 감정적으로 둔하고 방관자처럼 무감동(apathy)한 상태로서, 쾌·불쾌에 대한 감수성이 감소된 상태이다. 정서둔마(flat affect)는 감동적 느낌의 표현이 거의 없는 상태이며 황폐(deterioration)라고도 하며 피암시성이 증가한다. 둔마된 정동(blunted affect)은 표현된 정동의 정도가 감퇴된 상태이다. 제한된 정동(restricted affect)은 표현된 정동의 정도가 약간 감소된 상태이다. 예를 들면, 슬픈 내용의 말을 하면서 얼굴 표정은 웃는 경우인데 흔히 정신분열병에서 볼 수 있다.

② 부적 정동

부적 정동(inappropriate affect)은 사고, 언어 등과 조화되지 않는 정동으로 상황에 어울리지 않게 울거나 웃거나 하는 것이다. 반면 유동적 정동(labile effect)은 외부 자극에 상관없이 정동의 표현이 빠르고 급격히 변하는 상태이다. 부아 발작(temper tantrum)은 자연적으로 또는 사소한 자극으로도 유발되는 분노로서 누적된 긴장과 좌절의 표현으로 볼 수 있으며 어린이에게 흔히 나타난다.

③ 양가감정

양가감정(ambivalence)은 한 대상에 대해 사랑과 미움이 동시에 있는 것 같이 상반되는 감정이 동시에 모순없이 존재하는 것으로 감정뿐 아니라 모든 면에 있으며 대체로 한쪽이 무의식 내에 억압되어 있다. 이것은 정신분열병에서 흔히 나타난다.

(3) 의식장애

의식이 정상적이고 명료하다는 것은 외계의 자극을 받아들이는 감각기관에서부터 중추신경까지 전달하는 과정 및 이를 해석하는 과정에 이상이 없다는 뜻이다. 즉, 감각, 지각, 인식, 지남력, 주의집중 등에 이상이 없고 정상적 통각(apperception)을 사용하여, 경험을 통하여 새로운 관념을 형성할 수 있으며, 관념 간에 합리적 연관을 시킬 수 있고, 일이나 사태의 이해와 파악에 장애가 없어야 하며 그에 대한 다음 활동을 할 수가 있다. 여러 심리적 원인과 뇌기능장애 시 의식에 장애가 온다.

의식의 장애에서는 주의의 장애, 의식의 혼란, 의식의 혼탁, 몽롱상태, 섬망(delirium) 등 그 정도에 따라 차이를 보이고 있다.

(4) 기억장애

기억이란 인간의 정신활동에 필요한 가장 기본적인 요소이며 기능이 없이는 지능의 발달로 이루어질 수가 없고 사고도 불가능하게 된다.

기억은 개체의 정신활동에 필요한 정보를 받아들여서 뇌 속에 기록, 저장 또는 유지되어 있다가 나중에 필요한 때에 의식세계로 꺼내어 회상하게 되는 과정으로 구성되어 있다. 기억은 감정에 의해 영향 받을 수 있는데 그 결과로 나타난 망각이나 기억착오에는 역시 관련된 부정적 감정에 대한 방어적 목적이 있다. 기억의 기능은 오래 전의 사실에 대한 것과 최근의 사실에 대한 것으로 나눌 수가 있다. 기억장애의 형태는 기억과잉(hypermnesia), 건망증(amnesia), 기억착오(paramnesia) 등과 같은 것들이 있다.

PART

02 정신보건사회복지의 이론과 실제

PART 02에서는 다음과 같은 질문들에 대해서 다룰 것이다.

- 정신보건사회복지사들은 생태체계이론 및 강점지향이론을 정신보건사회복지실천에서 왜 알아야 하는가?

- 정신보건사회복지사는 클라이언트를 어떻게 사정하는가?

- 정신보건사회복지의 개입방법과 기술 즉, 사례관리, 가족교육, 가족치료, 집단개입방법, 사회기술훈련, 직업재활, 주거재활 등은 무엇이며 어떻게 개입할 것인가?

- 정신보건사회복지실천에서 사용하기에 좋은 기록방법은 어떤 것이며 평가는 어떻게 이루어지는가?

• • • • CHAPTER

04 정신보건사회복지의 실천이론

1 생태체계이론

1) 이론적 기반

생태체계 관점(ecosystems perspective)은 인간과 물리적, 사회적 환경 사이의 상호교환을 개념화하는 현재의 접근들을 대표한다. 또한 이 관점은 인간행동에 대한 다양한 이론을 통합하고 있으며, 특히 생태학과 일반체계이론의 개념들을 통합하고 있다. 생태체계 관점은 인간과 환경이 서로 분리되어 있는 것이 아니라 지속적인 상호교류 안에서 존재하는 하나의 체계로서 본다. Siporin(1980)은 이러한 관계를 인간과 물리적 · 사회적 · 문화적 환경의 상호작용과정, 자원의 상호 보충적인 교환과정으로 이해해야 한다고 제시한다. 따라서 생태체계 관점은 인간과 환경이 어떻게 서로 영향을 주고 받는지를 보는 준거틀을 제공해 준다. 또한 이 관점은 상황적, 환경적 맥락에서 클라이언트 체계를 보기 때문에 사정과 계획단계에 매우 유용한 관점이다.

생태체계 관점은 인간을 매우 복잡한 존재로 본다. 인간은 사고, 감정, 행동을 가진 생물학적, 심리학적, 영적, 사회적, 문화적 존재로서 환경을 구성할 뿐 아니라 환경에 의해 영향을 받는 상호 교환적인 위치에 있다. 따라서 생태학적 관점에서의 인간관은 한마디로 '환경 속의 인간'이라는 인간관을 가지고 있다. 이 관점은 인간에 대해 낙관론적 시각을 가지고, 인간과 환경은 지속적인 상호작용과 상호교환을 통하여 서로에게 영향을 미치고 서로를 형성하며 상호적응하는 호혜적 관계를 유지한다고 본다(김동배 외, 1998). 또한 생태체계 관점에서 인간의 발달은 진화적 시간에 따른 유전적 변화 뿐 아니라 성숙 및 선택과정에 의해 인간이 형성된다고 본다. 인간은 환경과의 상호교류를 지지 혹은 방해하는 유전적 잠재력을 가진 것으로 보며, 인간행동은 성장하는 개인과 환경 사이의 상호작용의 산물로서 이해한다.

생태체계 관점에서는 다양한 체계 수준에서 이루어지는 개인들과의 관련성을 강조한다. 이러한 다양한 체계의 수준을 Bronfenbrenner(1979)는 생태학적 환경이라고 규정하고, 이러한 체계들 사이에는 위계질서가 존재한다고 보았다. 이들 4체계는 다음과 같이 다양한 형태로 존재하며, 각각의 경계를 가진 자율성을 가지면서도 다른 체계와의 긴밀한 상호작용을 전제로 하는 위계를 갖게 된다.

(1) 미시체계(microsystem)

가족과 같은 직접적인 환경 내에서의 활동, 역할, 그리고 대인관계 유형

(2) 중간체계(mesosystem)

학교 및 가족과 같은 개인을 둘러싸고 있는 두 가지 이상의 환경에서 일어나는 과정과 연결성을 말한다.

(3) 외적체계(exosystem)

두 가지 이상의 환경 사이에서 일어나는 연결성과 과정으로서, 이 중의 최소한 한 가지 체계는 부모의 직장과 같이 개인을 둘러싸고 있지 않은 체계이다.

(4) 거시체계(macrosystem)

민족집단체계와 같은 특정 문화 유형이나 보다 광범위한 사회적 맥락을 의미한다.

생태체계 관점에서는 클라이언트 개인을 원조할 경우라도 위에서 제시된 4체계 내부 및 체계들 사이의 관계의 질을 고려하지 않고는 클라이언트를 완전히 이해할 수 없다고 본다. 따라서 이 관점에서는 사회적 관계망을 개인의 생활공간에서 중요한 변인으로 보고, 클라이언트 행동은 개인, 가족, 집단, 조직, 지역사

회, 문화체계 등의 다차원에서 이해되어야 한다고 본다.

생태체계 관점은 인간의 다양성과 환경 사이의 관계를 이해하는 개념적 준거틀을 제시할 뿐 아니라 이해를 돕기 위한 구체적인 방법을 제공한다. 이 관점은 사회복지실천 과정에서 사회복지사가 권한부여적 관계를 형성하고 클라이언트체계의 자원을 발견하며, 클라이언트체계의 역량을 강화하는 개념적 도구로서 활용된다.

2) 주요 개념

생태체계 개념은 사회복지실천을 전망하고 중재의 표적을 설정하기에 가장 적절하며 인간행동에 대한 다양한 이론 특히, 생태학과 일반체계이론으로부터 도출된 개념들의 강점들을 통합하였고 사물들이 어떻게 상호 적응상태를 이루고 그들이 어떻게 상호 적응해 가는가에 초점을 둔다. 그리고 인간과 그들의 물리적, 사회적 환경 사이의 상호교환을 강조하며, 클라이언트의 하나의 상황이나 한 체계나 한 가지 특징에 관심을 두지 않는다. 또한 변화과정의 환경과 인간발달영역, 인간의 다양성, 그리고 사회체계이론을 포함하며 사회복지실천에서 사정을 위한 모델로서 통합된 관점으로 환경이 인간에 영향을 미치는 방식과 인간이 환경에 영향을 미치는 방식들을 보는 준거틀을 제공한다(전재일 외, 2002: 111).

생태체계 관점에서 초점체계는 무엇인가?, 체계 내부에서 무엇이 일어나고 있는가?, 체계 외부에서 무엇이 일어나고 있는가?, 내부와 외부의 연결은 어떻게 이루어지는가, 체계는 시간에 따라 어떻게 움직이는가?는 실천적 개념에 대한 질문일 것이다. 다음의 <표 4-1>은 생태체계 관점에서 실천적 개념틀을 설명한 것이다.

결론적으로, 생태체계적 관점은 이전의 단선적이고 인과론적인 시각에서 통합적이고 전체적이며 역동적인 인간-환경 관계에 대한 시각으로의 전환점을 제공하였으며 또한 환경의 제반요소들과 끊임없이 상호교류하는 인간의 적응적이고 진화적인 견해를 제공해 주며 인간과 환경 간의 상호영향 변화관계를 잘 설명해 준다.

〈표 4-1〉 생태체계 관점에서 실천적 개념틀

개 념	내 용
초점체계는 무엇인가?	생태체계 분석은 개인, 가족, 집단, 조직 혹은 지역사회에 초점을 맞춰 체계를 확인한다.
체계 내부에서 무엇이 일어나고 있는가?	초점체계 내의 구조, 상호작용, 생리심리사회적 차원, 그리고 문화적 특징을 탐색한다.
체계 외부에서 무엇이 일어나고 있는가?	초점체계의 환경적 상황에서 자원망을 설명한다.
내부와 외부의 연결은 어떻게 이루어지는가?	상황안에서 초점체계와 자원체계간의 교류를 검토한다.
체계는 시간에 따라 어떻게 움직이는가?	초점 체계의 발달과정에서 일어나는 변화들을 관찰한다.

생활모델은 생태체계적 관점에서 사회복지사의 활동개념을 제공해 주는데, 이때 생태학의 순환론적 설명을 적용하여 문제에 대한 다원적 접근을 시도하도록 한다. 또한 개인과 가족, 집단, 공동체 모두에 적용될 수 있는 통일된 과정을 추구하고 있으며, 인간 - 환경을 통합적으로 보고 개인-환경 또는 이 두 가지 모두를 변화시키는데 필요한 이론과 실천 간의 격차를 줄이는 사회복지실천의 지금까지의 과제를 어떤 모델보다도 잘 수행한 모델이라 할 수 있겠다.

2 강점지향이론

강점지향이론을 일반적으로 강점관점이라고 하는데, 정신보건사회복지사들이 사회복지실천에서 클라이언트의 사회적응이나 재활에 가장 중요한 적용이론이다. 다음에서는 강점관점의 개념, 특성, 강점관점 대 병리관점, 강점관점을 강조한 실천모델 등을 중심으로 다루고자 한다(김기태 외, 2005; 양옥경 외, 2002; 이영실, 2009).

1) 강점관점의 개념

강점관점(strength perspective)은 다른 인본주의 접근과 마찬가지로 기본적으로 클라이언트의 강점을 중심으로 접근한다. 즉, 모든 인간은 성장하고 변화할 능력을 가지고 있고, 클라이언트는 문제를 가지고 있는 측면과 실제해결을 할 수 있는 능력과 지식을 함께 갖고 있다는 데서 출발하는 것이다.

강점관점은 사회복지실천의 원조과정에서 사람들의 문제와 병리보다는 그들의 자원, 강점 및 환경에 초점을 둔다. 그리고 클라이언트가 가진 능력과 강점을 확인하고 이용하여 증진·강화하는 것이다. 이러한 관점은 생활주기에 따른 실천과정(사정, 개입과 평가)에 유용하고 사람들의 능력, 가치, 관심, 열망, 수행능력과 자원을 강조한다. 클라이언트의 문제에 대한 관심보다는 해결점을 발견하고 강점을 강화시키는데 초점을 두며, 클라이언트를 독특한 존재로서 그 다양성을 존중하여 클라이언트의 역량을 실현해 나가도록 돕는다.

2) 강점관점의 기본 전제

강점시각은 클라이언트의 자원이나 자원을 풍요롭게 하는 원칙, 이념, 기법을 내포하고 있다. 강점시각을 수용하는 사회복지사들은 다음과 같은 전제를 받아들여야 한다.

① 사람들은 성장 및 변화를 원하는 개별적·본래적 능력을 가지고 있다는 것을 인식해야 한다.
② 클라이언트 체계는 이미 자원과 능력의 보고를 가지고 있음을 인식한다.
③ 상호작용과 협력은 새로운 자원을 구축하기 위해 기존의 자원을 증대시킨다.
④ 긍정적인 변화는 희망과 미래의 가능성 위에 구축된다.
⑤ 클라이언트 체계는 그들이 자신들의 상황을 가장 잘 알며, 대안이 주어지면 가장 좋은 해결책을 결정할 수 있음을 확신한다.
⑥ 무력감을 증대시키기보다 성취감과 능력을 증대시키는 과정을 지지한다.
⑦ 체계의 결함에서 보다는 체계 간의 상호교류 과정에서 도전과 관심을 제기한다.

3) 강점관점의 특성

강점관점을 임파워먼트 모델에 적용하기 위해서 다른 실천모델을 적용하던 사회복지사들은 실천에 대한 지향점, 클라이언트 체계를 보는 관점, 그리고 클라이언트가 제시한 사안에 대한 해석을 재평가해 보는 것이 필요할 것 같다. 강점 관점으로부터의 실천은 사회복지사들이 주요변화를 점검해 볼 수 있도록 새로운 시각을 제시하고 있다. 문제로부터 도전으로, 병리적인 것에서 강점으로, 그리고 과거로부터의 편견에서 미래를 향한 지향점의 변화로 새롭게 변화하도록 하고 있다.

(1) 문제에서 도전 강조로

문제들은 오랫동안 사회복지실천 개입의 초점이 되었다. "문제"라는 시점을 다시 생각해보면, 우리가 문제에 대해 차례로 나열하는 것은 우리의 실패를 정의하고, 불가능에 압도되며, 희망이 없으며, 문제의 낙인이 우리의 정체성을 침범하는 것을 일반화시킨다.

강점관점을 지향하는 실천은 "문제"에서 "도전"으로 이동해야 할 것을 지적했다. 도전은 클라이언트가 추구하는 것에 힘을 북돋우고, 참는 데 도움이 되는 자원과 힘을 조력하면서, 클라이언트의 문제를 도전·전환점·성장의 기회 등과 같이 바라볼 때 그들의 관점을 유의미하게 변화시키게 된다. 이러한 변화는 사회복지사에게 이익이 되며 그리고 클라이언트에게도 바람직한 것이다.

(2) 병리에서 강점 초점으로

사회복지사가 병리에 초점을 맞추어 클라이언트를 진단하는 것은 클라이언트를 병리를 가진 사람으로 규정하고 사회가 그의 행동을 부도덕적이라고 판단하는 것으로 클라이언트조차 스스로 자신이 부도덕하다고 못 박게 된다.

이와 같은 바람직하지 않고 비인격적인 진단은 클라이언트의 잠재능력을 무시하게 된다. 또한 클라이언트에 대한 낙인으로 그들의 잠재성을 무시한 채 서비스 체계를 수립하게 되는 과오를 갖게 된다.

(3) 과거에서 미래지향적으로

의료모델에 기반을 둔 개입과정은 언제, 왜, 어떻게 클라이언트체계가 잘못되어 나갔는지 등을 규명하기 위해 과거를 추구한다. 반대로 강점에서는 클라이언트가 자신의 미래를 짊어지고 이용할 수 있는 자신들의 자원을 발견하기 위해 노력한다. 과거로부터 미래로 사회복지사의 변화는 클라이언트를 "어떻게 될 수 있도록 어떻게 할 것인가"와 같이 임상사회복지 실천의 전 과정에서 사회복지사의 생각을 변화시켜야 한다. 우리는 과거에 일어난 사건을 되돌릴 수도 없으며, 과거의 일에 집착한다고 하여 현재와 미래의 일을 결코 해결할 수도 없다.

4) 강점관점 대 병리관점

병리(pathology)관점으로부터 강점(strength)관점으로의 변화는 몇 가지 핵심적인 변화 양상으로 나타나게 된다. 주요한 변화는 병리관점에서의 문제가 강점관점에서 변화를 위한 하나의 도전으로 간주되며, 병리적 관점이 과거 지향이라고 한다면, 강점관점은 현재를 기반으로 한 미래를 강조한다는 것이다.

Saleebey(1996)는 병리관점과 강점관점의 차이를 다음 <표 4-2>와 같이 구체적으로 제시하고 있다(전재일 외, 2002: 123. 재인용).

〈표 4-2〉 강점관점과 병리관점의 차이

구 분	강점관점	병리관점
개인	개인을 독특한 존재, 즉 강점을 가진 기질, 재능, 자원을 가진 유일한 존재로 규정한다.	개인을 진단에 따라 증상을 가진 "사례"로 규정한다.
치료의 초점	치료는 가능성에 초점을 둔다.	치료는 클라이언트의 문제에 초점을 둔다.
클라이언트의 진술	그 사람을 알고, 올바르게 인식할 수 있는 중요한 방법 중의 하나다.	전문가에 의해 재해석되어 진단에 활용된다.
사회복지사의 태도	클라이언트의 본성을 안다.	클라이언트에게 회의적이다.
외상경험	아동기의 외상은 개인을 약하게 할 수도 있고, 강하게 할 수도 있다.	아동기의 외상은 성인기의 병리를 예측할 수 있는 전조이다.
주된 치료활동	개인, 가족, 지역사회의 열망이다.	전문가의 치료계획이다.
전문가	개인, 가족, 지역사회의 열망이다.	사회복지사는 클라이언트 인생의 전문가이다.
개인적 발전	항상 가능성이 있다.	가능성은 병리에 의해 제한된다.
변화를 위한 자원	개인/가족/지역사회강점, 능력, 적응기술이다.	전문가의 지식과 기술이다.
원조목적	클라이언트의 삶을 인정하고 가치를 개발하고 확인하도록 하는 것이다.	부정적인 행동, 감정, 사고, 관계의 개인적이고 사회적 결과와 증상의 영향을 감소하는 것이다.

강점관점은 문제해결과정에서 강점을 부각한 것이다. 문제해결과정처럼 강점관점의 접근도 현재 상황에 대한 포괄적인 이해, 개입활동을 안내하는 실제적인 행동계획, 변화전략에 대한 지속적인 평가의 중요성을 인정한다. 그리고 클라이언트의 강점과 환경적 자원에 초점을 두고 클라이언트의 역량을 향상시키기 위한 해결 중심의 접근을 하는 것이다. 따라서 이러한 접근에서는 결점보다는 강점을 강조하게 되며, 전문가적 전문성보다는 협력적인 파트너십과 해결지향의 접근을 하게 된다(<표 4-3> 권한부여모델의 개입과정 참조).

〈표 4-3〉 권한부여모델의 개입과정

단계	활동	전략	과업들
대화	공유하기	클라이언트가 기존에 가지고 있는 것으로 알고 있는 역량 및 자원 구체화하기	1. 상호협력적인 관계 확립하기 2. 기존지식 명확화하기(이미 명백한) 1) 클라이언트의 인지(도전과 강점) 2) 사회복지사의 인지(클라이언트체계에서의 역할) 3. 당신이 가지고 있다고 아는 것 다루기 4. 초기방향 정하기 5. 관계를 위한 계약하기 및 사정에 동의하기
발견	찾기	클라이언트가 그들이 가지고 있다는 것을 모르는 자원 탐색하기	1. 쉽게 드러나지 않는 당신이 가지고 있는 것 확인하기 2. 부가적인 정보와 사실에 대한 경험과 사고 연결하기 3. 감정을 사정, 확인, 표현하기 4. 대인 상호적인 정보 연결하기 1) 클라이언트 체계로부터 2) 다른 사람으로부터 5. 자원체계 탐색하기 6. 그밖에 클라이언트 체계의 욕구 결정하기(목표 설정) 7. 해결로 이끌어주는 계획 개발하기 8. 변화를 위한 계약하기
발달	강화하기	클라이언트 체계가 아직 활용하지 않은 부가적인 자원 혹은 역량 사정 혹은 확립하기	1. 클라이언트 욕구 구체화하기 2. 클라이언트가 사용하지 않으나 존재하는 자원 사정하기 1) 개인적 2) 대인상호관계적 3) 조직적 4) 지역사회/사회적 3. 새로운 자원과 기회 만들기 4. 결론을 위한 계약으로 이끌어가기

CHAPTER

05 사정과 계획수립 방법

1 사정도구 및 종류

사정(assessment)은 클라이언트의 상황과 관련지어 클라이언트에 대한 이해를 도모하기 위한 평가과정이라 할 수 있다. 사정은 지속적이고 그 내용은 늘 수정 가능하다. 사정은 정신보건사회복지사와 클라이언트의 상호작용을 통해 전개된다. 그러므로 관계형성이 잘 되어야 한다. 클라이언트가 정신과 면담에 반드시 협력적이지는 않다. 그 이유는 사회적 낙인 때문일 수도 있고, 의사소통에 어려움이 있을 수도 있기 때문이다. 전문가는 자기 자신을 클라이언트의 입장에 두고 공감할 수 있어야 한다.

사정과정은 학제 간에 이루어져야 한다. 사정과 치료에는 팀으로 참여하는 것이 바람직하다. 정신건강전문가들에게 그룹미팅은 다른 분야에서 일하는 전문가들의 견지를 습득할 수 있는 기회가 된다. 물론 클라이언트도 여러 전문가로부터 도움을 얻을 수 있기 때문에 추가적인 이점을 얻게 된다. 많은 정신건강기관들은 클라이언트의 진전상태를 검토하는 팀을 구성하고 정기적으로(예 : 60일, 90일, 6개월) 진단과 치료계획을 검토하고 수정해 나간다.

정신보건사회복지사는 클라이언트의 심리사회적 내력 등에 대한 정보를 얻는다. 심리사회적 내력(psychosocial history)은 클라이언트의 현재 문제와 증상, 과거생활사와 현재 상황에 대한 포괄적인 사항을 말한다. 이러한 정보는 다양한 소스로부터 얻어지는데, 클라이언트뿐만 아니라 클라이언트의 동의 하에 가족과 친구들, 다른 관련 기관으로부터 정보를 얻게 된다. 한편 전통적으로 정신과 의사는 정신상태검사(mental status examination)를 수행하는 책임을 맡는다(이윤로, 2008; 이영실, 2008).

1) 사정도구

여러 가지 간단한 사정도구는 클라이언트의 진전 상태를 점검하는 데 도움이 된다. 사정도구의 예로는 Beck Depression Inventory(우울증 검사도구), Compulsivity Index(강박증 검사도구), Michigan Alcohol screening Test(알코올 중독 검사도구), Rathers Assertiveness Schedule(자기주장 검사도구), State-Trait Anger Scale(노여움 검사도구), Fear Questionnaire(공포 검사도구), Cognitive Slippage Scale(정신분열증 검사도구), Index of Self-Esteem(자존감 검사도구), Provision of Social Support(사회적 지지 검사도구) 등을 들 수 있는데 이러한 사정도구들만 모아놓은 책자도 있다. 사정도구들은 임상심리사뿐만 아니라 정신보건사회복지사들도 활용할 수 있다.

(1) 개인적 사회지지체계를 위한 사정도구

① 사회적 상호작용을 위한 면담계획표
② 사회지지망 목록
③ 사회지지망 인지 목록
④ 사회망 격자(social network grid)

사회복지사에게 특히 실용적인 도구인 사회망 격자는 다음의 정보를 제공한다.

- 클라이언트의 사회적 관계망에서 의미있는 타인
- 지지를 받는 생활영역
- 각 사람들이 제공하는 지지의 특정 유형
- 지지 정도의 중요도
- 지지의 성격 : 상호적인가 혹은 일반적인가
- 개인적 친밀감 정도
- 접촉 빈도
- 관계한 기간

(2) 가족차원의 사정도구

① **가계도**(family genograms)

가계도는 과거의 결혼관계, 편부모의 가족부양 기간, 자녀들이 겪은 부모들의 변경 등에 대한 상세한 정보를 제공하며 가족들이 걸어온 길과 앞으로 나아가야 할 방향을 제시해 준다.

② **생태지도**(ecomap)

클라이언트 및 클라이언트와 관련된 사람, 직접 관련 있는 사회복지기관과 환경의 영향과 그 상호작용의 변화를 묘사하기 위해서 사회복지사, 가족치료전문가, 기타 전문가들이 사용한다. 클라이언트의 인식과 전문가와의 권력공유관계 차원에서 클라이언트와 함께 생태지도를 그리기도 한다.

(3) 집단차원의 사정도구 : 소시오그램

소시오그램(sociogram)은 사람과 상호작용에 대한 상징을 사용함으로써 집단구성원 간의 관계와 패턴화된 제휴관계 등을 그림으로 설명해주며 집단구성원 간에 일어나는 유인력과 반감을 포착해 준다.

2) 사정 종류

위와 같은 모든 종합적인 사정에 대한 개념적 틀을 제공하는 것이 바로 생물심리사회적(biopsychosocial) 사정이라고 할 수 있다. 현재 사회복지에서 추구하는 사정은 바로 생물심리사회적 사정이다. 이는 총체적이고 포괄적인 사정을 의미하며 클라이언트의 삶의 다차원적 측면을 고려한다. 그러면 이에 대해 좀 더 자세히 알아보도록 하자.

생물심리사회적 사정이란 개인의 삶을 이해하는 데 있어서 다양한 상황적 맥락을 고려한다는 것을 의미한다. 생물학적 맥락은 현재와 과거의 신체적 조건, 유전적 요인, 건강을 포함한다. 심리적 맥락은 내면적 갈등, 인지, 행동, 정서, 의미 등을 포함한다. 사회적 맥락은 대인관계, 가족, 직장, 교육 상황 등 매우 포괄적인 차원을 포함한다. 더 나아가 주거나 지역사회 등 환경적 맥락도 포함된다. 모든 정신병리는 개인의 삶을 둘러싸고 있는 이러한 맥락과 관련지어 고려되어야 한다.

한편, 우리는 정보를 얻고 처리하는 과정에서 비판적 사고를 통해 편견에 빠지지 않도록 유의해야 한다. 정보라는 것은 우리의 이해에 긍정적인 공헌을 해주는 만큼 또한 오용되거나 왜곡될 가능성도 많다는 것을 인식하고 있어야 한다. Gibbs와 Gambrill(1999)은 생물심리사회적 사정을 할 때 다음 질문을 비판적으로 고려해 보아야 한다고 했다.

① 내가 수집하는 정보의 목적은 무엇인가?
② 내가 이해하려는 문제는 정확히 무엇인가?
③ 나는 어떤 관점에서 정보를 수집하고 있는가?
④ 클라이언트에 대한 나의 생각의 중심개념은 무엇인가?
⑤ 내가 클라이언트의 문제에 대해 당연할 것이라고 가정하는 것은 무엇인가?
⑥ 나는 어떤 종류의 정보(예, 이론, 조사결과, 클라이언트의 주장)를 활용하고 있는가?
⑦ 나는 어떻게 정보를 해석하고 있는가?
⑧ 나는 어떤 결론에 도달하고 있는가?
⑨ 내가 이런 결론을 받아들인다면 그 함의는 무엇인가?

생물학적, 심리적, 사회적 맥락을 따로 나누어 간단히 설명하고자 한다. 단 세 가지 맥락은 실제로 별개의 범주로 나누어지는 것이 아니라 서로 연관되고 상호작용하고 있다(Sands, 1991).

(1) 생물학적 사정

신체적 기능은 건강 상태에 좌우된다. 질환이나 부상, 장애, 유전적 이상은 신체에 스트레스를 양산하게 된다. 그러면 유기체는 각종 방어기제를 동원하거나 저항을 하면서 그러한 위협에 반응해 나간다. 개인이 어떤 생활스타일을 유지하는가에 따라 스트레스가 심화될 수도 있고 상쇄될 수도 있다.

신체적 기능은 주로 의사가 사정하게 되는데 환자의 주요 불만을 파악하고 신체검사를 시행하며, 실험실 검사와 의료사항에 대한 과거력을 조사한다. 의료에 대한 과거력을 조사하면 현재 문제의 내력을 알게 되고 클라이언트의 과거 질환이나 입원사항, 약물 사용 등을 알 수 있다. 가능한 유전적 요인을 사정하기 위해 부모나 친척의 질환에 대해서도 알아보아야 한다. 특별히 관심있게 보는 것은 정신병적 증상을 초래하는 신체적 질환이나 어떤 조건이 있는지의 여부이다. 예를 들어 약물의 부작용으로 인해 문제가 있는지, 또는 기질적 장애로 문제가 발생하는지를 조사하는 것이 필요하다.

물론 임상사회복지사가 클라이언트나 중요한 타자들(significant others)에게 의료적 문제나 현재의 신체조건, 가족질환, 약물 사용, 수면이나 식사 유형 등의 문제를 물어볼 수도 있다.

(2) 사회적 사정

사회적 사정은 개인의 삶의 일부인 대인관계와 환경적 요인의 영향을 이해하는 것이다. 주요한 주제는 가족과 사회 환경적 스트레스 요인 및 자원이다.

① 가족

개인이 함께 살거나 자주 연결되는 사람들로는 부모, 형제, 배우자, 자녀, 기타 확대가족을 들 수 있다. 가족에 대한 사정을 할 때는 전체적, 그리고 하위체계 간의 관계형성의 질(지지적, 갈등적, 경쟁적), 유대의 강도, 민감한 가족 이슈 등에 대해 관심을 기울여야 한다. 제시된 클라이언트의 문제는 가족과의 관계 속에서 봐야 하는데 그 문제가 가족 내에서 어떤 역할을 하고 있는지 알아야 하며 가족이 클라이언트에게 어떻게 반응하고 클라이언트는 가족에 대해 어떻게 느끼는지 알아야 한다. 클라이언트에 대한 가족의 관심은 어느 정도이며 가족구성원들이 치료과정에 관여할 의향이 있는지, 가족의 자원은 풍부한지도 사정되어야 한다. 가족체계 이론에서 제시되는 차원 - 경계(boundaries)의 성격(개방적, 폐쇄적), 대화 유형, 조직적 구조(역할, 규칙, 하위체계), 다른 체계들(확대가족이나 지역사회)과의 연결, 세력관계 - 등도 사정되어야 한다.

가족은 클라이언트에게 지지를 제공하기도 하지만 그렇지 않을 수도 있다. 사회복지사는 누가 어떤 면에서 지지적인지, 그리고 지지적이지 않은 사람들로 인해 발생하는 장애물은 무엇인지를 결정해야 한다. 장애물이 있다면 그 장애물의 성격과 목적을 탐색하여 극복방안을 마련할 수 있어야 할 것이다.

② 사회적 자원과 스트레스 요인

클라이언트는 정서적 지지를 받을 수 있는 대인관계를 갖고 있을 것이다. 친구들이나 직장 동료 또는 이웃, 목사 등은 사회적 지지를 제공해 준다. 그러나 이들이 개인의 사회관계 형성에 중요한 부분을 차지하지만 또한 개인에게 문제를 일으키고 치료에 장애가 될 수 있다는 점도 염두에 둘 필요가 있다. 즉, 스트레스와 사회적 지지 모두를 지역사회의 집단이나 조직으로부터 동시에 받을 수 있는 것이다. 직장에서의 성차별, 술친구로부터의 압력, 연약한 노인이나 장애인에 대한 부양책임 등은 스트레스를 불러일으킨다. 또한 승진으로 인한 역할의 변화, 직장을 옮긴데서 오는 환경의 변화나 결혼으로 인한 가족부양의 막중한 책임 등이 정신병리의 증상을 불러오기도 한다. 사정을 통해 개인의 삶에 스트레스 요인이 되는 것과 완충 요인이 되는 것을 파악하고 그들의 영향을 묘사해야 한다.

(3) 심리적 사정

발달단계적 이슈는 무엇이었고 해결되지 않은 문제가 어떻게 현재의 생활에 연결되는지 알아본다. 클라이언트의 자아기능이나 문제해결 및 대처능력은 어느 정도인지 평가하고, 클라이언트가 가지고 있는 비합리적 신념이나 부정적 자기개념을 파악한다. 또한 클라이언트가 자신은 물론 다른 사람, 그리고 환경을 어떻게 인지하는지도 파악해야 한다. 덧붙여 미래에 대한 클라이언트의 전망은 어떤지도 알아보아야 한다. 문제적 행동이 일어나는 전후의 심리 상태에 대한 정보를 얻는 것도 중요하다. 이러한 개념들은 파악되어 도전되어야 하며 더욱 현실적인 생각으로 대치되어야 한다.

2 사정계획 수립

클라이언트의 목적설정은 개입계획의 핵심이고, 심리사회적 사정과 클라이언트의 선호도를 반영하여 수립한다. 그리고 클라이언트의 목적을 성취하기 위한 일련의 가능한 행동단계를 수립하게 된다.

사정계획 수립 시 사정목적은 구체적이고 명료하게 써져야 성취 가능성이 높아지며 목적설정은 클라이언트와의 협력 속에서 이루어져야 하며 계획수립 시에 클라이언트를 반드시 포함시켜야 하는 것이 핵심원칙이다.

사정계획 수립 시 목적은 구체적이며 행동주의적 용어로 쓰여야 한다. 또한 클라이언트가 이해할 수 있고, 측정가능하게 쓰여야 한다. 목적이 구체적으로 써져야, 성취된 목적의 정도를 사정할 수 있게 된다. 또한 회복의 과정이나 진전 상황을 모니터하기가 용이하다. 그리고 긍정적으로 써져야 한다. 문제를 줄인다는 것보다는 무엇을 향상시킨다는 식으로 써서 바람직한 방향을 제시한다. 목적은 또한 현실적이어야 한다. 사정목적은 때로 세분화하는 것이 현실성을 높이는 데 도움이 된다. 예를 들어, 생활과업이 너무 압도적일 때는 부분으로 작게 나누어 다루어나간다. 그러면 더욱 잘 운용해 나갈 수 있다는 확신감을 갖게 된다.

사정계획을 수립할 때는 사회복지사와 소비자(클라이언트)가 단기 및 장기목표, 개인의 책임정도, 목표달성 날짜에 대한 협상이 필요하다. 클라이언트는 목적성취를 위한 일련의 규정된 행동과업을 수행하는 데 대한 두려움을 갖기 마련이다. 그동안 절망이나 거절당한 경험, 스트레스가 많기 때문이다. 목표를 작게 나누면 불안을 줄이고 성공경험을 만들어낼 수 있다. 또한 사회복지사는 클라이언트가 아무리 사소한 것이라도 스스로 선택하도록 지속적으로 격려해야 하며 지속적으로 중요한 생활사항을 선택하도록 지지해야 한다(그동안 클라이언트들은 자신이 스스로 결정을 내리는 것을 많이 해오지 못해왔고 의존적이었다).

사정 동안에 파악된 욕구를 다루기 위해 프로그램 계획을 고안한다. 단기 및 장기목표, 전략 등을 세운다. 수행되어야 할 각 전략의 날짜와 책임 있는 사람의 이름도 기록하여 모니터링을 수행하기에 용이하도록 한다. 관련된 개인들이 사인하도록 하여 과제와 책임에 동의했다는 점을 이끌어 낸다.

1) 사정을 위한 정보수집

(1) 환자의 문제에 대한 요약

① 성격과 특징, 인간관계의 태도를 포함하는 환자의 전반적인 정동장애
② 개념과 지각활동, 사고의식 및 주의력 등을 포함하는 심리적 장애
③ 정서장애, 불안장애 등
④ 생리적, 즉 신체적 장애

(2) 과거력 및 각종 검사

내과적, 신경과적 또는 심리학적 검사를 통해 밝혀진 유전적, 체질적, 가정적 및 주위환경으로부터의 영향을 받는 요소들이다.

(3) 정신역동학적 설명

환자들의 문제를 야기하는 데 있어서 직접 관련성을 갖고 있는 원인적・체질적 요소와 또한 그들의 인격 발달에 영향을 끼쳤던 가정적 또는 환경적인 영향을 기술하게 된다. 그러나 복잡하게 얽혀 있는 개인의 생활사를 완전하게 설명하기란 대단히 힘들다. 설명되지 않는 부분이 있다든지, 또 서로 연결이 되지 않는 부분이 있을 때에는 그것을 적어 두었다가 다시 알아볼 수 있도록 해야 한다.

(4) 진단분류

표준화된 진단분류에 의거해서 기록한다(ICD-10 또는 DSM-Ⅳ).

(5) 사정계획

가장 효과적인 치료방법이 무엇이며, 그러한 치료방법을 잘 이용할 수 있을 것인지에 대한 여부, 작업요법이나 오락요법과 같은 보조적인 치료방법의 필요성 여부, 정신보건사회복지사가 맡아야 할 임무의 여하 등에 관한 간결한 서술을 하게 된다. 또한 입원치료를 받을 것인지 또는 외래치료를 받아야 할 것인지에

대한 여부, 진단서의 필요성 여부, 환자가 자기 개인문제나 재산관리를 할 수 없을 정도로 장애가 있을 경우, 후견인의 선정문제 등의 여부도 치료계획에 포함된다.

(6) 전이관계성

환자의 과거력 파악에서 전이관계성(transference relationship)이 확인되었을 경우 환자가 의사에게 나타낼 가능성이 있는 반복적이며 특징적인 태도의 양상을 기록하게 된다. 만일 정신치료가 적용되는 것이라면, 그를 담당하는 정신치료자가 조심해야 할 가능성이 있는 역전이현상에 대해서도 기록해 둔다.

환자의 문제가 어느 정도까지 해결 가능할 것인지, 또는 어떤 치료방법에 의해서 환자가 회복할 가능이 있는지에 대한 의견이나 평가를 기록한다.

(7) 클라이언트를 대할 때의 주의점

치료자는 직접 환자와 이야기 할 때, 엄격해서는 안 되고 유머가 있어야 한다. 또한 치료자의 태도는 환자에게 적합하게 맞추어야 하며 부드럽고 섬세해야 하며 더욱이 치료자 자신이 스스로를 믿어야 하며 환자의 유도심문을 될 수 있는 한 피해야 한다.

2) 개인력 검사

정신장애인은 대개의 경우 기억력과 질병 형성과 병에 대한 다각적 측면에서 면접과 관찰을 통하여 최종적인 진단을 내리게 된다. 정신과 의사는 정신의학적 병력을 조사한다. 이때 정신장애인의 면접은 주로 정신과 의사가 개입하지만 개인력 검사 및 가정방문을 통한 조사 등은 정신보건사회복지사가 맡게 된다. 따라서 클라이언트나 가족의 면담은 정신과 의사도 할 수 있고 정신보건사회복지사도 개입할 수 있지만 면담을 통해 얻는 내용에는 전문분야에 따라 분명한 차이가 있다.

정신과 의사의 정신의학적 병력을 듣는 목적은 개인의 행복, 만족, 능력 또는 사회적응을 방해하는 정신장애, 즉 인격기능의 장애의 근원과 또 그것이 발전해 나온 과정을 밝혀내는 데 있다. 이를 위해서 환자의 인격발달사 및 살아있는 인간으로서의 그의 특수한 심리적 양상과 생활 전반에 관한 모든 정보나 지식을 얻어야 한다. 또한 인격의 발달사라는 면에 관심의 초점을 두면서 추구해 가는 기원적·역동적 연구를 함으로써 비로소 왜 그들이 신경증이나 정신병적 행동을 나타내게 되었는지를 파악할 수 있는 것이다.

그러므로 정신과 의사는 정신의학적 병력 청취뿐만 아니라 정신상태 검사를 동시에 실시하며 외모, 전반적 태도 및 행동, 사고의 진행, 사고의 내용, 지각, 감정반응, 지적 능력, 병식(insight) 등을 종합적으로 파악하고자 한다.

한편 정신보건사회복지사는 심리사회적 평가에 초점을 두고 병력을 청취한다. 따라서 정신보건사회복지사는 환자의 성격 형성에 있어서 사회적·정서적·심리적 환경이 어떻게 영향을 미치고 있는가를 파악해야만 한다. 다음의 <표 5-1>는 정신보건사회복지 실천현장에서 사용될 수 있는 개인력 검사이다.

〈표 5-1〉 개인력 검사

번호	제목	내 용
1	신원	• 취미 및 관심 • 사회경제 상태 • 자란 곳 • 외모 • 성별 • 종교 • 현주소 및 회원 후의 주소 • 이름 • 결혼상태 • 교육배경 • 직업
2	정보자	• 정보자와 환자의 관계 • 정보자의 정보신뢰성 상태 • 현재 병력과 관련된 정보에 초점
3	문제	• 일반적인 문제 • 환자, 가족, 각 치료팀이 보는 문제 진술
4	현재의 병력	• 시작 시기 • 시기의 양식 • 최초의 증상 시기 • 과정
5	과거의 병력	• 시작 시기 • 무엇이 증상을 만들었는가? • 최초의 증상 시기 • 과정 : 만성 또는 급성 • 이전의 치료 : 과거부터 현재까지
6	치료자의 의견	• 정보수집, 면담 등을 통하여 진단계획 및 치료활동에 대한 전반적 의견의 진술
7	가족력	• 성 • 나이 • 직업 • 결혼상태 • 교육 • 환자와의 관계 • 유전적 질병 유무 • 수입 • 아버지에 관한 것 • 어머니에 관한 것 • 형제관계 • 이웃과의 관계 • 종교상태 • 사회계급 • 사회 문화적 상황 • 도덕적 엄격성 • 경제적 상태 • 기타 중요한 타인과의 관계

번호	제목	내 용
8	개인력	• 유아기 : 임신의 상태, 어머니의 질병 유무, 약물복용 여부, 임신의 태도, 낙태의 시도 여부, 정신적・정서적 충격 여부, 태어났을 때의 상황, 몸무게, 질병 여부, 이유식 상태, 발달상태 - 걷기・말하기, 치아시기, 잠 습관, 대소변 시기 및 상태, 아이의 가족에 대한 자세, 또는 가족의 아이에 대한 태도, 현저한 사건 여부 등 • 아동기 : 발달성의 관계, 성격상태, 놀이친구에 대한 태도, 가족에 대한 태도, 자위행위의 시기 및 반응, 태도, 호기심 여부, 신경증적 특질 여부, 종교적 훈련 상태, 흥미와 취미상황, 학교・교회・가정 내에서의 생활, 학교성적 관계, 뚜렷한 사건의 여부 • 사춘기 : 발달상에 있어서 질병 유무, 학교생활, 취미, 습관, 친구 우정관계, 별명, 동성관계, 신경증적 증상 여부, 뚜렷한 사건 여부, 사회적응 문제, 수동적・순환적・정서적 불안정, 불균형, 우울형, 활동성, 완벽주의, 조울 병적 등 • 성인기 : 성생활문제, 사회적응 문제, 생활태도, 성격상태, 취미, 습관 등 • 중년기 및 노년기 : 중년기와 노년기에 관한 생활, 위기, 신체적・정신적 위기 및 상황 등에 관하여 질문한다.

그리고 개인력 검사 후 사정 시 꼭 수행해야 할 역동적 사정분류의 내용은 <표 5-2>와 같다.

〈표 5-2〉 역동적 사정 분류내용

번호	영역	내 용
1	사정 자료	(1) 면접내용과 과정 : 언어적, 비언어적 의사소통의 뜻을 중요시하여 면접의 내용을 서술 (2) 감정의 사고 : 환자가 느끼고 생각한 것을 감정으로 표현하도록 도와줌 (3) 초기 면접에서의 역동적 진단자료 ① 개인적 기억 자료, ② 의식적 태도, ③무의식적 태도
2	치료 이론과 기법	유아의 쾌락원리, 일치과정, 욕구좌절, 외상적 경험, 억압, 병적인 정서적 반응양식, 자아방어기제, 통찰, 무의식 등의 기본 이론적 지식이 필요한 정신병리이론을 크게 나누면 (1) 정신결정론, (2) 무의식과정, (3) 갈등적 접근, (4) 역동적 접근 등으로 나눌 수 있다.
3	성격 강점들	환자의 특수한 기능을 사정함으로써 환자의 성격의 강점들을 발견하여 치료에 적응시킬 수 있다. 이때 필요한 것은 (1) 자아의 기능, (2) 충동의 의미, (3) 초자아의 기능 등이다.
4	전이	전이는 유아기에 중요한 대상에서 비롯되었던 행동과 정서적인 반응의 유형들이 현재 생활하고 관계 맺는 개인에게로 무의식적으로 부적절하게 옮겨지는 과정이다. 바꾸어 말하면, 유아기에 형성된 정서적인 반응양식이나 그 역동이 특정한 대상으로 향하게 되는 것으로 이러한 양식이 치료자에게 향하여 전이관계가 형성되고, 치료자는 이를 분석하고 해석하게 된다.

번호	영역	내 용
		※전이관계의 증진방안 (1) 현재 관계나 현실적 문제를 중요시하기보다 아동기에 형성된 반응양식을 중요시한다. (2) 과거 부모와의 관계를 중요시한다. (3) 꿈과 연상을 위주로 다룬다. (4) 자아의 방어를 무력화시키는 면담방식을 택한다. (5) 매주 4회 이상 면담한다. (6) 치료진에 대한 비합리적 욕구에 중립적 입장을 취하면서 그 욕구를 좌절시킨다. (7) 치료관계에서 치료자는 수동적이고 익명성을 유지한다.
5	저항	저항은 치료목적에 상반되는 환자의 태도의 일부분이다. 통찰 지향적인 치료는 증상과 행동유형 그리고 불안을 유도하는 것에 탐색을 하게 된다. 그러므로 환자는 억압을 유지하고 통찰을 막고, 불안을 피하기 위하여 치료에 저항하는 동기를 갖는다. 저항은 모든 역동적인 치료의 초석 중의 하나이다. Freud는 이론적 관점에서 다음과 같이 저항의 다섯 가지 유형을 기술하였다. (1) 억압저항, (2) 전이과정, (3) 이차적 이득저항, (4) 초자아저항, (5) 반복・전환저항

역동적 사정분류에 근거하여 사정할 경우 반드시 사정계획지침서에 의해 사정을 계획해야 한다. 다음은 사정계획지침서의 예이다(<표 5-3> 참조).

〈표 5-3〉 사정계획지침서

1. 사례 개요	1) 주 호소 문제	2) 접촉 목적 및 횟수
2. Ct에 대한 일반적 사항	1) Ct의 개인력	2) 인상・행동특성 등
3. Ct의 가족상황	1) 가계도	2) 가족력
4. 문제사정 위한 체계분류	1) Ct체계 3) 행동체계	2) 표적체계 4) 변화매개체계
5. 사정계획 (진단계획)	1) 문제들(각 체계의 문제들 서술할 것) 2) 강점들(각 체계의 강점들 서술할 것) 3) 약점들(각 체계의 약점들 서술할 것) 4) 목표와 하위목표 (1) 궁극적인 목표(문제해결 해야 할 가장 궁극적인 목표 서술할 것) (2) 하위목표(궁극적인 목표를 달성해야 할 각 단계 : 초기단계, 중간단계, 종결단계의 목표를 서술할 것) (각 하위목표마다 개입해야 할 사회복지실천이론이 무엇인지 설명할 것) 5) 계획(하위목표에 입각한 구체적 계획을 서술할 것) (1) 초기단계에 의한 계획 (2) 중간단계에 의한 계획 (3) 종결단계에 의한 계획	

6. 개입과정 (하위목표 및 계획에 입각한 개입과정을 서술할 것)	1) 초기단계 개입과정 2) 중간단계 개입과정 3) 종결단계 개입과정 * 각 개입과정에 포함해야 할 항목들 : (예) 1차 개입(일시, 장소, 개입목표, 개입내용(활동내용, 상담내용, 프로그램 진행내용 : 요약할 것), 개입과정에서의 실천이론적용 내용, 클라이언트의 변화 내용, 개입에 대한 정신보건사회복지사의 평가(목표기준으로 평가), 슈퍼바이저의 평가, 다음 2차 개입에 대한 계획 등을 서술할 것)
7. 변화노력의 종결	1) 평가 : 본인 실습생 평가, 슈퍼바이저 평가 등 (1) 개입과정의 평가 (2) 목표의 평가 (3) 결과의 평가 2) 각 개입과정에서의 적용한 사회복지실천이론에 대한 평가 3) 사회복지사 개입 후 변화사항 * 사회복지사가 각 개입단계마다 개입한 후 각 체계의 변화사항이 무엇인지 서술할 것 4) 사후계획 : 클라이언트의 문제해결을 위하여 종결 후 사후계획이 있다면 무엇인지 서술할 것

3 집단프로그램 사정

사회복지사가 집단프로그램에 대해 사정하고자 할 때 집단역동(Group Dynamics)에 대한 지식과 실천기술을 활용하면 많은 도움을 얻을 수 있다. 많은 사회복지사들이 집단역동에 대한 지식과 기술에 의존하여 자신의 개입 및 역할을 계획하는 경향이 있기 때문이며 집단은 집단과정을 통해 개별구성원뿐만 아니라 전체로서의 집단에 영향을 미치는 독특한 힘을 만들어 낸다.

집단프로그램 계획의 수행단계는 다음과 같다(이윤로, 2008).

① 생활영역에 따라 장·단기 목표를 세운다.

② 목표성취를 위해 계획을 세우는 과정에 가족, 이웃, 의사 등 모든 관련된 사람들을 포함시킨다.

③ 단기 목표로 먼저 우선시되는 욕구를 나열하고 이를 위한 대응전략을 고안한다. 전략은 작은 단계로 나누어 하나하나 쉽게 성취해 나갈 수 있도록 한다.

④ 전략을 성취하는 데 있어 각 단계마다 책임 있는 사람을 구체화한다.
⑤ 각 단계마다 수행이 완료되는 날짜를 기록한다.
⑥ 계획과정에 관련된 사람들이 제시한 코멘트를 기록한다.
⑦ 클라이언트와 함께 계획을 재검토한다.
⑧ 계획과정에 관여한 모든 사람들로부터 사인을 받는다.
⑨ 클라이언트와 사회복지사 간에 접촉빈도를 최소한 몇 회로 할지 정한다.
⑩ 한 달 단위로 또는 필요에 따라 계획을 재검토하고 추가할 계획이 있으면 새로이 추가한다.
⑪ 계획을 통해 성취된 성공사항을 파악하여 축하해 준다.

4 검사와 진단

진단은 문제나 역기능을 전문가들 간에 의사소통할 수 있는 용어로 변환시켜 주며, 개입계획을 개발하는 가이드 역할을 한다. 정신상태검사(Mental Status Examination : MSE)는 정신장애의 주요증상을 사정하는 한 도구이다. 정신상태검사는 클라이언트의 심리적 어려움의 성격을 규정하고 진단을 내리기 위해 클라이언트가 호소하는 문제와 증상, 그리고 행실을 탐색하는 것이다. 전통적으로 진단은 정신과 의사의 책임이었다. 그러나 최근에는 임상사회복지사들의 사정과 치료에 대한 책임이 증가하면서 진단에 상당한 기여를 하고 있다.

정신상태검사 결과에 기초해서 우리는 DSM-Ⅳ에 나와 있는 진단을 내리게 된다. 그러나 정확한 진단이 늘 가능한 것은 아니다. 여러 장애에 공통으로 해당되는 증상이 나타나는 경우가 많기 때문이다. 그럴 때는 일시적 결론을 내리거나 진단을 유보하게 된다.

진단에 대해 클라이언트와 공유하는 과정이 매우 중요하다. 클라이언트에게 진단이 어떻게 해서 내려졌고 이것이 앞으로 개입에 어떻게 도움이 되는지를 설명해야 한다. 또한 진단 결과를 클라이언트에게 보여주며 정확하게 클라이언트의 어려움을 진단했는지 물어보는 것도 좋다. 이렇게 해야 관계형성이 잘 이루어진다. 정신장애진단 매뉴얼인 DSM-Ⅳ를 활용하여 진단을 내리는 것에 대해 다음과 같은 논란과 비판이 있다.

Turner(1980)는 진단 대신 사정이 클라이언트의 복잡한 생물심리사회적 상황을 이해하는 데 더 적합하다고 주장했다. 진단적 용어는 오용되기 쉽고, 클라이언트에게 낙인을 붙여 부정적 효과를 초래한다. 진단이라는 용어는 또한 클라이언트를 심판하는 형식이 되어 사회복지사와 클라이언트의 거리감을 형성한다.

DSM-Ⅳ의 신뢰도와 타당도에 대한 문제의 여지가 있다는 보고도 많다. 물론 DSM-Ⅳ의 신뢰도가 좋다는 보고가 있기도 하다. 그러나 정확성에 문제가 있다면 진단이라는 용어는 적합하지 않을 수 있다.

DSM-Ⅳ는 실제 장애를 분류하는 데서 너무 벗어나 자기통제나 개인적 책임 같은 의지와 관련된 행동까지도 정서장애나 질환으로 변형시켜 놓는다는 비판을 받는다. 또한 많은 비판자들은 DSM-Ⅳ 진단을 사회복지에 혼합시킴으로써, 의료적 모델이 사회복지의 전통적 사명을 오염시키는 결과를 낳는다고 비판한다.

그러나 현실적으로 사회복지서비스가 보험서비스를 받기위해서는 진단이 필요하다. 하지만 의료적 모델로 돌아가야 하는 딜레마에 빠지게 된다. DSM-Ⅳ는 또한 관찰할 수 있는 행동에 주로 의존하고 내적 역동을 간과한다. 예를 들어, 임상가들은 반사회성 성격장애의 기준에는 맞지 않지만 조작적이고 권력 지향적이며, 비정한 사람들을 본다. 이렇게 행동적 기준에만 초점을 둠으로써 결과적으로 사회적으로 인정받지 못하는 집단에 대해 과도하게 진단이 내려지고 성공한 사람들에게는 진단이 덜 내려지는 경향이 있다. 그리고 모든 전문성과 지식을 전문가의 손에 맡기는 것은 클라이언트를 수동적 수혜자로 만드는 결과를 낳는다.

정확한 진단을 하기 위해서 정신 상태 검사를 시행하는데, 클라이언트는 다양한 분야에 걸쳐 검사를 받는다. 정신 상태 검사의 결과를 보고하는 형식은 여러 가지가 있는데, 최소한 다음의 일곱 분야는 반드시 다루어져야 한다(Sands, 1991).

1) 전반적 외모와 태도

클라이언트의 신체적 특성(키나 몸무게), 태도나 언행, 얼굴 표정, 옷차림, 위생 상태 등을 묘사한다. 클라이언트가 치료자에게 협조적인지, 회피적인지, 공격적인지도 묘사한다. 또한 클라이언트가 왔을 때의 상태, 즉 화난 상태로 왔는지 슬픈 상태로 왔는지도 묘사한다.

2) 행동과 자동적 행위

몸짓, 전율, 경련적인 운동, 반복적인 행위 같은 자동적 행위를 관찰한다. 자세나 걷는 모양을 묘사한다. 행동의 양과 질(과장되게 행동하는지, 무기력하게 행동하는지) 모두를 사정한다.

3) 언어

클라이언트의 말의 속도와 말소리 크기를 살피고, 말을 더듬는지, 농담을 하는지, 은어를 사용하는지 등의 언어 행태를 기록한다. 또한 얼마나 말을 많이 하는지도 기록한다.

4) 감정 및 기분 상태

클라이언트가 표현하는 감정(슬픔, 노여움, 두려움)과 정동(즉, 감정의 높낮이, 감정의 무딤 혹은 활기참)을 파악한다. 클라이언트가 이 감정에서 저 감정으로 옮겨가는가(불안정한가)?, 클라이언트가 진술하는 감정과 치료자가 관찰하는 감정이 일치되는가?, 감정표현이 적절한가? 등을 평가한다.

5) 사고(사고과정, 지적 능력, 인지)

클라이언트의 사고 내용, 즉 클라이언트가 가지고 있는 선입견이나 주제를 파악한다. 망상이나 강박관념, 공포 같은 비현실적 신념, 기괴한 생각, 그리고 언어로 표현되어 나타나는 사고과정의 성격을 평가해야 한다.

전반적인 지적 능력의 수준을 평가하고, 추상적으로 사고할 수 있는 능력이 손상되었는지도 사정한다. 클라이언트의 순간, 단기 및 장기 기억 상태가 어떤지 평가한다. 클라이언트의 지남력 즉 시간, 장소, 사람에 대한 감각이 있는가?(자신이 어디에 있고 누구와 얘기하며 오늘이 언제인지) 의식에 어떤 손상이 있는가?(멍한 상태, 몽롱한 상태, 의식이 희미함)를 평가한다.

6) 지각/감각 경험

클라이언트는 환경에서 오는 자극을 정확하게 지각하는가? 클라이언트는 시각, 청각, 후각, 촉각에 장애가 있는가? 환청이나 환상, 착각을 경험하는가? 클라이언트는 자기 자신이나 환경으로부터 자신이 분리되는 느낌을 경험한 적이 있는가? 즉 이인증이나 현실감 소실을 경험하였는가? '이인증(depersonalization)'은 개인이 자신으로부터 분리되어 마치 자신의 정신현상이나 신체현상을 외부에서 구경하는 관찰자가 된 것 같이 느끼는 것이다(마치 자신이 꿈꾸고 있는 것 같다). '현실감 소실(derealization)'은 외부세계에 대한 경험이나 지각이 이상하다거나 비현실적인 것으로 여기는 것이다.

7) 판단력과 통찰

클라이언트는 자기의 행동의 결과를 이해하는가? 클라이언트는 자신의 문제를 인정하는가? 클라이언트는 자기 자신을 책임질 수 있는 것으로 보이는가? 클라이언트는 여러 대안을 평가하고 그 대안에 따라 합리적인 행동을 할 능력이 있는가? 등을 알아보아야 한다.

CHAPTER

06 정신보건사회복지의 개입방법과 기술 I

1 정신장애인을 위한 사례관리

지역사회정신보건의 개념을 실천하는 데 있어 가장 핵심적이고 중추적인 기능을 하는 것이 사례관리이다. 사례관리가 치료적 기능을 갖고 있는가 아니면 자원연결 및 제공의 기능만을 갖고 있는가, 또는 어떤 전문직이 사례관리사의 역할을 담당해야 하는가에 대해서는 아직도 논란이 계속되고 있지만 사례관리가 사회적 서비스 측면의 다양한 문제를 다루고, 장기보호를 필요로 하는 환자집단과, 다중욕구를 가진 클라이언트에게 적합하고 효과적이라는 것은 공통된 의견이다. 특히 지역사회에서 생활하는 정신장애인들에게는 사례관리가 가장 적합한 방법으로 대두되고 있다(J. Rothman, 1991).

이처럼 날로 그 중요성이 부각되고 있는 사례관리는 사회기능상의 문제를 가진 개인이 기능 회복 및 증진을 초래할 수 있도록 개인과 주변 환경을 변화시키는 데 지속적이고 통합적으로 개입하는 방법이라고 할 수 있다. 따라서 그 어떤 분야에서보다도 정신보건영역에서의 활용이 가장 중요하게 부각된다. 사례관리는 재가 중심적 보호영역, 정신보건영역, 직업재활영역, 노인복지서비스영역, 성장장애영역 등에서 활발히 활용되는 데, 그 중 정신보건영역에서의 사례관리는 만성정신장애인의 재활치료에 있어 그 유용성이 입증되어 있고 정신분열병 치료에 효과적이라고 임상적 보고에 언급되고 있다(Thornicroft, 1990).

정신장애를 지닌 사람은 약물치료, 정신사회치료, 위기개입, 입원치료 등 다양하고 광범위한 치료 및 재활서비스뿐 아니라 주택, 재정보조, 직업훈련 및 직업알선, 의료보호 등을 포괄하는 사회적 서비스의 여러 종류를 필요로 한다. 이와 같은 다양한 서비스의 필요욕구는 지역사회에 흩어져 있는 광범위한 자원의 활용을 의미하는데, 이런 서비스들을 자기 수준에 맞게 획득한다는 것은 일반인들에게도 쉬운 일이 아니다. 하물며 심한 정신장애를 앓고 있는 사람들에게는 더욱 어려운 일이며, 전문적인 관리체계 없이 방치해 둔다면 편중된 서비스만을 받게 될 가능성이 높다(양옥경, 1996).

따라서 이 장에서는 사례관리의 목표 및 기능, 사례관리의 과정 등에 관한 이론적 고찰을 통하여, 정신보건사회복지사들이 사례관리의 이론을 실제로 실무에 적용시키는 데 대한 이론적 준거틀로 사례관리의 실제적 과정 모델을 제공하고자 한다.

1) 사례관리의 등장 배경

사례관리는 1980년대 이후 미국, 영국, 캐나다 등에서 정신장애인을 비롯하여 노인, 아동, 신체 및 발달 장애인과 같은 다양한 대인서비스영역에서 주목 받아왔다. 사례관리란 장애인, 노인, 정신질환자 등의 주로 장기적인 문제를 가진 클라이언트를 대상으로 사례관리자가 오랜 시간 동안 책임지고 필요로 하는 서비스를 다양한 원천으로부터 동원하여 연결하고 모니터하는 활동이다(조흥식 외, 2000: 373).

사례관리는 새로운 개념은 아니지만 최근에 만성적인 정신장애인들에 대해 제공되는 서비스를 개선시키는 방법으로 다시 각광받고 있다. 그 이유는 1960년대 이후 Human Service가 혁신적으로 변혁되면서 크게 두 가지 이유에 의해 그 필요성이 제기되었기 때문이다.

첫째, 인간서비스프로그램(Human Service Program)이 갑자기 늘어나면서 이용 가능한 서비스들이 분할되거나, 중복되거나, 통합되지 못하였기 때문에 사용자들이 쉽게 이용할 수 없게 되어 사례관리자의 도움이 필요해졌다. 특히 치료의 연속성의 개념을 중시했던 당시 정책입안자들에게는 치명적이었다. 따라서 서비스의 통합(integration)의 개념을 실현하기 위해서는 SITO(Service Integration Targets of Opportunity) 프로젝트를 개발하였고(Mittenthal, 1976), 그 중 가장 핵심적인 것이 사례관리였으며, 각 내담자들에 대한 체계자원(system resource)들을 통합하는 역할을 수행하도록 기대되었다.

둘째, 탈원화가 된 이후 많은 정신장애인들이 지역사회로 복귀하였으나, 이들을 관리하고 지지할 책임이 통합되지 못한 채 여러 기관들과 정부의 여러 계층에 분산되었고, 결과적으로 이들 정신장애인들의 개별적인 요구를 파악하지 못했고 수용할 수도 없게 되었다. 대처능력이 저하되어 있는 정신장애인들은 복잡하기만 하고 통합되어 있지 않은 지역사회의 사회적 지지망에 의존할 수밖에 없었다(이영실, 2004: 126-129).

따라서 필요로 하는 서비스를 충분히 받지 못했으며, 그러한 서비스가 존재하지 않는 상황에 처하게 되었다. 점차 이 탈원화된 클라이언트들이 적당하고 적절한 서비스를 제공받지 못해 생기는 부작용들에 대해 관심이 모여지기 시작했다(Lamb & Goertzel, 1977). 결국 이들의 요구에 부응하기 위해 NIMH는 서비스를 포괄적으로 엮는 지역사회지지체계(Community Support System : CSS)의 개념을 도입하였다. 이 CSS에서 사례관리자는 중심 역할을 수행하게 되었는데 이들은 모든 체계를 통합하는 기능을 갖게 되었다(Pincus and Minaham, 1975 ; Rubin, 1987).

사례관리는 사회복지실천에 완전히 새로운 개념으로 등장한 것은 아니다. 사회복지실천의 역사상 사례관리는 1863년에 설립된 매사추세스의 자선위원회에서 이미 시작하였으며 이후 사례관리는 Richimond 시대 이래로 사회복지실천의 전통적인 분야로 자리 잡았고, 인보관운동과 자선조직협회에서 이미 그 기원을 찾아볼 수 있다. 따라서 사례관리가 1980년대 들어 새롭게 케이스 워크보다 진보된 하나의 방법론으로서 활용되기 시작한 것은 다음과 같은 역사적 배경을 갖는다(양옥경 외, 2002: 235-238 ; Moxley, 1989 ; Rapp and Chamberlain, 1985 ; 김통원, 1998: 20-22).

(1) 탈시설화 영향

탈시설화라는 용어는 문자 그대로 클라이언트가 생활상의 곤란을 해결하기 위해 이제까지 살아오던 가정과 지역사회와는 분리되어 수용시설 혹은 병원의 입원시설을 이용하던 방식에서 해방되어 다시 가정과 지역사회로 되돌아오는 것을 의미한다.

1950년대 이후 개발되기 시작한 항정신성 의약품은 시설에 입원시키지 않고도 정신장애인들을 지역사회 내에서 관리 가능하다고 믿게 하였다. 시설에 있는 사람들은 줄이고 재가서비스를 강조하는 지역사회 중심 보건운동이 전개되었지만, 실제로 그들을 지역사회 내에서 제대로 관리하는 데에는 실패하였다.

입소시설에서의 서비스 전달은 모든 서비스들이 한정된 시설 안에서 제공되도록 구조화되어 있다는 이점이 있는 반면, 입소자의 재활에 한계를 갖고 있으며 공적으로 부담해야 하는 비용이 크다는 단점을 갖고 있다.

이러한 이유로 탈시설화는 중요한 이슈가 되었는데, 탈시설화의 경향은 서비스 전달상의 문제를 가져왔다. 지역사회에 기초하는 서비스들은 각 기관들이 소유하는 기금과 자격요건 등으로 인하여 분산되는 경향을 보인다. 이와 같은 상황에서 사례관리는 각 조직의 경계를 넘어 서비스들이 함께 이루어질 수 있는 장치를 제공함으로써 이와 같은 문제들이 상쇄될 수 있도록 하는 수단으로써 도움을 주게 된다.

따라서 1970년대 중반부터 사례관리를 핵심적 내용으로 한 지역사회지지 프로그램(community support program)이 새로이 나타나게 되었다. 따라서 사례관리방법은 이들의 서비스 요구에 의해 계속적이고도 포괄적인 서비스를 제공하는 방식으로 등장하게 된다.

(2) 서비스 전달의 지방분권화

대인복지서비스가 중앙집권적인 서비스에서 지방분권적으로 전달되기 시작한 것은 미국의 경우 1975년의 사회보장법 제20장의 성립으로 연방정부와 주정부, 지방자치단체 간의 책임분담이 새롭게 설정되면서부터다. 1980년대에는 신보수주의를 표방하는 레이건 행정부가 등장하면서 대인복지서비스의 전달체계에는 획기적인 변화가 나타난다. 즉, 사회적 서비스의 공급주체가 중앙정부에서 지방정부로 이동되었던 것이다(Schenk and Schenk, 1981). 그러나 지방을 중심으로 전개된 서비스들은 서비스들 사이의 통합을 위한 장치나 클라이언트와 관련된 서비스 기관들 사이의 조정을 위한 장치를 거의 가지지 못한 채 이루어졌다.

따라서 각 정신보건기관들의 서비스를 조직화하고 내담자의 욕구를 통합적으로 충족시킴으로써 지방분권화에 따른 부정적인 측면을 보충하기 위해서 사례관리방법이 등장하게 되었다. 특히 정신보건영역에서의 사회복귀를 위한 재활서비스는 정신장애인에게 생활 전반에 걸친 서비스를 의미한다.

여러 가지 다원화된 서비스들이 필요하게 됨으로써 제각기 특정한 서비스를 매우 한정된 범위의 특정 인구에게만 제공하는 서비스의 단편적 성격이 나타나게 되었다. 특히 공공부문에서 민간부분으로 서비스 전달체계가 점차적으로 바뀌게 됨에 따라 서비스 사이의 조정적 역할장치가 거의 없는 상태로 되었다. 이러한 서비스 전달체계의 '정글화'된 특성은 정신장애인이 각 서비스마다 각기 다른 기관들에게 직접 접근해야 하는 불평을 줄 뿐만 아니라, 심지어 접근할 수 있는 기회마저 잃게 된다. 사례관리는 이러한 서비스 체계에 연계성을 부여하기 위해서 나타나게 되었다.

(3) 클라이언트와 그 가족에게 부과되는 과도한 책임

지역사회 내의 적절한 환경자원의 미비는 클라이언트와 그 가족들에게 너무 많은 책임을 넘겼다. 그 결과 클라이언트와 그 가족에게 과도한 스트레스가 발생하게 되었다. 한 예로서 주거시설 같은 환경자원의 미비는 부랑인들을 양성하는 결과를 가져왔다. 사례관리는 클라이언트를 위해서 환경자원들을 개발하고 연결하는 기능을 요구하게 되었다.

(4) 다양한 문제와 욕구를 가진 클라이언트의 증가

지역사회생활을 위해서 정신장애인은 생활 전반에 걸쳐 다양한 욕구와 해결해야 할 문제들을 가진다. 그 문제들을 해결하기 위해서는 사례관리와 같이 지역사회에서 살아가는 데 필요한 서비스들을 조직화함으로써 그 욕구를 충족시키는 기능을 수행할 수 있는 역할이 요구되었다. 따라서 정신장애인들이 지역사회에서 살아가도록 하기 위해서는 클라이언트들이 필요로 하는 서비스를 조직화하고 통합하여 상호 연계되도록 하기 위한 사례관리방법이 요구되었다.

일반적으로 한 기관이나 하나의 단일 서비스체계로는 복합적인 욕구를 가진 클라이언트의 문제에 대응하는 것이 불가능하다. 따라서 이들이 지역사회에서 살아가도록 하기 위해서는 클라이언트들이 필요로 하는 서비스를 조직화하고 통합하여 상호연계되도록 하기 위한 사례관리가 요구되었다.

(5) 기존 서비스의 단편성

복지서비스의 대부분은 범주별로 분류되고 자격요건의 측면에서 서비스 공급 주체가 다원화되고 있다. 즉, 서비스 공급 주체는 지방정부, 민간조직 등으로 나누고 서비스는 연령집단별, 기능집단별, 혹은 문제영역별로 나눈다. 이처럼 복지서비스가 통합되지 못하고 단편적으로 이루어지는 상황에서는 클라이언트의 욕구가 충족되기 어렵고 문제해결은 형식화되거나 방치되기 쉬워진다. 사례관리는 클라이언트 수준에서 서비스의 단편성을 막아 내기 위한 장치로서 필요하였다.

(6) 서비스 비용 억제

한정된 자원 가운데서 서비스 전달의 효과를 최대화하려는 노력은 항상 중대한 관심이다. 즉, 서비스전달의 비용을 억제하려는 관심이 계속 증가되고 있다. 이것은 지난 수십 년간 정신보건에 사용되는 비용의 급격한 증가로 인한 부담에서 기인한다고 하겠다(Belsher, 1993). 실제로 병원을 중심으로 한 보건체계는 막대한 비용이 소요된다. 그러나 사례관리 서비스를 제공하게 되면 정신장애인의 상태가 더 악화되거나 재입원하는 것을 예방할 수 있으므로 비용을 억제할 수 있게 된다. 따라서 치솟는 치료비에 대한 대응책으로서 사례관리방법에 대한 관심이 고조되었다.

(7) 사회적 자원체계와 지원망의 중요성에 대한 인식 증가

실제로는 가족, 친척, 친구 등의 사회적 지지망이 항상 긍정적인 결과만을 가져오는 것은 아니다. 그러나 비공식적인 지지는 클라이언트의 지역사회생활을 향상시키는 데 중요한 역할을 할 수 있다. 또한 점차 사회적 망을 포함하는 사회적 지지체계에 대한 인식이 대인서비스 전문가들 사이에서 증가함에 따라 사회적 지원망을 구성하고, 그 지지를 받도록 하는 조력역할이 요구되게 되었다.

그러나 주의해야 할 것은 사회적 자원체계와 지원망이 항상 기능적이기만 한 것은 아니라는 점이다. 이들이 클라이언트의 건강이나 지역사회생활을 향상시키는데 중요한 영향력을 미치는 것은 사실이지만, 공적인 서비스와의 통합이나 조정이 이루어지지 않을 경우에는 매우 부적당한 것이 될 수도 있기 때문이다.

따라서 공적인 서비스가 제공하는 것과 비공식적인 사회적 자원체계가 공급하는 서비스에는 양적, 질적 차원에서 상당한 차이가 존재한다는 것을 인식하면서 이들을 조정하고 통합하려는 사례관리방법이 주목받게 되었다.

2) 사례관리의 이론적 기반

사례관리는 클라이언트 중심의 통합적 서비스 실천양식으로 '환경 속의 인간'이라는 체계적 관점과 부합한다. 사례관리는 기관의 서비스에 기초하는 과거의 전통적 사회복지와는 달리 클라이언트의 욕구에 기초하여 기관의 범위를 넘는 지역사회차원의 적극적 서비스 제공을 강조한다. 특히 인간을 둘러싼 환경체계에 대한 종합적인 사정이 가능한 체계이론, 생태체계이론에 그 이론적 기반을 두고 있다(최옥채, 1999: 99).

(1) 체계이론

체계란 서로 관계를 맺어 영향을 주고받는 부분들이 형성한 전체 혹은 조직으로 이해된다. 체계이론은 상호작용 구성요인의 균형 유지를 위해, 이들 구성요인의 파악과 통제를 통해 인간행동과 사회를 전체적으로 설명하고자 하는 개념적 지침이다. 이 이론은 미생물부터 사회까지 살아 있는 존재에 초점을 두는 체계이론의 부분으로 경계, 역할, 사람들과의 정보 흐름에 관심을 둔다. 이것은 개인과 집단 그리고 지역사회와 접하는 사회복지사에게 다양한 상황과 환경을 중요시할 것을 강조한다.

일반체계의 주요개념으로는 열린 체계와 닫힌 체계가 있는데 이것은 외부로부터 투입을 받아 이에 합당한 산출을 만들어 내는 체계와 외부로부터 투입을 받아들이지 않고 산출도 없는 엔트로피의 특성을 지닌다. 개인, 집단, 지역사회 등의 각 체계는 상황에 따라 열린 체계 혹은 닫힌 체계의 속성을 갖게 된다.

다른 주요 개념으로는 경계가 있는데 체계 간의 상호작용을 조절하는 역할을 한다. 예컨대 외부의 침투가 힘든 경계의 가족은 사회적 환경으로부터 소외된 상태이고, 그 반대의 가족 경계는 외부 변화에 민감한 상태라 할 수 있다.

역동적인 체계는 존재하기 위해 지속성을 유지하면서 동시에 변화를 추구한다. 그러나 체계의 변화는 반드시 그 체계의 안정을 고려하여 이루어져야 한다. 그러므로 모든 체계의 생존은 안정과 균형의 상태와 혁신과 변화의 생태를 위한 과정에 의해 가능하다.

(2) 사례관리의 모델 종류

① 사례관리 목적, 방법에 따른 분류모델

사례관리 목적, 방법에 따른 분류모델은 크게 네 가지로 구분된다(김통원 외, 1998: 27).

- 확장 - 중개자모델

사례관리자는 클라이언트의 욕구를 사정하고 기존의 서비스들을 연결시키지만 일반적으로 직접적인 개입 서비스는 제공하지 않는 단순한 형태이다.

- 개인적 강점모델

클라이언트의 능력을 먼저 파악, 클라이언트가 목적을 달성 할 수 있도록 그들의 장점을 최대한 발휘할 수 있는 환경들을 만든다.

- 재활모델

클라이언트의 부족한 점을 파악하며 그 약점들을 극복할 수 있도록 여러 가지 기술들을 가르친다.

- 완전지지모델

사례관리자는 직접적인 돌봄(care)도 하고, 클라이언트에게 필요한 다양한 지지적 역할을 수행한다.

② 사례관리자에 따른 분류모델

Levine과 Fleming(1984)은 사례관리를 수행하는 사례관리자가 누구인가 또는 어떤 역할을 하는가에 따라 분류했다.

- 일반모델

한 사례관리자가 모든 사례관리 기능에 책임을 지고 필요한 직접 조정, 옹호서비스를 제공한다.

◉ 일차적 치료자, 사례관리자모델

이 모델의 이점은 환자의 치료, 서비스 사정에 대해 한 사람과 관계한다는 것이다.

◉ 인접전문가 팀 접근모델

전문 영역에서 서비스 전달의 책임을 갖는 구성원들이 모인 전문가들의 팀에 기반을 둔다.

◉ 가족모델

가족이 전문가들보다 만성정신질환자에 대한 사례관리 서비스를 더 잘 제공할 수 있다는 개념에서 나왔다.

◉ 지지적 관리모델

지역사회구성원 중에서 전문성에 관계없이 사례관리의 지지적인 관리책임자가 선택된다.

◉ 자원봉사자모델

지역사회 내 자원봉사자나 관련 대학원생들을 활용하여 전문적인 지도 아래 만성질환자와 1대1로 사례관리의 책임을 부여한다.

3) 사례관리 실천에의 적용

정신보건사회복지사들은 전형적으로 환경 속의 인간(person-in-environment)에 초점을 두어 왔다. 클라이언트가 개인적 변화를 이룩하도록 돕는 심리치료나 상담에 덧붙여 정신보건사회복지사들은 종종 물리적 또는 서비스 환경이 클라이언트에게 유리하게 바꾸어지도록 노력한다. 정신보건사회복지사들은 개인과 가족에 대해 포괄적인 견해를 취하기 때문에 자신이 속한 기관을 초월하여 다른 서비스에까지도 클라이언트를 의뢰한다. 예를 들어, 정신보건사회복지사는 퇴원 후의 계획을 세우고 그에 상응하는 서비스를 클라이언트를 대신해서 알아보는 것이다(조휘일 · 이윤로, 1999: 212).

(1) 사례관리의 구성요소

사례관리의 구성요소는 학자에 따라 단계가 다양하게 제시되고 있지만, 내용면에서는 큰 차이가 없이 비슷하게 나타나고 있다. 사례관리의 구성요소를 보면 사전심사, 클라이언트의 문제상황 측정, 보호계획 수립, 서비스 조정 및 구입, 서비스 전달상황 모니터링(점검), 전달 후의 클라이언트 상태의 재측정 등이 있다. 일반적으로 사례관리의 구성요소를 사정, 계획, 개입, 점검, 평가로 구분하지만, 본 장에서는 인테이크, 사정, 케어계획, 계획의 실행, 점검 및 재평가, 평가 및 종결로 구분하여 설명하고자 한다(조휘일 · 우국회, 2001: 135).

① 인테이크

인테이크 단계에서는 클라이언트를 확인하고 등록한다. 아웃리치, 의뢰(referral), 스크리닝(screening)의 과정을 모두 포함하며 이 과정에서 사례관리자는 원조를 필요로 하는 클라이언트의 장애나 욕구를 개략적으로 파악하고, 또 사례관리를 통해 제공해 줄 수 있는 원조의 내용을 클라이언트에게 상세히 설명하여 클라이언트가 그러한 원조를 수령할 것인지의 여부를 확인하고 계약하는 일이 중심이 된다.

② 사정

클라이언트가 사례관리서비스를 받을 자격이 있다고 판단되면 사정이 계획된다. 이 과정을 통해서 서비스 수준과 그 성격에 관한 결정이 내려지며, 서비스 전달의 양과 질을 결정한다. 사정은 클라이언트의 욕구와 자원을 전 범위에 걸쳐 다차원적으로 파악하고, 앞으로 이루어질 개입이 어느 정도로 효과적인지를 결정짓는 데 중요한 역할을 한다. 이 단계에서 사례관리자는 클라이언트의 욕구내용과 그 정도를 명확히 한다. 또 욕구에 대응하는 클라이언트의 능력을 평가하며, 클라이언트의 공식적 · 비공식적 지지원의 보호제공능력을 평가한다.

③ 케어계획

욕구가 사정되고 나면 사례관리자는 그러한 욕구에 이용 가능한 자원을 연결시키기 위해 일련의 계획을 수립하게 된다. 계획은 사정단계에서 확인된 클라이언트의 문제, 성취되어야 하는 목표, 목표달성에 요구되는 서비스에 관해 클라이언트와 사례관리자, 그 외의 관련자들 사이에 합의를 발달시켜 나가게 된다.

④ 계획의 실행

이 단계는 계획서에 명시된 서비스와 자원을 확보하고 조정하는 것이다. 서비스 조정은 지역사회 내에서 클라이언트가 필요로 하는 자원을 발굴하여, 클라이언트가 이용할 수 있도록 연결시켜 주는 작업일 뿐만 아니라, 클라이언트의 욕구에 적절한 자원이 없거나 서비스 제공을 거부할 경우에는 클라이언트 권리에 대해 주장적 옹호를 하거나, 서비스 체계의 경직성을 극복하려는 노력, 클라이언트가 불공정한 처우를 받지 않도록 강하게 주장하는 것, 설득하는 것, 강요하는 것 등이 중요한 역할이다.

⑤ 점검 및 재평가

사례관리자는 클라이언트의 상황과 제공되는 서비스의 질에 대해 지속적인 평가를 수행해야 한다. 이러한 과정을 통해 때로 그 계획은 수정되기도 한다. 위기 상태에 있거나 복합적인 욕구를 가진 클라이언트일수록 사례관리자가 점검 및 재평가에 투자하는 시간과 노력은 커진다. 그러한 사람일수록 욕구가 빨리 변하며, 갑자기 위기 상황에 처할 가능성이 높기 때문이다.

⑥ 평가 및 종결

결과에 대한 평가는 매우 중요하며, 이 단계에서 평가자료들은 사례관리의 효과성을 제시하는 주요 근거가 된다. 평가는 실천의 효과성을 검토하고, 서비스 대상자에 대한 사례관리자의 책임성을 증대시키며, 실천과 서비스 전달의 새로운 모델을 개발하는 데 도움을 줄 수 있다.

(2) 사례관리자의 역할

사례관리자에게는 다양한 역할이 요구되는데, 이때 가장 중요한 역할의 근거는 클라이언트의 욕구가 무엇인가이다. 클라이언트의 포괄적인 욕구를 알고, 이를 적절한 서비스와 연결시켜 효율적으로 제공되도록 해야 한다. 사례관리자란 중개자보다 더욱 넓은 의미로서 클라이언트 욕구의 연속 선상에서 이를 효율적, 효과적으로 충족시키고자 한다. 궁극적으로 클라이언트에게 제공될 서비스를 점검하고 평가하는 데는 사례관리자에게 책임이 있다(조흥식 외, 2000).

① 학자에 따른 역할 분류

- Holloway(1991)

(가) 일반사례관리자 : 체계 안에서 정책을 수립하고 자원배치를 지도하는 촉진자, 체계조정자, 서비스 중개자

(나) 임상사례관리자 : 위의 기본적인 역할에 좀 더 치료자로서의 역할을 부여한 간헐적인 정신치료, 생활기술훈련, 심리교육 가족치료, 위기개입 등을 담당

- Moxley(1993)

(가) 간접적 서비스에서의 역할 : 중개자, 연결자, 조정자, 옹호자, 사회적 망 수립자, 협상제공자 등

(나) 직접적 서비스에서의 역할 : 이행자, 교육자, 안내자, 협조자, 진행자, 정보전문가, 지원자 등

② 개입과정에서 요구되는 사례관리자의 역할

개입과정에서 요구되는 사례관리자의 역할은 사정, 계획, 개입, 점검, 평가 등으로 이루어진다(조흥식 외, 2000).

- 사정 : 클라이언트와 관련된 다양한 지원체계에 대한 사정을 수행하여야 한다.

(가) 클라이언트의 능력과 욕구에 대한 사정

(나) 클라이언트의 사회적 망과 이러한 망 구성원들이 클라이언트의 욕구에 부응하는 능력에 대한 사정

(다) 서비스 제공자에 대한 사정과 이러한 제공자들이 클라이언트의 욕구에 부응하는 능력에 대한 사정

- 계획 : 포괄적 서비스 계획이 사회적 망 구성원과 여러 제공자들의 서비스 및 사회적 자원활동을 통합할 수 있도록 포괄적인 서비스 계획을 발전시키는 데 집중하여야 한다.

(가) 주요 욕구들에 대한 확인

(나) 서비스 전달과 사회적 지지의 목적에 욕구를 반영
(다) 서비스 전달과 사회적 지원의 역할 및 책임성에 대한 명확화
(라) 시간의 설정
(마) 사례관리자가 서비스 계획을 점검하고 평가할 수 있도록 해주는 서비스 효과성에 대한 지표들의 구성

- 개입 : 클라이언트 혹은 사회적 망의 변화를 위해 서비스를 전달하는 데 집중하여야 한다.
  (가) 직접적 개입 : 클라이언트로 하여금 스스로 서비스에 접근하고 이용할 수 있는 능력과 기술을 향상시킨다(예 : 자기표현의 기술 및 자기옹호의 기술지도, 위기 기간 동안의 개입 등).
  (나) 간접적 개입 : 클라이언트를 대신해서 체계의 수행이나 행동을 변화시킨다(예 : 서비스 제공자와 클라이언트를 연결하는 것, 서비스 조정 및 사회적 지원을 증가시키는 것 등).
- 점검 : 서비스 계획의 이행과 성취를 점검하는 데 집중하여야 한다. 클라이언트의 상태, 계획된 서비스의 전달, 사회적 망 구성원들의 참여를 점검한다.
- 평가 : 클라이언트에 대한 서비스 전달계획의 영향을 평가하여야 한다. 클라이언트가 개입으로부터 어떤 것을 경험하고 있는지의 여부와 어느 정도의 이득을 경험하고 있는지를 판단할 때 양적 또는 질적인 기술을 이용한다.

2 정신장애인을 위한 심리치료

심리치료를 한다는 것은 곧 치료자들이 정신장애인들과 전문적 관계를 형성하여 증상을 제거하거나 조절하며, 문제적 행동패턴을 완화시키고 긍정적인 성격형성을 증대시킨다는 것을 의미한다. 치료방식은 치료적 접근방식에서 다양한 형태를 띠는데, 크게 통찰치료(insight therapy)와 행위치료(action therapy)로 나누어 생각할

수 있다. 통찰치료는 클라이언트가 자신의 행동에 대한 동기를 이해하도록 도움으로써 클라이언트가 행동을 변화시키거나 통제하도록 하는 데에 역점을 둔다. 반면 행위치료에서는 동기에 대한 토론은 거의 일어나지 않는다. 행위치료에서 치료자는 직접적으로 환자의 문제행동에 초점을 두고 환자에게 새로운 기술을 교습함으로써 행동을 수정한다.

정신역동적 치료, 인본-실존주의 치료, 고전적 인지치료는 통찰치료에 해당된다. 단지 각각의 치료기법이 의도하는 통찰의 종류가 다를 뿐이다. 한편, 행동치료는 일반적으로 행위치료 방식이다.

1) 정신역동적 치료

모든 정신역동적 치료(psychodynamic therapy)는 어느 정도 Freud의 정신분석이론에 기반을 두고 있다. 정신분석에서는 클라이언트가 이야기를 하고 치료자는 무의식과의 관계를 해석한다. 그 과정에 사용되는 방법으로는 자유연상(free association), 꿈 해석, 저항(resistance)에 대한 해석, 전이(transference) 등이 있다. 저항에 대한 해석이라는 것은, 클라이언트가 어떤 특별한 주제에 대해서 이야기를 꺼리거나 방어기제를 활용하면서 회피하는 현상을 보일 때 치료자가 클라이언트의 저항을 알아차리고 그 저항을 해석해 나가는 것을 의미한다. 전이는 무의식적 감정을 드러내는 한 방법으로서 클라이언트들이 무의식적 감정을 치료자에게 투사하며 치료자를 마치 자신의 부모처럼 여길 때 일어난다. 부모와의 초기관계 형성의 어려움에서 발생하여 현재 어려움의 원인이 되고 있는 갈등은 전이를 자극함으로써 드러나게 된다.

오늘날 대부분의 정신역동적 치료자들은 수정된 형태의 정신분석이론을 적용한다. 즉, 신 프로이트 학파의 이론을 사용하는데, 예를 들어 이 이론의 하나인 자아심리학(ego psychology)은 에너지의 소스로서 자아(ego)와 대인관계 형성의 중요성을 강조한다. 자아심리학(ego psychology)은 자아의 활동에 초점을 둔다. 자아는 개인의 내적 욕구와 환경의 요구 사이를 중재하는 성격의 한 구조이다. 개입은 자아지지(현 자아를 강화시킴)와 자아수정(자아기능상의 결함을 수정함)으로 구분된다. 자아심리학은 정신역동적 치료에 영향을 받고 있기에 행동에 대한 무의식적인 사고의 중요성을 인정하고 있으며 클라이언트가 어떠한 방어기제를 사용하는지에 관심을 둔다. 자아수정기법의 주요 내용은 발달적 반영이다. 클라이언트가 무의식적인 과정에 대한 탐색을 요할 정도로 성격장애 등과 같은 심각한 대인관계적 기능의 결핍이 있을 때 활용된다. 사회복지사는 클라이언트의 관계형성 유형에 대한 새로운 해석을 제공하고, 부적응적인 방어기제는 대응하며, 새로운 대인관계적 경험을 제공함으로써 클라이언트의 자기탐색과 이해를 촉진시킨다. 이 기법은 특히 대상관계이론에서 많이 활용되는데, 어린 시절의 대인관계적 갈등을 해결하도록 돕는데 초점을 맞추기 때문이다.

대상관계이론(object relations theory)도 정신역동적 관점을 가지고 있으며, 성격과 사회적 기능의 질을 결정하는 주요 요인으로써 클라이언트가 다른 사람들과 지속적인 애착을 형성할 수 있는 능력이 있는지를 중시한다. 이러한 능력은 어린 시절 부모로부터의 분리 경험이 어떠했는지에 기반을 둔다. 현재의 관계형성에 대한 부정적 또는 긍정적 기대는 개인의 과거 관계형성의 경험으로부터 유발된다고 본다. 개입은 다른 사람들을 신뢰하고 안정된 관계형성을 할 수 있는 능력, 그리고 갈등이 있는 동안에도 긍정적인 관계형성을 지속할 수 있는 능력을 향상시키는데 초점을 두며 주로 자아수정의 경향을 띤다.

정신역동적 치료에 대한 비판론자들은 이러한 치료는 과학적으로 정당화될 수 없다고 주장하며, 엘리트주의적이고 비용이 많이 드는 치료기법이라고 평가절하하고 있다. 그러나 지지자들은 정신역동치료가 통찰을 통해 자기발견으로 이끌 수 있다고 반론을 편다.

2) 인본 - 실존주의 치료

인본 - 실존주의 치료(humanistic and existential therapy)는 클라이언트가 자신의 인생에 의미 있는 것을 얻을 수 있는 선택을 하도록 돕는 데 목적이 있다. Rogers의 클라이언트 중심 치료(client-centered therapy)는 클라이언트의 자아실현을 방해하는 비현실적 조건을 제거하기 위해 감정이입(empathy)과 긍정적 관심(positive regard) 기법을 사용한다. 실존치료는 클라이언트로 하여금 자신이 선택해 온 어떤 결과의 증상을 보도록 하고 이에 책임을 지도록 고무한다.

그리고 클라이언트가 새로운 극복방법(인생에 의미를 줄 수 있는)을 선택하는 데도 자유롭다는 것을 인식시켜 준다. 다시 말해, 클라이언트의 현실인지에 초점을 두고, 그들의 사고와 감정에 책임을 지도록 한다(phenomenological approach). 그리하여 개인적 책임감을 수용하고 자신의 삶의 방식을 찾도록 도와준다.

인본 - 실존주의 치료 역시 오랜 시간이 걸리고 비용이 들며 과학적으로 증명하기 어렵다는 비판을 받아왔다. 그러나 지지자들은 이 치료기법이 클라이언트에 대한 존엄을 중요시하며 비교적 간단하다는 이유로 극찬을 아끼지 않는다.

3) 게슈탈트 치료

게슈탈트 치료(gestalt therapy)는 클라이언트가 과거에 성취하지 못한 과업이나 갈등을 현재에 다시 직접 경험하도록 도와주어 자신의 감정과 사고가 왜곡된 것을 인정하고 대응할 수 있도록 도와준다. 자신의 해결되지 않은 갈등적 감정을 직접 경험하게 도우면서 그 감정에 대한 자신의 해석을 가능케 함으로써 클라이언트는 그러한 감정을 통제하는 법을 배우게 된다. 궁극적으로 클라이언트는 솔직한 삶을 살 수 있게 된다.

4) 행동치료

행동치료(behavior therapy)는 클라이언트의 비적응적 행동, 즉 부적절한 행위나 자기패배적 사고를 변화시키기 위해 학습의 원리를 사용한다.

조작적 조건형성(operant-conditioning) 기법에는 수반관계의 조작(contingency management)이나 자극 통제(stimulus control) 기법이 있는데, 이는 외부적으로 나타나는 자발적 행동(overt, voluntary behavior)을 변화시키고자 할 때 사용된다.

수반관계의 조작은 긍정적 강화물이나 벌(punishment), 이미 주어져 있던 특권이나 기회의 제거(response cost), 또는 과거에는 뒤따르던 강화적 사건이 더 이상 뒤따르지 않게 하는 방법(조작적 소멸)을 통해 행동의 결과를 조작하여 행동을 변화시키는 기법이다. 조작적 소멸의 한 예는 과자를 달라는 아이의 요구를 어머니가 계속 무시하면 아동의 요구가 점차 줄어드는 경우를 들 수 있다.

자극통제는 어떤 행동을 발생시키는 선행조건에 관심을 기울인다. 즉, 어떤 바람직한 행동이 일어나는 자극을 찾는 한편, 바람직한 행동을 일으키지 않는 자극은 제거하여 결과적으로 바람직한 행동과 어떤 자극 간의 관계를 형성시켜 주는 것이다. 흡연을 줄이고 싶은 사람이 있다고 하자. 방에 있는 재떨이를 제거하고 재떨이가 있는 곳에서만 담배를 필 수 있다고 구체화시키는 것은 바로 자극통제의 한 예가 된다.

고전적(반응적) 조건형성(respondent-conditioning)은 정서적 반응이나 심장박동, 혈압 같은 자율신경 체계와 관련된 반응을 변화시키고자 할 때 사용된다. 이 기법은 역조건화(counter-conditioning)시키는 방법과 반응적 소멸(respondent extinction)이 있다. 역조건화 방법은 체계적 둔감화(systematic desensitization)와 혐오치료(aversion therapy)를 들 수 있다.

역조건화는 조건반응에 '대응'되는 새로운 반응이 조건자극의 존재 속에서 만들어진다면 기존의 조건자극과 조건반응의 관계는 깨질 수 있다는 원칙에 기반을 둔다. 체계적 둔감화는 역조건화시키는 방법인데, 예를 들면, 광장 공포증을 가지고 있는 클라이언트가 있다고 하자. 광장(조건자극)은 공포증이라는 조건반응을 일으키는 것이다. 이때, 클라이언트는 공포증에 대응되는 새로운 반응, 즉 이완(relaxation)을 배우고, 이런 새로운 반응을 광장(조건자극)과 반복적으로 연합시켜 (상상을 통해서든, 직접 하든 상관없이) 공포의 반응을 없애게 된다.

혐오치료는 부정적 감정을 일으키는 혐오적 자극(전기 쇼크, 구토를 하게 하는 약물)을 음주나 과식, 흡연 같은 바람직하지 않은 행동에 연결시키는 것이다. 예를 들어 술을 끊고 싶은 알코올 중독자가 있다고 하자. 그가 알코올의 냄새를 맡는 동안 예전에는 즐거움의 반응을 일으켰지만 치료를 하기 위해서 그가 매우 불편한 어떤 감정을 경험하도록 만들기 위해 구토를 하는 약을 먹도록 할 수 있다. 역겨움이라는 새로운 반응을 술이라는 조건자극과 지속적으로 연합시키면 술로부터 일어나는 즐거움의 반응이 없어지게 되는 것이다. 이 치료기법에 대해서는 윤리적 찬반논쟁이 많이 일어나고 있다.

소멸은 어떤 반응을 일으키는 사건, 즉 조건화된 자극을 반복적으로 제시함으로써 문제적인 정서적 반응을 제거하는 것이다. 예를 들어 어른들 앞에서 이야기할 때에 불안을 느끼는 아동이 있다고 하자. 그 아동을 점차적으로 또는 단계적으로 어른 앞에서 이야기하는 상황에 지속적으로 노출시켜 불안을 극복하도록 하는 것이다.

행동치료에서 하나 더 생각해야 할 것은 바로 모델링(modeling)이다. 모델링은 어떤 행동의 관찰결과에 따른 원래 행동의 모방적 변화를 말한다. 즉, 대리경험이나 모방에 의한 학습을 말한다. 모델링은 실제 모델을 사용하기도 하고 비디오 등과 같은 상징화된 모델을 사용하기도 한다. 개에 대한 영화를 보여줌으로써 아동의 개에 대한 두려움을 감소시키는 경우와 같이 새로운 행동을 가르쳐 주기 위해서도 사용하지만 분노나 공포를 제거하기 위해서도 사용된다.

이러한 행동주의 기법은 한 가지씩 따로 사용하기보다는 여러 요소를 한꺼번에 응용하여 사용하는 것이 효과적이다. 행동치료는 사람들에게 특별한 기술을 가르치는 데 효과적이고 비용이 많이 들지 않으며 통찰치료보다 효과가 빨리 나타난다. 그러나 클라이언트의 자율성이나 독창성을 무시하고 통제한다는 비판이 있다.

5) 인지치료

인지치료(cognitive therapy)는 부적응적 행동 유형을 바꾸기 위해서는 그 행동을 유지시키는 사고유형을 변화시키는 것이 필요하다는 아이디어에 기반을 둔다. 인지이론에서 개발한 많은 기법들은 한마디로 인지적 재구조화(cognitive restructuring)라고 불리기도 한다. 자기지시 훈련(self-instructional training)에서 클라이언트는 건설적인 자기독백(self-talk)을 하도록 훈련받는다. Ellis의 합리적 · 정서적 치료(Rational-emotive therapy)는 어떤 정서적 어려움은 외부적 사건의 결과가 아니라 그 사건의 해석을 안내하는 비합리적 신념의 결과라고 본다.

따라서 어떤 사건에 대한 비합리적 해석을 유도하는 클라이언트의 비합리적 신념을 파악하고 교정해 주는 데 목적을 둔다. 유사하게 Beck의 인지치료는 정서장애가 주로 비합리적인 부정적 사고, 즉 자기비하, 생활경험에 대한 부정적 견해, 미래에 대한 비관적 견해의 결과라고 본다. Beck은 Ellis 보다 적극적으로 클라이언트에게 그들의 신념이 옳다는 증거를 댈 것을 요구한다.

따라서 Ellis는 다소 일방적, 설교적 접근을 하는 데 비해, Beck은 대화적 접근을 통해 비적절한 사고를 찾아내도록 질문을 던진다. 인지치료는 효과적이라고 보고 되고 있지만 환경 속에 실제로 존재하는 비합리적인 사건과 문제를 인정하지 않으려 한다는 비판과 함께 클라이언트의 사고를 바꾸는 것이 반드시 적절한 반응은 아니라는 비판을 받는다. 요즈음은 행동치료에 인지적 요소를 가미한 인지행동치료(cognitive behavior therapy)를 많이 행한다.

6) 구성주의 및 이야기 치료

구성주의 치료(constructivist therapies)나 이야기 치료(narrative therapies)는 현실에 대한 개인의 인식과 의미가 개인의 경험으로부터 창출되는 것이라고 가정한다. 그러므로 클라이언트가 자신의 삶과 경험에 대한 해석과 의미를 만드는 과정, 즉 그들의 삶에 대한 이야기(narratives)에 초점을 둔다. 어떤 개인에게 자신이 누구인지와 자신의 경험이 의미 있다는 것은 그 사람의 삶에 대한 객관적 사실보다는 자신의 삶에 대해 알고 있는 바를 말하는 이야기를 통해 규명된다.

그리고 그 이야기 속에 나타나는 개인의 핵심적 신념이나 의미가 행동과 감정에 영향을 주기에 그 의미체계를 치료과정 동안에 탐색하게 된다. 경험이나 상황을 재해석하는 과정, 상황이나 경험에 대해 인식하지 못했던 새로운 정보를 주는 과정, 그리고 자신의 목적을 분명히 말하는 과정을 통해 클라이언트에게 변화가 발생한다. 클라이언트는 과거의 문제가 무엇이었고, 발생한 이유가 무엇이며, 자신이 생존하기 위해 어떻게 자원과 강점을 활용했는지 등에 대한 새로운 차원의 치료적 이야기를 구성하게 된다.

결론적으로, 사회복지사는 클라이언트가 자신의 생활경험으로부터 중요한 의미를 개발하도록 돕고, 클라이언트가 자존감과 성숙도를 향상시키는 새로운 이야기를 구성하는 과정을 통해 성장과 문제해결을 경험하도록 돕는다.

치료자는 제시된 문제로부터 초점을 전환시킬 수 있는 다양한 기법을 활용할 수 있다. 클라이언트가 자신의 자아와 경험에 대해 좀 더 잘 인식하도록 그들의 강점, 인식하지 못했던 생존 전략, 무의식적인 자기 신념 등을 인식시켜준다. 또한 누구나 문제를 갖고 있는 것이 정상임을 알려 주고, 힘이 없는 상황에서는 좌절이나 실패를 갖는 것이 정상임을 말해 준다. 클라이언트가 가진 경험의 독특성을 인정해 주며, 클라이언트의 능력을 칭찬해 준다. 문제의 원인이 클라이언트 내부에 있기보다는 외부에서 온 것임을 말해 주며, 동기를 강화시키고 클라이언트와 함께 목적을 설정하고, 긍정적 행동을 증진시키는 과업을 개발한다.

7) 집단치료

심리치료는 개별적으로도 시행되지만 집단을 통해서도 시행된다. 집단치료(group therapy)는 시간과 비용의 절약이라는 이점 때문에만 인기가 있는 것은 아니다. 많은 심리적 어려움은 기본적으로 대인관계에서 나오고, 결과적으로 이러한 어려움은 다른 사람들과의 협력 속에서 다루어져야 한다는 신념이 집단치료의 당위성이다. 그러면 구체적으로 집단치료는 무엇을 제공하는가? Yalom(1985)은 11개의 치료적 요인을 제시했다.

(1) 희망

집단치료는 클라이언트에게 그들이 변할 수 있다는 희망을 심어 주고 이는 커다란 치료적 가치를 갖는다.

(2) 보편성

클라이언트는 종종 자신이 불행한 면에서 남들과 달리 매우 독특하다고 믿으며 치료에 임한다. 즉, 그 어느 누구도 자신처럼 고통스럽고 두려운 감정을 갖고 있지 않을 것이라 생각한다. 그러나 집단을 통해 자신의 문제가 보편적으로 일어나고 있다는 것을 발견하고 위로를 얻게 된다.

(3) 정보

집단지도자로부터 클라이언트는 일반적 심리장애 및 자신들의 문제에 대한 정보를 얻을 수 있다. 또한 다른 클라이언트로부터 대처방안 등 각종 귀중한 정보를 얻게 된다.

(4) 사회적 지지

집단구성원은 조언과 격려 그리고 동정을 통해 서로를 돕는다. 도움을 주는 자는 자신이 누군가에게 도움을 제공할 수 있다는 것을 배우게 된다. 또한 도움을 받는 자는 자신이 혼자가 아니라는 것을 배우게 된다.

(5) 가족집단으로의 재현

집단은 마치 가족의 성격을 띨 수 있다. 리더는 부모를 나타내고 다른 구성원들은 형제가 되는 것이다. 일종의 새로운 가족으로서 집단은 클라이언트들이 원래 가족으로부터 받은 상처를 치료하는 데 도움이 된다.

(6) 사회기술의 개발

집단구성원들로부터 받는 피드백을 통해 대인관계적 행동의 단점(예 : 비웃는 듯한 목소리, 경멸적 행동 등)을 수정할 수 있다.

(7) 모방행동

집단의 리더와 구성원들은 새로운 행동을 배우는 데 유용한 모델이 될 수 있다.

(8) 대인관계학습

집단과의 상호작용을 통해 클라이언트는 자신에 대한 통찰을 얻고 자신이 갖기 원하는 관계형성에 대한 아이디어를 찾을 수 있다. 더 나아가 집단은 자신의 새로운 관계형성 방식을 시험해 보는 장이 될 수 있다.

(9) 집단응집력

집단 내에서 발달하는 소속감이나 친밀감은 클라이언트에게 위로와 용기를 제공한다.

(10) 카타르시스

집단 내의 보호적 분위기 속에서, 구성원들은 자신의 행동의 장애까지 초래했던 억눌려 있던 감정을 자유로이 표현할 수 있다.

(11) 실존적 요인

클라이언트들은 자신들의 경험을 공유함으로써 인생은 종종 공정치 못하다는 것과 비록 다른 사람들의 지지가 매우 도움이 될지라도 결정은 그들 자신이 스스로 내려야 한다는 것을 배운다.

위에서 살펴본 Yalom(1995)이 제시한 집단개입의 효과를 정리하면 다음의 <표 6-1>과 같다(이영실, 2008).

〈표 6-1〉 Yalom(1995)이 제시한 집단개입의 효과

항 목	내 용
(1) 희망주기	각 구성원이 집단에서 자신의 문제가 개선되고 해결될 수 있다는 희망을 갖게 되는데, 이것은 바로 각 구성원에게 치료적 효과를 가져온다.
(2) 보편성	집단구성원이 자신과 비슷한 갈등과 경험, 문제가 있다는 것을 알고 위안을 받고 함께 공동의 문제를 협력하면서 해결하고자 하는 의지가 생기게 된다.
(3) 정보전달 및 공유	사회복지사의 교육내용이나 집단구성원들의 제안, 지도, 충고 등을 들으면서 자기 문제에 대해 명확하게 이해하게 되고 집단구성원 간의 정보교환 등도 치료와 연결된다.
(4) 이타심	집단구성원 상호 간 서로 협력을 통해서 경험한 이타심은 구성원의 자존감을 높여주며 치료적인 효과를 가져온다.
(5) 원 가족집단의 교정적 재현	사회복지사 및 집단구성원들과의 관계는 부모 및 형제들과의 상호작용을 재현하게 되며 그 과정을 통해 해결되지 않은 가족갈등에 대해 탐색하기도 하고 새롭게 교정할 수도 있다.
(6) 사회기술발달	집단구성원끼리 피드백을 주고받거나 역할극 등을 통해 사회기술을 발달시킨다.
(7) 모방행동	집단구성원과 집단사회복지사의 행동을 통해 새로운 행동을 학습할 수 있고 다른 구성원들의 행동을 관찰하는 과정에서도 치료적 효과를 얻을 수 있다. 따라서 초기단계에서는 사회복지사가 매우 중요한 역할을 한다.
(8) 대인관계학습	집단구성원과의 상호작용을 통해서 각 구성원 자신의 대인관계에 대하여 통찰력을 갖게 되며 집단은 새로운 대인관계 방식을 적용해 보거나 시험해 보는 경험을 제공한다.
(9) 집단응집력	집단소속감이나 친밀감은 집단구성원에게 긍정적인 변화를 줌으로써, 구성원에게 위로와 용기를 제공한다.
(10) 감정의 정화	집단 내의 비교적 안전한 분위기 속에서 집단구성원은 그동안 억압된 감정을 자유롭고 안전하게 표현할 수 있다.
(11) 자아정체성 (실존적 요인들)	집단구성원과의 경험 공유를 통해 각 구성원은 비록 다른 사람들의 지지가 매우 도움이 될지라도 자기 삶에 대한 궁극적인 책임이 자기 자신에게 있음을 점차 깨닫게 된다.

치료집단에서 정신보건사회복지사가 알아야 할 것은 첫째, 지지(대처기술을 개발하고 향상시키도록 함), 둘째, 교육(자신과 환경에 대한 학습), 셋째, 성장(구성원들에게 자신의 사고와 감정 및 행동을 인식하거나 변화하도록 하기 위한 기회를 제공), 넷째, 재활(어떤 외상 후에 재활이나 적응을 하도록 함), 다섯째, 사회적 이슈(사회기술이나 새로운 행동유형을 개발하도록 함)이다.

그리고 집단의 리더는 치료기술을 보유할 필요가 있는데, 첫째, 의사소통이 원활하도록 촉진하기(구성원들이 동등한 권한과 지위를 갖도록 하고, 정서적 유대를 개발하며, 구성원들이 받는 강화와 피드백을 점검), 둘째, 집단응집력을 개발(집단을 통해 구성원들이 무엇인가 얻고자 하는 기대를 높이고 구성원들의 소속감에 대한 욕구에 관심을 기울인다), 셋째, 집단 통제력(규범과 경계를 설정하고, 책임감을 공유하도록 하며, 과제에 대한 오리엔테이션을 시키고, 구성원들이 긍정적 태도를 유지하도록 하고, 감정표현을 통제할 수 있도록 한다), 넷째, 하부집단관리(부정적 하위집단을 잘 관리하고, 관여가 적은 구성원은 참여를 독려한다) 다섯째, 공유된 리더십 구조를 개발(구성원들이 모든 결정에 참여하도록 하고, 구성원들 간에 교류를 고무하며, 개인마다 고유한 리더십을 개발하도록 지지한다), 여섯째, 집단문화 개발(구성원들의 특성을 바탕으로 집단이 공유하는 가치와 전통을 만든다) 이다.

집단발달단계마다 정신보건사회복지사가 수행해야 할 리더십 전략이나 기술을 요약하면 다음과 같다.

첫째, 친밀 전 단계(pre-affiliation)에서 치료자는 집단의 가이드라인과 목표를 설정하고 기대사항을 분명히 하며 구성원의 불안과 양가감정을 논의하도록 고무하고 신뢰형성을 중시한다.

둘째, 권한 및 통제단계에서 치료자는 구성원의 이탈을 최소화하도록 해야 하며, 규범을 창출하고, 구성원들 간에 균형잡힌 피드백(부정적 피드백만이 아니라 긍정적인 피드백도 많이 나오도록 함)이 나오도록 고무한다.

셋째, 친밀 및 분화단계에서 치료자는 보편적으로 구성원들이 많이 가지고 있는 주제를 다루어 주고, 집단구성원의 분화를 지지하며, 각 구성원에 할애하는 시간을 잘 조절하며, 집단의 목적과 과제가 성취되고 있는지에 초점을 맞춘다.

넷째, 종결단계에서 치료자는 구성원들이 배운 새로운 기술을 다시 한 번 실행해 보도록 돕고, 집단을 통해 얻은 것을 강화하며, 종결 후 문제발생 시에 대한 계획을 하며, 아직 남아있는 문제를 어떻게 해결할지 논의한다.

3 정신장애인 가족을 위한 개입방법

정신장애인의 효과적인 치료와 재활을 위해 가족교육이나 가족치료 등이 요구된다. 다음은 가족을 위한 가족교육 및 가족치료 중심으로 다루고자 한다.

1) 가족교육

정신장애인이 지역사회 내에서 생활하는 데 잘 적응하도록 하는 바람직한 방안의 하나는 질병의 성격, 과정, 치료에 대하여 클라이언트와 가족에게 교육하는 것이다. 이를 통해 가족들은 클라이언트의 행동을 이해하고 지지적이 될 수 있으며, 또한 무지와 잘못된 정보로 인한 미신과 편견을 제거할 수 있다(이충순, 1996).

정신장애인은 장기간의 치료가 필요한 병이다. 클라이언트, 가족, 치료자 사이의 굳건한 협조체계가 없이는 클라이언트의 사회복귀는 불가능하며 가족교육은 바로 그 협력체계를 구축하는 출발점이다. 바꾸어 말하면 가족의 협조 없이는 어떤 치료도 효과가 없으며 설혹 있다고 하더라도 일시적이다. 가족교육을 통하여 가장 큰 도움을 받는 사람은 클라이언트보다 가족 자신이다. 즉, 병에 대한 올바른 지식을 배우기 때문에 이전에는 이해하지 못했던 클라이언트의 행동을 보다 잘 이해하게 된다.

예를 들면 가족이 클라이언트에 대하여 지나친 과잉보호나 비판적인 태도를 보일 때는 재발의 위험성이 증가되는데, 이러한 가족의 잘못된 태도는 대부분 병의 증상에 대한 지식이 부족하기 때문에 생긴다. 따라서 가족이 병에 대하여 교육을 받을 경우에는 가족의 고통과 부담이 줄어들고, 환자에 대한 올바른 태도를 가지게 되고, 클라이언트와 함께 집에서 잘 생활할 수 있게 되며, 잘못된 죄의식이나 수치심에서 벗어나 환자가 사회생활을 보다 잘할 수 있도록 돕게 된다. 또 클라이언트의 재발률과 재입원율도 낮춘다.

가족교육 접근방식은 구조화되고 목표 지향적인 치료모델로서 가족에게 정서적 지지와 함께 교육을 제공하는 치료모델이다(Ryglewicz, 1989). 이 방식은 심리사회적 기능과 대처능력을 증진시키기 위해 인지적, 행동적 기법을 포함하는 심리치료적 기법들을 사용한다.

가족교육은 세 가지 기반에서 출발했다. 하나는 감정의 표현(Expressed Emotion : EE)에 대한 연구이다. 여러 연구들이 가정에서의 높은 감정표현이 재발과 관계된다는 것을 발견했다. 즉, 가족교육은 재발에 대한 보호막을 형성해 줄 수 있었다. 특히 감정표현이 높은 가족에 대해, 클라이언트에 대한 약물치료, 클라이언트를 위한 사회기술 훈련, 가족심리교육을 조합하여 개입하였을 때 가장 효과가 컸다(Hogarty et al., 1986).

또 하나의 이론적 기초는 정신분열병 클라이언트들의 정보처리 능력 결핍에 대한 연구에서 출발하였다. 주의집중 - 각성모델(attention-arousal model)로 설명되는 이 현상은, 정신분열병이 자극을 선택하여 분류하고 처리하고 평가하는 능력이 부족하기 때문에 자극에 대하여 혼동된 반응과 과도한 각성반응을 보이게 된다는 것이다. 즉, 정보처리에 대한 요구가 증가함에 따라 정신이 산만해지고 집중할 수 없게 되며 흥분된다는 것이다.

결국, 클라이언트는 정보에 대한 전체적인 윤곽을 잡지 못하고 아주 좁은 범위에만 정신을 집중하게 되어 결국 와해와 감각기능의 손실을 가져온다. 매우 흥분된 상태에서 개인은 역기능적으로 인지하고 행동하게 된다(예, 환청, 공격적 행동). 그러므로 가족의 개입을 통해 과도한 외부 자극을 줄이게 된다.

가족의 심리교육에 대한 세 번째 소스는 가족옹호운동에 힘입었는데 이 운동은 바로 가족의 권리와 욕구, 그리고 능력에 대한 관심을 이끌어 냈다.

가족교육의 모델은 여러 가지이며 다양한 방식으로 수행된다. 여기서는 Anderson, Reiss, Hogarty(1986)의 모델을 묘사하고자 한다. 이 모델은 정신보건사회복지사가 주도적으로 창안하였고 실험적 기반 위에서 만들어졌다. 이 모델은 높은 감정표출(EE)을 가지고 있는 정신분열병 가족에 대한 연구로부터 도출되었다. 그러나 다른 정신질환에도 응용될 수 있다. 이 모델은 가족으로 하여금 환자에 대한 스트레스를 줄이도록 노력하고, 약물치료에 대한 클라이언트의 순응도를 증대시키려는 노력에 참여토록 함으로써 클라이언트가 지역사회의 생활에 적응하도록 돕는다. 또한 가족에게 정보를 제공하여 가족의 불안과 죄의식을 완화시키고, 안정적이고 예측할 수 있는 가족 환경을 만들어 나간다. 의사소통이 분명하고 경계(boundaries)가 구체적이며 감정표현(비난과 과보호)은 최소한으로 한다. 이 모델은 과제중심적이고 클라이언트의 회복과 보조를 맞추면서 단계적으로 진행해 나간다.

이러한 교육적 프로그램은 연결(connection), 생존기술 워크숍(survival skills workshop), 재진입(reentry) 및 응용, 그리고 유지(maintenance)의 네 단계로 진행된다. 1단계는 클라이언트가 입원한 상태에서 시작된다. 목표는 가족과 협력관계를 개발하고 죄의식을 줄이고 스트레스를 감소시키는 것이다. 비심판적 태도와 감정이입적인 태도를 취하고 가족의 감정과 경험을 이끌어 내며 가족을 옹호하는 행동을 하여야 한다. 처음에는 환자의 참여 없이 일주일에 한두 번 가족과 만난다. 클라이언트는 정신병적 증상이 줄어들게 되면 그때 가족회합에 동참할 수 있다.

자신이 자녀의 정신질환에 책임이 있다고 느끼는 부모는 죄의식을 갖게 된다. 그러한 감정을 상쇄시키기 위해서는 사회복지사가 가족을 비난하는 태도를 취해서는 안 되며 가족을 존중하는 태도를 취해야 한다. 정신사회복지사는 클라이언트를 돌보던 경험이라든지 예전의 정신병원 경험 등을 이야기하고 토론한다. 또한 가족에게 클라이언트의 진전 상태를 알려주고, 환자의 재활을 위한 과제를 수행하도록 한다.

1단계는 치료계약을 설정함으로써 마치게 된다. 계약에는 현재까지 나타난 이슈에 해당되는 목적을 제시하여야 한다. 목적은 구체적이고 현실적이며 성취할 만한 것이어야 한다(예 : 가족은 정신보건사회복지사와 1년 동안 규칙적으로(2주 또는 3주마다) 만난다).

2단계는 몇몇 가족이 참여하는 생존기술 워크숍으로 구성된다. 워크숍의 주요한 구성요소는 정신분열증과 그 치료에 대한 사실적인 최신정보를 교환하는 것이다. 여러 가족이 참여하는 형태는 지지망의 개발에 유용하다. 주로 다음의 정보를 다루게 된다. 여기에서는 다음의 <표 6-2>와 같은 주제가 다루어진다.

워크숍의 진행은 각 주제별로 전문가가 맡는 것이 좋다. 여기에 회복기에 있는 클라이언트의 가족이나 가족 자조집단의 대표 등이 참석하면 가족교육 접근의 신뢰도를 높일 수 있다.

〈표 6-2〉 정신분열병에 대한 가족교육 주제

증상	1. 양성증상 (1) 사고 진행의 장애 (2) 정서적 둔마 (3) 자아경계 상실 (4) 자발성 장애 (5) 외부세계와의 단절 (6) 움직임의 감소 (7) 망상 (8) 환각과 환청 (9) 사고의 혼란 (10) 감정의 표현 (11) 달라진 태도 및 이상한 행동 (12) 이해하기 힘든 언어와 정서 (13) 정상과 비정상 2. 음성증상 (1) 감정이 메마른 것 (2) 말을 잘 안하는 것 (3) 의욕이 없고 매사에 무관심한 것 (4) 매사에 즐거움을 못 느끼고 사회성이 없는 것 (5) 주의집중력이 없는 것
역학 및 원인	(1) 신경전달물질의 이상 (2) 가족적인 경향 정도 (3) 뇌 사진상의 구조적 이상 (4) 현미경적 이상 (5) 뇌혈류량과 대사 이상 (6) 뇌파상의 이상 (7) 스트레스이론 (8) 발달학적 이론 (9) 기타 이론들
발병	(1) 청소년기나 성인 초기의 발병 이유 (2) 초기 증상 (3) 초기 증상을 보일 때의 행동 및 태도 (4) 남녀 차이 (5) 계절과 발병 사이의 연관성 여부
진단 기준	(1) 편집형(망상형) 진단기준 (2) 해체형 진단기준 (3) 긴장형 진단기준 (4) 감별 불능형 진단기준 (5) 잔류형 진단기준
재발	(1) 재발의 원인 (2) 스트레스와 재발 (3) 재발과 계절 (4) 재발과 예후 (5) 약 복용 중단과 재발 (6) 재발경고 징후 (7) 재발경고 징후의 종류들
치료	1. 약물치료 (1) 약물치료의 필요성 (2) 약물복용의 효과 (3) 항정신병 약에 대한 올바른 사실들 (4) 약을 올바르게 복용하는 방법 (5) 약 복용기간의 원칙 (6) 약물의 종류 (7) 약의 부작용 2. 재활치료 (1) 재활치료의 정의 (2) 재활치료의 필요성 (3) 재활치료의 효과성 (4) 재활치료의 방법들 - 가족교육, 위기관리, 낮병동, 직업재활치료, 활동치료, 자조모임, 주거프로그램
예후	(1) 불치병과의 관계 (2) 회복환자의 확률 (3) 병의 예후 정도
대처 방법	1. 증상 대처방법 (1) 정보전달 체계상의 문제와 인지결손의 대처방법 (2) 환청의 대처방법 (3) 망상에 대한 말을 할 때의 대처 방법 (4) 난폭한 행동 대처방법 2. 가족의 대처방법 (1) 가족의 구체적인 행동지침 (2) 환자로 인한 스트레스와 감정을 다스리는 법 (3) 치료자에 대한 가족의 올바른 태도 (4) 형제들이 가져야 할 올바른 태도

워크숍 동안 가족은 가족 환경 내의 스트레스를 조절할 수 있는 전략을 소개받는다. 여기에는 현실적인 기대 갖기, 구조화, 한계 정하기, 적당한 거리감 유지, 타임아웃(time out)이 포함된다. 이를 설명하면 다음과 같다.

정신적 에피소드 후에는 과도한 수면과 저하된 동기를 갖는 것이 일반적이라는 것을 가족이 알도록 한다. 시간을 두고 클라이언트는 점차로 더욱 활동적으로 행동하도록 기대된다. 합리적인 기대를 하여야 하고 기대는 구체적이어야 한다(예 : 매일 저녁 설거지를 한다). 또한 가족들은 규범을 세우고 규칙적인 일상을 유지하도록 하는 가족구조를 가짐으로써 가족의 안정성을 증진시킨다. 용납할 수 있는 행동(예 : 입고 싶은 옷 입기)과 용납할 수 없는 행동(예 : 신체적 폭력)을 구체화하고 용납의 한계를 정한다. 과도한 정서적 관여를 피하기 위해 적당한 거리감을 유지할 수 있는 경계를 갖도록 한다. 즉, 클라이언트가 어느 정도 혼자 있는 것을 용납해 주고 비난과 갈등을 피한다. 그리고 클라이언트 스스로의 취미나 외부 활동을 개발시킨다. 만약 가족 내에서 갈등이 발생하면 이 갈등에 관여된 클라이언트나 가족구성원은 그 상황에서 일단 떠나 자신의 방이나 그 밖의 장소로 피한다(타임아웃).

워크숍 동안에는 특히 클라이언트와의 의사소통에 관심을 기울여야 한다. 정신분열증 환자는 정보처리에 어려움이 있으므로 가족구성원은 자신의 요구를 분명하고 단순하게 해야 한다. 복잡한 메시지나 고도의 언어구사는 피해야 한다. 같은 맥락에서 가족구성원은 'I-messages'를 활용할 것이 요청되며 클라이언트 앞에서 추상적인 주제로 토론을 한다든지 서로의 마음을 추측하는 것은 피해야 한다.

3단계인 재진입은 클라이언트가 병원에서 퇴원할 때 시작된다. 클라이언트를 포함하는 가족회합이 진행된다. 보통은 2~3주마다 한다. 회합은 주로 현재의 이슈를 위주로 조직되고, 세션 간에는 과제물이 할당된다. 문제해결, 과제중심 접근이 활용된다. 보통 6개월 이상 진행되는 이 단계 동안에 가족은 생존기술 워크숍에서 소개받은 기술들을 시행하게 된다. 따라서 가족은 규범을 만들고, 한계를 정하고, 세대 간 그리고 대인 간의 경계(boundaries)를 강화한다. 부모가 사회활동에 참여하는 것을 요구하고, 확대가족이나 친구로부터 지지를 얻도록 한다. 갈등을 줄이고 효과적으로 의사소통하도록 노력한다. 어쩔 수 없이 발생하는 문제는 조용하고 합리적인 방식으로 협상한다.

클라이언트에게 할당되는 과제는 점차로 어려워진다. 과제는 회복의 과정에 맞추어 진행시킨다. 먼저 클라이언트를 가족 속으로 통합시키는 데 초점이 맞추어진다. 그리고 점차 지역사회활동에 참여하도록 독려한다. 안정적인 클라이언트는 이를 통하여 자율성을 증대시킬 수 있다. 가족회합에서 주로 다루게 되는 이슈로는 약물치료 순응, 가족 내 활동의 참여, 재발경고 증세를 들 수 있다.

4단계(지속적인 치료 또는 종결)는 성취된 목적을 유지하고 정상적 생활을 재개하는 방향으로 진행된다. 이 단계는 가족이 선택할 수 있다. 즉, 가족은 종결을 선정하거나 정기적으로 관리를 받기 위한 회합을 갖거나 이전의 목적을 가지고 지속하거나 새로운 문제를 가지고 재계약을 할 수 있다. 어떤 가족은 가족 내부의 문제 때문에 지속적인 지지를 받는 것을 원할 수 있고, 또한 전통적인 가족치료를 시행할 수도 있다.

Goldstein(1991)은 이러한 가족교육 프로그램이 약물치료와 병행되어야 함을 강조하고, 이러한 프로그램을 통해 스트레스가 클라이언트의 기능에 미치는 부정적 영향이 감소된다는 점을 강조한다. 또한 가족을 스트레스의 원인으로 보기보다는 도움을 줄 수 있는 자원으로 본다. 이러한 프로그램들의 보편적인 목적은 치료자와 가족구성원들 간의 협조적 관계 수립, 정보와 지지 제공, 치료 환경과 가정에서의 고도로 구조화되고 예측 가능한 환경 조성이라고 볼 수 있다.

많은 연구자들은 가족교육이 반복적으로 실시될 때 대체로 긍정적인 결과들을 보고하였는데, 가족들은 치료 팀으로부터 지지와 동맹의 느낌을 얻으며 죄책감과 환자에 대한 비난감소, 약물치료의 중요성 및 가족 간의 의사소통 등에 도움을 얻었다고 한다(김채원 외, 1996, 재인용).

가족교육을 효과적으로 하기 위해서는 다음 몇 가지 점에 유의하여야 한다.

첫째, 가족에 대한 보다 적극적이고 지지적인 태도가 중요하다. 즉, 교사와 학생, 치료자와 보호자 같은 권위적인 자세보다는 같이 치료해 나가는 동반자적 입장을 취해야 한다.

둘째, 대상 가족들의 병에 대한 지식, 고통, 어려운 상황에 대한 극복방식, 교육받고 싶어 하는 내용, 사회에서 느끼는 낙인과 편견 정도에 대한 기본조사가 선행되어야 한다. 이러한 기본조사가 없는 전문가의 일방적인 주입식 교육은 가족의 실제 생활에 아무런 도움이 되지 않을 뿐 아니라 오히려 병에 대한 좌절감과 전문가에 대한 거리감을 더욱 심화시킬 수 있다. 따라서 조사결과를 바탕으로 가족의 입장에 서서 그들이 실제 생활에서 가장 많이 부딪히는 문제나 가장 교육받기를 원하는 영역에 대해 실질적인 도움을 주어야 한다.

셋째, 교육 시 가족이 잘 이해할 수 있도록 전문적인 용어보다는 쉬운 용어를 사용하여야 한다.

넷째, 참여한 가족들이 감정적 교류를 통해 친밀감을 느낄 수 있도록 교육 중에 서로 경험에 대해 이야기를 나누고 도움을 받을 수 있는 시간을 가져야 한다.

다섯째, 가능하면 소책자, 팸플릿, 비디오 등을 사용함으로써 교육의 효과를 극대화하여야 한다.

여섯째, 교육의 효과를 평가할 수 있는 평가체계가 있어야 한다(김철권, 1993).

2) 가족치료

가족치료는 1950년에서 1960년대에 시작된 치료적 운동으로 20세기 후반의 사회과학에 일어난 사고 양상의 일환이다. 이것은 소집단 치료, 아동상담과정에 부모를 포함시킨 아동상담운동, 생태학 관점에서 가족에 대한 접근을 시도한 초기 사회복지사들의 헌신적인 노력 등으로 주목받기 시작하였다. 가족체계의 변화에 초점을 맞추고 가족체계가 변화하면 개인의 삶도 이에 따라 변화한다는 관점을 두고 있다.

현재 미국 내에 가족치료 전문학술지가 19개에 이른다. 가족치료이론은 여러 가지가 있지만 공통적인 가정(assumption)은 가족의 한 구성원이 증상을 갖고 있다면 장애 요인은 단지 문제를 가지고 있다고 지목된 사람에게만 있는 것이 아니라 전체로서의 가족에게도 있다는 것이다. 즉, 전체는 부분의 합 이상이라는 논리가 적용되는 체계로서 간주된다.

특히 정신장애인들의 가족구성원을 대상으로 가족치료를 함으로써 클라이언트의 사회적 적응을 향상시킬 수 있다는 여러 연구들이 나옴으로써 앞으로 정신보건사회복지사들은 다양한 가족치료이론을 습득하고 훈련받을 필요가 있다.

따라서 정신보건사회복지사는 가족체계론적 관점에서 가족을 치료할 때, 가족 중 한두 명과의 작업을 통해서 전체의 변화를 유도할 수 있는 것이다. 이처럼 체계론적 사고의 틀에서 본다면, 개인의 문제는 그 개인의 병리적 차원으로 해석되는 것이 아니라 가족체계 상호작용의 산물로 본다는 것이다.

다음은 정신보건사회복지사들이 정신보건사회복지실천에서 기본적으로 적용해야 할 가족치료모델이다.

(1) Bowen의 가족치료모델

Murray Bowen(1913-1990)의 가족치료 접근방법은 정신역동적인 관점과 체계적인 관점을 연결시킨 것으로 볼 수 있다. Bowen(1975)은 처음 정신분열증 환자를 가진 가정에 관심을 두었다가 차츰 정서장애에 보다 폭넓은 가족치료이론을 바탕으로 한 치료기법의 개발에 관심을 갖기 시작했다(김규수 외 역, 2002).

Bowen의 가장 핵심적인 개념은 삼각관계와 자아분화이다. 그리고 강조한 것은 가족관계와 치료자 관계에서의 탈삼각관계 과정이다. 이 과정에서는 자아분화 과정이 핵심적인 요인이다. 삼각관계는 가족체계에 대한 개념적 구조이며, 자아분화 정도는 개인의 경계선이 침투성인가 혹은 불침투성인가를 결정하는 척도이다. 자아분화정도는 성숙도를 측정하는 척도이기도 하다.

특히, 가족정서체계이론(family emotional systems theory)은 Bowen이 유명한데, 개인의 정서적 행동유형은 원 가족 속에서 형성된다고 가정한다. 최적의 사회적 기능은 다른 사람들로부터의 자아분화로 나타나게 된다. 즉, 애착에 대한 욕구와 자기-효능감 사이의 균형을 성취해야 한다. 정서적 문제는 원 가족에서 시작된 정서적 단절이나 밀착의 경험으로부터 초래된다. 개입의 목적은 각 구성원이 가족구성원들로부터 자아를 분화시키도록 돕는 것이며, 구성원들이 부정적인 삼각관계를 활용하지 않도록(삼각관계는 보통 불안정한 관계형성을 고착화시키는 수단으로 활용된다)하는 것이다. 주로 활용되는 기법은 다세대 간 가계도를 그려 삼각관계나 밀착의 근원 및 가족 내의 기능을 이해하도록 돕는 것이다. 가족구성원의 행동을 다세대 간에 걸쳐 나타난 가족의 주제나 사건에 비추어 검토해본다. 가족구성원이 다른 구성원과 새롭게 기능적으로 애착관계를 형성하도록 이끌어준다.

Bowen의 치료기법은 내담자 가족 내의 삼각관계를 분리시킴으로써 가족치료 목표에 접근해 간다. 치료자는 치료과정에서 이야기되는 내용보다 가족 내에서 어떻게 상호작용을 하는지에 더 관심을 가져야 한다고 주장한다. Bowen의 가족체계치료에 대한 효과성의 증거는 개인적인 경험과 임상적인 보고들을 근거로 하고 있다.

(2) 구조적 가족치료모델

구조적 가족치료(structural family therapy)는 1970년대의 가족치료분야에 가장 영향력 있는 치료접근의 하나로서 주요 학자로는 Salvador Minuchin을 들 수 있으며, 그 외에 Braulio Montalvo, Harry Aponte, Charles Fishman 등을 들 수 있다. Minuchin은 진단과 치료과정에서 명쾌한 지침을 강조했고 가족을 하나의 기본적인 구조로 보았는데, 가족구성원 등이 속박되거나 유리된 관계로부터 벗어날 수 있도록 도움을 제공하여 구조적 가족치료의 분야를 개척하였다.

구조적 가족치료의 가정은 다음과 같다. 만족스러운 가족기능은 구성원이 적절한 권위를 행사하고, 가족구성원의 상호작용 방식을 조직화하는 분명한 구조가 있을 때 최대화된다는 점을 가정하고 있다. 따라서 개입은 가족구조를 재편하여, 성인에게 맞는 적합한 권한(power)을 세워주고, 구성원들과 하위체계가 적합한 권리와 역할, 그리고 책임감을 개발하도록 하며, 하위체계 간의 경계(접촉의 양을 규제하는 역할을 함)를 분명히 하도록 하는데(경계가 너무 밀착되거나 엄격하게 분리되지 않도록) 초점을 둔다. 구조적 가족치료의 모든 전략은 구성원들 간의 동맹(alliances)을 형성하거나 강화하고, 약화시키거나 분리하는 데 초점을 둔다. 이러한 전략은 구체적이고 활동지향적인 방식으로 수행된다. 치료자는 의사소통기술을 가르치고, 어떤 구체적 상호작용을 촉진하거나 방해하기 위한 여지를 만들어나가며, 역할놀이와 총 연습을 통해(단지 토론시간을 늘리기보다는) 직접 시현하도록 한다. 치료자는 새로운 가족교류의 방향을 만들어가고, 가족구성원의 역할을 바꾸며, 경계를 재조정한다. 치료자는 과제를 내주고 치료시간에 배운 것을 직접 연습하도록 한다.

구조적 가족치료자가 상호 맞물려 있는 역할의 장으로서 가족의 단위를 분석하는 경우를 보면(Minuchin & Fishman, 1981), 어느 집단이나 마찬가지로 가족구성원들은 서로에 대한 역할을 창출한다. 교육훈련가, 희생양, 보호를 필요로 하는 사람, 모든 사람을 돌보아야 하는 사람 등이다. 이러한 역할은 어떤 욕구를 충족시켜 준다. 더 나아가 각 구성원은 다른 구성원들이 그들의 역할을 계속할 수 있도록 하기 위해 자신의 역할을 계속 진행시켜야 한다.

결과적으로 개인 구성원이 자신에게 암묵적으로 주어진 역할에서 빠져나가려

한다면 가족의 나머지 구성원들로부터 저항을 받게 된다. 구조적 가족치료에서는 그러한 역할이 가족장애를 일으키는 기본 요소가 된다고 본다. 사실 어떤 치료자들은 한 가족구성원이 '아픈' 것은 가족의 역할체계가 아픈 구성원을 요구하기 때문이라는 점을 인정한다(Minuchin, 1974). 치료자는 이렇게 역할을 분석하여 구성원들이 좀 더 편안하고 유연한 역할을 행하도록 고무한다.

구조적 가족치료의 특징은 치료의 주요한 목적으로 구조적 변화에 초점을 두는 것이며, 치료자는 가족이 재구조화해 나가는 과정에 적극적인 자세로 개입하는 것이다. Minuchin의 구조적 가족치료는 이론의 틀을 사회적인 상황에 속해 있는 개인에게 접근하는 이론과 기술체계이며, 이것을 기초로 한 가족치료는 가족의 조직을 변화시키는 것에 관심을 두고 있다.

(3) 경험적 가족치료모델

경험주의적 가족치료모델(experiential family therapy)은 Carl Whitaker, Virginia Satir, August Napier 등이 대표이며 실존주의적, 인본주의적 심리치료로부터 파생되었다. 이 모델은 과거보다는 현재에 초점을 두고 있지만 일차적으로 가족의 개인 구성원에 초점을 두며, 인간의 높은 자아존중감을 재형성하고, 가족의 성장 기능을 회복하는 개인 내적인 자원의 활용을 강조한다.

경험주의적 가족치료모델은 정신분열증 가족의 이중구속(double-bind)이론을 확대시키면서 발전했다. 이중구속이론은 정신분열증의 중요한 원인이 아동이 부모로부터 상호모순되는 메시지에 노출된 데 있다고 본다. 의사소통이론가들에 따르면, 그러한 메시지는 정신분열증에만 영향을 미치는 것이 아니라 대부분의 가족장애에 영향을 미친다고 한다. 가족치료에서 의사소통에 관심을 두는 치료자들은 모순적 메시지를 찾아내어 메시지를 전달하는 사람에게 그들이 무엇을 말하고 있고, 어떻게 그런 메시지가 상대방을 약화시키는지를 지적한다. 일반적으로 치료자들은 가족구성원들을 자극하여 서로가 느끼고 있는 것을 솔직하게 말하고, 또한 그들이 진정 어떤 종류의 관계형성을 하고 싶은지를 전달하도록 설득한다.

치료자는 가족에게 문제를 설명하고 통찰력을 제공하기보다는 가족구성원들이 가족의 특유한 행동양식에 맞는 경험을 행함으로써 문제해결을 도모하고자 한다. 여기서 경험이란 가족구성원이 자발적으로 자신을 표현할 수 있는 기회,

표현의 자유, 개인의 성장 등을 의미한다. 가족과 치료자 사이의 상호작용 면담에 참여하는 가족이나 치료자 모두가 성장할 수 있는 계기라고 생각한다.

(4) 해결중심 단기가족치료모델

해결중심 단기가족치료(solution-focused family therapy)는 1970년 초 Steve De Shazer와 Insoo Kim Berg 등이 개발한 단기 문제해결모델을 확장시킨 이론이다. 이 모델은 1970년대 가족치료의 새로운 접근방식이 도입되는 분위기 속에서 MRI(Mental Research Institute)의 전략적 가족치료모델을 토대로 성장하였다. 가족치료의 원리는 병리적인 것 대신에 건강한 것에 초점을 두며 내담자의 강점과 자원, 건강한 특성을 발견하고 이를 치료에 활용한다. 과거에 대해 깊이 다루지 않으며 현재와 미래를 지향하고 문제의 내용이나, 원인보다는 문제해결방안 모색과 새로운 행동 유형의 시작에 초점을 맞춘다. 해결중심 단기가족치료는 내담자가 자신의 문제에 관하여 가장 많이 알고, 해결방안을 찾을 수 있는 능력이 있다고 보기 때문에 해결방안 모색에서 내담자의 자율적인 협력을 중요시한다.

(5) 전략적 가족치료모델

전략적 가족치료(strategic family therapy)모델은 인간의 행동을 설명하거나 범주화하기 보다는 해결중심이론처럼 변화전략에 좀 더 관심을 갖는다. 가족은 보통 새로운 도전을 꺼리는 경향이 있다고 간주한다. 가족이 변화를 희망하지만 변화하는데 대한 저항이 많은 상황에 매우 적합한 전략이다. 가족은 보통 무의식적으로 변화가 자신에게 어떤 면에서는 좀 위협적이라고 느끼기에 변화에 저항을 보이는 경향이 있다.

정신보건사회복지사는 가족문제를 해결하기 위해 새롭고 창조적인 방법을 고안하도록 돕는데, 대부분의 전략들은 가족이 새로운 행동을 하도록 하는데 있어 예상되는 가족의 저항을 극복할 수 있도록 고안된다. 한 가지 방법은 종종 잘못된 의사소통 체계를 깨기 위해 치료자가 역설적 기법을 활용하는 것이다. 치료자는 가족구성원들에게 그들이 이미 행하고 있는 부적응적인 행동유형(그것이 무슨 행동이든 간에)을 지속하라고 지시한다. 예를 들어, 아버지가 자신의 딸이 말하는 것을 중간에 계속적으로 방해하고 차단한다면 치료자는 아버지에게 다음 주에도 딸이 말할 때마다 계속 방해하고 차단하라고 말한다. 이러한 전략은 부적응적 유형을 뒤엎고 그들의 문제를 새로이 다룰 수 있는 유용한 방법을 찾도록 자극시켜 준다.

(6) 여성주의 가족치료모델

여성주의 가족치료(feminist family therapy)는 기존의 가족치료의 틀에 여성주의 원리를 접목시켰기 때문에 여성주의 개별상담, 여성주의 집단상담, 여성주의 사회복지실천과 매우 유사한 기법의 특성을 지니고 있다고 볼 수 있다. 여성주의 가족치료의 주요 인물로는 Goodrich, Chany, Rice Hare-Mustin, Wheeler, Avis 등이며, 치료자와 클라이언트의 평등한 관계를 유난히 강조하고 있다. 또한 가족문제를 성차별적 사회구조와 정치구조의 사회화라는 측면에서 보기 때문에 이를 변화시키기 위하여 강력한 영향력을 행사할 수 있는 지시적인 기법을 사용한다(Hare-Mustin, 1978 ; Avis, 1986). 특히 강조되고 자주 사용되는 지시적인 기법은 도전, 충고, 지도, 주장훈련, 의사소통 기술형성, 성적 자기자극기법 등이다. 그리고 치료자의 적극적인 개입과 활용이 강조되어 모델링, 치료자의 준거 등의 기법이 사용되며, 성차별과 통제행동에 도전하도록 클라이언트의 인지구조를 바꾸기 위해 교육의 기법을 자주 사용한다(Hare-Mustin, 1978). 그러나 우리나라에서는 아직도 가족복지 실천분야에서의 여성주의 가족치료모델의 적용이 거의 전무한 상태에 있으므로 이에 대한 논의가 있어야 할 것이다.

(7) 이야기 가족치료모델

이야기 가족치료(narrative family therapy)는 호주와 뉴질랜드 출신의 가족치료자들인 Michael White와 David Epston의 연구방법론을 주로 다룬다(박태영, 2001: 48). 1980년대에 개발된 이야기 가족치료는 동시대에 나타난 구성주의자 치료기법과 포스트모던 문화의 영향을 받아서 발전하게 되었다. 이야기 가족치료는 문제를 표출화 시키기 위하여 고안된 대화에 가족을 관여시킨다(Nichols & Schwartz, 1966). 이러한 이야기는 진실과 이야기의 조화에 근거를 두고 있다. White와 Epston(1990)는 사람들은 이야기 창조를 통해 그들의 삶의 의미를 느끼며, 미래에 대하여 구상을 하는 것으로, 실제 삶을 형성해주는 구조라고 말하고 de Shazer는 문제를 서술하기 위해 사용하는 언어는 자동적으로 해결을 설정하기 위한 다른 언어를 그

안에 품고 있다고 하였다. 이야기 가족치료는 치료자가 그들이 만나고 있는 가족이 가지고 있는 이야기들에서 그들 스스로 더 풍부한 가족에 대한 지식과 경험들을 더 끌어내도록 촉진하는 질문을 하는 데 주력한다. 행동은 더 이상 하나의 패턴으로 혹은 무슨 일이 일어나고 있는 지를 알려주는 역학(dynamic)으로가 아니라 하나의 이야기로 간주한다. 사람들은 그들의 이야기가 문제로 물들었을 때에 치료자를 찾아온다. 이야기 치료자의 과제는 그러한 이야기를 매우 세밀하고 집중하여 듣고, 그 이야기의 틈을 발견하여 새로운 이야기로 들어가는 길을 함께 발견하는 데 있다.

그 외 가족치료로는 심리학적 이론의 견지에서 파생되어 온 모델들이 있다. 정신역동적·행동주의적 가족치료가 바로 그것이다. 1980년대 중반부터 정신역동적 가족치료가 부활되었다. 그것은 현재의 관계형성의 어려움은 무의식적 충동과 그것에 대한 방어에 기인한다는 기본 아이디어에 기초를 둔다. 또한 치료자와의 전이관계(transference relationships)를 통해 가족 내의 문제나 부모의 문제를 드러낼 수 있다고 본다. 정신역동적 가족치료의 기법은 정신역동적 개인 심리치료의 기법과 유사하다. 즉, 듣기와 해석기법이 중요시된다.

행동주의 가족치료(behavioral family therapy)는 예를 들어 보면, 품행장애나 기타 장애가 있는 아동들의 부모를 훈련시켜, 아동들의 반사회적 행동을 줄이고 친사회적 행동을 늘일 수 있는 방식으로 아동들과 상호작용하도록 하는 형식이 있다. 이러한 형태의 치료 속에서 부모들은 아동의 나쁜 행동을 강화시키지 않도록 교육받는 것이다. 또한 효과적인 보상과 벌을 전달하는 방법도 배우게 된다. 한 가지 예를 더 들면 정신분열증 환자가족에 대한 치료의 경우, 가족들이 정신분열증 환자가 심각한 반응을 일으키는 자극(예, 고도의 감정표현)을 주지 않도록 조용하고 마찰을 일으키지 않는 방법으로 문제를 풀어나가게 교육시켜 주는 것을 들 수 있다.

정신장애인의 가족을 위한 접근방법은 가족교육과 함께 가족치료모델이 적용될 때 클라이언트와 가족에게 치료와 재활의 극대화를 가져 올 수 있다고 본다. 그리고 가족옹호와 사회행동 등 가족을 위한 여러 가지 실천방법들이 병행하여 사용되어야 할 것이다.

CHAPTER 07

정신보건사회복지의 개입방법과 기술Ⅱ

1 정신장애인을 위한 집단개입방법

정신장애인을 위한 집단개입방법에서 가장 중요한 것은 집단실천모델을 정신보건사회복지사가 숙지해서 실제 클라이언트의 예방, 치료, 재활을 위한 실천에 적용하는 능력과 기술이다. 다음의 <표 7-1>은 집단실천모델 비교이다(이영실, 2008; 설진화, 2008).

〈표 7-1〉 집단사회복지의 모델 비교

특징	사회적 목표모델 (social goal model)	치료모델 (remedial model)	상호작용모델 (reciprocal model)
주 과제	• 필요한 자원제공과 사회적 붕괴의 예방 • 비공식적 정치 및 사회행동	• 사회적 사고 및 위험으로부터의 회복과 재활 • 집단매개체를 통한 치료	• 앞의 두 모델의 조합 • 문제해결을 위한 상호원조체계의 개발
장기적 목적	• 보다 나은 민주사회 건설	• 개개인의 사회적응 향상	• 개인과 사회의 조화
구체적 목표	• 소속감의 증대, 민주적 참여에 대한 훈련 • 처음에는 전문가에 의해 집단목표가 결정되나 점차 그 책임은 집단에게 이양	• 집단 상호작용을 활용하여 역기능 행동을 하는 구성원의 치료와 재활 • 세부적인 집단목표를 전문가가 사전에 결정	• 적정수준의 적응과 사회화를 성취하기 위해 구성원 간의 상호원조체계형성, 대인관계 향상 • 집단목표의 결정을 전문가와 회원이 공유
초점	• 각 개인의 성숙과 민주시민의 역량 개발	• 개인적인 역기능 변화	• 구성원 간의 자조, 상호원조체계 개발
지도자 역할	• 행동과 '영향력 끼치는 자'의 역할 : 바람직한 역할모델을 제시	• 전문적인 '변화매개인'의 역할	• '중재자'의 역할

특징	사회적 목표모델 (social goal model)	치료모델 (remedial model)	상호작용모델 (reciprocal model)
대상	• 시민, 이웃, 지역주민	• 역기능 또는 문제의 해결을 위해 도움을 필요로 하는 자	• 공동관심사의 성취를 위해 협력하는 구성원
집단 활동	• 토론, 참여, 합의, 집단과제의 개발 및 실행, 지역사회 조직화, 구성원의 사회행동기술 습득	• 구성원의 행동변화를 일으키기 위해 구조화된 개입을 하거나 직접, 간접적 영향력을 발휘	• 관심사를 토론, 상호원조형성, 상호이익이 되는 결속된 사회체계의 형성
적용	• 사회복지관, 인보관 • 지역사회환경지킴이 • 자발적 주민방범대 • 소비자보호활동 • 유해환경고발활동 • YMCA, YWCA • BOY SCOUT 등 회원이 있는 가정	• 임상서비스기관 • 알코올 중독자 회복집단 • 정신치료집단	• 중재모델, 상호모델, 인본주의모델 등 집단목표에 따라 달라지고 다양한 용어로 발전함 • 가정폭력피해자집단 • 에이즈 환자집단임상기관, 사회복지관 집단목표에 따라 다양함
집단 크기	• 3~25명 정도	• 7~10명 정도	• 상황에 따라 유동적
신입 회원의 가입 문제	• 개방적이며, 누구나 친구가 될 수 있다.	• 전문가의 통제	• 전문가와 회원의 동의에 의한 자유로운 가입
회합 기간	• 지도력 유형에 따라 유동적	• 정기적이며, 시간사용계획을 사전설정	• 유동적, 지도자와 구성원이 합의
대표 학자	• Ryland, Wilson, Coyle, Klein	• Vinter, Sarri, Glasser, Redi	• Schwartz, Lewin, Tropp, Bion

정신장애인을 위한 집단개입방법은 시작단계, 초기단계, 중간단계, 종결단계로 나눈다. 다음은 집단개입과정에서의 정신사회복지사 개입기술을 살펴보고자 한다.

1) 시작단계에서의 집단개입방법

시작단계는 준비단계라고도 하며 이 단계에서는 집단이 형성되기 이전에 사회복지사가 집단에 대해 계획하고 구성하는 단계이며 집단의 목적과 목표설정, 잠재력 구성원확인 및 정보수집, 구성원모집 등을 실시해야 하는데, 그 내용은 다음과 같다(설진화, 2008; 이명남, 박문각, 2008).

(1) 전체로서의 집단의 움직임을 민감하게 알아채는 기술

이를 위해 집단에 대한 지식이 필요하다. 집단 지식에는 집단의 역할 · 규범 · 구성 · 상호관계 · 지도력 · 응집력 · 발달단계 · 집단크기 · 개방집단 · 폐쇄집단의 개념이 집단에 미치는 영향 등이 포함된다.

(2) 구성원 모두 상대로 하여 말하는 기술

영어로는 Scanning이라 표현되는 이 기술은 사회복지사가 한 사람이나 두 사람에게만 집중하여 이야기하는 것이 아니라 전 구성원들을 대상으로 자연스럽게 눈과 눈을 마주보면서 이야기하는 기술이다. 전원을 차별하지 않고 관심을 가지며 주의를 기울이는 사람이라는 것을 강하게 느끼게 하는 이 기술은 구성원과의 신뢰 관계를 구축하는 데 도움이 된다.

(3) 집단응집력의 촉진

① 사회복지사 자신이 사용할 언어에 대한 신중한 고려를 통해 응집력을 증진시킨다. 가능한 '나는'이라는 말 대신 '우리들은, 우리들의, 우리들에게'라는 표현을 쓰는 등의 연구 및 배려가 필요하다.

② 집단 전원의 공통 관심사를 가지고 한 주 동안에 서로 경험한 것을 나누는 상호원조의 중요성을 강조한다.

③ 집단구성원들이 집단을 통해 이룩한 것, 발전한 것, 집단에 공헌한 것 등에 대해 아낌없이 칭찬해 준다.

④ 집단구성원에게 규범을 제시한다. 집단이 순조롭게 목표를 달성하기 위해서는 집단과제뿐 아니라 집단의 사회적 · 정서적인 면을 좋은 상태로 유지해야 하며, 이를 위해 필요한 행동규범을 제시해야 한다. 이 때 구성원들은 사회복지사의 모델링을 통해 새로운 대화법을 선택하고 가능한 행동과 방법을 배울 수 있다.

⑤ 프로그램을 활용한다. 프로그램이란 집단활동을 진행할 때 이용하는 소재이다. 집단활동의 첫 모임에서 구성원들을 기쁘게 맞이하기 위해 조용한 배경음악을 틀어준다거나, 각자 자기소개를 할 때 게임방식을 활용하는 등, 자연스럽게 프로그램을 활용하게 되면 분위기도 좋아지고 구성원들 사이에 말

문을 트게 하는 데도 도움을 준다.

2) 중간단계에서의 집단개입방법

집단통제・관리 및 충고・조언・상담하는 기술, 지지기술, 집단유지에 도움이 되는 프로그램 사용 기술 등이 있다.

중간단계의 개입방법은 다음과 같다.

(1) 개인 내적 수준의 개입방법

① 개별구성원 수준의 개입방법

② 사고와 감정과 행동 사이의 연관성 파악

③ 사고와 신념의 비합리성 분석

④ 사고, 신념, 감정상태의 변화 : 인지적 재구조화, 인지적 자기지시, 사고중단, 재정의, 인지적 심상기법, 점진적 이완기법, 체계적 둔감화 등을 이용함

(2) 대인관계 변화를 일으키게 하는 개입방법

① 모델관찰을 통한 학습

② 역할극을 통한 연습

(3) 집단전체에 개입하기

① 의사소통과 상호작용에 개입하기 : 집단구성원이 고르게 집단에 참여하게 하고 의사소통 내용이 초점에서 빗나가지 않도록 명료화하고 초점 잡아주기

② 집단응집력 향상시키기 : 흥미 있는 프로그램을 실시하고, 집단구성원들이 인간적인 만남을 가질 수 있는 기회 부여하기

③ 집단의 규범, 역할, 지위, 위계구조에 대한 사회적 통제 : 너무 제한하여 억압당한다는 느낌을 받지 않도록 하고, 통제가 너무 약해서 집단이 혼란스럽지 않게 함

(4) 환경수준의 개입방법

① 구성원이 필요로 하는 특별한 자원을 연결함
② 구성원의 사회적 관계망 확대함
③ 효과를 유지함
④ 물리적 환경을 변화시킴
⑤ 집단을 후원하는 기관의 지원을 확대함
⑥ 기관 간 연계망을 형성함
⑦ 지역사회의 인식을 증가함

3) 종결단계에서의 집단개입방법

종결단계는 집단의 목적을 달성하고 끝을 맺는 단계로 이 단계에서 알아야 할 내용은 종결단계의 특징, 계획되지 않은 종결, 계획된 종결, 사회복지실천기술 등이 있다(설진화, 2008; 이영실, 2008).

(1) 불만족스런 종결의 사유에 대한 이해기술

① 개별구성원의 계획에 없는 종결 : 사회복지사는 원인을 확인하여 집단구성원이 탈락하는 것을 방지하고, 자신의 기술을 증진시키도록 하여야 함
② 구성원의 불만족, 집단전체가 불만족스런 경우의 종결
- 집단이 적절한 기능을 할 수 있는 충분한 수준의 통합을 달성할 수 없기 때문임 : 탈락한 구성원을 새로운 구성원으로 대체하지 못함, 사회복지사가 더 이상 지도를 못하는 사유발생, 후원기관의 자원제공 중단 등
- 집단의 내적인 역기능 때문에 조기종결 : 배타적인 하위집단 형성, 희생양 만들기, 소수구성원에 의한 집단지배, 심각한 갈등 등

(2) 변화노력의 유지 및 일반화에 대한 기술

① 구성원들의 일상생활과 밀접한 관련이 있는 현실사례를 집단에서 다룸
② 구성원들의 문제에만 초점을 두지 말고, 자신의 능력을 확인, 자신감을 발전

시키도록 함

③ 변화유지능력을 방해하는 어려운 상황에 대비할 수 있도록 다양한 상황과 환경을 활용함

④ 변화를 통해 일어나는 긍정적 결과에 초점을 맞춤

⑤ 공식적인 집단을 마치고 난 후 추후모임을 할 수 있는 기회를 제공하여 변화유지를 위한 자신의 노력을 재검토할 수 있게 함

⑥ 구성원들이 집단외부에서 부딪칠 수 있는 비우호적인 환경에 대해 어떻게 대응해야 할지 미리 준비시킴

⑦ 구성원에게 그 동안 배운 것을 요약, 대처기술 이용에의 자신감을 북돋워 주어 스스로 자신의 문제를 해결하도록 함

⑧ 집단에서 학습한 주된 내용을 분명히 함

⑨ 집단 종결 이후에도 계속해서 각 구성원들의 노력이 필요하다는 것을 분명히 함

⑩ 새로운 경험과 지지체계로 이행할 수 있도록 원조, 집단구성원이 다른 집단을 계속할 수 있도록 함, 필요로 할 경우 사회복지사는 새로운 집단으로 원활히 이행할 수 있도록 원조해야 함

(3) 개별구성원의 독립적 기능촉진과 집단에 대한 의존성 감소기술

① 구성원들이 집단 외부의 지지와 구성원 자신의 기술 및 자원을 활용하도록 원조함

② 종결 전부터 종결에 대해 논의함

③ 집단의 매력을 감소시키기 위해 구성원이 집단에서 성취한 것을 요약함. 더 이상 집단이 필요하지 않음을 토론하게 함

④ 회합의 간격은 길게, 회합시간은 짧게 구성함

⑤ 구성원의 외부활동에의 참여를 격려함

(4) 종결에 대한 감정처리기술

① 집단 종결에 대한 개인적 반응이 긍정적이든 부정적이든 친숙한 관계를 종결할 때에는 서로 정직하게 개인이 가진 감정을 나누는 것이 중요함

② 긍정적인 감정 : 목표성취와 타인을 도왔다는 만족감, 자부심, 유능감 등
③ 부정적인 감정 : 연대관계가 깨지는 것에 대한 불안, 거부감, 상실에 따른 슬픔 등
④ 서로 마음속에 있는 것들을 이야기함으로써 마음에 맺힌 것을 확실히 풀 수 있고 사회복지사와 구성원들 서로가 집단에서 경험한 것을 소중히 여기며 집단을 끝낼 수 있게 됨
⑤ 대개의 개별구성원들은 집단을 떠날 때 이 집단에서 무엇을 배웠는가? 앞으로 어떻게 할 것인가? 등의 의문을 갖게 됨
⑥ 사회복지사는 이 때 구성원들의 감정을 서로 이야기 할 수 있도록 원조하고 개개인이 그 집단에서 무엇을 얻었는지를 생각하고 이야기할 수 있게 해야 함
⑦ 종결에 따른 감정을 구성원과 공유하며, 구성원들의 양가감정을 토론하도록 격려함
⑧ 종결 이후의 사회복지사와 기관이 제공할 수 있는 역할에 대해 밝힘

(5) 미래에 대한 계획기술

① 집단종결 후 자조집단을 형성하도록 도와줌
② 자조집단이 원활하게 운영할 수 있도록 물질적인 지원과 자문 등을 제공함
③ 구성원의 욕구가 충족되지 않거나 성취하고 싶은 다른 목적이 있는 경우 부가적인 서비스 제공함
④ 재계약, 자조집단 등 다양한 형태의 부가서비스 제공 가능함

(6) 의뢰기술

① 추가적인 서비스나 자원이 필요한 경우, 사회복지사는 그 기관의 다른 서비스 혹은 다른 기관에 구성원들을 의뢰함
② 구성원과 사회복지사가 동의한 경우 이루어짐
③ 기관내부 혹은 외부로 의뢰될 수 있음
④ 의뢰되는 곳에 관한 기본정보를 공유하고, 직접적 동행의뢰, 의뢰 후 서비스에 대해 점검함

(7) 평가기술

① 과정평가 : 집단과정 중 클라이언트 원조과정의 이해정도 평가
② 결과평가 : 목표달성 정도 평가, 단일사례설계, 과업성취척도 만족도조사 등 평가
③ 총괄평가 : 프로그램 종결 수 등 효과분석 평가
④ 형성평가 : 실행과정 중 계획을 수정 및 보완하기 위한 평가

2 정신장애인을 위한 사회기술훈련

만성적 정신질환을 가지고 있는 사람들은 종종 정보를 처리하고, 문제를 해결하고, 외부의 요구에 적절히 반응하는 데 어려움을 겪는다. 즉, 환경적 신호를 해석하고 인지하는 능력의 부족과 반응방식이 다양하지 못하므로 의사소통이 불완전하다. 더군다나 자신의 감정, 욕구, 소망을 표현하는 데도 제한을 받는다. 사회적 기능상의 어려움은 대부분 정신질환의 영향이기도 하지만 사회화와 학습의 경험이 제한되었기 때문이기도 하다. 그러므로 약물치료는 증상을 줄일 수는 있지만 사회적 기능의 손상을 치료하지는 못하며 효과적인 대처기술을 증진시키지도 못한다(Liberman & Foy, 1983).

사회기술훈련(Social Skills training)은 심각한 정신질환을 가지고 있는 사람들이 효과적으로 사회생활을 할 수 있도록 돕기 위해 사용되는 행동치료의 하나이다. 사회기술훈련은 여러 행동문제가 내적인 정서적 갈등에 기인하기보다는 어떤 대인관계적 상황을 다루는 기술(예를 들어 비판을 주고받기, 칭찬을 주고받기, 이성을 다루기 등)이 부족하기 때문이라는 전제에 기초한다. 사회기술훈련은 개인적으로 시행되기도 하고, 집단을 통해 시행되기도 한다. 기관에서 시행되기도 하고, 지역사회의 자연환경 속에서 시행되기도 한다. 자기보호능력이 부족한 사람에게 시행되기도 하고, 의사소통이나 직장 찾기, 친구 만들기에 어려움이 있는 사람들에게도 시행

된다. 사회기술훈련이 집단에서 시행될 때는 유사한 문제를 가지고 있는 사람들로 구성하는 것이 좋다. 예를 들어 비행청소년집단이라면 치료자는 선생님에게 반응하는 방법, 공격적 행동에 반응하는 방법, 면접하는 법 등에 초점을 맞출 것이다. 정신분열증 집단에서는 청결한 모습, 대화, 여가선용, 돈 관리, 직장 찾기 등을 연습할 수 있을 것이다.

사회기술훈련을 시행하기 전에 사회복지사는 클라이언트의 전반적 사회적 기능을 사정해야 한다. 가족구성원과의 면접을 통해 클라이언트의 사회적 수행능력에 대한 중요한 정보를 얻을 수 있다. 또는 표준화된 사정도구, 예를 들면 Rathus Assertiveness Schedule(RAS; Rathus, 1973), Social Interaction Schedule(SIS; Liberman et al., 1989), Wallace Functional Assessment Scale(Wallace, 1986)이 유용하게 사용될 수 있다. 사정과정을 통해 개발될 필요가 있는 기술을 파악한다. 자기결정의 원리를 지켜가면서 클라이언트와 함께 훈련목적을 협상해 나간다. 클라이언트가 변화시키고 싶어 하는 행동을 표적으로 삼는 것이 좋다. 구체적이고 자주하게 되는 행동, 손쉽게 성취할 수 있는 행동을 목표로 삼는 것도 좋다. 사회기술훈련을 통해 향상될 수 있는 클라이언트의 능력의 예는 다음과 같다.

① 약물의 부작용을 의사에게 설명하기
② 차 한 잔 하자고 친구나 동료에게 제안하기
③ 빨래하는 법 배우기
④ 물건 사용(예 : 카메라)에 대해 가족들과 협상하기
⑤ 이성과 대화하기
⑥ 직업 구하기

Liberman, DeRisi, Mueser(1989)는 최소한 15분 동안 주의집중을 할 수 없거나 지시를 따를 수 없는 클라이언트는 사회기술훈련에 적합하지 않다고 주장한다. 대개 이러한 클라이언트는 환청이나 조증, 기억능력 부족, 일관성 부재 같은 통제할 수 없는 증상을 가지고 있다. 사회기술훈련에 참여할 수 있는 능력을 평가하기 위해 이름이나 생일 날짜 같은 질문을 던질 수 있다. 간단한 문장을 말할 수 있는 능력과 다른 사람의 말을 3~5분 정도 방해하지 않고 들을 수 있는 능력, 연속적

인 세 가지 지시(예, 문으로 가서 노크하고 자리에 돌아와 앉으시오)를 따를 수 있는 능력 등도 평가해 보아야 한다.

사회기술훈련은 문제상황에 대한 일련의 역할극을 통해 효과적인 상호작용 기술을 가르친다. 주요 기법은 행동연습, 모델링, 강화, 코칭 등이다(Liberman, 1988). 행동연습(behavioral rehearsal)은 역할극을 통해 사회기술을 연습하는 것이다. 먼저 클라이언트는 과거에 자신이 해온 대로 기술을 수행하도록 요청받는다. 클라이언트가 어려움을 호소하게 되면 새로운 대안이 제시되고 클라이언트는 새로운 기술을 수행하게 된다. 모델링은 모델의 행동을 관찰하고 모방하여 학습함으로써 의도하였던 기술을 수행하는 것이다. 클라이언트가 모델의 행동을 따라할 때 강화나 승인을 제공해 준다. 코칭(prompting 또는 coaching)이란 치료자나 트레이너가 클라이언트에게 힌트나 신호를 줌으로써 어떤 상황에서 필요한 사항이나 기술을 클라이언트가 쉽게 인지할 수 있도록 해주는 것이다. 예를 들어 치료자는 역할극 동안에 클라이언트가 눈을 마주치고 목소리를 조절하도록 조언한다.

사회기술훈련의 맹점은 훈련을 통해 배운 기술을 실제 상황에 적용하기가 힘들다는 것이다. 이를 용이하게 하기 위해서는 과제물을 내주어 현장에서 해보도록 해야 한다. 클라이언트가 만나기로 되어 있는 사람에게 사인을 받아오라고 하여 과제물을 수행했는지 점검해 보는 방법도 있다. 실제 현장에서 사회기술훈련을 하는 것도 일반화를 촉진하는 좋은 방법이다. 덧붙여 가족이나 친구가 강화나 코칭을 제공한다면 효과가 클 것이다.

1) UCLA 독립적 생활기술훈련모델

이 모델은 통제된 실험연구에서 뿐만 아니라 병원이나 지역사회시설에서 실행한 결과 다음과 같은 효과가 있는 것으로 나타났다.

① 장애인의 사회적이고 독립적인 생활기술에 중대한 향상이 있었고 지속적 효과가 있는 것으로 나타났다(다소 심각한 증상을 가지고 있는 장애인일지라도).
② 훈련을 통해 배운 기술이 현실상황에도 일반화가 잘 된 것으로 나타났다.
③ 훈련참여자들의 삶의 질을 향상시켰다.

(1) 모델의 특징

정신분열증환자의 인지적 학습능력의 결함을 고려할 때, 고도로 구조화되고 철저히 계획된 훈련방법을 사용하여야 지속적이고 일반화할 수 있는 기술을 습득시킬 수 있다(즉흥적이고 비구조화된 방법은 바람직하지 않다). 실천가들이 쉽게 따라 할 수 있도록 절차가 구체적으로 서술되어야 한다. 사회기술훈련은 장애인의 학습장애를 고려하여 만들어져야 하는데, 이를 위해 비디오자료와 행동시연(behavioral rehearsal), 현장훈련이 필요하다.

(2) 훈련의 구조와 과정

매뉴얼을 활용하면서 다양한 생활영역(예, 약물관리, 위생관리, 여가활동참여 등)에 대한 기술을 가르친다. 다음의 7개 활동을 통해 기술이 교수된다.

① 기술영역에 대한 소개 : 교수될 기술과 이를 통해 클라이언트가 얻게 될 이득을 묘사한다. 매뉴얼을 읽어주고 클라이언트가 이를 이해하고 있는지를 사정하기 위해 일련의 질문을 한다. 이러한 소개가 성공적으로 완수되어야 후속 과업을 수행하기 위한 통찰력과 동기를 증진시킬 수 있다.

② 비디오를 통한 모델링 : 비디오를 통해 기술을 소개한다. 비디오는 한 단계 완료 시 마다 정지되는 기능을 가지고 있다. 한 단계 완료 시 마다 이를 이해하고 있는지 질문을 한다.

③ 역할놀이 : 시연 후에는 역할놀이를 하고 트레이너는 준비된 체크리스트를 가지고 모니터링 한다.

④ 훈련에서 배운 내용을 외부에 적용하도록 준비시킴 - 자원 확보 필요 : 현장에서 기술을 수행하는 데 필요한 자원을 확보하는 방법을 적극적으로 고려하도록 유도할 수 있는 질문을 한다.

⑤ 문제해결기법 습득 : 실제 기술을 수행하는 데 발생할 것이라 예상되는 문제를 해결하기 위해 문제해결기법을 익힌다.

⑥ 기술을 현장에 적용 : 준비된 과제를 수행하는 동안 슈퍼비전을 제공한다. 트레이너는 함께 연습하면서 격려와 지지 그리고 긍정적인 피드백을 제공

한다.

⑦ 과제물 할당 : 스스로 해볼 수 있도록 과제를 내 준다.

위의 기술은 4~8명이 참여하는 집단을 통해 교수될 때 가장 효과적이다. 1시간에서 한 시간 반 정도로 일주일에 2~3번 시행하는 것이 효과적이다. 이를 4달간 지속하는 것이 좋다. 그리고 위의 기술은 통제집단에 비해 기술습득의 비율이 매우 높았다. 예를 들어, 약물관리기술에 있어서 실험집단은 55~90%의 수행능력의 향상이 있었다면, 통제집단은 55~60%의 향상이 있었다.

다음에는 다섯 명으로 구성된 집단의 사회기술훈련목표의 실례를 적어 본다. 다섯 명을 넘는 집단은 두 명 이상의 리더가 필요하다. 집단구성원들의 목적은 다음과 같다.

2) 사례

미정은 30세의 이혼녀로서 조울증을 가지고 있다. 과거에는 외판원으로 일했지만 3년 전부터는 일을 하지 않고 있다. 미정은 리튬을 3년 동안 처방받고 있는데 약이 잘 듣는 편이다. 현재 그녀는 사귀는 남자와 문제를 가지고 있는데, 그 남자가 동거를 하면서 생활비는 전혀 내놓지 않고 있다. 미정의 단기목표는 자신이 느끼는 점을 그 남자에게 말해 그가 생활비를 보태게 하든지 아니면 헤어질 예정이다. 미정의 장기목표는 자원봉사자로 일을 배우면서 나중에는 직장을 잡는 것이다.

병언은 28세의 독신 남성으로 형과 형수와 함께 살고 있다. 정신분열증에 걸려 망상이 깊어지면서 그는 어떤 종교단체에 활동적으로 참여하게 되었다. 그는 교회의 다른 구성원들이나 만나는 사람들마다 설교를 하였다. 그는 자신의 설교가 다른 사람들과의 관계형성에 방해가 된다는 것을 깨닫게 되었다. 그의 단기목표는 만나는 사람들에게 설교 대신 다른 대화를 시도하는 것이다. 궁극적으로 그는 직장을 잡아 독립하기를 원한다.

혜진은 35세의 결혼한 여성으로서 3세된 아이의 어머니이다. 그는 정신분열증이라는 진단을 받았다. 현재 혜진은 대부분의 시간을 딸을 돌보고, 집에서 보내며 우울해한다. 남편은 트럭운전사로서 대부분 지방에서 보낸다. 혜진은 사회적 활동을 하고 친구를 사귀고 싶어 하지만 선뜻 나서지 못하고 있다. 그녀의 단기목표는 최소한 일주일에 한 번 만날 수 있는 친구를 사귀는 것이고 남편에게 자신이 얼마나 쓸쓸한지를 말하는 것이다. 그녀의 장기목표는 남편과의 관계를 향상시키는 것이다.

현우는 22세 남성으로 뇌손상을 입었고 강박증이 있다. 그는 부모와 함께 살고 있다. 현우는 병원에서 퇴원한 후에 부모와 갈등을 빚기 시작했는데 그가 샤워를 끝없이 계속하기 때문이다. 더군다나 그의 부모는 그가 잠을 늦게 자고 크게 음악을 듣기 때문에 불편해한다. 현우의 단기목표는 부모가 자신에게 간섭하지 않도록 하는 것이며 장기목표는 그룹홈에 들어가는 것이다.

영수는 35세의 결혼한 남성으로 임시작업장에서 일하고 있다. 자신의 슈퍼바이저의 지시를 따르는 데 어려움이 있다. 그의 아내와 부모 그리고 사례관리자는 그가 계속 일하기를 강력히 지지해 주고 있다. 그는 정신분열증으로 여러 번 입원한 경험이 있다. 그는 작업장의 스트레스를 이겨내지 못할까봐 두려워한다. 그의 단기목표는 자신의 슈퍼바이저의 지시를 더 잘 들을 수 있게 되는 것이다. 그의 목표는 6개월간 작업장에서 일을 잘 배워 파트타임 직장을 잡는 것이다.

위의 클라이언트들은 주마다 90분간 만난다.

사회기술훈련의 한 유형이 바로 자기주장훈련(assertiveness training)이다. 자기주장이란 다른 사람의 권리를 방해하지 않으면서 자신의 권리를 나타내는 능력으로 규정된다. 이 방법의 몇 가지 규정을 제시하면 다음과 같다.

① 말로써 자신의 감정을 표현한다. 즉, 슬프고 행복하고 화날 때 다른 사람이 이런 감정을 알도록 한다.
② 비언어적으로 자신의 감정을 표현할 수도 있다. 즉, 행복하면 웃고 화가 나면 찌푸린다.
③ 다른 이의 의견에 동의하지 않는다면 조용히 앉아 있지만 말고 의견을 표현한다.
④ 가능한 한 '나는'이란 말을 많이 사용한다.

3) 노인에게 자기주장기술과 의사소통기술을 재학습시킴

스트레스적인 경험의 성격이나 그것에 대한 인식은 일생에 걸쳐 변하게 된다. 노인들은 나이가 들면서 건강관련 관심사를 많이 가지고 있고, 슬픔이나 상실의 문제를 많이 가지고 있다. 노인들의 대처전략이나 생활기술의 보유측면을 볼 때, 대부분의 노인들은 성인들 못지않게 스트레스적인 생활사건을 대처할 능력이 있고, 문제를 다룰 수 있는 성숙함과 지혜를 가지고 있다. 그러나 스트레스적 사건에 대한 평가는 부정적으로 변하는 것으로 보인다(나이가 들면서 더 의존적이 되어 통제력을 잃어가기 때문에).

노인들은 성인초기에 비해 자살생각, 낮은 자존감을 더 많이 가지고 있다. 가장 중요한 것은 스트레스와 우울을 치료하지 않는다면 신체적 및 심리적인 쇠퇴가 심각해진다는 것이다. 사회복지사는 노인의 불안과 우울을 사정하고 이에 대한 대처방안으로 문제해결기법을 훈련시킬 필요가 있다.

Arean 외(1993)는 노인들에게 문제해결기법을 훈련시켰는데, 우울증상에서 중대한 효과를 보였다. 이 결과는 노인들에게 전반적인 사회기술훈련을 시켜야 한다는 당위성을 제시해 주고 있다. 노인에게 기술개입을 할 때는 가족이나 친구 등에게 일상생활에 대한 도움을 요청하는 방법에 대한 시나리오를 많이 넣어야 한다. 특히 사회적 활동을 위한 요청을 하는 법을 배워 고립이나 우울의 가능성을 줄일 수 있다.

4) 정신보건사회복지사의 도전과 과제

사회기술훈련가로서의 역할을 수행하는 데 있어서 몇 가지 논점은 다음과 같다.

① 사회복지사는 일방적으로 지시적이어서는 안 되며, 클라이언트 중심이고, 클라이언트의 입장에서 시작하라는 점을 기억해야 한다. 클라이언트의 개인적 상황과 욕구를 중요시해야 한다.

② 사회복지사가 클라이언트에게 기술을 교수할 수 있을 정도로 훈련에 노력과 비용을 투자해야 한다.

③ 사회기술훈련은 준전문가도 할 수 있는 것이므로, 사회복지사는 준전문가들과 협력관계를 맺을 필요가 있다. 사회복지사는 준전문가를 훈련시키며, 슈퍼비전을 주는 역할에도 비중을 두어야 할 것이다.

④ 공동리더를 두어 집단으로 진행하는 것이 좋다. 하나는 기술을 진행하고 한명은 코멘트나 코치, 촉진자 역할을 수행한다.

⑤ 사회기술훈련이 효과를 내지 못하는 경우도 있다. 장애물이 발견된다면 기

술훈련을 미루거나 내용을 조절한다.

⑥ 행동주의 기술이 위주가 되나, 사회복지는 생물심리사회적 관점을 중시하고 절충주의적 접근을 중시하므로 다양한 개입기술이 포함될 수 있다.

⑦ 사회기술훈련은 기관, 사회복지사, 클라이언트 세 참여자의 열망과 능력이 모두 조화를 이루어야만 가능한 것이다.

5) 사회기술훈련의 단계

사회기술훈련의 단계는 첫째, 계획단계, 둘째, 실행단계, 셋째, 평가단계의 세 단계로 크게 나눌 수 있다(이윤로, 2008; 이영실, 2004).

(1) 계획단계

계획단계에서는 앞에서 언급한 바 있는 사회기술평가가 가장 중요하다. 특히 여기에서는 집단구성원의 역기능적인 대인관계의 행동양상, 역기능에서 나타나는 상황 및 근원, 그리고 집단구성원은 어떤 사회기술에서 약점과 어려움을 가지고 있는지에 대해 평가를 해야 한다. 또 계획단계에서 중요시되는 것은 다음에 설명할 실행단계이다. 일단 사회기술훈련의 모임이 시작되면 곧바로 실행단계로 들어가게 된다.

① 사회기술의 평가 : 사회기술을 평가하기 위해서는 다음의 네 가지 사항을 염두에 두어야 한다.
- 그 구성원은 역기능적인 대인관계 행동양상을 보이는가?
- 역기능이 나타나는 상황은 무엇인가?
- 역기능의 근원은 무엇인가?
- 그 구성원은 어떤 사회기술에서 약점과 어려움을 가지고 있는가 등이다.

② 집단구성원의 기준 설정

③ 집단구성원의 모집

④ 훈련모임의 시간 및 빈도 설정

⑤ 치료팀 구성원들과의 협력

(2) 실행단계

훈련모임이 시작되면 안정감 있는 분위기를 조성하는 것과 집단구성원들의 자발성을 격려하고 흥미를 증대시키는 것이 중요하다. 실행단계는 다음의 다섯 과정으로 진행된다.

① 소개

훈련모임의 목적과 진행방법, 진행과정 속에서 각자가 무엇에 관심을 두어야 하는지에 대해서 설명한다.

② 역할시연

진행자는 미리 준비된 그날의 훈련상황을 소개한다. 문제상황 설정을 환자 개인이 과거에 경험했던 상황으로 설정하거나 일반적으로 어려움을 겪고 있는 갈등상황을 설정하기도 한다.

③ 피드백과 사회적 강화

역할시연 후에도 다른 집단구성원들과 참석한 치료자들로부터 조언을 듣는다. 처음에는 정적인 면과 변화된 점에 대해서 언급하고, 나중에는 보완점이나 부족한 점에 대해서 조언을 하면 좋다.

④ 시범

구성원들이 어떻게 반응해야 하는지를 말로만 소개하지 말고, 치료자나 보조자로서 실제로 역할행동을 하거나 기존의 모델 테이프를 활용할 수도 있다.

⑤ 과제

훈련상황 동안의 효과적인 반응들이 직접적인 지시나 감독이 없는 일반 사회상황에서도 일반화되고, 유지되어야 효과적이다. 과제는 실질적이고 구체적이며, 성취 가능한 것으로 해야 효과적이다.

과제를 주는 방법 외에 치료모임을 실제 상황에서 갖는 방법도 있다. 거리나 공공기관, 음식점 등에서의 실시는 다소 번거로운 면이 있지만 실제 상황에서의 적응기회라는 점에서는 무적일 수도 있다.

(3) 평가단계

집단훈련의 진행자는 각 구성원의 행동과 반응을 자세하게 관찰한 후 적절한 평가를 하여 다음 단계에서의 효율성을 점검할 기회를 갖는다. 평가요소에는 다음과 같은 영역이 있다.

① **체언적 요소**

- 말하기 전에 주저함이 없고 하고 싶은 말이나 행동을 즉시 나타내는가?
- 서두르지 않고 침착하게 말하는가?
- 상대방을 바라보고 이야기하는가?
- 얼굴표정이 상황에 적합한가?
- 손을 비비거나 발을 흔드는 등 부자연스런 행동은 없는가?
- 몸 전체가 편안한가?

② **음성적 요소**

- 상대가 충분히 알아들을 수 있을 만큼 큰 소리로 이야기하는가?
- 음성이 떨리지 않고 단호한가?
- 또렷하게 이야기하는가?
- 억양이 자연스러운가?
- 말이 끊어짐이 없이 유창한가?(언어의 유창성)

③ **내용적 요소**

- 자신의 의사를 적절하게 밝히는가?
- 대화 초반에 자신의 의사를 표현하는가?
- 전달하는 내용이 분명한가?
- 상대가 요구하는 내용에 따라서 하는가?(내용에 대한 추종 여부)
- 비합리적인 상대의 요구에 대하여 어떠한 반응을 보이는지, 또한 부당한 요구에 대해서 새로운 요구사항을 제시하거나 상대의 행동변화를 요구하는가?(새로운 행동을 요구하는 내용)
- 상황에 맞는 충분한 감정을 나타내는가?

3 예술요법

미술이나 음악치료 같은 창조적 예술프로그램은 정신장애인들에게 유용하게 활용된다. 환자들은 이러한 치료를 통해 자신의 감정을 표현한다. 의사소통에 어려움이 있는 환자들이 자신을 표현할 수 있다는 장점 외에 환자들의 낮은 자존감, 손상된 인지 상태, 부정 등의 잠재적 문제를 알아볼 수 있는 도구가 된다. 또한 예술요법을 통해 환자들 간의 지지와 상호작용을 촉진할 수도 있다.

1) 음악치료

미국 음악치료협회에 따르면 음악치료의 정의는 다음과 같다. 음악치료는 치료적인 목적, 즉 정신과 신체 건강의 복원 및 유지·향상을 위해 음악을 사용하는 것이다. 이것은 치료적인 환경 속에서 치료 대상자의 행동을 바람직한 방향으로 변화시키기 위한 목적으로 음악을 활용하는 것이다.

음악치료의 대표적인 종류 몇 가지를 소개하면 다음과 같다. 먼저 발달음악치료(developmental music therapy)가 있는데 이는 심각한 정서적 문제가 있는 아동에게 적합한 것으로 행동, 의사소통, 사회성, 학습의 네 가지 교육과정영역에서 치료목표를 갖는다. 아동의 발달단계에 맞추어서 커리큘럼을 완성시킬 수 있도록 디자인된 일련의 음악적 경험과 환경을 설정함으로써 아동을 자극시키고 강화시켜 준다. 이것은 아동의 발달단계에 맞추어 참여를 유도한다.

또한 즉흥음악치료(improvisational music therapy)는 장애 어린이를 즉흥적으로 치료하는 것으로서 언어적 반응이 없는 특수아동들에게 적용할 수 있는 점이 가장 큰 특징이다.

치료실에 많은 타악기나 피아노를 제공하고, 치료사는 어린이가 먼저 음악을 시도하도록 기다리다 어린이가 타악기를 연주 시 피아노로 즉흥적인 연주를 한다. 유도된 상상과 음악(guided imagery and music)은 클래식 음악을 사용하여 상상을 불러일으키고, 그 상상을 말로 표현하게 함으로써 무의식의 세계를 탐구해 나가는 치료기법이다. 음악을 통해 환자나 개인이 문제점들을 스스로 파악하고, 해답도 스스로 얻도록 하는 것이 목적이나 이 방법은 비교적 기능이 우수한 사람에게 적합하며 중증의 우울증 환자나 정신분열증 환자에게는 적합하지 않다.[4)]

허원(1996)은 음악치료를 통한 자폐아의 행동수정을 시도하였는데 과잉행동의 감소효과가 있었고, 무의미하고 반복적인 자기자극적 행동이 감소하였으며 독립적인 눈과 손의 협응활동이 향상되었다고 밝히고 있다. 김종숙(1977)은 음악활동에 참가한 정신분열증 환자들이 불안, 우울, 위축, 적대, 의심행동영역에서 증상의 감소를 보였다고 한다. 감정표현으로서의 음악집단활동이 감정의 경험을 촉발시키고 감정의 확인과 표현, 타인에 대한 감정적 교류의 이해를 촉발시킴으로써 환자 자신의 주관적인 자각 증상에 변화를 가져오게 되었다고 사료된다.

음악은 우리의 마음을 움직이고 정화시킬 수 있는 힘이 있다. 또한 사람들을 뭉치게 하는 힘도 있어 공동체 의식 함양에도 많이 이용된다. 음악의 power는 사회복지분야에서도 오래 전부터 사용되기 시작했는데 19세기 말 settlement houses에서부터 사용되었다. 그 당시는 참여자들의 응집력을 증대시키고 social action에 동참하도록 돕기 위한 목적이 주를 이루었다.

노래의 리듬이나 주제가 사회복지 실천에 어떻게 활용되고 있는지 간단히 살펴보면, 먼저 지역사회운동에서 주민교육, 레크리에이션, 아동지도, 사회문제의 부각 등에 활용된다. 또한 음악은 감정의 전달자로서 중요한 의미전달 수단이 될 수 있으므로 지역사회 주민, 청소년이나 아동들과 의사소통 고리를 연결하는 수단이 될 수 있어 중요한 관계형성의 기반이 된다. 또한 클라이언트들이 즐겨하는 노래를 탐색하여 그들의 문화, 가치, 신념, 아이디어, 감정(빈곤, 외로움, 소외감, 우울, 노여움 등) 등을 파악할 수 있다. 클라이언트가 사용하는 음악의 유형과 주제를 잘 해석하면 클라이언트 문제의 진단과 치료에 매우 중요한 통찰력(insight)을 얻어낼 수 있는 것이다. 마지막으로 음악은 여러 가지 문제의 치료수단으로도 사용되는데, 음악은 클라이언트가 자신의 잠재력을 실현할 수 있도록 안내해 주는 역할을 할 수 있다. 음악은 그동안 발달장애나 정신장애, 불안, 스트레스 해소 등의 문제에 매우 활발히 사용되어 왔다.

4) 음악치료에 대한 자세한 내용은 임은희의 『음악치료학 입문』을 참고 바람.

2) 미술치료

미술치료에서 미술행위는 환자의 무의식적 이미지를 알아보게 한다. 환자의 심리 상태나 변화과정을 그림을 통해 파악할 수 있다. 그림을 분석할 때는 환자의 개인적 배경과 성격, 질병 상태를 고려해야 한다. 미술치료의 장점은 다음과 같다(최은영, 1994).

첫째, 심상의 표출을 자극하여 창조적 과정으로 나아가게 한다.

둘째, 미술은 비언어적 수단이므로 통제를 적게 받아 방어를 감소하게 하는 효과가 있다.

셋째, 즉시 구체적인 유형의 자료를 얻을 수 있는데, 이와 같은 유형의 대상화를 통해 치료자와 환자 사이에 다리가 놓여져 더 쉽게 환자에게 접근이 가능하다.

넷째, 환자의 작품 변화를 통해 치료과정을 한눈에 이해할 수 있다.

최은영(1994)은 소집단활동을 통한 미술치료가 자폐성 아동의 대상관계에 매우 효과적임을 밝혔다. 이경춘(1996)은 정신분열증 환자들에게 미술치료요법을 적용하여 다음과 같은 결과를 얻었다.

첫째, 말하기 싫어하는 환자에게 치료사가 재료의 사용방법이나 응용법을 설명하면서 그림을 유도하면 환자는 자신의 그림을 통해서 대화를 했다.

둘째, 두려워하는 환자의 경우 치료사가 함께 그림을 그리고 만드는 과정에서 환자는 편안함을 느끼고 그림에 대한 흥미를 갖는다.

셋째, 증상이 호전될수록 화면의 완성도가 양호하고 균형 잡힌 그림을 그린다.

넷째, 환자들이 집중할 수 있고 그림에 대해 관심과 흥미를 갖는다.

4 정신장애인을 위한 직업재활

정신장애인들의 재활을 위한 이상적인 직업재활프로그램의 구성 요소에 대해서는 여러 문헌에서 많이 기술되어 왔다. 정신장애인 직업재활프로그램의 중요한 구성 요소는 정신장애인이 작업 환경에서 성공적으로 기능하는 데 필요한 기술의 개발과 지지에 초점을 둔다(Anthony, 1979). 직업재활프로그램은 정신장애인의 강점을 확장시키고, 특별한 직업적 과업을 수행하는 데 요구되는 능력을 개발하도록 필요한 경험을 제공하는 서비스로서 각 개인에게 독특한 직업의 욕구를 확인하고, 그 욕구를 지지하며, 기술을 개발하도록 기회를 제공하고 개입하는 것이다.

또한 알선, 사후지도서비스의 제공을 통하여 정신장애인이 직업을 선택하고 획득하며 만족할 수 있는 작업 환경을 유지할 수 있도록 돕는 것이다. 그러나 만성정신장애인은 한정된 직업 경험의 결과로 인한 직업적인 미성숙 때문에 수많은 직업재활서비스가 요구되고 기간도 오래 걸리는 어려움이 있다(Ciardiello & Bell, 1988).

Anthony(1979)는 정신장애인의 직업재활 과정의 구성요소를 직업적응 훈련(work adjustment training), 직업상담(career counseling), 직업알선(career placement)의 세 단계로 나누고, 직장 환경과 관련하여 각 단계마다 적절한 개입이 필요한 전형적인 결핍영역을 다음과 같이 제시하였다.

1) 직업적응훈련과 관련된 정신장애인의 결핍영역

직업에 적합한 의상을 착용하기, 공공 교통수단을 이용하기, 시간을 엄수하기, 직장에서의 기분(temper)을 통제하기, 직장에서의 친구 사귀기, 비판을 수용하기, 지시에 따르기, 지시를 하기, 연장근무하기, 자신의 업무 수행에 대하여 평가하기 등이 있다.

2) 직업상담과 관련된 결핍영역

클라이언트 자신의 관심과 능력을 확인하기, 자신의 관심과 관련 있는 직업이 무엇인지 확인하기, 어떤 직업이 자신의 능력과 관련이 있는지 확인하기, 자신의 가치를 기반으로 직업적인 대안을 평가하기(의사결정기술), 적절한 직업 목표를 세우기, 직업 목표를 달성하기 위해 직업 계획을 세우기, 직업 계획에 방해가 되는 것을 확인하기가 포함된다.

3) 직업알선과 관련된 결핍영역

각 직업의 이점을 평가하기, 고용에 활용될 수 있는 자원을 확인하고 그 자원을 활용하기, 직업을 찾기, 이력서를 작성하기, 자신이 가진 기술을 설명하기, 면접관에게 낙인을 감소시키는 기술을 사용하기, 면접관에게 주목하여 반응하기, 면접에 적절한 의상을 착용하기, 면접관에게 질문을 하기, 면접관에게 자신의 경력에 대하여 설명하기가 포함된다.

다음에서는 직업재활과정의 주요 구성요소에 대해 좀 더 자세히 설명하고자 한다(이윤로, 2008; 장혜경, 1996).

직업재활의 과정은 여러 가지 서비스의 연속체로 볼 수 있다. 이 과정에서 제공되는 서비스에 대한 견해는 학자에 따라 약간 다른데, Liberman은 직업기술사정, 사업적응, 직업기술훈련, 보호작업장, 과도한 취업, 직업찾기, 직업유지로 직업재활서비스의 과정을 설명하고 있다.

Black은 정신건강서비스와 직업재활서비스영역에서의 직업재활과정을 구분하여 설명하고 있다. 이 두 종류의 서비스는 모두 클라이언트의 사회적, 직업적 기능의 수준을 향상시키는 것을 목표로 하지만, 그 궁극적인 목표는 약간 다르다. 정신과적 접근은 의학적 상태, 심리적 증상, 그리고 비행을 최소화하고 안정시키기 위한 치료로부터 비롯되는 것으로 정신건강실무자는 병의 치료, 증상의 경감을 우선으로 하고 그 이후 가능하다면 재활을 고려하는 의료적 모델을 취한다. 정신건강서비스에서 정신장애인의 직업재활을 돕는 과정은 첫째, 진단 : 기능사정, 둘째, 환경 혹은 집단치료, 셋째, 작업치료 : 활동치료, 넷째, 역동적 개입 : 행동 수정, 다섯째, 적성훈련, 여섯째, 사회기술훈련, 일곱째, 일 치료 등의 일곱 단계로 이루어진다. 반면에 직업재활 접근은 경제적 독립을 가능하게 하는데 직접적인 목표를 두며, 병 혹은 손상의 과정 중에서 가능한 한 초기에 재활을 실현하고자 하는 방법을 선택한다. 직업재활서비스에서 직업재활을 돕는 과정은 첫째, 직업평가, 둘째, 직업상담, 셋째, 일상생활 활동 훈련, 넷째, 직업적응, 다섯째, 직업배치 등의 다섯 가지 과정으로 이루어진다.

그러나 많은 정신장애인들이 직업재활의 과정에서 위 단계를 차례차례 밟아가는 것은 아니다. 장애 정도가 매우 심할 경우에는 보호작업장에 고용되는 것에서 직업재활의 과정이 끝날 수도 있고, 정신장애에도 불구하고 전문 기술을 유지하고 있는 경우에는 중간단계에서 시작하여 곧 직업을 찾고 직업을 유지할 수도 있다.

또한 직업재활에 관여하는 모든 사람이 염두에 두어야 할 점은 재발이나 또 다른 이유로 인하여 이미 거쳐 간 직업재활의 단계를 다시 밟아야 하는 정신장애인들도 있다는 것이다. 그러므로 위의 단계는 처음과 끝을 잇는 직선적인 단계라기보다는 순환적인 과정으로 보아야 한다. 직업재활의 과정에서 특히 유의해야 할 점은 재활의 전 과정에 정신장애인이 참여하여야 한다는 점이다.

연구자료에 의하면 클라이언트와 치료자의 재활목표는 서로 다른 경우가 많으며, 재활은 클라이언트와 '함께' 이루는 것이지 그들에 '대해' 이루는 것은 아니기 때문이다. 만성정신장애인 중에서 특히 장애 정도가 심한 환자와 '함께' 재활 목표를 세우고 계획을 수립한다는 것은 현실적으로 쉬운 일이 아니다. 이러한 경우 직업재활전문가는 창조적인 관여 방법을 생각하고 면접기술을 최대한 활용해야 할 것이다.

4) 직업적응훈련

직업적응훈련(work adjustment training)은 직업을 유지하는 데 필요한 기본적인 직업기술(basic work skills)과 사회적 기술이 부족한 클라이언트를 위해 계획되었다(Neff, 1968). 많은 정신장애인들은 직업습관(work habit)을 잃어버렸거나 습득하지 못한 경우가 많다. 즉, 시간을 어기지 않기, 업무수행기술, 동료 감독자와의 관계 등을 모르고 있다. 그러므로 직업적응훈련은 일에 주요한 초점을 두고 있긴 하지만 작업 환경에서 요구하는 많은 사회적 규범들을 습득하기 위해 사회기술훈련을 제공하는 것이 필수적이다. 즉, 직업적응훈련프로그램에는 사회화, 대인관계기술 강화, 동료·상사와 잘 지내기, 업무 수행하기, 독립적인 생활 등과 관련된 기술들(위생, 금전관리, 의사결정, 교통수단 이용기술들)이 포함된다(Foote et al., 1976).

미래의 작업 행동에 가장 영향을 주는 기술로 나타난 것은 동료 혹은 상사와의 관계성, 개인의 능력과 출석, 시간 엄수, 과제 완수, 새로운 과제를 시작할 수 있는지 여부 등이다(Anthony & Jansen, 1984). 여러 연구결과(Distefano & Pryer, 1970), 재활프로그램에서의 직업적응훈련과 작업수행 간에 중요한 관계성이 밝혀졌다.

직업적응훈련은 정신장애인들이 작업 환경에서 적절히 자신들의 기능을 발휘하도록 그들의 태도와 행동을 재구성해야 하며 점진적으로 일에 대한 요구와 과제를 늘리고 새로운 기술을 습득토록 해야 한다. 또한 기관의 세팅 자체가 직장의 실제 분위기와 비슷해야 효과적이다. 직업적응훈련은 클라이언트로 하여금 일의 세계로 나아가도록 유도하고, 직업재활의 다음 단계인 직업상담(career counseling) 및 직업알선(career placement)을 준비하도록 하는 것이다. Olshansky(1968)는 일에 대한 개인의 능력은 그의 장애 정도에 의해 결정되지 않는다고 보았으며, 클라이언트의 정신병적 증상이 완화될 때까지 직업훈련을 보류하는 것이 꼭 바람직하지만은 않다고 하였다.

5) 직업평가

직업재활과정의 첫 번째 단계는 직업평가단계로서, 여기에는 클라이언트가 장애 전에 가졌던 직업과 관련된 기술, 또는 현재 활용 가능한 직업기술에 대한 사정이 모두 포함되어야 한다. Hoffman은 직업평가는 직업적 강점과 약점을 사정하기 위해 일과 일의 여러 측면을 활용하는 사정의 기술이라고 정의하고 있다. Mcgowan은 직업평가를 한 개인에 대해 수집한 고용의 필요조건과 취업 기회에 관계되는 작업상의 모든 자료, 즉 의학적 · 사회적 · 심리적인 자료를 수집하여 해석 및 분석하고 종합한 것이라고 하였으며 Pruitt는 직업평가란 직업의 가능성과 직업적 행동을 예측하는 데 수단으로 일을 이용하고 구조화하는 과정이라고 정의하고 있다.

많은 재활프로그램에서는 직업평가에 포함되어야 할 평가요소들을 규정하고 있다. 그중에서도 미국 Michigan주, Arnold Center의 지침에서 언급하고 있는 요소들을 신체적 그리고 정신운동 능력, 지적 능력, 정서적 안정 정도, 흥미 · 태도 · 직업적 적응, 개인적 · 사회적 그리고 직업 역사, 적성, 교육적 · 직업적 성취, 직업기술과 직업 감당 정도, 직업습관(정확성, 출결사항, 집중 정도, 대인 기술 등), 일과 관련된 능력(운동성, 의사소통, 개인위생, 돈 관리 등), 직업찾는 기술, 서비스로 인해 혜택을 받을 정도, 가능한 직업목표와 같은 것들이다.

Neff는 직업평가의 방법으로 직무분석, 심리적 평가, 작업표본평가, 상황평가를 들고 있다. Liberman은 정신장애인 직업평가의 방법으로 직업력, 직업사정도구, 현장관찰을 들고 있다. 전통적인 재활과정에서는 심리적 평가에 의존하여 대상자를 평가하는 경향이 강하였으나, 최근 직업재활계의 동향은 작업표본이나 상황적 평가를 통해 직업평가를 수행하는 경향이다.

(1) 직업력

임상적으로 혹은 조사를 통해 직업력은 미래의 직업적 성공을 예측하는 데 가장 좋은 척도이다. 또한 과거의 직업경험은 정신장애인의 직업기술, 능력에 관한 정보를 얻는데 가장 좋은 자원이다. 직업력은 또한 평가대상자의 특정 직업유지기간, 직업종류, 잠재적인 직업상의 문제(강제 퇴직 등) 등도 알려 준다. 이러한 정보는 평가대상자와의 면담을 통해서 얻을 수도 있고, 가족이나 전 고용주와의 면담을 통해 수집할 수도 있다. 그러나 언어적인 회상은 부정확한 경우가 많고 장기화된 장애나 미취업 상태로 인해 직업기술이 저하될 경우도 많으므로 다른 평가방법을 병행하여 활용하는 것이 좋다.

(2) 작업표본평가

표준화된 각종 도구를 활용하여 평가하는 방법으로는 작업표본(Work Sample)이 있다. 작업표본평가에는 실제 일의 육체적·심리적 조건만이 결여되어 있다. 미국에는 현재 표준화된 작업표본검사지가 많이 있는데 그중 최초의 것은 TOWER System이며, Valpar 시리즈는 종합적인 재활서비스 전달법의 일환으로 개발된 것이며 JEVS는 제한된 읽기 능력을 가진 장애인의 일 잠재력을 평가하기 위해 고안된 것이다.

(3) 상황평가

상황평가(Situational Assessment)는 특정 작업환경에서 보이는 대상자의 기술과 능력 수준을 판별하는 작업적응행동, 대인관계기술, 생산성 행동, 작업직무기술 등 행동의 네 가지 유목을 평가하는 것이다. 상황평가는 직장에서의 수행과 장애인의 일 적성에 초점을 둔다. 일 적성이란 작업태도, 행동적 일 유형, 가치체계, 동기와 능력 등이다. 상황적 사정은 평가대상자의 일을 하기 위한 모든 기술을 평가하는데 가장 좋은 방법이지만, 관찰자의 주관에 전적으로 의존하여야 한다는 문제가 있다.

(4) 생태학적 분석

생태학적 분석은 특히 지원고용모델에서 적용되는 평가방법으로, 직업기능조사와 직업사정과 커리큘럼 지침(VAGG) 등이 있다.

직업기능조사는 첫째, 특정 직업을 갖는데 필요한 일반적 직업기능과 사회적 기능을 밝히고, 둘째, 목표로 삼았던 직종에 고용된 노동자들을 직접 관찰하고 사전에 밝힌 기능을 과제분석기법에 따라 소단계로 분석하고, 셋째, 개인의 독자적인 생활기능과 교통수단을 이용한 이동기능 등 중요한 요소를 평가한다.

직업사정과 커리큘럼 지침(VAGG)은 장애인의 직업적 기능과 사회성을 측정할 수 있는 행동평정척도로서 60개의 항목으로 구성되어 있다.

6) 직업상담

많은 정신장애인은 그들의 친구나 가족이 권하는 직업을 수동적으로 받아들이며 재활팀이 어떤 직업을 권하면 쉽게 따르는 경향이 있다. 결국 클라이언트 자신의 진정한 의사결정이 없게 되어 직업에 대한 책임을 받아들이지 않게 되고 실패하게 되는 경우가 많다. 그러므로 직업상담(Career counseling)을 통해 클라이언트의 직업목표를 확인하고, 그 목표를 성취하기 위해 계획을 세우는 과정이 필요하다.

직업평가가 이루어지면 그 결과를 토대로 한 직업상담이 이루어지는데, 직업상담은 직업재활의 전 과정을 통하여 지속된다. 상담에서는 정신장애인과 함께 직업재활의 목표를 설정하고 재활계획을 수립한다. 또한 직업재활의 성공여부에 가족이 미치는 영향도 매우 크므로, 가족도 직업상담의 대상에 포함되어야 한다.

직업상담의 목적은 정신장애인이 자신의 독특한 가치와 관심 체계를 탐색하도록 원조하기 위한 것으로, 직업목표를 선택하고 직업계획을 개발하는 데 요구되는 기술과 지식을 갖추도록 하는 데 있다. 직업상담은 치료과정이나 장애진단이 내려진 어느 시기에서든지 시작될 수 있다.

직업재활의 목표와 계획을 수립할 때는 현실적인 사회적 상황의 고려와 함께 정신장애인 직업능력을 고려하여 개별화된 가능성 있는 목표와 계획이 되도록 하여야 한다. 개별화에는 직업재활의 목표를 이루기 위한 계획에 정신장애인 자신이 속한 사회적 상황에 필요한 기술을 습득하도록 돕는다는 의미가 포함되어 있다. 직업재활대상자가 모든 기술을 습득할 수는 없으며, 자신이 목표로 하는 직업을 얻기 위해 필요한 기술, 자신이 속한 공동체에서 살아가기 위한 기술을 습득하는 것으로 충분하다.

재활상담에서는 현재 사례관리모델을 이론적 축으로 한 상담이 주류를 이루고 있는데, Kemp는 사례관리모델에 따른 치료자의 역할을 첫째, 진단(평가 포함), 둘째, 상담, 셋째, 서비스의 계획과 조직, 넷째, 서비스 실시, 다섯째, 제공된 서비스와 쓰여진 비용의 기록, 여섯째, 옹호와 salesmanship(클라이언트를 대표하여), 일곱째, 부과된 사례의 조직과 관리 등을 들고 있다.

직업상담의 세 가지 기본 단계는 다음과 같다(Pierce, Anthony and Cohen, 1977).

(1) 탐색단계

탐색단계(exploration phase)는 클라이언트가 일과 자신의 세계에 대하여 탐색하도록 돕는 것이다. 클라이언트가 직업을 선택하는 데 있어 중요하다고 느끼는 관심, 가치가 먼저 탐색된다. 그 다음 클라이언트는 관심있는 분야의 일의 세계가 어떻게 조직되었는가 탐색한다. 마지막으로 직업상의 요구조건을 탐색한다. 탐색단계의 결과는 다양한 직업대안을 파악해 내는 것이다.

(2) 이해단계

이해단계(understanding phase)는 탐색단계에서 나타난 클라이언트의 관심과 가치를 정확하게 이해하도록 돕는다. 실천가는 이러한 가치의 견지에서 다양한 직업적인 대안들을 클라이언트와 함께 평가한다. 이해단계의 결과는 클라이언트가 가장 만족하는 현실적인 직업목표를 스스로 선택하는 것이다.

(3) 활동단계

활동단계(action phase)에서 실천가는 두 번째 단계에서 개발된 직업목표를 성취하도록 클라이언트와 함께 특정한 계획을 개발한다. 이 단계의 성과는 특정한 직업목표를 성취하기 위한 단계별 활동계획을 수행하는 것이다.

7) 직업알선

직업알선(career placement)은 클라이언트에게 유용한 최상의 가능한 직업을 클라이언트가 궁극적으로 획득하도록 재활전문가가 원조하는 과정이다. 직업알선은 장애인들이 적합한 직종을 찾도록 조언해 주거나 알선해 주는 일련의 인력 배치 활동으로 장애인 능력의 개발 및 평가, 직업개발, 고용주개발의 복잡한 과정이 요구된다(Power, 1984). 따라서 개인에 대한 평가자료, 직업적 특성, 직업에서 요구하는 모든 정보를 조사, 분석하여 직업알선을 해야 한다. 직업알선은 직무분석을 비롯하여 직업욕구 및 작업 환경에 관계된 모든 정보, 의료적, 심리적, 사회적 상황에 대한 평가를 통해 장애인들의 능력과 흥미에 부합되도록 행해져야 한다(Cull & Hardy, 1973).

직업알선과정에서는 정신장애인 개인이 그 직종에 취업하는 데 실제적으로 필요한 구직기술훈련(job seeking skills training)과 취업면접훈련(job interview training)이 행해진다. 구직기술훈련은 직업을 찾는 방법, 신청서 작성하는 방법, 고용주의 특성 등에 대해 학습시키는 과정이고(Rubin & Rossler, 1979), 취업면접훈련은 취업면접을 하는 동안 면접상황에서 어떻게 행동하고 말해야 하는지를 가르쳐 줌으로써 가능한 혼자서 경쟁고용을 성공적으로 이룰 수 있도록 행동변화를 시키는 것이다(Geist & Calzaretta, 1982). 즉, 면접의 시작과 끝(Anderson, 1968), 작업에서 요구되는 것에 대해 자신의 과거의 직장이나 교육경험과 관련해서 자신의 기술을 고용주에게 설명하기(Keil & Barbee, 1973), 자신의 장애에 대하여 설명하기(Anderson, 1968), 면접관의 질문에 답변하기, 업무와 관련해서 면접관에게 질문하기 등 전반적으로 무엇을 말하고, 어떻게 말하고, 언제 말해야 하는지에 대한 최소한의 면접기술을 배워야 한다(Rubin & Rossler, 1979).

Pumo 등(1966)에 의하면 구직기술훈련프로그램의 실시 결과, 장애인들이 취업을 하기 전에 많은 고용주와의 접촉이 필요하다고 지적하고 있으며, 장애인의 구직기술을 향상시키기 위해서는 독립적으로 행한 구직 경험을 토론하는 것이 좋다고 지적하고 있다. Kamp과 Vash(1971)도 장애인이 구직 경험을 토론하는 것은 그들이 초기에 구직 노력에서 실패하여 실망했던 경험을 긍정적으로 처리하는 데 도움이 된다고 하였다.

8) 직업유지를 위한 사후지도

직업유지는 장애인이 직장생활에 적응할 수 있도록 원조하는 것으로 직장 내에서의 불편한 관계를 확인하고 그것을 개선하도록 조정함으로써 개인의 갈등적 요소를 제거하고 나아가 만족스러운 직장생활을 경험하고 자립하는 것을 목적으로 행해지는 서비스이다.

사후지도(follow up)는 장애인이 고용된 후 취업이 적절했는지, 즉 정신장애인의 능력에 맞게 알선되었는지, 고용주는 만족하고 있는지 등을 알아보기 위한 직업유지서비스라고 할 수 있다. 사후지도과정에서 고용주에게는 일을 수행하는 정신장애인의 능력에 대해 지속적으로 확신을 갖도록 해주고, 정신장애인에게는 고용주의 신임을 얻고 있음을 알려주어야 한다. 또한 직업재활실무자는 정신장애인이 일을 어떻게 수행하는지 평가하고, 만일 해결할 수 없는 문제가 발생하면 도와줄 수 있다는 확신을 주어야 한다(Cull & Hardy, 1973).

새로 고용된 직장인이 직면하게 되는 많은 문제 중에서 기술적 능력은 다른 문제에 비해 직업유지를 방해하는 커다란 요인으로 작용하는 것은 아니라고 한다. 정신장애인들의 대부분은 안정성이 없는 임시직이나 단순직에 고용되어 직업의 안정성이 적고, 불황기에는 가장 먼저 해고되는 경우도 있다. 안정된 직장을 얻었다고 하더라도 정신장애인들은 새로운 고용상태에 따른 새로운 직업 환경에 적응하거나 생활구조의 변화에 적응하는 등의 문제에 직면한다.

직업유지서비스를 위한 사후지도는 정신장애인들이 새로운 환경의 요구에 적응하는 과정을 사정하기 위해 일정 주기로 제공되고 장애인들이 필요로 할 때도 제공된다. 각 정신장애인과의 접촉 빈도는 증상, 스트레스 요인, 약물과 작업 수행에 영향을 주는 기타 요소의 변화 등에 따라 달라진다.

직업유지서비스를 위한 사후지도는 경과를 지켜보고 지지하는 기초적 수준의 개입으로부터, 재활전문가가 직장을 방문하거나, 상호 지지를 주는 취업 모임에 참석하고, 대처능력을 증진시키기 위한 개별화된 사회기술훈련을 제공하는 등 좀 더 집중적인 개입이 있을 수도 있다. 집중적인 직업유지서비스는 인력과 비용이 많이 들지만, 궁극적으로 정신장애인이 직업을 유지하고 지역사회에 머무르도록 효과적으로 도와줌으로써 정신장애가 재발하여 입원하는 것을 막게 된다면 훨씬 비용이 덜 드는 셈이다.

특히 정신장애인을 고용하고 있는 고용주에게 일을 수행하는 정신장애인의 능력에 대해 지속적으로 확신을 주고 고용주의 반응을 파악하는 것도 직업유지서비스을 위한 사후지도의 중요한 측면이다.

사후지도의 시작과 빈도는 정신분열병 환자의 능력과 직업적응의 정도에 따라 다르다. 대체로 취업 초기에는 자주 필요할 수 있지만, 시간이 지나고 직업에 적응해 감에 따라 간격이 넓어진다(Liberman, 1988). 일반적으로 초기의 사후지도는 정신장애인이 직업상황에 어떻게 적응하는지를 보아야 하며, 고용주가 정신장애인을 근로자로서, 한 인간으로서 어떻게 수용하고 있는지 파악해야 한다. 그리고 그 이후의 사후지도를 통하여 취업의 적합성 여부를 최종적으로 결정해야 한다(McGowan & Porter, 1967).

5 정신장애인을 위한 주거재활

주거재활은 사회복귀시설의 한 종류이며 사회복귀시설 중에서 만성정신질환자에 대한 서비스로 가장 큰 비중을 차지하고 있다. 주거시설의 정의는 주거시설에 관련된 다양한 사람들이 다양한 개념으로 이해하고 있으며 연구자들도 다소 상이한 용어로 사용하였다. 그러나 대부분은 주거재활을 위한 '주거시설'이란 용어를 사용했고 여기서는 국내에서 사용한 다양한 주거시설에 대한 개념들을 살펴보기로 한다(임영희, 2005; 이영실, 2004).

정신요양원 수용자의 사회복귀 및 거주시설 운영에 관한 연구보고서에는 광의의 주거시설을 '정신질환을 앓은 사람이 어떠한 지역사회 내에서 한 주민이 되어 보호자들과는 독립적으로 생활해 가는 모든 비 입원시설을 의미하고 보호자가 있는 집은 정신질환자의 주거시설이라고 명칭을 붙이지 않는다.'로 정의하였다(보건복지부, 아주대학교, 1995).

정신보건법 제16조에서 '정신질환자를 정신의료기관에 입원시키지 아니하고 사회복귀 촉진을 위한 훈련을 행하는 시설'이라 정의하고, 정신보건법 시행규칙 제12조에서는 '정신질환으로 가정에서 생활하기 어려운 자에 대하여 저렴한 비용으로 주거를 제공하는 것을 목적으로 하는 시설'로 규정하였다. 그리하여 낮 시간 동안만 사회생활에 필요한 정신과 서비스를 제공하고 거주의 개념이 없는 낮병원(day hospital)이나 주간치료소(day care) 등은 주거시설이라고 정의하지 않는다.

한편 장애인복지법 제48조에서 정의한 장애인공동생활가정이란 '스스로 사회적응이 곤란한 장애인들이 장애복지 전문인력에 의한 지도와 보호를 받으며 공동으로 생활하는 지역사회 내 소규모 주거시설'이라 정의하였다. 그리고 보건복지부(2003) 장애인복지사업안내에서는 장애인 그룹 홈을 '장애인이 지역사회 안에서 가정과 같은 주거환경에 거주하면서 독립적인 생활에 필요한 각종 서비스와 지원을 받으며 사회구성원으로서 존엄한 삶을 영위할 수 있도록 하는 소규모의 지역사회 중심 주거시설(a small neighborhood-based group living residence)이다'로 정의하였다.

정신질환자의 주거시설에 관련된 국내 선행연구는 많지 않으나 그 연구들을 보면, 안성희(1997)의 '그룹 홈서비스가 퇴원한 만성정신분열병 환자의 사회적응에 미치는 영향에 관한 연구'에서 문헌고찰을 통해 그룹 홈의 특징을 정의한 것을 살펴보면, 지역사회 내에 위치하며 장애를 가진 소수의 사람들이 최소한의 감독을 받으며 재활을 목적으로 동거하는 주거시설이라고 정의하였다.

앞의 내용을 기술한 주거시설의 개념을 살펴보면, 첫째는 정신질환자가 거주하고 있는 모든 시설을 포괄하는 개념으로 대규모 입원시설이나 요양원에서부터 원 가족들과 함께 살거나 또는 독립해서 혼자 살고 있는 경우를 말하고, 둘째는 정신장애인이 지역사회의 한 거주자가 되어 보호자들과는 독립적으로 생활해 나가는 모든 비 입원시설을 의미하는 경우이며, 셋째는 정신보건법상에서 규정하는 주거시설로 한정하는 경우로 정의하였다.

CHAPTER 08

정신보건사회복지의 기록과 평가

1 정신보건사회복지의 기록

기록은 클라이언트의 상황을 확인, 기술, 사정하고 서비스의 제공 목적과 활동을 비롯한 서비스 전달과정을 나타내며, 클라이언트에 대한 개입의 효과여부를 평가하는 것까지 포함한다. 사회복지실천의 책임성이 중요해지면서 기록의 중요성도 커지고 있다(이영실, 2008; 설진화, 2008).

1) 기록의 목적 및 용도

(1) 책무성

① 기록의 일차적인 목적은 책무성(accountability)에 있다.

② 사회복지사는 기관, 클라이언트, 지역사회에 대한 윤리적, 법적 책무성을 가지고 자신이 전달하는 서비스를 기록하고 설명하며 평가해야 한다.

(2) 정보제공

① 이용 가능한 형식으로 이를 필요로 하는 클라이언트와 그 가족, 대리인, 고용주 등에게 꼭 필요한 정보를 제공하는 것이다.

② 클라이언트의 알 권리를 존중하기 위해 정보를 개방하고 공유하며, 치료적인 목적에 활용한다.

③ 실천가, 지도감독관, 자문, 기관 내의 다른 전문가들에게 정보를 제공한다.

(3) 서비스의 과정과 효과의 점검(모니터)

① 기록을 통해 서비스나 개입이 어떻게 이루어지고 있는지 과정을 점검할 수 있고 개입이나 서비스가 효과적이었는지 평가하는 데 사용된다.
② 서비스의 효율성, 효과성, 질을 평가하는 데 사용된다.

(4) 클라이언트의 정보공유

① 기록은 클라이언트와 정보를 공유하고 의사소통하며 때로는 치료방법으로 활용할 수 있는 도구이다.
② 클라이언트는 자신의 기록을 보거나 기록과정에 참여함으로써 자신에 대한 이해를 높일 수 있다.

(5) 지도감독(슈퍼비전), 자문, 동료 검토의 원활화

① 신규사회복지사나 실습생은 자신의 활동을 기록하고 그 내용을 토대로 지도감독(슈퍼비전)하고 훈련이나 교육을 받게 된다.
② 직원들의 기록을 통해 이들이 제공하는 서비스나 업무내용을 파악하고 평가하는 것은 지도감독이나 교육을 원활하게 하는 데 도움을 주게 된다.

(6) 사례의 지속성 유지

① 클라이언트에 대한 서비스나 개입 등의 기록은 클라이언트가 타 전문가에게 의뢰될 경우, 서비스가 중단하지 않고 연결할 수 있다.
② 각 사례의 서비스나 개입을 문서화함으로서 서비스의 중복이나 누락을 막아 사례를 효과적으로 유지할 수 있다.

(7) 사회복지활동 자료화(문서화)

① 기관 자체 내, 클라이언트, 가족, 지역사회기관, 감독 및 기금조성을 위한 조직, 각종 공적 집단에 자료를 제공한다. 사회복지실천활동이 이루어지는 모든 내용을 자료로 남긴다.
② 각 사례의 기록을 검토하면서 그 기관의 서비스 제공방법이나 전달체계, 그 외 부분들을 점검할 수 있다.

(8) 전문가 간 의사소통의 원활화

① 다양한 전문직이 함께 일하는 실무현장에서 기록은 전문직 간에 의사소통하는 데 이용되며, 전문직 간 협력체계를 원활하게 하는 도구이다.

② 기록은 단순히 활동을 문서화한다는 차원을 넘어서 각 전문직의 관점을 공유해서 실천에 활용하는 팀 협력활동에 도움을 준다.

2) 기록내용의 구성요소

(1) 사회복지실천 과정별 기록 내용

① **접수단계의 기록**

- 클라이언트의 문제와 욕구를 파악하여 서비스 제공을 결정하고 클라이언트도 이 기관을 신뢰하고 계속 서비스를 이용할 것인가 판단하는 단계이다.
- 클라이언트 특성은 주로 초기단계에 포함되며, 전문적 판단을 요하지 않으며 사회복지사의 소견과 초기사정을 통해 서비스 여부를 결정한다. 접수단계의 기록내용에는 클라이언트의 특성, 인구사회학적 정보(이름, 주소, 생년월일, 성, 교육수준, 가족구성, 직업, 수입, 종교, 결혼상태), 클라이언트의 서비스 이유, 서비스를 제공하게 된 사유, 클라이언트의 현재 및 과거의 문제나 욕구(사회력), 클라이언트의 공식·비공식적인 자원과 제약 등이다.

② **자료수집 및 사정단계의 기록**

- 클라이언트의 문제를 이해하고 분석, 해결하는 데 자료를 모으는 단계이다.
- 사정을 위한 자료수집에는 접수 시 파악한 클라이언트 개인정보 외에 좀 더 세밀한 수집이 이루어져야 한다.
- 여기에 해당되는 자료와 사정의 기록은 생활주기에 따른 인간관계, 개인력, 가족상황과 가족관계 등이 관련된 가족력, 클라이언트의 현재와 과거의 사회력, 클라이언트의 기능, 자원, 강점과 약점, 동기에 대한 정보 등이다.

③ 목표설정 및 계약단계의 기록

- 사정과정에서 정의한 문제와 욕구 등을 근거로 개입을 통해 일어나기를 바라는 변화를 클라이언트와 합의하고 구체적으로 진술하여 목표를 설정한다.
- 목표성취를 위한 개입 및 평가방법 등 구체적인 개입계획에 대해 사회복지사와 클라이언트가 합의하고 서로 동의하여 상호 간 계약을 한다.
- 목표설정 및 계약단계의 기록은 목적과 하위 목표, 클라이언트 및 사회복지사의 과정과 역할 등이 포함되어야한다.

④ 개입단계의 기록

- 개입과정은 계약 시 합의한 바를 실천하는 것으로 실제 변화가 일어나는 단계이다.
- 사회복지사는 변화매개인으로서 의도적 개입을 한 내용을 평가하고 지도감독을 받기 위하여 기록을 잘 활용해야 한다.
- 면담과정내용을 잘 활용하여 효과적으로 개입하고 평가하기 위해 체계적이고 지속적인 기록이 요구된다.
- 개입단계의 기록은 지난번 기록 이후의 클라이언트의 상황 및 상태의 변화에 대한 서술과 사정 등, 지난번 기록 이후의 서비스 활동 및 과정, 주요사건, 서비스 목적 및 계획에 대한 사정과 변화 등이다.

⑤ 평가 및 종결단계의 기록

- 평가단계는 실제 개입의 결과가 얼마나 안정되게 유지될 것인가 결정하는 단계이다.
- 종결단계는 클라이언트가 성취한 것을 확인하고 격려하여 지속적으로 성취된 변화를 유지하고, 남아있는 문제에 대한 사후관리를 계획하는 단계이다.
- 종결단계에서 기록은 서비스 종결방법과 사유, 서비스 활동과 결과, 사후지도 등의 기록이 포함한다. 그리고 클라이언트의 변화노력과 증가된 자원체계를 확인하기 위한 종결보고서가 요구된다.

(2) 사회력 기록

클라이언트의 문제나 욕구를 역사적이며 생태학적인 맥락에서 이해하기 위해 클라이언트와 상황에 관한 현재 및 과거에 대한 정보를 포함하며, 사회력 기록은 기관에 따라 표준화된 개요를 가지고 있거나 아니면 개별사회복지사의 재량에 맡긴다.

① 사회력 기록의 중요성

- 문제원인과 해결에 필요한 자원을 찾는다.
- 클라이언트의 욕구와 결핍 내용 뿐 아니라 강점과 대처능력을 알 수 있다.
- 클라이언트에게 가장 적합한 서비스나 프로그램을 결정하는 데 도움이 된다.
- 클라이언트, 가족, 중요한 사람들에게 '이야기할' 기회를 제공해 각자의 경험을 재검토하고 공유할 수 있도록 한다.
- 다른 서비스 제공자에게 사회복지실천 관점을 알려준다.
- 서비스 전달과 관련이 있는 결정사항과 활동의 근거를 문서화한다.

② 사회력에 포함되는 정보기록

- 가족력(클라이언트의 가족배경과 현재 가족의 구성)
- 신체적 기능(건강상태, 장애, 영양, 의료상태)
- 지적 기능(교육적 배경, 최종학력)
- 심리적, 정서적 기능
- 종교와 영성
- 대인사회적 관계, 중요한 타자와의 관계
- 고용, 소득, 작업환경, 기술
- 강점, 대처방식, 문제해결능력
- 주택, 지역사회, 이웃, 교통수단
- 현재와 최근 지역사회의 전문적 서비스의 이용 현황

③ 사회력 기록시의 유의점

- 단순히 클라이언트의 경험만 기술하는 것이 아니라 사회복지사의 전문적 지

식과 경험을 토대로 클라이언트와 문제 상황에 대해서 중요하다고 판단되는 특정요소에 관심을 기울인다(예 : 아동학대와 관련요소 탐색-사회복지사는 부모의 아동양육기술과 지식, 약물남용, 경제적 어려움, 사회적 고립 등 아동학대발생과 관련된 여러 요소 탐색).

- 새로운 정보가 생길 때마다 추가한다.

④ 정신사회복지실천기록에 포함되는 요소들

- 내담자 특성, 현재와 과거의 내담자-상황에 대한 기술
- 자원과 제약, 사정
- 서비스를 개시하는 방법과 사유, 서비스에 영향을 미치는 결정들, 서비스 목적, 계획, 특성, 재검토, 서비스 종결의 방법과 사유, 서비스 활동과 결과에 대한 요약
- 중간노트, 추후지도 등

3) 기록을 위한 지침

(1) 좋은 기록을 작성하는 지침

① 서비스의 결정과 행동에 초점을 둔다.

② 사정, 개입, 평가의 기초가 되는 클라이언트와 상황에 관한 정보가 들어 있다.

③ 각 단계에서 목적, 목표, 계획, 과정과 진행을 포함하여 서비스 전달에 관한 정보가 들어 있다.

④ 상황묘사와 사회복지사의 견해가 명확하게 분리되어 별도의 제목 하에 씌어져서 읽는 사람들이 사회복지사의 관찰사항과 해석을 구분하여 이해할 수 있다.

⑤ 구조화되어 있어서 정보를 효과적으로 문서화할 수 있고, 쉽게 색출해 낼 수 있다.

⑥ 문장이 유연하며 조직화되어 있어, 서비스 전달이 잘 묘사되고 모든 문서가 정확하여 유용하다.

⑦ 기록이 간결하고, 구체적이며, 타당하고, 명확하며, 논리적이고, 시기적절하며, 의미 있고 사실에 근거한다.
⑧ 전문가적 윤리를 바탕으로 한다.
⑨ 수용된 이론에 기초해 있다.
⑩ 전문가의 견해를 담으면서도 클라이언트의 관점을 무시하지 않는다.

(2) 좋지 않은 기록의 특징

① 부정확한 사정, 잘못된 판단, 비윤리적 행동, 부적절한 개입을 담고 있다.
② 정보가 너무 많이 또는 너무 적게 쓰이고 조직화되어 있지 않아 필요한 사람에게 정보를 제대로 제공하지 못한다.
③ 뒷받침이 되고 관찰과 평가 없이 결론을 내려 기록상 과잉 단순화가 나타난다.
④ 초점이 없고, 모호하며, 편견에 치우쳐 있고, 추리에 의존, 정확하지 않다.
⑤ 맞춤법상의 오류가 있고 지나치게 요약하여 정보로서의 가치 없는 기록이 된다.
⑥ 반복된 표현, 장황한 표현, 진부한 용어를 사용한다.
⑦ 의미가 없고, 비판적이며, 과장되게 표현한다.
⑧ 클라이언트와 상황에 대한 독단적인 견해의 표현, 특히 클라이언트에 대한 비난 또는 부정적인 낙인을 붙인다.
⑨ 행위자가 식별되지 않는 수동태 문장으로 표현한다.

(3) 기록의 유의 사항

① 기록을 하기 전에 클라이언트에게 양해와 동의를 구하며, 기록을 하는 목적과 기록이 클라이언트에게 어떤 도움이 되는지 간략하고 이해하기 쉽게 이야기한다.
② 클라이언트의 매우 사적인 생활이나 비밀스런 행동 등 민감한 정보는 자세하게 기록하지 않으며 일반적인 용어로 기술한다.
③ 정확한 것으로 입증된 정보만 기록하고, 부정확한 것으로 확인되면 삭제하거나 이전에 기록된 정보가 정확치 않음을 추가로 기입한다.

④ 어떤 정보가 기록에 포함 또는 배제되어야 하는지 알고 있어야 하며, 사례기록은 반드시 잠금장치가 되어 있는 곳에 보관하고 기록파일에 빈번히 접근해야 하는 사람만이 잠금장치를 열 수 있도록 한다.

⑤ 특별히 허가된 매우 예외적인 경우를 제외하고는 기록파일 자체를 기관외부로 내보내지 않는다.

⑥ 면담 중이나 회의 중에 사례기록을 방치해 두거나 일과 중에 책상 위에 펼쳐두어 아무나 볼 수 있게 해서는 안 되며, 하루일과를 마치면 기록을 제대로 보관하고 퇴근해야 한다.

⑦ 전산화된 기록은 암호장치를 두어 합법적 권한을 가진 사람만이 접근하도록 한다.

⑧ 사회복지기관은 외부기관이나 개인에게 정보를 제공하는 절차에 대해 규칙을 갖고 있어야 하며, 기관의 절차를 사회복지사가 잘 지킬 수 있도록 훈련하고 감독하여야 한다.

⑨ 서비스 제공에 필요하거나 서비스 전달 및 평가와 관련된 것만 기록하며 사실적인 내용이나 약속 등에 대해서는 정확하게 기록하고 각각의 기재사항을 작성하고, 각 기록을 정리하고, 각각의 기록 체계를 개발하는 데 있어서 효율성과 클라이언트 사생활이라는 중요한 목적에 대하여 항상 책임성을 염두에 두어야 한다.

⑩ 사회복지사는 기록내용이 다른 사람에게 함부로 공개되어서는 안 된다. 다른 사람이 쉽게 접근할 수 없도록 신경을 쓴다. 그리고 기록을 슈퍼비전이나 사례회의에 사용할 경우, 클라이언트이 사적인 정보가 노출되지 않도록 유의한다.

⑪ 면담에서의 기록을 할 경우, 사회복지사가 너무 기록에 집중하면 클라이언트는 사회복지사가 자신에게 관심이 없다고 생각할 수도 있고 면담의 진행에 방해를 주므로, 기록하는 것을 최소한 줄여야 한다. 상세한 기록이 반드시 필요할 경우, 반드시 클라이언트의 동의를 구하고 기록을 해야 한다.

2 정신보건사회복지의 평가

정신보건사회복지의 평가도 다른 사회복지의 평가처럼 성과평가, 과정평가, 사회복지사의 평가 세 차원에 대해서 이루어지는데, 이에 대해 살펴보기로 한다(전제일 외, 2002; 윤현숙 외, 2002).

1) 성과평가

성과(outcome)에 대한 평가는 목표에 대하여 성취된 결과를 평가하는 것이다.

(1) 클라이언트 스스로 평가

① 5점 척도 : 클라이언트가 평가하게 한다.

- 5점 : 완전히 성취함
- 4점 : 대부분 성취함
- 3점 : 중간 정도 성취함
- 2점 : 약간 성취함
- 1점 : 전혀 성취하지 못함

② 클라이언트에게 최근에 목표를 성취한 실제 예를 들어달라고 요구함으로써 주관성을 줄일 수 있다.

③ 평가에는 클라이언트 자신의 경험한 과정을 인지하는 것과 더불어 다른 집단구성원의 판단과 중요한 몇몇 사람의 평가를 포함하는 것이 좋다.

(2) 양적평가

① 사회복지사와 클라이언트에게 모두 문제를 사정하고 시간에 따라 과정을 모니터할 수 있게 해주는 등 컴퓨터를 활용한 임상사정시스템을 통해 평가한다.

② 주기적으로 측정기준선을 측정하고 측정도구를 그리기 위해 그래프를 사용함으로써 사회복지사와 클라이언트에게 모두 진행과정을 쉽게 볼 수 있게 해준다.

2) 과정평가

① 개입과정이 클라이언트에게 도움이 되었는지 그리고 클라이언트가 원조과정을 어떻게 인지했는지 평가하는 것이다.
② 원조과정에서 진전을 돕거나 방해했던 기술과 사건에 대해 클라이언트로부터 피드백을 받음으로써, 사회복지사는 어떤 기술을 연마하고 또 어떤 기술을 버려야 하는지 알 수 있다.
③ 평가내용에는 사회복지사가 목표달성을 위해 사용한 방법이나 기법에 대해 피드백하는 것도 포함한다.

(1) 형성평가

형성평가(formative evaluation)는 개입과정에 대한 평가이다. 사회복지실천과정에 초점을 두고, 주기적으로 진전 상황을 평가한다.

(2) 총괄평가

총괄평가(summative evaluation)는 개입방법의 성과나 효과, 즉 효율성과 효과성을 평가한다. 사회복지실천과정을 시작하는 시점에서 기대했던 결과를 종결 지점에서 평가한다. 이미 결과로 얻은 것을 총괄하는 데 목적이 있다.

3) 사회복지사에 대한 평가

① 사회복지사가 제공한 서비스에 대한 만족도와 기관의 구조적 문제에 대한 평가가 포함된다.
② 긍정적 피드백으로 인하여 사회복지사는 자기 강점을 더 잘 알게 되고 미래에 더 자주 그 강점들을 활용하게 된다.
③ 부정적인 피드백은 때로는 힘들지만, 주의를 산만하게 하거나 반치료적인 행동, 태도, 매너리즘을 알려준다는 점에서 역시 매우 도움이 된다.
④ 비평은 사회복지사를 성장의 길로 인도한다. 클라이언트와 마찬가지로 변화에 앞서 인식하는 것이 중요하다.

4) 사회복지사 실천에서 활용하는 주요 평가 방법

(1) 단일사례설계

① 단일한 실천상황에 초점을 둔다. 여기서 클라이언트는 스스로 통제집단이 된다.

② 클라이언트 고유의 문제, 상황, 목적에 관련된 개별화된 기초선(baseline)은 개입과정 동안 변화를 측정하는 기준이 되므로, 반드시 기초선을 측정한다.

③ 단일사례설계(single subject design)의 목적은 가설의 검증이 아닌 표적행동에 대한 개입효과를 관찰, 분석하는 것이다. 또한, 이러한 변화를 알 수 있도록 시계열적으로 반복적인 관찰이 이루어진다.

④ 단일사례설계는 개입 전을 통제적인 상태로 보고 개입 중 또는 개입 후의 상태를 실험 처치 후의 상태로 보아 개입전후를 비교하는, 실험조사설계의 통제집단 후 비교설계와 같은 논리를 찾는 것이다.

(2) 목적성취척도, 목표달성척도

① 클라이언트가 개별화된 목표에 도달한 정도를 측정하는 것으로서 개입의 목적과 목표들이 특정 클라이언트에게 해당하는 경우에 적용된다.

② 목적성취 여부를 결과 기준으로 잡는다. 클라이언트가 여러 가지 서로 연관된 목적이 있는 경우, 목적을 쉽게 측정할 수 없는 경우 사용한다.

③ 목적달성척도(goal attainment scale : GAS)는 치료집단에서 개인의 목적을 향한 진척상황을 평가하는 데 쓰이기도 했다. 상호집단과 사회목적집단에서 목적달성척도는 집합적인 집단의 목적이 진척된 상황을 사정하는 데 쓰일 수 있다.

(3) 과제성취척도

① 과제성취척도(task achievement scale)는 클라이언트와 사회복지사가 개입과업에 대한 완수 정도를 결정할 때 활용된다.

② 특히 기초선의 설정이나 단일사례설계의 적용이 어려울 때, 또는 단기서비스 상황에 적용되는 것으로, 과업중심실천에서 개발되었다.

③ 과업중심실천은 목표를 위한 작업을 여러 개의 독립적인 활동과 과제로 세분화하고 있을 약 1~2주 안에 수행하는 것을 목적으로 한다. 이때 합의된 과제가 실제로 달성되었는지를 측정하는 것이 과업성취척도이다.

④ 보통 4점 척도(① 최소한 달성 또는 전혀 달성되지 않음, ② 부분적 달성, ③ 상당히 달성, ④ 완전 달성)를 사용하는데, 이 척도는 시간과 자료가 부족할 때 사용할 수 있는 이점이 있다.

PART

03 정신보건사회복지의 실천영역과 서비스

PART 03에서는 다음과 같은 질문들에 대해서 다룰 것이다.

- 정신보건실천현장에 따른 예방, 치료, 재활영역의 서비스에는 어떤 것들이 있으며, 정신보건실천현장서비스에서 정신보건사회복지사들은 어떤 역할을 수행해야 하는가?

- 알코올 및 약물중독, 학대와 방임, 성폭력 등의 사회복지실천대상별 서비스는 무엇이며 이러한 대상별 클라이언트에게 어떻게 사회복지실천이론과 기술을 적용할 것인가?

- 청소년 정신건강/학교정신보건프로그램, 치매와 노인 정신건강, 여성과 정신건강 등의 사회복지실천대상별 서비스는 무엇이며 이러한 대상별 클라이언트에게 어떻게 사회복지실천이론과 기술을 적용할 것인가?

• CHAPTER

09 정신보건실천현장에 따른 서비스

1 예방영역 : 보건소/지역사회정신건강

1) 지역사회정신건강프로그램의 모델

지역사회지지 프로그램 중 가장 성공적이고 적극적인 모델 중의 하나가 바로 '적극적인 지역사회치료프로그램(Program of Assertive Community Treatment : PACT)'이다. 이 프로그램은 Stein과 Test(1985)에 의해서 1960년대부터 단계적으로 위스콘신 주의 수도인 매디슨에서 처음 개발되어 일명 'Madison Model'이라고 불린다. 적극적인 지역사회치료프로그램(PACT)의 특징은 다음과 같다.

- 만성정신질환을 앓고 있는 사람에게 병원이 아닌 지역사회에서 포괄적인 치료서비스를 제공하는 것으로 환자의 입원율을 낮추고 삶의 질을 올리는 데 상당한 성공을 거두었다.
- PACT는 환자가 의욕을 가지고 이 프로그램에 참여할 때까지 기다리기보다는 오히려 치료가 필요한 환자를 찾아 나서는 아주 적극적인 치료방식을 적용한다.
- 치료진은 이 프로그램이 필요하다고 생각되는 환자들을 적극적으로 찾아 나서고 병원이나 정신보건센터보다는 환자가 생활하는 지역사회의 현장을 직접 찾아가서 환자와 함께 일한다. 치료진은 실제 상황에서 환자에게 일상생활기술, 직업기술, 사회기술과 인간관계기술 등과 같은 것을 가르친다.

2) 지역사회정신보건의 개념 및 목적

지역사회정신보건은 정신장애에 개입해 오던 협의적 의미에서 벗어나 정신장애인의 예방, 치료, 재활 그리고 사회복귀의 광의적 의미로 발전해 왔다. 따라서 지역사회정신보건의 개념은 치료장소의 이동, 정신장애 정의의 변화 및 발병이론의 발전, 정신장애를 치료하기 위한 개입대상 및 내용의 확대, 정신장애를 치료하기 위한 접근방법의 변화 및 다양성, 그리고 정신장애인을 위한 치료를 제공하는 전문인 범주의 확장 등이다(Bacharach, 1976; Mechmic, 1980; Medical Care, 1984; Bloom, 1984).

지역사회정신보건의 목적은 1차 예방인 정신장애의 발생저지 및 새로운 정신장애 발생사례의 감소, 2차 예방인 정신장애의 총 사례수와 유병기간의 감소를 위한 정신장애의 조속한 발견 및 신속한 치료, 그리고 3차 예방인 정신장애로 인한 부차적으로 갖게 되는 정신적 결함이나 사회적 장애의 감소이다. 즉, 예방, 치료 그리고 재활에 목적을 두고 있으며 이제까지 목적은 궁극적으로 삶의 질 향상이라고 하는 최고의 복지수준을 의미하는 것이다(Kaplan & Sadock, 1988).

따라서 지역사회정신보건의 접근은 정신장애인의 질병관리, 기능적 기술재활 그리고 삶의 질 증진을 수행할 수 있어야 하므로 하나의 이론이기보다는 이념이며 방법론이라고 볼 수 있다.

3) 지역정신보건의 등장

지역사회정신보건의 치료방법이 등장하게 된 배경을 살펴보면 다음과 같다(Bacharach, 1978; Bloom, 1984).

첫째, 세계 제2차 대전 후 1946년 미국에서 제정된 정신보건법(National Mental Health Act)에 의해 1949년 국립정신보건연구소(National Institute of Mental Health)가 설립되었으며 각 주마다 기관들을 선정하여 지역사회를 기반으로 하는 정신보건서비스를 제공할 것이 규정되었다.

둘째, 1950년대 말부터 발견되기 시작한 항정신성의약물(antipsychotic drug agents)의 효과이다. 정신장애인의 증상을 치료하는 정신의약물이 발견되기 이전까지는 발작을 하거나 병의 증상이 심하여 조절이 되지 않을 때는 어쩔 수 없이 신체적 구속을 필요로 하였다. 따라서 감금하거나 족쇄를 채우거나 하는 등 물리적인 치료방법이 치료의 주류를 이루었다. 그러나 정신의약물의 발견으로 인하여 심하던 증상들의 대부분이 생리학적으로 조절됨에 따라 격리상태로 감금되어 있을 필요가 없게 되었다. 이는 정신장애인들로 하여금 이상한 행동의 두드러지는 표현 없이 일반인들처럼 지역사회에서 자유롭게 생활할 수 있도록 가능하게 해준 결정적인 요소이다.

셋째, 1960년대 미국 사회 전체를 지배하던 인도주의 이념도 지역사회정신보건치료방법의 등장에 큰 영향을 미쳤다. 대단위 정신병원의 열악한 생활환경 조건과 정신병원에서의 비인간적인 처우 등에 반기를 들고 나온 인도주의 운동가들은 정신질환자들을 장기수용 상태에서 해방시켜 지역사회로 복귀시킬 것을 주장하였다. 당시 정신병원에 입원한다고 하는 것은 대부분이 장기입원의 형태를 취했으며 사망이 곧 퇴원이 되는 경우가 보통이었다.

넷째, 대단위 정신병원의 열악한 상태를 고발하던 인도주의 운동가들은 결국 1961년 정신질환 및 정신보건에 관한 합동위원회(Joint Commission on Mental Illness and Health)에서 '정신보건시행법(Action for Mental Health)'이라는 보고서를 국회에 제출하도록 함으로써 그 운동의 결실을 맺게 된다(Joint Commission on Mental Illness and Health, 1961). 이 보고서에는 다음과 같은 건의 사항들이 제시되었으며 이는 1963년의 Kennedy 대통령의 '지역사회정신보건센터 건립법'에 대부분 반영되었다. 그 내용을 요약해 보면 다음과 같다.

- 외래치료 위주의 정신보건진료소를 설립하되 인구 5만 명당 외래 1개소를 설치하여 급성환자에 대한 응급치료 및 중환자치료를 제공할 수 있어야 한다.
- 종합병원에 정신과 병상을 두도록 한다.
- 주요 정신질환자의 치료를 위해 전문 정신병원의 병상 수를 1,000병상 미만으로 제한하여 정신병원이 지역적으로 적정하게 배치되어야 한다.
- 전문 정신병원의 보호의 질을 높인다.
- 지역사회 내의 사후관리, 부분입원 및 재활서비스가 제공되어야 한다.

- 사회적 낙인(stigma)을 줄이기 위해 정신보건교육과 홍보를 한다.
- 급성환자에 대해 지역사회 내에서 즉각적인 치료를 제공할 수 있어야 한다.

다섯째, 이와 같은 여러 가지 요인들이 결합되면서 정책적 차원에서 탈시설화(deinstitutionalization)의 움직임이 표면화되었다. 1963년 당시 미국의 Kennedy 대통령은 '지역사회정신보건센터 건립법(Mental Retardation Facilities and Community Mental Health Centers Construction Act)'을 제정하여, '최소한의 규제'를 보장하는 곳에서 정신질환의 치료와 보호가 이루어지도록 하라는 탈시설화 정책을 펼쳤다. 이 '지역사회정신보건센터 건립법'은 초기에는 지역사회정신보건센터의 설립에만 치중하는 법이 되었으며 그 후 몇 차례의 개정을 거치면서 정신보건의 유지를 위한 법으로 구축되어 나갔다. 특히 1968년 개정안에는 알코올 중독자들이, 1970년 개정안에는 약물중독자들이 지역사회정신보건센터의 서비스 대상자로 포함되면서 대상범위와 서비스 내용이 확장되었다. 그러나 이 법은 1973년부터 R. Nixon과 G. Ford 대통령에 의해 서비스 범위와 재정적 지원의 면에서 상당한 감축을 당하였다. 그러다가 1977년 J. Carter 대통령에 의해 다시 보강하여 지역사회지지체계(community support system)를 보강하는 지역사회지지 프로그램을 실시하였으며, 1980년에는 다양한 서비스 내용과 전체 의료예산의 12%를 정신보건에 사용하도록 하는 두툼한 재정보조를 확보한 정신보건체계법(Mental Health Systems Act)을 통과시켰다(NASW, 1987). 그러나 이는 1981년 Regan이 당선하면서 실행도 되어 보지 못한 채 삭감되었고 이때의 여파는 현재까지지도 계속되고 있는 실정이다.

여섯째, 경제적인 측면인데, 100여 년의 역사를 갖는 대단위 정신병원들은 매우 낙후하여 건물 자체의 유지에만도 엄청난 비용이 들기 시작하였다. 건물 일부분의 수리 및 보수뿐 아니라 어떤 시설은 새로 건물을 지어야 되는 경우까지 발생하게 되었다. 또한 한 번 입원하게 되면 사망할 때까지 거의 퇴원하지 않는 장기입원환자들을 24시간 보호 감독하기 위해 필요한 인적 자원이 점점 늘어나고 그 직원들의 인건비를 충당하는데 또한 막대한 비용이 소모되었다. 따라서 시설 유지 및 재건축에 드는 비용을 절감해 보고자 하는 생각은 인도주의 운동에 편승하면서 지역사회치료의 등장에 박차를 가하였다.

4) 지역사회정신보건의 원칙

지역사회정신보건사업은 의사・환자라는 전통적인 치료적 관계인 일대 일 관계 속에서의 단순한 증산조절에서 환자의 재활을 보다 강조한 지속적이고 포괄적인 치료서비스를 제공하게 되며 이를 위해 지역사회 자원을 최대한 활용한다. 즉, 지역사회의 참여를 유도함으로써 지역전체를 치료의 도구로 이용하게 되며, 이러한 과정을 통해 지역사회 자체가 변화됨으로서 궁극적으로는 지역전체의 정신건강에 기여하게 됨은 물론 환경에 영향을 받게 되는 한 개인(환자)의 정신건강도 긍정적인 영향을 미칠 수 있도록 하는 것이다. 지역사회정신보건사업에 있어 중심이 되는 지역사회정신보건센터(community mental health center)가 설치된 진료권 내에 있는 전체 인구를 책임지는 것이다. 지역사회정신보건센터는 지역 내의 모든 정신보건서비스에 대한 욕구를 찾아내서 이러한 요구를 충족시킬 계획을 수립하고, 지역 주민의 요구에 근거하여 서비스를 제공하여야 한다. 지역사회정신보건사업을 구체적으로 실행하게 되는 지역적 규모는 나라에 따라 다르다.

아일랜드의 경우 정신보건사업 대상지역은 인구규모 약 2만 5천 - 3만 명으로 분리되며, 이태리의 경우는 약 10만 명, 미국의 경우 인구 7만 5천 - 20만 명을 기준으로 지역을 구분하여 지역사회정신보건센터를 중심으로 사업을 수행한다. 즉, 진료권의 설정은 각 지역의 특성에 따라 융통성 있게 이루어져야 한다.

이러한 지역사회정신보건사업의 원칙은 아래와 같다(Lamb, 1988: 1143-1145).

- 환자의 가정과 가까운 곳에서 진료
- 포괄적인 서비스
- 여러 자문인력 간의 팀적 접근
- 치료 및 예방의 지속성
- 지역주민 참여 및 책임
- 정신보건사업의 평가연구 및 자문
- 보건의료와 사회복지서비스의 연결

(1) 환자의 가정에 가까운 곳에서 치료

정신보건서비스가 환자와 환자의 가족에게 가까이 있는 것은 이들의 정신보건 서비스의 이용을 촉진시킨다. 환자를 환자의 가정과 멀리 떨어진 병원에 입원시키는 것은 환자와 지역사회를 단절시키고, 가족들이 환자의 치료에 참여하지 못하도록 만든다. 특히 우리나라의 경우는 지역사회 주민의 편견 때문에 가족들이 위축되어 있다고 하겠다.

(2) 포괄적인 서비스

정신질환의 경우 일반 신체질환과는 달리 입원과 외래서비스만으로는 환자의 요구를 충족시킬 수 없다. 미국에서의 지역사회정신보건센터의 경우 입원, 응급, 부분입원, 외래, 자문 및 교육을 5가지 기본 서비스로 규정하고 있으며 이외에도 아동과 노인에 대한 서비스, 알코올 중독, 약물남용, 추후관리, 입원 전 심사, 거주시설의 7가지 부가서비스를 규정하고 있다.

최근에는 사례관리와 더욱 다양한 주거서비스가 강조되고 있다. 이러한 서비스는 정신질환자의 정신과적, 심리사회적 현 상태에 대한 정확한 사정과 환자 본인의 욕구를 고려하여 적절하게 제공되어야 한다.

(3) 여러 전문직 간의 팀 접근

정신질환을 치료하는 데에는 정신과 의사, 간호사, 이외에 정신보건사회복지사, 임상심리사, 작업요법사 등의 다양한 정신보건전문요원이 참여하여야 하며, 이들 정신보건전문요원들 간의 팀워크 접근이 요구된다. 정신보건사업의 초기에는 이들 정신보건전문요원들 간의 불분명한 역할 구분을 뚜렷이 하기 위해 노력했으나, 이는 인력들 간의 경쟁을 유발하였고, 부분적으로는 인력이 비효율적으로 활용되는 결과를 낳았다. 여러 전문직 간의 팀 접근을 통하여 서비스를 제공할 때 어느 정도 역할 구분이 불분명해지는 것은 피할 수 없다.

(4) 치료의 지속성

환자를 치료하는 데 있어서 지속성이 확보되는 것이 바람직하다는 것은 명백하다. 특히 만성정신질환의 경우 자발적으로 치료받으려는 경향이 부족하고, 치료자가 바뀔 경우 추후관리에서 탈락하여 재발 및 재입원을 반복하게 된다. 또한 환자와 치료자는 서로에게 익숙할 때, 정신질환자의 위기가 조기에 효과적으로 해결될 수 있다.

(5) 지역주민참여

지역사회의 주민들이 참여함으로써 정신보건서비스는 주민들이 원하는 서비스를 보다 효과적으로 제공할 수 있게 된다. 지역주민참여를 통하여 정신보건전문요원들은 주민들의 신뢰를 받을 수 있고, 주민들의 요구를 반영함으로서 그에 부응하는 정신보건서비스를 제공할 수 있으며, 이러한 과정을 통해 지역주민들은 정신보건의 개념을 더 잘 이해하고 받아들일 수 있게 된다.

지역주민의 참여는 정신질환자의 사회복귀(재활)에 큰 장애 요소 중 하나인 사회적 편견(social stigma)을 줄이는데 크게 기여하게 되며, 또한 지역사회 자원을 활용한 새로운 프로그램을 개발하고 실제적인 서비스를 제공하는 데에도 긍정적인 영향을 미친다. 이들은 정신질환자 가족들의 조직을 통하여 만성정신질환자의 서비스 요구와 인권을 효과적으로 옹호할 수 있다.

(6) 정신보건사업의 평가연구

지역사회정신보건사업에 대한 평가는 과학적이고도 효과적인 지역정신보건프로그램과 지역사회정신보건사업의 모형을 개발하는 데 매우 중요하다. 그러나 실제 지역사회정신보건사업에 이러한 평가연구는 종종 간과되고 있으며, 그 결과 앞으로 지역사회정신보건사업의 효과에 대해서는 확인되어야 할 많은 과제를 안고 있다.

(7) 예방

정신질환의 발병을 막기 위한 적극적인 활동으로 1차 예방과 치료 및 증상의 악화를 방지하는 의미를 내포하고 있는 2차 예방, 질환으로 인한 사회적 장애를 방지하기 위한 재활의 개념으로 3차 예방이 포함된다.

(8) 정신보건자문

정신보건사업과 관련된 문제에 대하여 같은 또는 다른 분야의 전문가가 자신의 전문적인 지식과 경험을 바탕으로 이에 대한 논의, 조언 등을 해주는 과정을 말한다. 이는 어려운 문제에 대한 해결책을 제시해 줄 뿐 아니라 예측할 수 없는 상황에 대해 예방할 수 있는 방안이 되기도 한다.

(9) 보건의료와 사회복지서비스의 연결

지역사회정신보건사업의 목적이 정신질환자의 사회복귀 및 사회통합이라고 할 때 이들에게 필요한 서비스는 의료적인 것뿐만 아니라 사회적 · 직업적 재활서비스를 포함한 사회복지서비스가 요구된다. 따라서 보건의료서비스와 사회복지서비스 간의 연계는 필수적이며 이를 위한 연결체계의 조직도 필요하다. 지역 내 각 기관에서 제공되는 다양한 관련서비스 간의 연계와 조정, 통합이 요구된다.

2 치료영역 : 정신보건사회복지

1) 대학병원과 대단위 · 소 정신병원

정신병원 현장은 2차 예방현장에 속하며 현재 우리나라에서 가장 많은 정신보건사회복지사들이 팀워크로 활동하고 있는 현장이다. 현장실습과 수련 등의 경험을 의료모델과 사회치료가 접목된 상황에서 할 수 있는 곳이기도 하다. 정신질환을 가진 환자나 가족의 초기부터 퇴원하여 집으로 돌아가기 전까지 정신보건사회복지사의 역할을 살펴보면 다음과 같다(이영호 외, 210-229; Hogarty 등, 1986; Stroul, 1986).

(1) 입원 전 상담

초기면접과 입원상담에서 입원할 것이 결정될 경우 정신보건사회복지사와의 상담내용과 의향을 확인하고 정보의 정확한 파악이 필요하다. 이때 다음과 같은 사항을 유의할 필요가 있다.

- 초기면접과 입원에 관한 본인 의사의 확인
- 병원이 제공할 수 있는 서비스 내용의 전달
- 자신의 병원에서 치료할 수 없는 경우에는 타 의료기관이나 상담기관을 소개
- 입원준비를 위해 의료진에게 연락을 취하는 것
- 일상생활의 문제상담, 경제적 상담, 가족관계 상담 등 일반적인 상담에도 응한다.

(2) 입원 시의 인테이크

의사의 진료 후 외래치료나 입원이 결정된 후에 인테이크를 할 때 가족력, 심리적 배경, 병의 증상 등의 정보를 얻는 것이 일차적인 목적이지만 다음과 같은 중점적인 역할이 있다.

- 정신과 진료를 받는 본인 및 가족의 불안이나 긴장감을 수용하고 그것의 제거를 위해 노력한다.
- 본인과 가족의 주 호소를 면접을 통하여 정리하고 문제를 명확히 한다.
- 치료동기를 설정한다.
- 면접을 통하여 획득한 정보에 의하여 심리적·사회적 진단을 하고 그 내용을 팀 구성원과 공유한다.
- 특히 정신병원에 입원하는 경우, 폐쇄공간에 입원하는 등의 행동제한이 따르므로 클라이언트의 자기결정원칙에 따라서 환자의 의지를 확인하는 노력을 간과해서는 안 된다.
- 입원 시 오리엔테이션을 하거나 낮 병동 등의 치료공간을 견학하도록 하면서 의료서비스 내용을 설명하는 동시에 인권상의 제 권리에 관한 설명과 이용할 수 있는 복지제도를 설명한다.

(3) 입원 중의 원조

- 입원생활 중 생활과 심리적 문제의 상담 및 서비스를 실시한다.

- 집단을 통한 훈련이나 상담을 제공한다.
- 환자와 가족의 관계를 조정하고 직장이나 학교 등의 연락 조정관계를 행한다.
- 환자와 가족이 병원을 이용하기 쉽도록 직원이나 환자의 상호관계를 조정한다.
- 장기간 입원을 하거나 퇴원의 가능성이 희박하거나 사회성이 결여되어 있는 환자 등의 경우 입원생활을 보다 편안하게 보낼 수 있도록 환경을 정비하거나 스스로가 즐거운 생활을 할 수 있도록 원조한다.
- 면회나 퇴원 요구 등 제도상의 설명을 하고 사회자원을 활용하는 방법 등의 원조를 행한다.

(4) 퇴원에 관한 원조

- 퇴원에 즈음하여 퇴원계획의 수립에 참여하고 외래 약물치료계획, 이전 학교나 직장 복귀문제, 낮병원을 통한 추후치료의 실시 유무, 정신보건센터, 사회복귀시설, A.A(단주친목)의 소개 및 연결 등에 대한 계획을 논의하는 상담자 역할을 한다.
- 퇴원 후 함께 지낼 가족관계를 조정하고 가족이 받아들일 수 있는 체제가 되도록 한다.
- 가족이 받아들이기 곤란한 경우에는 주거의 확보, 경제적 문제의 조정을 하면서 동사무소나 보건소, 사회복귀시설, 정신보건센터 등과 연락하여 지역생활을 준비하도록 한다.
- 퇴원 후에는 낮병원, 밤병원, 보건소, 주간보호센터, 사회복귀시설, 정신보건센터 등을 이용하도록 정보제공자의 역할을 한다.

(5) 지역과의 연계

- 지역과의 연계는 단순히 행정기관과의 연결만을 의미하는 것은 아니다. 지역주민에 대하여 정신장애인 치료에 대한 이해를 구하는 대변자, 옹호자 역할을 하는 것도 매우 중요한 일이다.
- 사회복귀시설이나 정신보건센터 등과의 연락, 연결 후에는 사후 점검하는 창구 역할을 통해서 위기개입 시 협력한다.

- 정신장애인과 가족들이 함께 지역사회에서 벌이는 다양한 활동을 지원하고 적극 참여한다.

2) 개인개업실천

미국의 사회복지사는 전문직 초기부터 개인개업실천(private practice)을 해왔으나 1980년대까지 개인개업의 수와 영향력은 적었다. 그러나 최근에는 개인개업이 사회복지 분야에서 가장 빠르게 성장하고 있는 분야이다. 전통적인 실천모델에서 사회복지사는 서비스 기관에 고용되어 제공되는 서비스의 유형을 결정하는 기관에 의해 클라이언트가 배당되었다. 반면, 개인개업사회복지사들은 클라이언트에 의해 고용되고, 자신의 기관을 운영하고, 자신만의 개입방법을 결정하고, 사회기관의 요구보다는 자신의 전문가적인 규범에 활동의 근거를 둔다(Barker, 1992).

'사회사업사전'(Barker, 1995)에 의하면, 개인개업은 '충분한 교육과 경험을 통해 얻어진 사회복지의 가치, 지식, 기술을 지닌 자율적인 전문가가 클라이언트와 상호간에 합의된 보수에 대한 대가로 심리사회적인 서비스를 전달하는 것'으로 정의한다. 이 정의에 따르면, 사회복지사는 전문직의 가치를 고수하면서 법적 또는 전문적으로 규정하는 교육과 경험을 습득하고 개인개업실천에 종사하는 것이라고 할 수 있다.

미국에서는 사회복지전문직 초기부터 시행되어 온 실천 형태 중 하나로 인정받고 있지만 우리나라에서는 아직 미흡하다고 할 수 있겠다. 이에 미국의 개인개업실천과 우리나라의 움직임을 알아보고, 개인개업실천의 예를 살펴보도록 하겠다.

(1) 미국의 개인개업실천

① 개인개업실천의 통계

- 지역

미국 내 모든 주에 있고 대부분 도시나 교외지역에 사무실을 열고 있으며 몇몇 시골과 소도시에도 있다.

◎ 사업내용

일부는 사무실을 사용하지 않고 가정방문만을 수행하는 경우도 있다. 기본적으로 정신치료, 집단치료, 사회집단활동, 가족과 결혼치료, 다양한 형태의 상담과 같은 임상사회복지를 실천하고 있다(Brawon, 1990). 약간은 비임상적 서비스를 제공하는데, 예를 들면, 지도감독 또는 기관자문에 대한 대가를 받는 것이다. 또 몇몇은 훈련집단, 교육세미나, 조사 등을 수행하기도 하며, 개인거주보호시설 등과 연관된 사업, 즉 이윤을 추구하는 사회적 서비스 같은 민간사회서비스기관을 건립하기도 한다.

◎ 개인개업사회복지사의 수

개인개업사회복지사의 수는 정확히 알 수 없지만, 개인개업을 하는 상당수의 사회복지사가 임상사회복지사협회(National Federation of Society for Clinical Social Work)에 속해 있고 비슷한 수가 미국 결혼 및 가족치료협회의 회원인 것으로 나타났다. 그리고 수백 명은 사회복지개업실천증진을 위한 국제위원회의 회원이다. 더구나 상당수의 개인개업사회복지사는 어떤 전문가협회도 참여하고 있지 않으며, 이러한 종류의 조사에서 제외되고 있는 것으로 나타났다. 따라서 그런 사람까지 포함하면, 1994년 미국에는 약 2만 명의 사회복지사가 개인개업환경에서 일하고 있고, 4만 5,000명은 부업의 형태로 개인개업에 고용되어 있는 것으로 추정할 수 있다.

② 개인개업실천의 발전

◎ 초창기

메리 리치몬드(Mary Richmond)는 초창기 사회사업 교과서를 쓰고 초기 사회복지기관의 개발을 돕는 동안 대가를 받고 클라이언트와 개별상담을 했다. 리치몬드(Richmond, 1922)는 만약 사회복지가 가치와 영향력을 가지게 된다면 가난한 사람뿐 아니라 모든 사람에게 영향을 주어야 한다고 주장했다. 그녀는 개인개업실천이 전문직의 한 부분이 될 것을 예견하였다.

◎ 제2차 세계대전 이후

200~300명의 사회복지사들이 개인개업실천에 임했다. 당시에는 이러한 서비

스를 받을 여유가 있는 클라이언트들이 매우 적었다. 많은 사회복지지도자들이 개인개업실천에 반대했다. 마침내 더 많은 사회복지사들이 개인개업을 시작하면서, 1958년 미국사회사업가협회(NASW)는 공식적으로 개인개업을 전문직의 공인된 부분으로 인정했다. 1962년 미국사회사업가협회는 개인개업실천에 대한 공식적인 자격증을 만들었다(Barker, 1992).

- 1970년대와 1980년대에 개인개업실천이 증가하기 시작한 요인

- 재정적 이득에 대한 속박없는 추구를 강조하는 일반적인 분위기 형성
- 빈민들과 공적 서비스를 받은 대상들에 대한 공격 분위기
- 기관상황의 사업풍조, 예산과 서비스 제약, 복지사들에게 행정적 부담을 안겨 준 규정상의 제약과 서류작업, 감소된 자율성, 클라이언트와 일할 수 있는 시간의 감소, 서비스의 질과 가용성 감소
- 기관 내 직접 실천가들에게 주어지는 진급과 경제적 보상의 부재
- 기관과 독립적인 서비스 제공자 사이에 서비스 전달 계약을 위한 경쟁을 해야 하는 서비스 사설화
- 중산층의 서비스 비용 지불능력
- 빈민과 일하거나 치료자가 되기 원하는 지원자 수의 감소
- 사회복지사에 대한 제3자 상환(third-payment; 보험회사) 증가
- 법적인 규제

③ 요구되는 증명서와 사업기술

- 면허증

- 엄격한 주 : 공인된 사회사업대학의 석사학위와 1년 이상 공인된 기관에서 지도감독을 받으며 임상실천을 한 경험, 필기와 구두의 면허시험 통과
- 요구조건이 적은 주 : 공인된 사회사업석사학위, 약간의 임상경험진술서

- 면허신청

- 그 주의 전문가면허위원회와 접촉하거나 버지니아 주 컬페퍼에 있는 미국주정부 사회사업위원회(American Association of State Social Work Board)에 정보제공을 위한 요청서 송부

◎ 자격증

- 사회사업석사학위 또는 사회사업교육협의회의 박사학위
- 공인된 사회사업학교에서 교육을 받고, 2년간 지도감독을 받으며 전임으로 일한 경험 또는 3,000시간 이상의 유급 시간제 실천경험
- ACSW의 시험 통과
- 현재의 지도감독자를 포함한 3인의 공인전문가에 의한 신원보증

◎ 사업기술

- 사업관리 기술과 지식 : 근로자 고용 기준과 규정을 알고 따라야 하고, 급여를 지불해야 하며, 회계장부를 기록해야 하고, 세금을 내며, 클라이언트와 제3자와의 거래에 대한 모든 것을 기록해야 하고, 적절한 면허 · 장비 · 자본을 취득 · 유지하며, 은퇴와 질병에 대한 비용을 지불해야 한다.
- 적절한 자본 : 최소한 3개월간의 사무실 임대료, 사무기기 및 장비 구입비 또는 대여료, 몇 달 동안의 생활비와 고객확보 비용을 확보해야 한다.

◎ 직업상의 위험

- 재정문제
- 소진
- 법적인 문제

(2) 우리나라 개인개업실천

① 벤처개념에서의 사회복지

◎ 필요성

연간 사회복지 분야 신규 인력수요가 1,000개를 넘지 않을 것이다(한덕연, 2002: 12). 취업시장이 좁기 때문에 직업시장(jab maketing)의 확장이나 직업창출(jab share)을 통해 이러한 문제를 해결하는 것이 필요하다.

◎ 기존 사회복지시장의 공략

- 사회복지기관의 변화를 눈여겨본다(예 : 전문가에 의한 서비스 제공).

- 일반시장 공략

— 사회의 변화를 눈여겨본다(예 : 사회문제에 대한 예방사업, 청소년 전용 카페).

- 새로운 시장의 공략

— 새로운 영역에의 도전(예 : 교회사회복지프로그램 개발, 군 사회복지, 청소년 및 학교 사회복지, 건전가정지원센터, 위기가정 가족문제상담센터 등)

- 기초작업

— 철학과 가치(클라이언트에 대한 철학, 보편적 확대된 가치)

— 핵심기술(전문성)

— 창업자금 마련(독립적, 다학제 간, 동일학문 간 공동 등)

(3) 개인개업실천의 역할

① 비전제시

해마다 사회복지인력들이 노동시장에 쏟아져 나오고 있지만 실제로 수용할 수 있는 인원이 그리 많지 않다. 기관에서 수용할 수 있는 인원은 한계가 있는 것이다. 따라서 개인개업실천이 그 대안이 될 수 있다.

② 임상사회복지전문가 양성

기관에서 임상사회복지를 하고 있으나 대부분 단기치료로 끝나고 장기적이고 깊이 있는 전문적인 치료를 서비스 하는 데는 한계가 있다. 개인개업사회복지사들은 상담치료비를 감당할 수 있는 중산층들에게 장기적이고 전문적인 치료서비스를 제공할 수 있으며, 이러한 사례들은 사회복지사들에게 전문성을 심어 줄 수 있다. 이러한 실천들로 전문적인 임상사회복지사들을 양성할 수 있는 것이다.

③ 지역사회전문자문가

개인개업실천을 통해 전문적인 지식과 기술을 쌓고 연구하여 지역사회에서 자문활동을 통해 지역사회전문자문 역할을 담당할 수 있다. 지역사회정신보건기관들은 전문가에게 의뢰하여 교육활동이나 일반인들을 대상으로 하는 교육프로그램들을 운영하는 데 그때 전문자원으로 활용될 수 있다.

④ 사회복지실천으로서 심리상담에 대한 필요성 인식

대부분의 사람들이 사회복지하면 '빈곤'을 떠올린다. 그러나 이러한 실천분야도 사회복지의 실천분야이며 중요한 부분을 차지하고 있다는 것을 중산층들에게 경험시켜 줄 수 있는 기회를 제공할 수 있다.

3 재활영역 : 지역사회정신보건

1) 지역사회정신보건 특성

지역사회정신보건에서 지역사회지지 프로그램(community support program)을 실행하기 위한 것으로 기존의 전통적인 정신보건관련 프로그램들과는 다른 특성이 있다.

첫째, 정신질환자 관리의 중심이 되는 장소가 병원이나 수용소와 같은 시설이 아닌 지역사회(Close To The Patient's Home)이며, 이들 시설들은 그 속에서 주어지는 특정의 서비스를 제공하는 역할을 담당하게 된다. 둘째, 지역사회정신보건의 대상은 개인보다는 지역사회 내의 주민 전체가 된다. 따라서 관할지역(catchment area : 대개 인구 75,000~200,000명)은 지역사회정신보건프로그램의 대상 인구를 지칭한다. 셋째, 지역사회정신보건은 치료적 서비스와는 별도로 질병의 예방과 건강 증진에 그 중요성을 둔다. 뿐만 아니라, 지역사회정신보건에서 지역사회지지 프로그램을 운영하기 위해 필요한 특성을 요약하면 다음과 같다(민성길, 1995; Stein and Test, 1995; Jacobs, 1988).

(1) 지속성과 포괄성

지역사회지지 프로그램 내에서는 환자가 쉽게 각종 서비스 사이를 이동하며 체계적인 치료를 받을 수 있어야 하고, 프로그램은 지역사회정신보건문제 전체가 포괄적으로 다루어지도록 계획된 것이어야 한다. 환자에 대해 잘 알고 있는 치료자가 지속적으로 그 환자를 관리할 수 있게 하여 환자가 겪고 있는 어려움의 내용을 쉽게 파악하여 문제가 발생해도 빠른 시간 내에 해결해야 한다.

(2) 새로운 임상적 관리법

다수의 대상자를 과거의 관리방법보다 적절하게 효율적으로 관리하고 불필요한 입원을 줄이기 위하여, 단기치료(short-term therapy)와 위기개입(crisis intervention) 등을 실시한다.

(3) 지역 특성에 적합한 프로그램

지역사회의 인구학적 분석, 충족되지 않은 정신보건 요구의 파악, 정신질환과 관련한 지역 내 고위험집단(high risk group)의 선별 등을 통해 정신보건 문제의 우선순위 설정과 정신보건서비스의 조정이 지역별로 이루어지도록 한다.

(4) 가용한 인적 자원을 동원

의사, 정신보건간호사, 정신보건사회복지사, 임상심리사뿐만 아니라 지역사회에서 가능한 모든 인적 자원을 동원하여 팀으로서 활동하도록 한다.

(5) 지역사회의 참여

일반적으로는 지역사회 조정 또는 지역사회 참여(community participation)라고 불리는데, 즉 정신보건전문가들만으로는 지역사회의 정신보건요구를 충족시킬 수 없으므로, 지역사회의 참여를 유도하여 요구를 파악하고, 프로그램이 그러한 요구를 어느 정도 충족시켰는지를 평가하여 차후의 프로그램 개발에 반영하여야 한다.

(6) 지역사회를 근원으로 하는 정신병리적 원인 추적

과거에는 전통적으로 정신병리적인 원인을 개인 내에서 찾고자 함으로써 원인을 변화시키는 데에 중점을 두었으나, 지역사회정신보건은 그 근원을 지역사회에 두고 집단의식의 변화에 관심을 기울인다.

2) 지역사회지지 프로그램의 주요 대상

지역사회지지 프로그램의 대상은 만성정신질환자로써 일반적으로 정신분열병, 분열 - 정동장애, 조울증 및 주요 우울증과 같은 만성적이고 심한 주요 정신질환에 이환되어 있는 환자로서, 질병으로 인해 일상생활 및 사회적·직업적 기능의 장애가 있는 사람들로 지칭하는 것이다.

만성정신장애인의 특성들은 아래와 같다(이영실, 2000; Stein and Test, 1995).

- 조그마한 스트레스에도 극복할 능력이 없어 심한 정신병리 현상을 보인다.
- 생활비를 마련하거나 교통수단을 이용하는 방법, 식사를 준비하기 위해 시장을 보거나 필요한 물건을 사는 방법, 옷을 세탁하는 방법 등 생활에 필요한 기술이 결여되어 있다.
- 자신을 무력하다고 여기기 때문에 가족이나 정부 또는 시설로부터 많은 지원을 요구하며, 지원이 중단되면 심한 정신병리 현상 및 인격장애 등을 보인다.
- 보호와 지도를 받으면서 기술을 익힐 때는 작업에 어느 정도 적응할 수 있으나, 혼자만의 작업을 부여받거나 경쟁관계 속에서 작업을 할 때는 매우 많은 스트레스를 받게 되고 결국 직업 적응에 어려움을 겪게 된다.
- 대부분은 타인과 긴밀한 관계를 유지하는 데 어려움을 느끼고 있어 인간관계에 적응하지 못한다.

따라서 만성정신장애인들을 치료하기 위해서는 이들의 한계점이나 어려움들을 인정하고 지역사회 내에 이들의 요구에 부합하는 통합적이고 포괄적인 체계를 갖추는 것이 필요하다. 지금까지 정신보건전문요원이나 사회 모두는 만성정신장애인에 대해 그들이 요구하는 서비스를 제공하지 못하였다. 그 결과 탈원화된 환자의 50%에서 60%의 환자들이 2년 이상 지역사회 내에서 생활을 유지하지 못하였으며, 연간 재입원율이 30% 이상 증가하는 결과를 초래하였다.

3) 지역사회지지 프로그램의 원칙 및 조건

1977년 NIMH는 만성정신질환자들에게 지역사회 중심의 서비스를 제공하기 위한 Community Support Program(CSP)을 시작하면서 재정지원을 시작하였다. CSP의 목표는 전통적인 지역사회정신보건에서 소홀하게 취급되어 온 만성정신장애인들에 대한 치료를 향상시키고 재활을 촉진시키기 위한 것이었으며 지방 정부에 대하여 지역사회 내의 서비스 체계를 개발하도록 촉구하여 다양한 모델프로그램이 개발되었다. 이 프로그램의 가장 중요한 특징은 환자에게 포괄적인 서비스를 제공하는 것이다. 즉, 지역사회정신보건센터가 다른 연관기관과 서로 협조하여 만성정신질환자가 사회생활에 필요한 모든 것 - 의학적 · 정신과적 치료, 주거공간의 확보, 사회적 · 재정적 지원, 장애연금, 직업재활, 옹호, 여가활동 등 - 을 충족시켜 주는 것이다.

이런 모델프로그램이 성공하기 위해서 강조된 원칙들은 다음과 같은 것이었다.

- 가장 장애가 심한 환자들에게 치료의 우선순위를 둔다.
- 지역사회 내의 다른 자원과 실제적인 연계를 제공한다.
- 최대한의 기능을 발휘할 수 있도록 하는 대체치료를 병원에서부터 제공한다.
- 각 개인의 특성에 적합한 개별화된 치료를 제공한다.
- 지역사회의 문화에 적합하고 특이한 프로그램을 고안하여 제공한다.
- 의학적 치료 및 정신보건서비스를 제공받도록 돕는다.
- 가족, 친구, 지역사회구성원들로 구성된 후원회를 조직한다.
- 지역사회 회원들이 환자의 주거와 취업기회에 대해 계획을 세우고 자원봉사하고 실제로 환자가 그러한 서비스를 제공받도록 돕는다.
- 병원과 지역사회에서 환자의 권리를 옹호한다.
- 환자가 적절한 사회적 도움을 지속적으로 받을 수 있도록 사례관리 서비스를 제공한다.

지역사회지지 프로그램은 다음 조건을 반드시 충족해야 할 때만이 대상환자에게 서비스를 제공해 준다.

- 지역사회 내에서 정신질환의 발병 위험성이 큰 인구집단을 대상으로 필요한 것이 무엇인지 포괄적으로 평가해야 한다.
- 대상환자의 욕구를 충족시키는 데 필요한 적절한 자원을 확보하기 위해 법적 · 행정적 · 재정적 개입을 해야 한다.
- 만성정신장애인들이 그들의 삶을 질적으로 향상시킬 수 있도록 정신보건프로그램을 실시할 수 있는 책임있는 핵심 서비스기관을 지역사회 내에 설치해야 한다.
- 지역사회지지 프로그램에 참여하는 기관의 수에 관계없이 대상환자와 계속적으로 접촉할 뿐 아니라 지속적으로 책임질 수 있기 위해 치료팀 내에 반드시 지도자를 두어야 한다.

4) 직업재활서비스

정신장애는 가장 심각한 사회문제 중 하나이며, 국민의 정신건강문제로, 인간의 삶에 많은 영향을 끼치며 어떤 다른 장애보다 인적 · 물적 자원 등이 요구된다(International Labor Office, 1979).

특히 만성정신장애를 가지고 있는 사람들의 문제를 해결하기 위해서는 다원화된 장기적인 정신사회재활 치료적 접근이 필요하다.

만성정신장애인에 대한 정신사회재활 치료적 접근에 있어서 증상으로 인한 손상, 인지능력 손상은 사회적 · 직업적 능력을 감소시키므로 약물치료와 인지치료가 전통적 치료법에서와 마찬가지로 매우 중요하며 사회적 · 직업적 능력 부족을 채우기 위한 다양한 기술훈련프로그램이 꼭 필요하다.

만성정신장애인의 절반 이상이 사회적 · 개인적 영역에 많은 일상생활기술과 사회기술의 수준이 높은 환자 군이 높은 퇴원율과 관해율을 보인다고 보고한 바 있다. 뿐만 아니라 여러 연구보고서에 의하면 정신장애로 인하여 능력의 장애가 있는 사람들도 유용한 기술을 배울 수 있다고 강조하였다.

따라서 이들이 사회에서 생존하며 대처해 나가기 위해서는 일상생활기술, 작업기술 등의 훈련이 매우 중요하다(Anthony 등, 1982, 1984 ; Black, 1988 ; Hoffman, 1970).

직업재활을 위한 환경적 개입은 환자를 지지할 수 있는 사람이나 세팅(setting)을 제공하는 것으로 환자를 담당한 치료자, 사례관리자, 그리고 의미있는 타인 등을 통하여 장애와 불리를 줄일 수 있도록 도와준다. 지지적 세팅(setting)에 대한 시도는 직업재활프로그램 상 더욱 중요한 것으로 거주지에 관한 문제, 작업장에 관한 문제(예 : psychosocial club, sheltered workshop) 등이 여기에 포함한다(제2부 정신장애인을 위한 직업재활 참조 바람).

5) 보건소의 정신보건사업정책

우리나라의 환자들은 아직까지도 환자 본인보다는 가족이나 사회의 필요에 의하여 폐쇄병동에 수용되어 인권을 보장받지 못하고 있으며, 그 개별증상에 적합하다고 할 수 없는 치료, 기타 서비스를 제공받고 있는 경우가 적지 않다. 이에 우리나라에서도 정신보건정책을 입원치료 중심에서 지역사회정신보건 중심으로 변화시키고 정신질환자의 인권을 획기적으로 개선시키기 위한 정신보건법을 제정・공포(1995년 12월 30일)하였다.

정신보건법에서는 장기간 입원 및 불필요한 입원을 방지하기 위한 조항을 마련하였다. 즉, 입원의 종류를 자의, 동의, 평가입원으로 세분하고 동의입원의 경우 입원기간을 최초 6개월에서 연장할 경우 그 사유를 밝히고 계속 입원에 대한 심사를 청구하도록 명시하였다(법 제25조 제3항). 평가입원이나 시・도지사에 의한 입원인 경우에도 입원이 연장될 때에는 보호의무자에게 사유를 통보해야 한다. 그리고 적법한 퇴원임에도 불구하고 보호의무자가 퇴원을 거부하면 직원의 권한으로 퇴원시킬 수 있도록 하였다. 이와 같은 법률 제정을 계기로 탈수용화가 본격화 될 것으로 전망되며, 지역으로 돌아오는 정신질환자의 재활과 효과적인 사회복귀를 위해 보건소가 중추적인 역할을 수행해야 할 것으로 크게 요망되고 있다.

(1) 보건소의 정신보건사업 추진을 위한 법적 근거

지역사회정신보건사업이 보건소를 중심으로 바람직하게 정착되도록 하기 위해 마련된 관련 법 조항을 살펴보면, 우선 정신보건법에서는 보건소가 정신질환자의 발견, 등록, 상담 및 사회로 복귀한 만성정신질환자 관리 등의 지역정신보건사업을 수행하도록 하고 있고(법 제 12조), 보건소에 정신보건전문요원 1인 이상을 둘 수 있도록 규정하고 있다(법 제12조 시행령 제4조). 동시에 병원급 이상의 의료기관은 보건소의 지역보건사업을 협조, 지원하도록 규정하고 있으며(법 제8조 제1항 또는 제2항, 시행령 제4조), 보건소에 정신보건자문의를 위촉할 수 있도록 명시하고 있다(시행규칙 제5조).

지역보건법에서도 정신보건에 관한 사항을 보건소의 16가지 업무 중 한 가지 업무로 포함시켜 구체화하고 있으며 법 제9조 보건소의 최소인력 기준에 정신보건전문요원 1인 이상 배치하도록 명시하고 있다.

(2) 보건소의 정신보건사업의 목표와 내용

① 사업목표

보건소의 정신보건사업의 목표는 첫째, 만성정신질환자들의 인권보호와 삶의 질을 향상시키는 것으로써 정신질환자의 만성화 및 퇴행의 방지와 중증 정신장애인의 사회적 기능을 회복 및 유지시키는 것 등이 여기에 포함된다. 둘째, 만성정신장애인의 의료비 부담의 감소를 위하여 만성정신장애인의 재입원율을 감소시키는 것이다.

② 사업내용

보건소를 중심으로 한 정신보건사업의 대상은 만성·중증 정신질환자, 약물남용 청소년, 알코올의존 및 중독자, 치매노인 등이 포함될 수 있으나 우선은 만성·중증 정신질환자를 중심으로 사업을 전개하면서 차츰 그 대상을 확대해 나가는 것이 바람직하다고 본다. 따라서 사업의 내용은 정신보건전문요원이 없는 보건소, 정신보건전문요원이 확보된 보건소, 정신보건센터가 설립된 보건소 등 보건소의 여건에 따라 기본서비스, 권장서비스, 고급서비스의 3가지 형태 중 선택해서 제공할 수 있을 것이다.

- 기본서비스

이는 정신보건전문요원이 아직까지 배치되지 않은 지역에서 기존의 보건요원을 활용하고 정신과 전문의를 자문의로 위촉하는 정도의 수준에서 할 수 있는 서비스다. 기본서비스의 내용은 다음과 같다.

- 지역사회정신질환자의 조기발견 및 의뢰
- 재가정신질환자에 대한 가정방문 : 투약관리, 사례관리
- 정신과 응급환자에 대한 조기처치 후 병·의원으로의 환자 의뢰
- 지역사회에 돌아온 만성정신질환자의 등록 및 투약관리
- 보건소에 다니는 일반환자들을 대상으로 정신질환의 조기발견 및 의뢰
- 정신장애 발생 고위험군에 대한 관리

◦ 권장서비스

정신보건전문요원이 배치된 지역에서 할 수 있는 서비스로서 기본서비스 이외에 다음의 서비스를 추가할 수 있다.

- 일상생활 훈련 : 환자 스스로 자신을 보살필 수 있도록 훈련
- 만성정신질환자의 가족원을 위한 훈련
- 상담 및 교육 : 가족교육, 가족상담, 환자가족모임 결성

◦ 고급서비스

정신보건센터가 설치되어 있는 곳에서 제공할 수 있는 서비스로서 기본서비스와 권장서비스 이외에 다음의 서비스를 추가할 수 있다.

- 외래진료 : 투약, 상담, 교육, 심리치료
- 낮진료서비스 : 퇴원한 환자들을 위한 추후 치료관리프로그램과 사회적응훈련 실시
- 사례관리 : 돌아갈 가족이 없는 환자나 가족들이 거부하는 환자들을 위한 기거시설의 주선 등
- 직업재활 : 환자들을 위한 직업훈련 및 환자가족을 위한 적응훈련프로그램 실시, 취업장개발 및 고용자교육
- 지역주민 계몽 및 교육 : 지역주민 대상으로 정신건강증진에 관한 교육, 상담

(3) 지역사회정신보건사업의 실시를 위한 사전 준비

보건소에 부여된 정신보건사업의 효율적 추진을 위해서는 사전준비가 요구되며 구체적인 방안을 단계적으로 제시하면 다음과 같다(남정자, 1998).

① 지역사회정신보건실무위원회의 구성 및 운영

성공적인 지역사회정신보건사업은 많은 나라의 경우에 의하면 지역사회 주민을 대표하는 집단의 광범위한 참여가 있었다는 점을 알 수 있다.

지역사회정신보건사업을 착수하기 위해, 약 10명 내외로 추진위원회를 구성할 필요가 있으며 위원회의 구성원은 시·군·구의 시장(부시장)·군수·구청장을 포함하여 이들을 동 위원회의 위원장으로 위촉하는 것이 바람직하다고 본다. 위원회의 위원으로 보건소장과 관내정신병·의원장, 환자나 가족협회 회장이 포함되도록 한다. 그리고 5명의 지역사회 지도자들을 위원으로 위촉한다. 이 추진위원회는 보건소장에 대한 행정적 지원, 기술지원, 국가와 광역자치단체로부터의 도움 주선 등의 역할을 할 수 있을 것이다. 보건소장은 이 위원회로부터 실질적인 도움을 받을 수 있도록 정기적으로 화합을 주선하여 체계적으로 회의를 운영하여야 한다.

세계보건기구가 바람직한 지역정신보건체계를 갖추고 있는 곳으로 평가하고 있는 중국 산동성의 경우에도 부시장을 지역정신보건위원회의 위원장으로 위촉하고 있으며 이를 통해 많은 행정 및 재정지원을 받고 있다. 산동성 정신보건위원회는 장애인협회 회장, 위행국장, 사회안전국장, 법무담당관도 포함되어 있다.

② 정신보건전문요원의 채용 및 정신보건팀의 구성

정신보건사업은 다른 의료사업과 달리 의학적 전문지식에 주로 의존하기보다는 환자와의 친밀한 공감적 유대관계와 신뢰관계를 바탕으로 한 치료가 필수적이고, 시간을 요하는 개인별 사례관리가 요구된다.

정신과 전문의를 포함하여 정신보건간호사 및 정신보건사회복지사, 정신보건임상심리사 등의 전문인력으로 이루어진 팀에 의한 협동체제를 기본으로 하여 활동해야 하며, 이들을 보조할 자원봉사자 등 준전문인력의 활용이 절대적으로 필요하다. 정신보건사업팀은 정신보건 분야의 훈련을 받은 3-5명으로 구성하는 것이 바람직하다고 본다.

이 팀은 환자 및 가족에 대해 등록 초기부터 개별적으로 적절한 중재를 하고, 그러한 과정에서 발생된 어려운 문제를 함께 해결해 나가는 팀접근방식을 취해야 한다. 또한 팀원 간에는 각자의 자율성이 충분히 보장되도록 수평적 조직체계를 유지하는 것이 보다 효율적이다. 준전문인력에 대한 훈련은 보건소에서 위촉한 정신과 전문의나 정신보건전문요원이 담당할 수 있으며 이와 별도로 지역사회 내에서 이들 인력을 체계적으로 양성하고 있는 양성기관에 훈련을 위탁할 수도 있을 것이다.

③ 자문의 또는 촉탁의(囑託醫)에 의한 위촉

정신보건법시행규칙 제5조에 의하면 보건소는 필요한 경우 자문의를 위촉할 수 있다. 자문의의 역할은 신규로 발견된 환자에 대한 진단을 하며 약물을 처방하여 지역보건활동에 대해 지도감독을 하도록 되어 있다. 그러나 이들의 역할 중 무엇보다도 중요한 것은 일반 보건요원이나 자원봉사자 또는 환자가족을 위한 교육이라고 할 수 있다.

특히 정신보건전문요원의 배치가 어려운 지역에서는 보건지소와 보건진료소에 근무하는 공중보건의, 보건진료원, 일반보건요원을 대상으로 환자를 지역에서 조기에 발견하여 의뢰할 수 있도록 주요한 정신과적 증상에 대한 이해, 위험요인 등을 포함한 정신질환자 조기발견방법, 사회에 복귀한 환자를 위한 일상생활훈련, 약물 및 증상관리방법에 관한 교육을 실시하여야 한다.

환자의 가족을 위해서는 정신질환에 대한 이해, 정신질환자의 이상행동에 관한 이해, 약물의 중요성 등을 교육하며 지역주민에 대해서는 정신병에 대한 편견을 위한 교육을 담당토록 한다.

④ 지역사회정신보건계획의 수립

지역사회정신보건사업의 가장 중요한 요소에는 아주 잘 계획된 지역사회정신보건프로그램이 필수적이다. 계획은 지역의 특수성과 여건에 따라 다양한 형태로 수립되는 것이 바람직할 것이나 어떠한 형태의 계획이든지 몇 가지 기본적으로 중요한 원칙이 간과되어서는 안 된다.

첫째, 서비스의 지속성이 유지되어야 한다. 지역사회의 여러 시설(병·의원, 요양원 사회복귀시설, 보건소, 복지관 등)에서 제공하는 다양한 프로그램 내에서 환자가 쉽게 이동할 수 있어야 한다.

둘째, 지역사회 내에 이미 존재하고 있는 여러 시설과의 협조체계를 구축하여 포괄적인 서비스를 제공할 수 있는 센터의 역할을 담당할 곳이 있어야 한다. 지역의 여건에 따라 이러한 센터의 역할을 보건소가 직접 담당할 수도 있을 것이며 또는 기관이나 개인에게 이를 위탁 또는 대행을 시키는 방법을 강구할 수도 있다. 위탁 및 대행에 관한 법적인 근거는 보건소가 지역주민을 위하여 필요한 업무의 일부 또는 전부를 의료기관 또는 기타 보건의료 관련기관·단체에게 위탁할 수 있도록 한 정신보건법 제24조 제2항의 규정에 근거한다.

셋째, 지속적인 업무수행을 위해 예측 가능한 예산의 확보가 필요하다. 예산의 사용은 정기적인 감사를 통하여 적절성 여부를 세밀히 진단하되, 사업을 효과적으로 수행하기 위해서는 예산집행의 자율성이 보장되어야 한다.

넷째, 새로운 정신보건사업은 지역 내의 기존시설의 기능(교육, 운동, 취미생활 등)과 중복되는 업무는 피하도록 하며, 기존 시설과의 상호연계체계를 갖추고 운영되는 것이 바람직하다.

• • • • CHAPTER

10 실천대상별 서비스 I

1 알코올 중독

1) 알코올 중독

알코올 중독은 복합적인 요인에 의해 발병하므로 그 정의를 한마디로 규정한다는 것은 극히 어려운 일이다. 알코올 중독에 대한 정의는 국가나 사회의 문화에 따라 다소 다르게 정의되지만 세계보건기구(World Health Organization : WHO, 1954)는 '알코올 중독이란, 전통적 습관음주의 영역을 넘거나 혹은 지역사회 전체의 사회적 음주습관의 범위를 넘어 음주하는 경우를 말하며, 그에 부수한 병적 인자나 그 병적 인자가 얼마만큼 유전, 체질 또는 신체 병리적, 대사적 영향을 받고 있는가에 관계없이 그것을 알코올 중독이다'이라고 정의함으로써 문화적 · 사회적 요인들의 중요성을 강조하고 있다.

1956년 이후 통용되어 온 미국의학협회(American Medical Association)의 정의에 의하면 알코올 중독은 '만성적이고 과도한 알코올사용에 관련된 장애이며 신체적 · 사회적 · 심리적인 기능장애를 수반하는 질병'이라고 정의하고 있으며, 미국정신의학협회(American Psychiatric Association)는 '개인적 건강의 손상과 사회적 기능의 장애'로 강조하고 있고 미국(National Council on Alcoholism : NCA)도 알코올 중독을 '만성적, 진행성 그리고 잠재적으로 치명적인 질환이며, 특징적으로 내성, 신체적 의존 및 신체기관의 병적인 변화가 발현되는 상태'라고 정의하고 있다(권육상, 2001; 민성길 외, 2002). 미국정신의학회에서 발간한 정신과 진단기준인 DSM-Ⅳ에서는 알코올 관련 장애(alcohol related disorders)를 알코올 사용장애(alcohol use disorder)와 알코올 유도성 장애(alcohol-induced disorder)로 구분하고 있다.

알코올 중독의 일반적 정의는 허용되는 양 이상의 음주를 하여 개인의 건강이나 사회적, 직업적 기능에 장애가 있음에도 불구하고 음주를 계속하는 경우를 알코올 중독이라 하고, 대개는 알코올남용과 알코올의존을 포함하여 말한다. 알코올남용이란, 사회적 또는 직업상의 기능장애를 초래하는 알코올의 병적인 사용, 즉 사회적 음주와는 상관없이 알코올을 지속적으로 빈번히 마시는 것을 말한다. 민성길(2006)은 아래의 [그림 10-1]과 같이 알코올 중독이란, '여러 원인에 의해, 또는 스트레스에 의해 음주가 시작되고 증가하게 되면 남용에 이르고 의존이 생겨 여러 가지 후유증이 나타나며 이 후유증은 스트레스가 되어 음주를 반복시켜 사태를 악화시키는 악순환이 거듭된다'고 강조했다(민성길, 2006).

이러한 정의들을 종합해 볼 때 알코올 중독이란, 과도한 음주로 인하여 개인의 신체적・정서적・사회적 장애를 초래함은 물론 가족, 직업, 대인관계 등에 문제를 가져오면서도 음주에 대한 조절기능을 상실한 상태라고 할 수 있다.

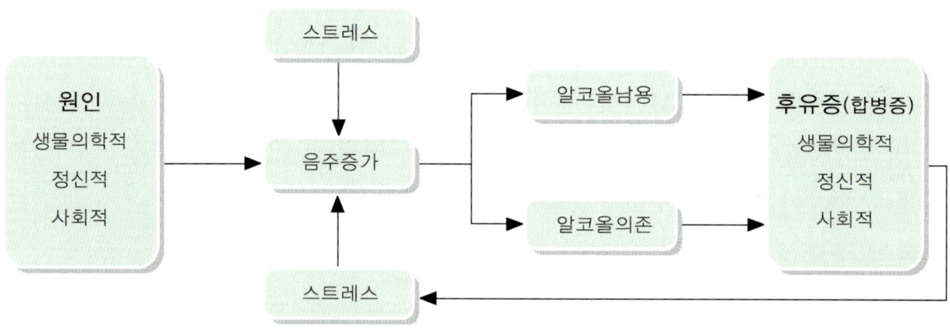

[그림 10-1] 알코올 중독

출처 : 민성길. 2002. 최신정신의학. 일조각.

다음은 간단한 자가진단법으로 다음 중 2개 이상이 들어맞으면 알코올 중독자일 가능성이 매우 많다고 하겠다.

① 술을 끊어야겠다고 생각한 적이 있다.

② 다른 사람이 내가 술 마시는 것에 대하여 잔소리를 하거나 간섭하면 짜증이

난다.

③ 내가 술 마시는 것에 대해 죄책감을 느낀 적이 있다.

④ 해장술을 마신 적이 있다.

알코올 중독은 여러 가지 요인에 의해서 단계적으로 발전되고 때로는 중간의 몇 단계를 거치지 않고 만성적 증세로 발전되기도 하지만 대개 다음의 4단계를 거치게 된다(홍준표 외, 2001; 민성길 외, 2006).

첫 번째 초기단계로 긴장에서 벗어나기 위하여, 또는 알코올이 주는 즉각적인 쾌감을 얻기 위하여 때때로 마시기 시작한다. 음주 인구의 80%는 여기에 해당하며, 이 단계는 그 기간이 매우 길기 때문에 누구나 이 단계를 거치게 된다. 그 기간은 도수가 낮은 알코올 음료를 마시면 더욱 길어지게 된다.

두 번째로는 진행단계인데 알코올에 대한 의존심이 두드러지게 나타나므로 모든 것은 술을 중심으로 생각하고 몰래 술을 마시는 경우가 잦아진다. 스스로 술을 즐기지만 술을 끊고자 원할 때는 언제든지 할 수 있다고 생각한다. 음주로 인한 기억상실이 빈번해지고 가족, 친구, 직장에서 음주로 인한 문제가 발생하고 불안과 우울함에 쌓이게 된다. 이러한 증상이 보이면 알코올 전문의나 단주 친목회 등의 위임기구에 보내는 계획을 가족들과 의논해야 한다.

세 번째는 위기단계로 가장 심각한 증상을 보이는 단계이며 이때는 음주에 대한 조절 능력을 상실하여 금단증상이 나타난다. 술을 마시게 된 것을 변명하고 나타나는 현상에도 불구하고 술을 조절할 수 있다고 다짐하며 금주를 하거나 음주습관을 바꿔보기도 한다. 외부세계에 대한 관심이 줄고 친구와 직장을 잃거나 그만둔다. 신진대사의 장애가 오며 질투와 의처증이 생기고 공격적 행동을 나타낸다. 하루에 제일 먼저 해야 할 일이 술을 마시는 일이라고 생각한다. 이 단계에 이르면 배우자는 이혼을 생각하게 되고 부모와 형제들은 폐인으로 여기게 된다. 중독자는 반사회적이 되고 자신의 이러한 처지를 구제하는 방법으로 다시 술을 더욱 찾게 된다.

마지막은 만성적 중독단계로 자신의 패배를 인정하고 깨어있을 동안에도 계속 취해 있어야 하는 종국적인 단계이다. 논리적 관념도 없고 사고 능력이 극도로 저하된다. 이 단계에 이르면 이것저것 가리지 않고 알코올 냄새가 나는 것이면 어떤 것이든지 마시게 된다. 자기보다 열등한 사람을 찾아가 마시고, 공포, 떨림, 음주에 대한 강박감이 나타나고 막연하지만 어떤 종교에서든지 의지하고 싶은 생각이 든다. 이때에는 내과적 치료와 정신과적 치료가 이루어진다고 해도 정서적 완전회복은 어렵다. 이러한 치료 후에도 계속적인 보호가 필요하다.

(1) 알코올치료

알코올치료에서는 클라이언트에게 적합한 치료방안을 선정하는 것이 중요하다. 한 가지 접근방안이 모든 사람에게 효과적으로 작용하는 것은 아니기 때문이다(Allen & Kadden, 1995). 또한 대부분의 알코올치료기관은 치료목적으로 금주를 정하지만 현실적 목적으로 적당한 음주를 허용하는 것도 좋다고 문헌은 밝히고 있다(Connors, 1993). Desoto(1985)에 의하면 알코올 환자가 예전의 정상적 상태로 회복하는 데 짧게는 2~3년 정도의 시간이 걸리며 길게는 8~10년이 걸린다고 한다.

알코올 중독의 정서적, 사회적 문제를 치료하는 데는 개별상담, 집단치료, 가족치료 방법을 들 수 있다. 먼저 개별상담은 약물의존 치료의 필수적 요소이며(집단을 통해서는 다룰 수 없는 개인적 관심사가 필요한 것이기 때문에) 효과적인 개입전략이다. 대부분의 알코올치료 세팅은 개별상담을 제공한다. 개인상담은 정신역동적이라기보다는 좀 더 과제지향적이고 문제중심적이며 행동주의적인 경향이 있다. 실제로 일련의 연구들은 정신분석적 또는 대응적 치료보다는 실용적인 문제중심 접근을 하는 치료진들로 구성된 프로그램이 효과적이라는 것을 보고한 바 있다(Friedman & Glickman, 1987). 가장 효과적인 접근은 인지행동치료라고 밝혀지고 있다(Miller et al., 1995).

단기개별치료 중에 동기화 면접(motivational interviewing : MI)(Miller & Rollnick, 1991)이 있는데 음주습관을 변화시키기 위한 노력을 증대시키기 위한 전략이다. 이 전략의 목적은 클라이언트로 하여금 음주에 문제가 있음을 인식하도록 돕고 변화를 위한 결심을 하여 바람직한 생활로 나아가도록 돕는 것이다.

여기에는 5가지 원리가 있다.

① 감정이입을 표현한다.

② 자신의 현재 위치에 대한 인식과 자신이 원하는 위치에 대한 인식 사이의

불일치를 파악한다.

③ 논쟁은 피한다.

④ 저항은 유연성 있게 대처한다.

⑤ 클라이언트의 자기효과성을 지지한다.

동기화 면접은 변화를 촉진시키기 위하여 감정이입과 비지시적 대화의 원리를 많이 활용한다. 클라이언트가 저항을 보이면 곧바로 직접적으로 대응하기 보다는 반영, 환언(paraphrasing) 같은 기법으로 다루어 나간다. 실천가는 적극적으로 듣는 기술을 활용하여 클라이언트의 음주문제에 대해 많은 정보를 이끌어낸다. 알코올 중독자라는 낙인이 붙지 않도록 노력한다. 많은 연구들이 이러한 기법이 매우 효과적임을 지적하고 있다(Miller et al., 1995).

행동주의적 자기통제훈련(Behavioral Self-Control Training : BSCT)의 방법도 효과적으로 판명되었는데, 이 훈련은 음주를 하는 장소의 제한, 음주에 대하여 스스로 점검하기, 음주 사양하기 전략, 목표성취에 대한 보상체계 설계, 과음을 하게 되는 선행조건 분석, 과음을 발생시키는 상황을 다룰 수 있는 대안개발 같은 내용으로 구성된다(Hester, 1995).

영역치료도 병행되어야 한다. 알코올 금단증상을 위해 디아제팸(diazepam), 클로로디아제포사이드(chlorodiazepoxide) 같은 벤조디아제핀계 약물이 사용된다. 알코올 치료에 가장 잘 알려진 약물은 디설피램(disulfiram)으로서 알코올을 섭취하면 구토를 일으키는 약물이다. 날트렉손(naltrexone), 버스피론(buspirone), 아캄프로세이트(acamprosate)도 알코올 중독 치료에 효과가 좋은 것으로 밝혀지고 있다(Schuckit, 1996).

혐오치료도 효과적이라고 나타나고 있는데 음주장면과 불유쾌한 장면을 상상을 통해 연결시키는 절차를 활용하는 방법이나 구토를 일으키는 약물을 사용하는 방법을 가장 많이 활용한다(Rimmele et al., 1995).

집단치료는 매우 효과적이어서 대부분의 약물치료센터에서 가장 중요한 프로그램으로 사용된다(Blume, 1985). 집단은 약물 사용자들에게 소속감을 심어 주고 경험을 공유하며 동료들을 통해 새로운 행동과 태도를 배울 수 있는 기회를 준다. 집단의 유형으로는 치료집단, 지지집단, 자조집단을 들 수 있는데 서로 차별성이 있지만 자기인식을 높이기 위한 토론 장소를 제공하는 것과 자기노출을 위한 안전한 환경을 제공하는 것, 그리고 성취와 행동변화에 대한 강화를 받는 장소를 창출한다는 데서 그 유사성이 있다.

특히 단주자조모임(AA)처럼 약물남용의 절제에 초점을 둔 절제중심치료(Abstinence-oriented Approach)는 미국에서 가장 보편적으로 사용되고 있다. 이 모델에서는 클라이언트들이 12단계 프로그램을 통해 서로 상호작용하면서 단주생활을 유지해 나갈 수 있도록 한다. 한 연구결과는 단주동맹의 원칙과 전통을 이해하고 수용할 수 있는 구성원들이 유익을 얻었다고 보고하고 있다(Alford et al., 1991).

전반적으로 가족치료는 알코올 중독자의 회복에 매우 긍정적인 것으로 나타났다(Steinglass, 1981). 특히 아내의 태도와 대응방식은 남편을 회복시키는데 중요한 영향을 미친다. 부인이 알코올 중독된 남편에 대하여 공동의존이라는 역기능을 가지고 있는 경우는 회복에 부정적 영향을 미치므로 이러한 측면을 다루어 주어야 할 것이다.

(2) 알코올 중독과 재활

알코올 중독자의 재활(rehabilitation)이란, 알코올 중독으로 인한 사회적 · 정신적 · 신체적 손상으로부터 그 기능을 회복하여 사회에 복귀하는 것을 뜻한다. 재활모델은 알코올 중독자를 치료하기 위해 1940년대 후반 미네소타주에서 처음 개발되었다. 이후 40년에 걸쳐 알코올 중독 환자 중 다른 약물을 동시에 남용하는 환자들의 수도 늘어났으며, 1970년대에는 알코올보다 약물이 먼저 문제가 되는 환자들이 나타나기 시작하였다. 지난 10여 년 동안에는 대부분의 재활치료소에서 그가 어떠한 약물을 사용하였던지 구별을 하지 않고 치료를 해왔으며, 일부에서는 전적으로 헤로인 남용자들만 치료해 주는 프로그램이 생겨나기도 하였다.

Anderson은 미네소타주에서 재활치료가 시작된 곳으로 3개의 치료센터를 지목하였는데, Pioneer House(1948), Hazeldon(1949), Willmar State Hospital(1950) 등이다. 이 중에서도 가장 널리 알려진 곳은 Hazeldon으로서 처음에는 AA의 원칙에 기초를 둔 지역사회의 거주형 치료센터로서 4명의 AA회원들에 의해 시작되었으며, 직원들은 주로 회복중인 알코올 중독자들이었다.

Willmar State Hospital 프로그램은 전문기관으로서 역시 AA원칙에 기초를 둔 프로그램이다. Willmar State Hospital 프로그램을 만들어낸 심리학자인 Daniel

Anderson은 1950년대 Hazeldon에서 일을 하게 되었고, 이어서 Hazeldon의 책임자가 되었다. 그의 치료철학은 Willmar에서의 경험과 최근까지 Haxeldon과 함께 지냈던 오랜 세월의 경험들이 어우러져 프로그램의 원칙과 형식들이 만들어졌다. 이 모델의 핵심개념은 다음과 같다.

① 알코올 중독은 환자가 의도성이 없는 질병이라는 사실을 수용하고 치료의 목표는 완전치유보다는 회복을 할 수 있도록 환자를 돕는 것이며, 당연한 귀결로서 책임이 환자 측에 있다는 인식
② 치료 상황에서 약물이 관련된 경우 기분을 전환시키거나 기분을 좋게 만들어주는 모든 물질을 사용하지 않는 것이 가장 적절한 치료목표이자 최종 회복이 유일한 길이라고 하는 믿음
③ 치료프로그램에서 형편에 맞도록 AA의 문헌과 12단계를 도입하여 AA의 원칙을 이용
④ 회복중인 알코올 중독자나 기타 중독자를 카운슬러로서 활용
⑤ 더 전문적인 접근법 활용
⑥ 집단치료가 가장 중요한 치료기법
⑦ 치료분위기를 치료의 한 방편으로서 중요시

1942년 Voegtlin과 Lemere에 의한 연구에서는 재활 비율이 30%를 넘지 않은 회의적이고 비관적인 결과를 보여주었으나, 이와는 반대로 1976년의 Armor와 그의 동료들에 의해 행해진 국가적인 조사에서는 재활의 비율이 70%가 넘는 것을 보여주고 있다. 그러나 알코올 중독에 대한 현행 치료방법은 그다지 발전되지 않았다. 대부분이 1940년대 행해졌던 기본적인 치료법에 의존하고 있다.

일부 기관에서는 4년 이후 70%의 성공률이라고 주장하고 있지만 환자 중 12~25%만이 3년간 금주상태를 지속한다는 것이 정확한 평가이다. 재활에 있어서 단순히 약물사용의 중지만으로는 충분하지 않다. 중지란 단지 회복과정을 시작하는 첫 단계에 지나지 않는다. 따라서 재활과정에서는 중독자의 회복과 그에 따라 파생되는 여러 가지 문제점들을 함께 처리해야만 한다(윤명숙, 1991).

① 의학적인 접근

알코올 중독 치료의 기반을 묘사하기가 어려운 상황에서도 의학적인 접근은 명료하게 설명될 수 있다. 그 하나는 해독이며 다른 하나는 약물을 이용하는 것이다.

○ 해독

현재 보고된 바에 따르면 해독(detoxification)은 알코올 중독의 근본적인 문제들에 접근하지 못하기 때문에 실제적인 알코올 중독치료라고 볼 수 없다. 그러나 의학적인 개입은 알코올로부터의 금단증상을 조절하고, 치료의 첫 단계로서 필요하다. 심한 금단증상을 가지고 있거나 과거에 가졌었던 환자는 해독을 위한 입원이 필요하다. 또한 해독은 외래환자나 해독센터 같은 곳에서도 필요하다. 해독기간 동안의 지시적인 서비스는 많은 경우 금단치료의 중요한 부분이다. 약물학적인 치료없는 지지적인 서비스의 사용은 사회학적 해독으로 알려져 있으며 심각한 역반응을 경험하지 않는 환자에게 효과적이고 안전한 것으로 나타났다.

○ 민감한 약제들

Disulfirm(antabuse)는 알코올 중독 치료에서 가장 많이 사용하는 약물이다. Antabuse가 알코올 중독을 치료하는 것은 아니지만, 이것은 몸속에 들어간 알코올이 신진대사에 작용하는 화학반응을 차단하는 역할을 한다. 이 약물을 복용하는 동안 음주를 하게 되면 그 부작용으로 발열과 떨리는 증상, 호흡이상, 구토증, 혈압강하 등의 고통을 느끼게 된다. 그러나 이 약물이 적절한 동기나 보조수단 없이 사용되는 것은 별 효과가 없으며, 노인 알코올 중독자나 심각한 신체적인 장애가 있는 경우에는 복용할 수 없다.

② 심리적인 접근방법

심리적인 접근은 의학적인 접근처럼 널리 쓰이고 있기 때문에 명료하게 구분하기가 어렵다. 행동적인 접근법이 최근에 알코올 중독자를 위하여 널리 쓰여오고 있으나 비행동적인 접근법이나 체계적 접근책은 알코올 중독 분야에서 상대적으로 덜 쓰이고 있다.

행동적인 접근법

지난 30여 년 동안 많은 수의 행동적인 방법들이 개발되어 왔다. 행동적인 기법의 한 유형은 혈중알코올농도(blood-alcohol level)를 감소시키는 훈련이다. 이 방법은 알코올 중독자가 자신의 혈중알코올농도를 정확하게 모른다는 것을 기반으로 하여 정확한 자신의 혈중알코올농도를 산출해 내는 방법을 가르친다.

관련 기법으로는 알코올 중독자에게 취했을 때의 상황을 비디오로 보여줌으로써 관찰자로서 자신이 취했을 때 했던 행동을 정면 대결시킨다. 두 번째 행동수정 기법은 알코올 중독자가 긴장을 풀 수 있는 방법을 가르치는 것이다. 이러한 기법은 긴장제거 가설과 알코올 중독자가 스트레스를 없애기 위해 술을 마신다는 가정에 입각한 것이다. 또한 대다수의 알코올 중독자가 자신의 소망이나 욕구, 열등감 등을 표현하는 데 어려움을 갖기 때문에 다양한 자기주장훈련(assertiveness training)이나 역할연기(role-playing) 등을 통하여 자신을 표현하는 기술을 향상시킬 수 있다.

인지주의적 행동주의자들은 만일 알코올 중독자가 자신의 음주에 앞서서 나타나는 특이한 생각과 사고, 행동에 대해서 이해할 수 있다면, 이들이 그 대안으로 대처적인 행동을 취할 수 있다고 가정한다. 이외에도 행동적인 접근법으로 알코올에 대해 불쾌감을 일으키는 약물을 사용한 화학적인 혐오치료, 인지적 혐오치료 등이 있다.

비행동주의적인 심리치료법들

다양한 비행동주의적인 접근들이 알코올 중독 치료에 적용되는데, 1 : 1을 기반으로 한 치료나 가족 또는 집단을 기초로 한다. 개별치료의 경우 단기적일 경우 12회 정도의 상담을 하며 장기적일 경우에는 2년에서부터 7년까지의 시간을 소요한다. 심리치료의 여러 유형으로는 의사거래 분석(transactional analysis)이나 현실치료(reality therapy) 등이 사용되고 있다. 비록 심리치료의 사용에는 한계상황이 있지만 대다수의 심리치료자들은 알코올 중독이 환자의 현재 상호작용에 의하여 유지된다고 믿기 때문에 치료적인 초점을 직장(스트레스를 주는 요인이 무엇인가 그리고 무엇이 스트레스를 가져다 주는가?)과 가족 상호 간의 상호작용 등의 생활문제처리 등에 둔다.

모든 종류의 심리치료에 있어서 치료자와 환자의 관계 그 자체가 변화를 일으ㅡ

키는 핵심 요인이 된다. 집단치료는 최근에 알코올 중독 치료의 가장 좋은 선택으로 받아들여지고 있다. 외래환자들의 경우는 1주일에 1번 또는 2번 정도 집단모임을 갖고, 입원환자의 경우는 좀 더 많이 갖는다. 치료자는 환자 개개인의 진행정도에 대한 관찰과 더불어 전체 집단과정에 그 초점을 둔다. 집단구성원들은 서로가 서로에게 피드백(feedback)을 줌으로써 지지하고 도전을 격려한다. 일반적으로 비행동주의적인 심리치료가 알코올 중독자의 증상보다는 그 기반을 이루는 문제들을 처리하는 데 더 효과적이다. 그러나 이 접근법은 환자가 아직도 술을 마시고 있을 경우에는 적용시키기가 어렵다.

◦ 체계적인 접근법

대부분의 체계적인 접근법(systematic approaches)들은 가족의 상호작용 특히 가족의 의사소통 유형에 초점을 둔다. 이것은 알코올 중독자가 자신의 음주를 지속할수록 가족들이 그에 따른 상호작용방법을 발달시킨다는 가정에 기반을 둔다. 만일 부정적인 가족 상호작용이 치료되지 않으면, 알코올 중독자가 음주를 중단했을 때 가족들이 그가 다시 술을 마시도록 많은 압력을 무의식중에 행사할 수 있다. 가족치료는 집단치료와 연관되어 있으며, 다양한 심리치료적인 기법을 포함한다.

일반적으로 이러한 치료의 목표는 가족구성원들이 자신의 희망과 욕구, 느낌 등을 좀 더 직접적으로 표현하도록 하는 것이다. 이를 통한 의사소통기술의 발달로 인하여 알코올 중독자가 환경적인 스트레스를 없애고 음주량을 조절할 수 있도록 하는 것을 도울 수 있다.

③ 사회문화적인 접근법

사회문화적인 접근법(sociocultural approaches)의 핵심은 알코올 중독자의 성공적인 치료에는 그 개인이 기능하는 사회환경의 변화가 요구된다는 가정이다. 이러한 접근책은 알코올 중독자의 환경변화에 대한 필요라는 관점에서 볼 때, 집단적이고 가족적인 심리치료의 합리적인 부분을 공유하는 것으로 보여진다. 실제로 이것은 알코올 중독자를 일시적으로 자신의 집에서 알코올 중독 치료센터 같은 새로운 장소에 옮기는 것을 의미한다.

(3) 노인 알코올 중독의 치료

알코올 중독 노인에 대한 치료의 효과성에 대해 실험적으로 검증된 연구는 서구에서도 상대적으로 많지 않은 편이다. 여기서는 노인 알코올 중독의 치료상에 있어 염두에 두어야 할 기법들을 소개하고자 한다.

아웃리치를 하게 될 경우나 의뢰가 온 경우, 초기접촉 시 노인들에게서 알코올 중독에 대한 부정은 매우 흔한 현상이다. 아웃리치워커는 시간을 가지고 신뢰관계를 형성해야 한다. 한 사례연구에서는 총 6주, 매주 45분 동안의 방문과 정규적인 전화접촉을 통해 부정을 줄일 수 있었다고 한다(Rathbone-McCuan et al., 1987).

또한 노인에게는 대응보다는 공감적으로 들어주는 긍정적 접근을 통해 누군가 노인을 돌보고 있고 적극적으로 노인을 지지하고 있다는 메시지를 전달할 때 노인에게서 긍정적인 반응이 나오게 된다는 점이 지적되고 있다(Wilson, 1981).

노인을 치료상황으로 유도하는 데 부정적인 영향을 주는 가족상황도 있음을 염두에 두어야 한다. 가족과 함께 살고 있는 노인의 경우, 어떤 가족들은 노인의 삶이 얼마 남지 않았기 때문에 노인의 생활유형을 그대로 유지하길 원한다. 가족들이 무의식적으로 음주의 촉진자(enabler)역할을 하기도 한다. 이러한 상황이 사정될 필요가 있다. 이러한 것을 해결하기 위해 Williams(1984)는 노인의 음주를 그대로 방치하는 것은 건강과 가족문제를 더욱 심각하게 한다는 것을 이해하도록 하는 위기개입기법을 적용할 것을 강조하고 있다.

알코올 중독 노인의 치료에 대한 부정적인 인식이나 절망감은 노인들에게 은연중에 쉽게 노출될 수 있다고 알려지고 있다(Hoffman & Heimemann, 1986). 이러한 태도는 노인들 스스로의 부정적인 자기인식을 더욱 심원하게 하기 때문에 각별히 주의가 요청된다. 보통 노인 알코올 중독의 회복률은 젊은 층과 비슷한 수준이기 때문에(Hooyman & Kiyak, 1999) 노인이라고 해서 부정적인 인식을 가져서는 안 된다.

알코올 중독 노인은 노화로 인한 신체적 쇠약으로 인해 알코올에 쉽게 손상을 입을 수 있기 때문에 의료적 조치를 강화하는 것이 중요하다(통합된 보건-사회적 모델의 활용). 이를 위해 치료자는 노화에 대한 지식도 필요하다. 또한 치료 세팅도 이를 반영해야 하는데 노인의 신체적 욕구를 고려한 요소를 갖추어야 한다(Rathbone-McCuan et al., 1987; Hooyman & Kiyak, 1999).

일반 알코올 중독의 치료에서와 마찬가지로 구토를 유발하는 약물을 사용하는 혐오치료가 효과적인 것으로 나타났다(Wiens et al., 1983). 그러나 이런 치료는 노인에게 저혈압을 초래하여 낙상 같은 위험을 초래할 수 있으므로 유의해야 한다.

행동주의적 치료요소인 자기관리적 접근방식(self-management approaches)은 알코올 중독 노인에게도 효과적이다. 자기관리적 접근은 알코올 사용의 선행조건과 결과를 파악하고 각 개인의 알코올 사용에 대한 위험상황을 다루는 구체적 기술을 교수함으로써 단순히 자신이 노인이기 때문에 음주를 해도 된다는 예전에 가지고 있던 잘못된 관념을 피할 수 있게 하는 장점이 있다(Dupree et al., 1984).

어떤 노인들은 음주를 함으로써 우울한 감정을 치료하려고 하므로, 우울증이 있는지를 조사해 보는 것도 중요하다. 우울증에 대한 치료를 병행해야 할 가능성을 타진해 보아야 한다(이윤로, 2000). 전문가들은 외로움이나 상실(퇴직, 배우자의 죽음)에 대한 부정적 감정에 초점을 둘 필요가 있다.

가족이나 친구 같은 사회적 자원은 노인의 치료결과에 매우 긍정적인 요인으로 알려지고 있다(Blume, 1983). 또한 배우자가 있는 노인은 알코올 중독에 대한 치료동기가 높은 것으로 볼 때 가족의 역할이 중요하다. 박지영(1998)의 연구에서는 치료를 받고 있는 알코올 중독 노인이 독신인 경우가 18.3%인 것에 비해 67.2%는 배우자가 있는 것으로 나타나 이런 현상을 지지해 주고 있다. 그러나 노인의 가족은 너무 오랫동안 노인의 알코올 문제로 인해 고통을 겪어 왔기 때문에 노인을 병원에 입원시키는 그 자체로 부담을 덜려는 경향도 있다. 전문가는 가족이 노인에 대한 지지를 제공하도록 유도해야 한다. 문제는 독신노인 알코올 중독자에게 더욱 관심을 기울여야 한다는 것이다(Holland, 1989). 독신노인이나 가족이 붕괴된 노인에게는 단주자조집단(AA)이나 기타 지지집단이 유용하다. 외국의 경우 노인들은 단주자조집단이나 지지집단에서 동료를 만나 새로운 관계망을 창출할 수 있게 되어 활동적인 삶을 유지하며 어떤 경우는 결혼까지도 하게 된다.

가족관계의 개선과 사회적 관계형성 창출의 중요성이 다음 연구결과에서 나타나고 있다. Schuckit(1977)나 Zimberg(1975)의 연구에서 중년 이후에 알코올 문제를 가진 노인들은 치료의 성공률이 높고 속도도 빠르게 나타났다. 이들이 사용하는 치료기법은 지지적이고 사회적인 관계형성에 초점을 두었는데, 이러한 접근은 중년 이후 알코올 문제를 갖는 이유가 보통 스트레스적 사건 이후 알코올을 사용한다는 조사에 기초를 두고 있다. 즉, 인생 후반부에 발생하는 알코올 문제는 만성적이라기보다는 스트레스적 사건에 대한 반응이기 때문에 지지적인 관계형성을 통해 우울한 감정을 잘 다스려 나가게 됨으로써 쉽게 회복될 수 있다는 것이다.

다음 사례는 인생 후반부에 시작된 알코올 문제가 빠르게 회복될 수 있음을 보여준다.

〈사례〉 60세인 여성 노인 알코올 중독자의 회복사례이다.

김 할머니는 과도하게 음주를 하기 시작한 것이 5년이 되었다. 김 할머니는 같이 살고 있는 아들내외에 의해 상담소에 내원하게 되었다. 아들내외는 김 할머니가 하루 종일 술을 마시는 것 이외는 거의 아무것도 하지 않기 때문에 걱정을 하고 있다. 더군다나 할머니는 며느리를 당황스럽게 하는 문제행동을 일으키기도 했다. 김 할머니의 음주는 거의 퇴직과 동시에 일어났다. 할머니 남편의 죽음은 할머니의 퇴직 2년 전에 발생했다. 퇴직 후 할머니는 점차 활동이 줄어들었고 현재에는 거의 외부 일에 관심이 없다. 그리고 약간의 인지적 손상이 있는 것으로 나타났다.

초기 치료세션에서는 술을 끊도록 시도하는 데 초점을 두었다. 할머니는 단 것을 좋아했으므로 음료수를 술 대신으로 마시기로 했다. 그리고 어떤 사회적 활동을 통해 즐거움을 찾기로 고무되었다. 대신 아들도 술을 끊기로 동의했다. 할머니가 활동에 관여하도록 하는 데 많은 노력을 기울였고 가족관계에서 오는 문제에 대한 대처방안도 교육시켰다. 김 할머니는 6주 만에 거의 정상적으로 회복되어 치료를 종결하였다. 2년 후 추적조사에서도 할머니는 음주문제를 보이지 않았다.

노인들의 치료는 다른 연령대보다 같은 연령대의 사람들과 함께 하는 집단에서 더욱 효과적이라는 보고가 있다(Curtis et al., 1989). 그러므로 노인을 위한 치료집단이나 자조집단을 구성할 때는 노인들로 구성하는 것이 하나의 대안이 될 수 있다. 노인은 젊은층에 비해 지지집단에의 참여기간이 더 길어야 한다. 또한 집단리더는 더욱 인내심이 필요하며 생활상의 복잡한 문제에 관한 집단토론을 위한 충분한 시간을 할애해야 한다. 집단의 진행속도는 매우 느리다. 집단리더는 에너지와 공감을 통해 노인들의 반응을 이끌어내야 한다.

사회적 관계형성을 위해서는 기타 사회적 서비스도 필요하다. 서비스 제공자는 노인들이 노인센터 등에서 일반 집단활동에 관여하고, 운동이나 자기주장 훈련, 이완기법 등을 배울 수 있도록 도와야 한다.

예방적 차원에서 교육프로그램의 제공도 필요하다. 노인 알코올 중독에 대한 인식은 상대적으로 낮은 편이다. Coogle 등(1995)은 서비스 제공자, 노인과 가족에 대해 알코올 질병에 대한 교육을 시키고 이러한 문제에 대한 인식을 증진시켰다는 보고를 하고 있다. 2시간씩 총 8시간의 교육 훈련을 통해 알코올에 대한 지식을 증대시켰고 이 분야에 대한 자원봉사자를 확보할 수 있었다. 이러한 교육은 노인의 음주에 대한 가족들의 관심 및 노인복지사 등 서비스 제공자들의 관심을 촉진할 수 있어 노인 알코올 중독자의 조기발견에도 공헌할 수 있을 것이다. 이러한 예방차원의 프로그램에는 아웃리치 서비스 요소도 포함하여 알코올 중독 노인들을 조기 발견할 수 있어야 한다.

Kola와 Kosberg(1981)은 서비스 제공자에게 훈련 시, 알코올 중독 노인에 대한 사례관리와 자원의 확보를 위해 여러 기관이 연합하여 훈련프로그램을 운영할 것을 강조하고 있다.

지역사회차원에서는 다차원적 서비스 네트워크를 형성하여 알코올 중독 노인에 대한 서비스를 사례관리를 통해 제공할 수 있는 체제를 구축하는 것이 필요하다. 또한 이러한 통합적 체계 속에서 교육과 아웃리치와 개입프로그램이 동시에 제공될 수 있도록 해야 할 것이다. 이러한 노인 알코올 중독을 위한 지역사회 차원의 프로그램으로서 미국 미시간 주의 Michigan Service Demonstration System의 도입도 고려해 볼 만하다.

(4) 알코올 중독과 가족

① 알코올 중독이 가족에게 미치는 영향

알코올 중독은 진행적이고 만성적이며 재발률이 높은 치명적인 질병이고 가족이나 주위의 친밀한 관계에 역기능을 가져오는 "가족병(family disease)"으로 알려져 있다. 이미 많은 학자들은 알코올 중독을 개인의 질병으로 보기보다는 알코올 중독자가 속한 가족의 질병으로 보아야 한다는데 의견의 일치를 보고 있다. 많은 알코올 중독자들이 가족과 함께 살고 있고, 알코올 중독이 가족에게 상호영향을 미치며 이렇게 형성된 가족환경은 가족구성원들에게 직·간접으로 신체적, 정신적인 영향을 끼치게 된다. 알코올 중독 가족은 중독자의 행동이 가족에게 치명적인 결과를 가져온다는 사실에도 가족의 평형을 유지하기 위하여 자신의 행동을 적응시키고 역기능적인 가족환경을 그대로 방치하는 것이다(민성길, 2006; 이영실 · 임정문, 2005).

알코올 중독과 가족환경과의 관계를 살펴볼 때, 알코올 중독이 가족환경에 역기능적으로 작용함으로써 가족갈등과 가족구성원의 장애를 초래했다는 관점과 가족 내의 갈등과 가족구성원 간의 장애 등이 상호작용한 가족환경이 알코올 중독을 초래했다는 관점으로 대별할 수 있다. 아직까지 알코올 중독과 가족환경의 인과관계는 확연하지 않지만, 알코올 중독자가 속해 있는 가족은 일반 가족과는 다른 가족환경을 형성하고 있으며, 이러한 가족환경 하에서의 가족구성원들은 자신도 알게 모르게 장애를 가지고 살아가게 된다. 음주와 가족생활은 상호의존적인 관계를 갖는다. 가족 중에 알코올 중독자가 있는 경우에는 그렇지 않은 가족에 비하여 가족기능이 현저히 떨어진다. 즉, 가족 전체가 정신적인 고통, 긴장, 불안, 적개심을 갖게 되고, 충동적인 음주로 인해 음주자 뿐 아니라, 그의 대인관계에도 영향을 미친다는 것을 의미한다. 알코올 중독자 가족에 가장 빈번하게 드러나는 문제들 중 하나는 중독자가 지불하는 음주비용으로 인해 발생하는 문제이다. 이로 인하여 영향을 받는 가족 기능상의 문제 중에서 가장 심각하게 지적되는 것은 부부간의 갈등이다(민성길, 2006; 미국정신의학협회, 1997; 이영실 · 임정문, 2005).

가족구성원 중에 알코올 중독자가 있는 경우, 그 사람이 음주를 하지 않은 날에 비하여 음주를 한 날에 가족폭력이 발생하는 비율이 훨씬 높았다. 또한 알코올 중독자들은 그렇지 않은 사람들에 비하여 성적인 기능이 급격히 떨어짐으로써 부부간에 문제가 생길 가능성이 높은 것으로 나타났다. 또한 알코올 중독자의 자녀들은 그렇지 않은 자녀들에 비해서 알코올 중독이나 불안 및 우울 문제를 가질 위험성이 높고 비행 확률도 높다.

알코올 중독 문제가 심각한 가족들은 가족의 기능을 제대로 발휘하기가 매우 어렵기 때문에 알코올 중독자의 음주문제를 해결하려는 과정에서 가족들이 오히려 방해가 되는 역기능적인 역할을 하기도 한다. 이를 공동의존(codependency)이라고 하며 이로 인해 음주문제해결은 더욱 어려워 질 수 있다(민성길, 2006; 이평숙 외, 2001).

② 알코올 중독자 가족의 특성

알코올 중독 가족이란, 알코올 중독자의 음주가 가족생활의 중심적인 면이 되는 과정이 명확하게 드러나고 가족기능에 음주가 통합되어 평형을 유지하는 가족을 말한다. 알코올 중독자가 속해 있는 가족은 알코올 중독자가 중독을 유지하기 위한 과정에 함께 연루된다. 알코올 중독자는 자신의 중독을 유지하기 위해서 자신의 알코올 중독 문제를 인정하지 않으려는 부정체계(denialsystem)를 발달시키고 진행한다. 그리고 알코올 중독자의 부정에 따라 가족도 그런 과정 속으로 연루되어 간다. 알코올 중독 가족의 비극은 알코올 중독자의 행동이 혼란되고 파괴적인 성질을 띨 때에도, 가족체계의 특성상 가족이 그런 행동에 의지할 수밖에 없다는 점이다. 한 개인의 음주는 전체 가족 체계에 영향을 미치고 가족기능 또한 알코올 중독의 지속이나 악화 또는 치료나 회복에 중대한 영향을 미치는 상호순환적 관계이다. 가족체계가 갖는 구성원 간의 역동적 상호작용 속에서 알코올 중독이 가족구성원에게 병리적 기능과 역할을 강요하게 된다. 알코올 중독자 배우자들은 가족의 학대와 경제적인 어려움과 이로 인한 정서적인 고통과 대인관계에서 많은 어려움을 겪고 있으며 이러한 짐(고통)에서 벗어나기 위해 자신들이 할 수 있는 모든 전략들을 사용한다. 그러나 시간이 흐를수록 배우자의 병이 계속 진행되면서 자신들이 갖고 있는 인간적인 대응전략들이 소용이 없음을 깨닫고 깊은 절망감에 빠진다(이영실 · 임정문, 2005; 민성길, 2006).

가족구성원 중의 알코올 중독자와 가족의 특성을 살펴보면 다음과 같다(이영실 · 임정문, 2005; 홍성욱, 1992).

- 알코올 중독자는 산업상, 직업상 그리고 도로상에서 이웃 사람들의 활동영역에 사회적인 문제를 초래하며, 가족구성원에 대해서 정서적, 경제적으로 질병의 영향을 끼친다.
- 가족들은 알코올 중독자의 난점을 부정하려 하지만, 이웃의 조소와 비난을 받는다.
- 알코올 중독자는 아내의 바가지, 자녀들의 잘못을 음주의 이유로 합리화시킨다(그러나 실질적인 이유는 가정생활에 대한 무능력을 속이고, 그에 따르는 부가적인 짐 때문에 음주한다).

- 가족들은 알코올 중독자에 대한 과보호적 행동을 한다. 즉, 친구들에게 용서를 빌고, 사장에게 자기의 술 취한 남편 혹은 아버지가 심한 감기와 위가 뒤틀려 출근할 수 없다고 알리는 데 부탁을 받는다.
- 가족들은 재산 손실로 인해 파산되고, 긴장은 증가한다. 알코올 중독자는 아버지 혹은 남편의 기능을 잃고, 버림받은 아이의 상태로 지위 하락한다.
- 가족관계의 비참한 결과로 볼 수 있는 성적인 혼란을 가져온다. 따라서 성교불능에 따른 자기의심이 심화되고, 성적인 욕구불만의 항변으로 음주하게 된다.
- 알코올 중독자가 있는 가정의 자녀들은 삶을 극복하기 어렵다. 즉, 어머니에 의해 무용지물로 낙인찍힌 아버지를 보게 되고, 그의 아버지가 어머니를 때리는 현장 혹은 만취된 아버지의 자살현장을 목격하기도 한다. 때로는 성욕의 노골적인 표시나 태도로 인해 자녀의 성격이 형성된다(움츠리고, 두려움에 가득 차 있으며, 자녀가출현상도 보인다).
- 부모의 일관성 없는 태도, 무의미한 거칠음, 약속 불이행, 그리고 실망을 경험하게 됨으로 가족의 불안정을 초래한다.
- 부모 싸움에 자녀들은 무기로 사용되며, 그들은 부모로부터 버림받았다고 느낀다.
- 알코올 중독자 남편을 둔 아내는 가정에서 여자로써 책임 뿐 아니라, 남자의 역할까지 떠맡는다.

이상과 같은 알코올 중독의 영향은 서서히 광범위하게 발전되어 결국은 가족이 알코올 중독자에게 익숙하게 된다. 그러나 알코올 중독자의 반복되는 위기의 특성은 질병이라는 개념으로 이해되는 2차적인 위기(secondary crises)를 초래한다. 위기의 단계로 산재된 급성위기(sporadic acute crises)에선 음주를 위한 돈 소비로 가족부양에 소홀하다. 점진적 위기(progressive crises) 단계에선 부양에 대한 갈등이 누적되어 결국, 가족은 부양에 대한 기대를 버리고 생계를 위한 다른 방안을 찾는다. 마지막, 습관적 위기(habituated crises) 단계에서는 계속되는 불일치와 부양결핍에 의한 파괴적인 영향을 최소화하려는 노력을 한다(민성길, 2006; 이영실 · 이윤로, 2008).

2 학대와 방임, 성폭력

1) 학대와 방임 : 아동학대 중심으로

학대와 방임은 최근 산업화·도시화로 인한 가족제도의 핵가족화, 개인주의 팽배, 취업여성의 증가, 가족의 아동보호기능 약화 및 이러한 가족기능의 약화를 보충하는 가족지원체계의 미약 등에 의하여 발생률이 점점 증가하고 있다(박금윤, 1998.1).

이러한 학대와 방임은 동서양을 막론하고 고대희랍시대부터 존재하여 왔으나(김혜영, 1990.1), 학대하는 대상을 가족의 소유물로 인식하고 가족의 훈육방법으로 학대를 인정하는 등 타인의 개입을 불허하는 사회적 분위기로 인하여 학대는 사회문제 시 되지 않았다. 특히 학대의 대상 중 가장 많은 수를 차지하는 아동학대는 일차적으로 가정 내의 부모와의 관계로부터 일어나기 때문에 아동들이 어떠한 학대를 받고 있는지를 확인하기 어렵다.

여기서는 주로 사회적 심각성이 두드러지는 아동학대에 대하여 고찰해 보기로 한다.

(1) 아동학대의 정의

아동학대의 정의에 대한 학자들의 견해를 보면 학대의 범위를 어디까지 보느냐에 따라서 틀리게 나타나고 있는데, 대체로 광의 및 협의의 정의로 나타난다.

광의의 정의는 미국의 NCCAN(National Center on Child Abuse and Neglect)에서 아동에 대한 학대(maltreatment)란, 기본적인 욕구에 대한 두드러진 무관심, 혹은 의도적인 행동, 또한 예견할 수 있으며 충분히 피할 수 있는 상처나 상해의 원인이 되는 부모나 다른 양육자의 행위, 혹은 물리적인 지원을 불합리하게 연기하거나, 존재하는 상처를 악화시키는 것이라고 정의하고 있다(김동춘·홍강의, "유아학대 및 반영 실태에 대한 교사의 인식", 제13회 한국아동학대예방협회세미나, 1995: 18-19).

협의의 의미에서 아동학대를 정의할 때는 아동학대의 유형을 신체적 학대로 한정하여 설명하는 것으로서 비 우발적이고 객관적으로 관찰 가능한 상처를 초래하는 행위를 의미한다(김일령, 1997.8).

여기서의 신체적 학대란, 아동에게 고의적이거나 우발적으로 신체에 상처를 입히는 것으로 신체에 벌을 가하거나 가해서는 안 될 벌을 부당하게 가하는 행위로 보고 있다.

(2) 아동학대의 유형

아동학대의 경우는 특히 신체적인 것으로 아동에게 고통을 주고 상처를 입히며 가해하는 등 신체적 공격행위를 의미하며, 넓은 의미에서는 애정결핍에 의한 거부와 방임, 저조한 영양상태, 불충분한 의료적 보호, 위협적 언사나 공격적 언어사용, 교육의 기회나 정서적 활동의 부당한 금지 등도 포함할 수 있다.

아동학대의 구체적인 유형과 그 내용은 다음과 같다(장인협 · 오정애, 1997. 390-391).

① 신체적 학대

신체적 학대(physical abuse)란, 부모 또는 보호자가 우연한 사고가 아닌 다른 방법으로 아동에게 신체적 상해를 입히는 경우를 말한다. 심한 매질이나 주먹질, 불 또는 뜨거운 물에 데게 하는 등의 행동이 신체적 학대에 속한다. 이러한 행동으로 인하여 대부분의 아동들이 손이나 어떤 기구에 의해 맞음으로써 타박상, 찰과상, 열상 등으로 고통을 받는다.

② 정서적 학대

정서적 학대(emotional abuse)는 욕설, 의도적 따돌림 · 모욕 · 비웃음, 적절하지 않은 비난 · 위협 · 기대, 극도의 무관심, 가정폭력을 목격하는 것처럼 아동의 심리 · 정서에 폭력을 가하는 것을 의미한다. 예를 들어, 아동의 행동이 부모의 죽음 또는 자살까지 불러올 수 있다고 위협하는 것, 아동을 어두운 곳에 가둬두는 등 위협 또는 처벌로 무서움에 떨게 하는 것, 아동을 아동으로 인정하는 것을 거절하고 사랑이나 애정을 주는 것을 거절하며, 아동이 정상적인 취약점을 표하거나 사랑을 구할 때 겁주거나 놀려주는 것 등이다. 외상이 없어 신체학대나 성학대에 비해 가볍게 다뤄지기 쉽지만 아동의 심리, 사회, 정서 지적발달과 기능에 심각한 문제를 초래할 수 있으므로 더욱 세심한 주의가 필요하다.

③ 방임

아동을 적절하게 보호하거나 양육하지 않는 것으로 부적절한 영양, 의복, 의료적 처치, 적절한 보호없이 아동을 방치하거나 학교에 장기간 계속되는 무단결석을 허용, 약물이나 술을 허용하는 행동이 방임(neglect)에 속한다. 신체적 접촉의 결여, 정서적 지지의 결여, 또는 아동을 개체로서의 개인으로 인정하지 않는 것 등이 여기에 포함된다.

정서적 학대와 구분 짓기 쉽지는 않으나 두 가지 모두 신체적 학대로 발전하거나 동시에 일어나며, 아동의 발달과정에 장애요인으로 작용한다는데 문제의 심각성이 있다.

④ 성적학대

아동에 대한 성적학대(sexual abuse)는 학대자와 피학대자와의 관계, 연령차, 강압의 이용, 행위 자체의 부적절성 등으로 인하여 학대 가운데서 특별히 심각한 것으로 다루어진다.

성적학대란, 성인의 성적 만족을 얻기 위한 목적으로 아동과 성인사이에 일어난 신체적 접촉이나 상호작용을 의미한다. 성적학대는 가슴이나 성기애무, 강간 등의 직접 접촉 외에도 음란물 보여주기, 성기노출, 언어적 희롱 등을 포함한다.

(3) 아동학대 원인의 이론적 접근

① 정신병리학적 모델

이 모델의 특성은 아동학대의 주된 원인을 '부모특성'에 초점을 두는 것으로 학대부모는 다른 부모들과 구별되는 심리적 특성 및 성격 구조상의 결함을 가지고 있으며, 이밖에도 사회·경제적 및 인구학적 특성은 아동행위를 촉진하는 요소에 불과하여 직접적 요인은 되지 않는다는 이론이다(표갑수, 1993: 158).

Merrill은 학대하는 부모의 심리적, 성격적 특성을 유형화했는데 이를 보면 다음과 같다.

첫째, 학대부모들의 특성은 세상에 대한 잠재적 혐오심과 공격성이다. 이는 어린 시절의 거부당한 경험에 근거하고 있으며, 일상생활의 어려움과 고통에 대한 불만에서 야기된다.

둘째, 학대부모들의 특성은 완고, 충동적, 온정의 결여, 합리성의 부족, 사고와 신념에 있어서 융통성의 부족을 의미한다. 이 유형은 부모들이 자녀들에 대한 거부적인 태도를 뚜렷하게 취하며 자기 스스로의 즐거움에 우선적 관심을 둔다. 이들은 자녀를 사랑하고 보호할 능력을 소유하고 있지 못하며 오히려 자녀를 자신에게 고통을 주는 대상으로 생각한다.

셋째, 학대부모의 특성은 소극성과 의존성이다. 이들은 감정과 욕구의 표현에 소심하고 침묵을 지켜 결정을 타인에게 맡긴다. 그리고 일반적으로 우울하며 불행감에 젖어있고 반응이 없다. 또한 미성숙하여 배우자의 애정과 관심을 받기 위해 자녀들과 경쟁을 하기도 한다.

넷째, 학대부모의 특성은 지능이 높으나 신체적 무능력으로 가족부양의 책임을 다하지 못하는 가정에서 자녀를 돌보아야 하는 것이다. 이들의 좌절감은 자녀에 대한 즉각적인 반응으로서 공격, 지나친 체벌, 엄격한 훈련 등으로 나타난다.

위와 같이 정신병리학적 모델은 부모의 병리적 특성이 아동학대와 높은 상관관계를 가지고 있음을 알 수 있다. 부모의 양육태도에 문제가 있으면 다음 세대로 전승되어 아동학대가 악순환적 과정을 밟게 되어 이의 대처방안이 요구된다.

② 사회심리적 모델

이 모델의 특징은 아동학대의 중요한 원인을 가정환경, 부모의 양육태도, 경제수준, 사회문화적 특성에 초점을 두고 있다(표갑수, 1993: 158).

Gil은 아동학대와 매우 밀접한 관계를 갖는 것으로 아동이 처하고 있는 가정의 사회·경제적 수준을 들고 있으며, Light는 특히 부모의 무직과 실업을 들면서 부모가 당면한 어려움이 아동을 향해 표출되는 것으로 보고 있다. 실직은 좌절감과 무력감으로 인해 가정폭력에 불을 붙이며, 특히 힘없는 아동에게 힘을 과시함으로써 자신의 힘과 위치가 재확인되므로 폭력 사용이 습관화되기 쉽고, 실업자 부모가 집에서 보내게 되므로 아이와 접촉할 기회가 많아져 구타가 더 늘어날 여지가 된다는 것이다.

그리고 부모의 양육태도가 적대적, 통제적, 안일, 비합리적인 경우에 아동학대가 발생되고 있는데 이를 좀 더 설명하면 다음과 같다.

- 적대적 양육태도 : 자녀의 존재를 무시, 경멸, 부인하는 태도.
- 통제적 양육태도 : 자녀를 미성숙한 존재 또는 부모의 소유물로 간주하는 태도.
- 안일 양육태도 : 맞벌이 가정에서 많이 발생하는 태도로서 이는 부모의 직장으로 인해 자녀양육을 소홀히 하게 되고, 무관심, 방임으로 이어진다.
- 비합리적 양육태도 : 아동에 대한 과잉보호나 무조건적인 허용 및 과잉기대를 말한다.

이웃과 격리되어 있는 것도 문제가 된다. 아동학대 가정이 공식적, 비공식적 지지체계로부터 예외 되어 있으므로 발생하는 것이다. Kempe는 아동학대가정은 생명선(life line)이 결여되어 있었고, 특히 스트레스가 높은 시기에 도피방법도 없고, 도움을 구할 친구도 친척도 없다고 했다(허남순, 1993: 24). 이 밖에도 학대를 허용하는 일반적인 태도나 아동을 소유물로 인식하는 잘못된 태도도 하나의 요인으로 볼 수 있다.

③ **발달론적 모델**

이 모델의 특징은 아동학대의 주요한 원인을 아동자신의 특성에 초점을 두고, 아동학대는 성별을 불문하고 모든 발달단계에서 일어난다고 보고 있다. 또한 아동은 학대의 원인이 되는 유전학적으로 형성된 신체적 또는 행동적 특성을 통해서 자신의 학대를 유발시킬 수 있다는 것이다.

문화에 따라 얼마만큼의 차이는 있겠지만 학대대상이 되어온 아동은 미숙아, 정신지체 아동, 장기질환 아동, 지체아, 기형아, 미혼모 아동, 입양아, 많은 자녀가 있는 가정의 아동, 원하지 않는 자녀, 미혼관계 또는 가족여건이 좋지 않은 상태에서 태어난 자녀, 출산전후 가족여건이 나빠진 상태에 있는 자녀, 아들 낳기를 원하였는데 딸로 태어난 아동, 심히 고집스럽게 울거나 밤에 잠을 자지 않고 보채는 아기 등으로 이들은 부모의 애정과 정성이 있는 보살핌과 보호와 양육을 받지 못할 뿐만 아니라 학대의 대상이 되기도 한다(표갑수, 1993: 158).

특히 미숙아와 정신지체 아동이 대표적인 예인데, 이들은 주변 사람 및 사물들에 대한 사회적 반응수준이 일반아동에 비해 현격히 낮아서 부모나 대리 양육자로 하여금 신체적이나 심리적 부담을 가중시키기 때문이다. 즉, 잘 울고 먹이기가 힘들며, 양육자가 접근을 해도 피해 버리거나 수동적이며, 또 주위에 경계심을 보이는 행위를 한다.

결과적으로 양육자와의 성공적인 애착 형성의 실패가 곧 아동학대로 연결된다고 보고 있다. 학령기간에는 자신감의 결여, 적대적인 행위, 지나친 경계심, 충동성, 의기소침, 고집, 무반응, 거절, 소심, 둔감, 언어장애 등의 특성이 청소년기에는 과도한 자기주장과 부모 및 성인에 대한 극단적인 반항적 태도가 학대의 발생과 밀접한 관련성을 갖는다고 보고 있다.

이러한 아동 자신의 특성이란 주로 발달단계의 특성에서 나타나는 것으로 볼 수 있지만 아동행동이 주변 환경에 의해 영향을 받고 있음을 볼 때 사회심리학적 모델과도 관계가 있다.

④ 생태학적 모델

이 모델의 특징으로는 아동학대의 주요한 요인을 앞에 소개한 요인들을 종합하여 체계적인 모형을 만드는 것이다.

Belsky는 생태학적 모델에서 아동학대를 사회적, 심리학적 현상으로 보았고, 이는 개인적 차원, 가족적 차원, 사회공동체 차원, 그리고 문화적 차원의 영향력에 의해 결정된다고 개념화하였다.

그리고 부모가 자녀를 학대하기까지의 과정을 개체 발생적 발달차원으로 보았으며 이를 둘러싼 생태학적 공간은 미시적 체계(micro-system)와 외계적 체계(exo-system) 및 거시적 체계(macro-system)로 나누어 각 체계가 서로 영향을 주고받으며 아동학대의 발생에 중요한 역할을 한다고 보았다. 여기에서 미시적 체계는 아동학대가 즉각적으로 일어나는 상황으로써 아동과 부모 및 부부 기타 여러 가족이 처한 현황의 상황적 조건에 따른 심리적인 변화에 의해 형성된 체계이며, 외계적 체계는 가족의 생활에 영향을 주는 취업상태와 자원의 분배 및 사회적 혜택의 제공 등의 공식 및 비공식 구조를 말한다. 또 거시적 체계는 아동학대를 묵인하거나 강화하는 사회의 문화적 가치관과 분위기 등을 말한다.

이상에서 살펴본 바와 같이 생태학적 모델은 앞서 기술한 정신병리학적 모델, 사회심리학적 모델, 발달론적 모델을 통합한 모델로 아동학대의 원인을 가장 잘 설명해주고 있다고 보여진다.

(4) 치료 및 예방

① 치료적 측면

- 학대아동 치료를 위한 전략수립

－제1단계(사실수립단계)

학대아동을 발견하는 단계로 이웃이나 지역사회, 유아원, 유치원, 보건소, 일시보호소, 아동상담소 등과 같은 조기교육기관이나 아동기관, 학교, 병원 등에서 지역주민이나 교사 혹은 보조교사, 의사, 간호사, 공중보건간호사들이 주의 깊게 관찰함으로써 학대아동을 발견할 수 있다. 그리고 중요한 것은 조기교육기관이나 보호시설교사 혹은 사회복지사들이 아동들에게 직접 질문하여 파악할 수 있다. 또한 동사무소나 면사무소 등에 근무하는 사회복지전문요원들은 지역사회의 실태를 파악하고 있으므로 주의 깊게 관찰하면 학대부모를 발견할 수 있다.

－제2단계(치료를 위한 자원유무의 확인)

학대아동 및 학대부모를 치료하기 위한 자원이 있는가를 확인해야 한다. 만약 자원이 부족하다면 그것을 동원할 가능성이 있는지를 파악해야 한다.

－제3단계(계획단계)

치료를 위한 상담 및 교육 등을 수립하고 그 대책을 강구해야 한다.

－제4단계(실천단계)

아동학대 치료의 필요성, 목적, 방법 등을 학대부모에게 교육시킨다. 주로 부모의 병리적 특성을 제거해주며 학대아동에게는 가정적응방법 등을 교육한다.

- 위기개입

아동학대가 발견되거나 신고가 들어오면 그 가정의 위기로 보고 위기개입방법을 사용해야 한다. 사회복지사뿐만 아니라 의사, 간호사 기타 지역사회 내에서 아동학대와 관련하여 일하는 사람들이 재빨리 활동을 개시하여 우선 구타를 당한 아동을 병원에서 즉각적인 진료를 받게 만들어야 하고, 필요하다면 그 아동을 일시적으로 부모로부터 격리하여 병원에 입원시키거나, 일시적 위탁가정에 보낼 수 있다. 그들 부모의 정서적인 상태를 안정시켜 줄 뿐만 아니라 그들이 당하고 있는 현실적 문제나 가정 내의 갈등 등을 가능한 협조적으로 해결하도록 도와주는 작업을 하여야 한다.

◎ 학대부모에 대한 치료와 개입

앞의 위기개입방법은 학대당한 아동을 즉시 격리시켜 치료하는 방법이지만 이것은 가능하면 아동을 집에 머물게 하면서 부모를 도와주는 방법이다.

부모를 치료하는 목적은 첫째, 부모자신의 만성적 자신감의 결여와 그들의 정신병리가 있을 때 이를 치료하는 것이고, 둘째, 부모의 사회적 고립을 이겨나가고 줄여주는 방법을 가리키며, 셋째, 부모로 하여금 긍정적 양육방법을 가리키며, 넷째, 아동에 대한 잘못된 개념과 속죄양 현상 및 구타를 사용하지 않는 훈육방법을 가르치는 것이다. 그리고 다섯째, 아동의 성장과 그들의 신체적, 정서적, 지능적 능력의 한계와 정서적 욕구를 알도록 하며 여섯째, 스트레스 처리방법, 일곱째, 성장기에 부모로부터 상처받은 것을 새로운 차원에서 이해하고, 여덟째, 부부관계 개선을 하도록 교육한다. 그럼으로써 아동에 대한 과잉기대나 잘못된 생각대신 아동을 사랑하고 만족감을 얻도록 해주는 방향으로 도움을 주는 것이다. 이의 구체적인 방법은 다음과 같다.

－부모집단(parent group)

집단치료를 통하여 똑같은 처지에 있는 다른 가해부모들과 함께 그들의 경험과 느낌, 그리고 결혼문제를 토론하도록 도와주고, 그럼으로써 사회적으로 고립되어 있는 이들이 서로 의미 있는 관계를 맺도록 도와주는 것이다.

－부모지지(parent aide)

가정을 직접 방문하고 부모양육과 훈육방법을 도와주고 가르쳐 줄 수 있는 것으로 부모보조원이 정기적으로 방문하고 부모를 도와주도록 한다.

－부모교육(parent education)

부모가 아동의 행동에 문제성이 보일 때 이를 어떻게 감지하고 대처할 것인가에 대한 교육, 기본적인 부모로서의 역할과 훈육의 방법, 특히 체벌, 벌과 아동행동을 바람직한 방향으로 이끄는 방법에 대한 교육 등을 실시한다. 또한 부모가 좌절하거나 문제에 직면했을 때 그들이 분노와 감정을 조절하여 아동을 속죄양으로 삼아 구타하지 않고 다른 방법으로 해결토록 하는 것이다. 예컨대 부모 자신이 화나 적개심이 일어날 때 어떻게 그 분노를 억제하고 통제하느냐 하는 것을 가르쳐 주는 분노의 조정방법을 교육하고 사회와의 접촉을 증가시키는 방법을 교육하고 아울러 학대의 결과로 큰 상처를 입게 됨을 알도록 교육해야 한다.

◉ 학대아동 자신을 위한 치료와 개입

학대아동은 즉각적인 의료개입 이외에 더 이상의 도움을 받지 못하는 경우가 많은데 실은 이들이 심각한 정서적, 행동적, 인지적 장애를 가질 확률이 높으므로 이들을 치료적으로 도와주어야 한다. 특히 학대아동은 학대경험에 대한 부정적 개념과 상처, 부모에 대한 적대심을 계속적으로 갖게 되고 또한 그들과 동일시함으로써 나중에 그들이 성장하여 학대를 하는 부모로 변할 가능성이 많다는 점에서도 이들을 도와주어야 한다. 이에 학대아동을 치료하기 위해서는 몇 가지에 초점을 두어야 한다.

첫째, 기본신뢰를 형성하는 것과 친밀한 대인관계 능력을 배양한다.

둘째, 긍정적인 자기상을 형성하도록 하며 생각과 감정을 표현할 수 있는 의사소통 능력을 향상시킨다.

셋째, 낮은 자아존중 감정 수준을 향상시킨다.

넷째, 불안, 분노, 스트레스를 건전하게 처리할 수 있는 방법을 알려준다.

다섯째, 부모 이외의 성인 및 같은 연령층의 아동들과 친밀한 관계를 형성하고 지속하면서 새로운 경험을 갖도록 기회를 제공한다.

여섯째, 직원이나 치료진 중 1 : 1의 좋은 접촉을 꾀함으로써 아동의 성인에 대한 공포와 불신감을 변화시켜야 한다.

이에 치료의 효율성을 기하기 위하여 다음의 내용이 실천되어야 한다.

첫째, 상담 · 치료 · 교육의 목표를 달성하기 위한 최선으로 임상적인 방법을 선택하여 실시하여야 한다. 이에 사회복지사, 의사, 심리학자, 특수교육 교사 및 관련 공무원 등 필요하다고 판단되는 관련자들이 팀을 형성하여 공동작업을 수행하는 것이 바람직하다. 가능한 프로그램을 다양하게 하며 작업치료, 역할극, 운동, 율동, 아동작품전시회, 운동회 등에 아동 및 가족 전체가 참여할 수 있도록 한다.

둘째, 학대부모와 학대아동에 대한 상담 및 치료는 전문교육과 훈련을 필요로 한다. 따라서 지역사회에 있는 사회복지기관, 아동학대예방협회, 한국어린이재단, 아동상담소, 청소년상담소, 전화상담서비스기관, 관련분야의 전공교수 등은 상담 및 치료서비스를 개발하여 지역사회에 보급해야 할 것이다.

셋째, 상담 및 치료서비스 프로그램을 운영하기 위해서는 기존의 사회복지기관을 이용할 수도 있다. 왜냐하면, 사회복지기관의 사업 내용 중 아동복지서비스가 포함되어 있기 때문이다.

② 예방적 측면

◦ 아동학대 예방 및 치료 사업을 위한 자원 확보

상습적이고 정신병적인 부모원인에 의해 학대받은 아동은 부모와 격리, 보호하도록 조치한다. 현행법의 범위 내에서는 시·도 아동상담소나 민간기관에서 실시하고 있는 일시보호시설이나 쉼터에 의뢰한다. 시설보호와 더불어 지속적인 사회복지사의 개입으로 피학대 아동 및 부모의 치료와 지지에 각종 자원을 동원시켜야 한다. 아동학대가 그 가정의 빈곤, 실업, 장애, 질병, 환경, 부모의 통제능력 및 양육기술의 부재 등인지를 파악하여 적절한 서비스를 제공해야 한다.

특히 아동학대문제는 어느 한 분야, 어느 한 기관에서 독점할 수 있는 일이 아니며, 분야 간, 기관 간 연계가 중요시된다. 따라서 유아교사, 초등학교 교사, 아동복지지도원, 지역사회복지관 사회복지사, 사회복지전문요원 등 여러 분야의 전문가들이 아동학대예방이나 개입에서 자신의 역할뿐만 아니라 다른 전문직의 권한과 역할을 알고 적절히 활용할 수 있어야 하겠다. 그러나 전문가들 스스로가 아동학대 문제에 대한 인식이 없다면 함께 일할 수 없을 것이다. 따라서 관련 분야의 전문가들에게 세미나, 각종 모임을 통해 아동학대 문제의 심각성을 먼저 인식시키는 것이 사회복지사의 중요한 역할 중 하나이다.

부모교육 실시

아동학대예방을 목적으로 하는 부모교육프로그램으로 부모의 연령, 학력, 직업을 고려한 프로그램이 포함되어야 하겠다. 아주 젊은 아버지들을 위한 프로그램에는 아동의 발달단계의 이해와 같은 기본적인 내용과 함께 자기조절훈련, 부모역할훈련 등이 포함되어야 하겠고, 나이 든 어머니들을 위해서는 아동을 능동적으로 이해하며, 아동과의 의사소통에서 경직성보다는 융통성을 가질 수 있는 세심한 훈련프로그램이 요구된다. 또한 고등학생, 대학생들이 무책임한 부모가 되는 것을 예방하는 교육프로그램의 마련 또한 필요하다고 생각된다.

학력을 고려한 부모교육프로그램에서는 고학력 부모들이 아동을 자신과 비교해 아동에 대한 무리한 기대를 하지 않고 아동수준에서 이해하게 하려는 홍보 및 교육이 필요하다. 또한 직업을 갖고 있어 부모교육프로그램에 참여하기 힘든 어머니들을 위한 정보지, 교육책자 등을 우송하고 계속적인 관심을 유도하는 일이 필요할 것이다.

아동학대 예방프로그램 실시

아동학대는 부모의 사회경제적 수준과 보다 밀접한 관련을 보여주며, 신체적 보호에 비해 교육적, 정서적 보호가 부족하다는 문제점이 드러났다. 또한 아동을 밤늦게까지 혼자 집에 두는 일 또한 안전사고, 비행과 관련하여 문제로 지적될 수 있다. 따라서 저소득층이 밀집한 지역에서 방과 후 프로그램과 같은 종류의 프로그램을 운영하여 아동을 안전하고 건전하게 보호하는 일이 시급하다고 생각된다. 아동에게 안전한 보호와 정서적 보호를 충족시켜 줄 수 있는 방과 후 프로그램에 대한 연구가 요구된다고 본다. 또한 부모가 아동에게 정서적인 보호를 제공할 수 없을 때는 아동과 장기적인 신뢰관계를 형성할 수 있는 자원봉사자를 활용하여 아동에게 서비스를 제공함으로써 아동의 정서적 욕구를 충족시켜주는 것이 필요하다.

아동학대 예방을 위한 국민홍보 및 사회운동

사회복지사는 아동학대가 가정의 문제가 아닌 심각한 사회의 문제임을 널리 알리고 가정과 학교, 사회에서의 시민운동에 적극 앞장서서 우리사회 전반에 걸쳐 인간존중의 가치관을 확립토록 해야 한다.

위에서 살펴 본 것처럼 아동학대는 사회경제적으로 하층에 있는 특정집단뿐만 아니라 그 외 집단에서도 나타나고 있다. 따라서 아동학대 예방을 위해서는 특정 집단의 프로그램은 물론, 이에 앞서 일반에 대한 홍보프로그램이 실시되어야 할 것이다. 즉, 일정기간 동안의 집중적인 캠페인, 지역사회 시민모임이나 초등학교 어머니 모임을 통한 세미나, 홍보지 배부 등이 효과적인 프로그램으로 생각된다. 이런 홍보를 통하여 아동학대가 가져올 수 있는 제영향(높은 공격성, 폭력성, 정서장애 등)과 학대하는 부모, 또는 학대받는 아동을 도울 기관 등이 있음을 일반인들에게도 널리 알려야겠다. 또한 아동이 문제행동을 일으켜 체벌의 원인을 제공한다면 문제행동 뒤에는 아동을 정서적, 교육적으로 방임한 부모의 책임이 있으므로 아동의 문제행동만으로 체벌이 정당화될 수 없음을 인식시켜야 한다.

특히 현대사회에서의 중요한 정보 매개체인 대중매체를 활용하는 것은 하나의 중요한 방법이다. 정보사회의 대양한 대중매체를 활용하여 Hot-line의 홍보와 아동학대 및 방임의 실태와 이로 인한 부정적인 결과를 알려, 학대 및 방임의 예방 및 대책에 관한 관심을 불러일으키는 사회적 분위기를 조성해 나아가 사회전체에 인간의 존중, 아동의 권리, 아동복지에 관한 개념체계의 전환을 이룩해야 하겠다.

2) 성폭력

(1) 성폭력 개념

성폭력은 개인의 자유로운 성적 결정권을 침해하는 범죄행위이며 강간, 추행, 성희롱 등 모든 신체적, 언어적, 정신적 폭력을 포괄하는 개념이고 상대방의 의사를 침해하여 이루어지는 모든 성적접촉을 의미한다. 상대방이 성 결정 능력이 없거나 의사표현 능력이 없는 것을 이용하여 행하는 성행위를 모두 포함한다.

이러한 추상적인 개념과 학문적 개념으로서의 성폭력은 상대방의 동의 없이 강제적으로 성적 언동을 하거나 성행위를 강요, 위압하는 행위이며 법적개념으로 강제추행, 강간, 강간미수, 위력 혹은 위계에 위한 간음, 아동 성추행, 친족에 의한 강간, 장애인 강간, 업무상 위력에 의한 추행, 버스 · 지하철 · 밀집지역 · 공공장소에서의 신체적 접촉, 언어적 추행, 음담패설, 통신매체를 이용한 음란죄, 스토

킹 등을 말하고 있다.

행위기준에 의한 개념으로 성폭력을 설명하자면 신체적 접촉이 없는 상태에서의 성적학대, 돈벌이를 위해 성적인 접촉을 시키는 매춘행위, 물리적인 학대와 약물, 술을 남용하며 동시에 성적 학대도 함께하는 유형을 말한다. 이와 같이 본인의 의사 없이 이루어지는 성폭력 피해여성들은 대부분 신체적 고통뿐만 아니라 정서적, 행동적으로 상당한 수준의 고통을 경험하는데, 고통의 내용 대부분은 다음과 같다.

첫째, 정신적 측면으로 두려움, 치욕감, 당황스러움, 걱정, 공포, 분노, 보복감, 증오, 우울, 무감각, 남성불신, 배신감, 외상성 징후 등을 겪는다.

둘째, 신체적 측면으로 두통, 수면장애, 악몽, 성병감염, 원치 않은 임신을 경험한다.

셋째, 행동적 측면으로 성행위에 대한 기피, 남성에 대한 회피, 자살행동, 약물중독을 하게 된다. 성폭력은 피해여성 개인의 문제로 끝나는 것이 아니라, 사회적으로 큰 영향을 미치는데 성폭력에 대한 불안감은 여성의 일상생활에서까지 영향을 미쳐 여성의 활동범위축소, 남성일반으로부터 보호를 위해 개인 남성에 더욱 의존하게 만든다.

(2) 성폭력의 유형

① 어린이 성폭력

13세 미만의 어린이에게 가해지는 성폭력으로 아동 성학대라는 용어로 사용된다. 어린이 성폭력은 약 80%가 아는 사람으로 혈족, 혈육에 의해서 발생하는데 피해자인 아동은 자신이 당한 것이 성폭력이라는 사실조차 모르는 경우가 많다. 또 친족 간의 성폭력은 일상생활에서 접촉하기 쉬운 사람에 의해 발생하므로 일회적이지 않고 반복적으로 일어나며 가해자가 성폭력 사실을 비밀로 하라는 협박을 강요하기 때문에 피해 사실이 금방 드러나지 않는다.

② 청소년 성폭력

만 13세 이상 - 19세 이하의 청소년에게 발생하는 성폭력을 말한다. 청소년 성폭력인 경우는 어린이와 성인의 피해 경우와 비교해 볼 때 윤간, 강도강간, 특수

강간의 비율이 높고 남성피해자도 상당수가 있다. 어린이 성폭력은 폭력 사용여부나 저항여부, 동의여부에 상관없이 범죄행위로 취급되어 엄하게 처벌되지만, 청소년 성폭행은 때때로 동의된 성관계로 오인을 받기도 한다.

이는 요즘 청소년들이 성에 대하여 개방적, 자발적이라고 보여 지고 어느 정도 판단 능력이나, 방어 능력이 있다고 여겨지기 때문이다.

③ 데이트폭력

이성 간의 데이트 중 일어나는 성폭력으로 상대의 동의 없이 일어나는 성행위를 말한다. 데이트 중인 남녀는 피해자, 가해자 모두 성폭력 범죄로 인식하지 못하고 다만 윤리적인 잘못으로만 간주하는 경우가 많다

④ 직장 내 성폭력

채용과정이나 근무기간에 직장상사, 동료, 계열사나 거래처 직원 등이 상대방의 의사와는 무관하게 행하여지는 성적인 언어나 행위, 직장 내 폭언과 가벼운 신체접촉은 너무나 일상화되어 있어 가해자, 피해자 모두 성폭력이라고 인식하지 못하는 경우가 많다. 피해자는 모욕감이나 수치심 또는 노동조건의 악화, 노동의욕상실, 인간관계 훼손 등 업무에 지장을 줄 뿐만 아니라 직장전반에까지 부정적인 영향을 미치며 경제적, 사회적 손실을 초래한다.

⑤ 사이버 공간의 성폭력

사이버 공간에서의 원치 않는 성적인 언어나 이미지를 사용함으로서 상대방의 통신환경을 저해하고 위협적, 적대적, 공격적인 통신환경을 조성하거나 성적인 은유나 암시로 상대방이 불쾌감을 느끼게 한 경우를 말한다.

(3) 성폭력피해자의 특성

성폭력 피해는 피해자의 전 인격에 깊은 상처와 광범위한 후유증을 남긴다. 성폭력을 당한 나이, 가해자와의 관계, 피해 정도에 따라 차이는 있지만 피해자들은 공통적으로 자존감에 치명적인 상처를 입고 자신감을 상실하게 된다. 그 결과 가족관계, 교우관계를 포함하는 대인관계의 균형을 잃게 되어 점차 환경으로부터 고립 단절되기 쉽다. 또한 자신의 내면세계에서 인격의 통합성을 상실하게 될

경우 총체적인 위기를 초래하게 된다. 다음은 성폭력피해자에게 나타나는 대표적인 후유증이다.

① 불안/두려움

불안과 두려움은 성폭력피해자가 경험하는 가장 대표적인 후유증이다. 성폭력이 발생하는 동안 피해자가 경험하는 반응은 그 후 성폭력의 후유증으로 영향을 주게 된다. 피해자들은 거의 모두 성폭력 동안 생명이 위협받는다는 두려움을 느꼈다고 보고한다. 가해자는 위협적이고 예측하기 어려운 방식으로 행동하고 이런 가해자에게 완전히 지배당하고 있다는 사실은 두려운 경험임에 틀림이 없다. 피해자들은 흉기사용 여부와 관계없이 생명의 위협을 느끼는 공포를 경험한다.

형사정책연구원의 연구에 의하면, 강간피해자는 협박·공갈에 대한 두려움, 남성에 대한 두려움, 사건재발에 대한 두려움, 혼자 있는 것에 대한 두려움 등 두려움을 경험하는 것으로 나타났다(한국형사정책연구원, 2007; 107). 따라서 대다수의 성폭력피해자는 성폭력 당시뿐만 아니라 그 후 일상생활에서도 불안감을 경험한다고 하겠다.

② 우울증

성폭력피해자에게 있어서, 우울 증상은 전형적으로 나타나는 증상의 하나이다. 우울 증상은 성폭력 후 처음 몇 주간 가장 현저하게 드러난다. 우울 증상은 울음, 수면 및 식사장애, 피로감, 자살적 관념, 죄의식, 무가치감, 절망 등으로 표현된다.

폭력피해 직후 '의욕상실', '자신을 죽이고 싶도록 미웠고 열등감에 사로잡힘', '주변사람들의 눈치를 자주 보게 되고 소극적으로 변함', '자신에 대한 혐오감', '식욕상실' 및 '식음전폐' 등 우울 증상을 추정하게 하는 증상을 호소하고 있다. 성폭력의 장기적 영향에 의하면, 우울 증상이 보다 명확히 드러나고 있다. 즉, '자포자기', '자살시도', '혼자 있을 때가 많아지고 우울하고 잡념이 많아짐', '의존적 성향이 높아짐', '낮은 자아존중감', '우울증', '신경쇠약' 등의 증상들이 장기적으로 나타나고 있다(한국여성개발원, 1992).

③ 사회적응

성폭력은 피해자의 사회적응에 여러 방식으로 손상을 가져온다. 사회적 지지는 성폭력으로부터의 빠른 회복을 위해서 주요한 요소라고 간주되고 있으나, 불행하게도 강간은 피해자에게 사회적 지지를 제공해 줄 수 있는 사회적 관계에 타격을 주는 경향이 있다. 다시 말해서 성폭력피해자가 사회활동을 회피하는 것은 공통적으로 발견되는 현상이다.

많은 성폭력피해자는 거주지를 이전하거나 직장을 바꾸게 되는데, 이 또한 사회적 상호작용에 부정적 영향을 미친다. 또한 피해자들은 사회적 모임에 나가서 새로운 사람들을 만나는 것을 회피하는데, 이는 이런 상황이 자신들의 취약하다는 느낌을 유발하기 때문이며 경우에 따라 피해자의 낮은 자아존중감에 기인한다.

가정생활에 대한 적응도 어려워서 많지는 않으나 가출을 시도한 피해여성들이 있었으며 남성에 대한 혐오, 무관심 등 남성과의 관계뿐 아니라 친구, 친척관계도 소원해져 고립된 경우가 많았으며 결혼관에 영향을 미쳐 결혼을 하지 않기로 결심한 경우도 많았다.

성폭력의 장기적 영향에 있어서 적지 않은 여성들이 성폭력 피해 후 학교와 직장생활을 중단, 포기하고 사회적 관계를 회피하고 친척, 친구, 가족으로부터도 고립되었다. 또한 소수의 여성은 가출을 시도하였고 윤락행위에 빠지며, 약물, 알코올 중독에 빠지기도 하여 서구의 여성에 비해 피해의 영향이 보다 큰 것으로 나타났다(한국여성개발원, 1992, 1995).

④ 성적 기능상의 문제

성폭력이 피해자의 성적 기능에 미치는 영향은 성폭력 이전의 성적 적응수준과 성폭력에 대한 반응에 개인차가 있으므로 일반화하기 매우 어렵다. 그럼에도 불구하고, 성폭력피해자에 관한 연구는 피해자들이 성적 기능에 부정적 영향을 보고하고 있다.

성폭력피해자들은 피해 직후 성적으로 위축되어 있으며 성행위에 대한 혐오, 증오감, 남편과의 성관계 어려움, 성적 불안감, 성적 관심 감소 등 성적 어려움을 호소하였다. 한편, 아동기 때 지속적인 성폭력을 당해온 여성의 경우 과도한 성적 호기심이 생기거나 빈번한 성기노출을 하게 되는 사례도 있었다(한국여성개발원, 1992).

강간피해자에게서 나타나는 성적 역기능 유형은 일반 여성들이 경험하는 성적 역기능과는 그 유형을 달리하고 있다. 성폭력피해자들은 반응억제문제, 혹은 초기 성적반응의 어려움 등을 호소하고 있다. 대조적으로, 성폭력 경험이 없는 여성들은 오르가즘의 빈도나 수준 혹은 일반적인 성적 권태감, 성적 대상에 대한 권태감 등을 불평하고 있다. 그 외에도 성적 기능과 관련된 후유증에는 남성에 대한 부정적 감정의 증가, 성적 매력에 관한 불안감, 성적 자아존중감의 저하 등이 관찰되고 있다.

아동기에 성학대 피해를 경험한 여성과 일부 성폭력피해자에게서 관찰되는 또 다른 반응 유형은 양적으로 정상적인 성적 관계를 가지나 애무, 키스 등과 같은 신체적 접촉을 극도로 제한한 성적 관계를 갖는 유형이 있다. 성적 접촉의 회피는 성행위에서 즐거움을 느끼지 못하기 때문에 그리고 성폭력에 대한 부정적 연상을 가져오기 때문이다. 다수의 피해자가 성적 관계를 회피하는 것과는 대조적으로, 일부 피해자는 성관계가 문란해지는 방식으로 반응한다. 앞서 살펴본 한국여성개발원의 연구에 의하면, 일부 피해자는 '여러 남자와 관계를 갖게 되는 경우', '접대부 생활하며 성행위가 싫으나 직업으로 생각하고 오기로 시도하는 경우', '과도한 성행위를 추구하는 경우' 등 자신은 버린 사람이라고 간주하고 문란한 성생활에 빠져들기도 한다.

⑤ 신체적 문제

신체적 문제는 일반적인 성폭력 피해의 후유증의 하나이며, 이는 외적으로 드러나는 신체적 상처가 거의 없거나 전혀 없을 경우에도 신체적 반응을 초래하게 된다.

골반의 고통은 흔히 보고되는 증상이며 며칠 혹은 몇 주 지속될 수도 있다. 피해자는 때때로 의사가 이런 고통을 야기하는 구체적 상처를 규명해 내지 못하는데서 좌절감을 경험하기도 한다. 두통은 다른 신체적 고통과 더불어 피해자들이 공통적으로 경험하는 증상이다. 이 증상은 성폭력 당시 입었던 타박상에 기인하기도 하지만 때로는 뚜렷한 출처가 없을 수도 있다. 그 외에도 성병 감염의 우려도 있으므로 철저한 의료검사가 요청된다.

⑥ 정신적 후유증 – 외상 후 스트레스 장애를 중심으로

때로 성폭력피해자들은 신경쇠약, 자기학대, 자기 파괴적 성향, 정신분열증, 대인기피증 등 여러 아주 심각하고 치유가 어려운 정신적 후유증을 겪기도 한다.

3) 성폭력의 해결책 및 대안

(1) 왜곡된 성의식의 변화

성폭력의 근본적인 원인은 여성에 대한 남성의 지배와 통제를 정당화하고 여성을 약자로 간주하는 성차별주의라고 볼 수 있다. 따라서 성폭력문제를 근본적으로 해결하기 위해서는 양성평등에 대한 의식이 확립되어야 할 것이다.

(2) 퇴폐적 향락산업에 대한 규제

왜곡된 성의식에 기반하여, 남성이 여성의 성을 상업적으로 소비하는 것이 보편적인 사회적 추세가 되었다. 성을 매개로 한 퇴폐적인 향락문화의 증가는 여성을 더욱 남성의 쾌락의 대상으로 간주하게 하고, 현재 만연하고 있는 폭력문화와 결합되어 다양한 형태의 성폭력을 야기시키는 요인으로 작용하고 있다. 따라서 성폭력문제를 예방하고자 한다면 여성의 성적 정체성을 왜곡하고 있는 향락산업에 대한 실효성 있는 규제가 필요하다(심영희, 1998: 263-275).

(3) 성폭력 예방을 위한 성교육

성에 관한 각종 정보가 인쇄 및 영상매체 등을 통해 무분별하게 왜곡되어 전달될 수 있는 현 상황에서 성에 대한 올바른 지식과 정보를 전달해 줄 수 있는 성교육이 필요하다. 이러한 성교육 내용에는 성폭력 예방을 위한 내용도 필수적으로 포함되어야 할 것이다. 우선, 가정에서의 성교육은 자녀에게 남녀평등 의식을 심어주고 자녀가 성폭력에 대한 경각심을 인식하게 해주어야 한다. 일반적으로 가정에서의 성교육은 체계적이라기보다는 실생활에서 자연스럽게 성역할을 학습하고 성에 관한 지식을 습득하게 된다.

그리고 학교에서의 성교육도 역시 성폭력 예방을 위한 내용이 포함되어야 한

다. 생리적인 성지식뿐만 아니라 남녀평등 의식에 기반한 성역할과 성윤리에 관한 교육도 병행될 때, 그 목표를 제대로 수행하고 성폭력 예방에도 기여할 수 있을 것이다(심영희, 1998: 263-275).

(4) 성폭력의 사회복지적 대책

현재 성폭력문제에 대한 사회복지차원에서의 서비스가 안고 있는 문제점은, 우선 성폭력문제에 대한 사회복지서비스의 필요성에 대한 인식이 결여되어 있으며, 이러한 인식에 따라 서비스 제공기관이 미비하며, 따라서 서비스의 내용도 빈약하고 전문성과 결여되어 있다는 것이다. 따라서 여기서는 성폭력에 대한 사회복지적 차원에서의 전략을 정책적 측면과 임상적 측면의 두 측면에서 제시해 보고자 한다.

① 성폭력문제에 대한 정책적 접근

첫째, 성폭력상담소와 보호시설의 확충 및 재정적 지원이 필요하다.

현재 민간차원에서 행해지고 있는 성폭력상담소에 대한 정책적 지원, 특히 재정적 지원을 통해 성폭력상담이 좀 더 체계적으로 이루어질 수 있게 해야 하며, 성폭력피해자를 위한 일시보호소를 설치하여 집단보호 및 치료, 그리고 재활서비스가 제공되도록 해야 할 것이다.

둘째, 사회복지사 등에 의한 아동 성폭력 신고제가 도입되어야 하고 피해아동을 위한 특수위탁시설이 필요하다. 아동의 성폭력에 대한 인식이 부족하며 또한 아동 성폭력이 아는 사람에 의해 행해지는 경우가 많아 신고의 방해를 받기가 쉽다는 특수성을 감안할 때, 아동상담기관 등이 아동 성폭력을 사법당국에 신고할 수 있는 성폭력 신고제의 도입이 요청된다. 그리고 성폭력 피해아동을 보호치료할 수 있는 특수위탁보호가정이나 시설의 설치가 필요하다.

셋째, 성폭력 서비스 관련 전문가를 위한 훈련프로그램의 마련이 필요하다. 성폭력피해자를 위한 서비스는 매우 포괄적이고 전문적인 능력을 요구하나, 현재의 성폭력 서비스 관계자들은 대부분 자원봉사자들로서 그 전문적 자질과 훈련이 부족하다. 효과적인 성폭력피해자를 위한 서비스를 위해서는 각 전문분야에 대한 충분한 지식과 개입기술을 습득할 수 있는 훈련프로그램 혹은 훈련센터의 마련이 필요하다.

넷째, 의료, 사법, 사회복지서비스 간의 연계 및 조정이 필요하다. 성폭력피해자가 성폭력 피해 후 거치게 되는 병원, 경찰서, 법원, 상담기관, 일시보호소 간의 효과적인 연계와 의뢰체계가 확립되어야 하며, 이 과정에서 신속하면서도 피해자의 인권을 보호할 수 있는 서비스의 제공이 필요하다(김인숙 외, 2000: 309-333).

② 성폭력문제에 대한 임상적 접근

성폭력문제에 대한 사회복지의 임상적 접근은 성폭력피해자, 성폭력피해자의 가족, 그리고 가해자에 대한 접근으로 나누어 볼 수 있다. 우선, 성폭력피해자를 위한 치료적 접근은 위기개입적 성격을 띠며, 각 단계별로 구체적 서비스와 연계하여 개인 혹은 집단 상황 하에서 다양한 치료적 접근을 하게 된다. 성폭력피해자를 위한 개입은 초기단계에서는 사고접수를 받아 피해상황에 대한 기초조사를 하고, 병원에 의뢰하여 신체검사를 받게 한다. 그 후 중간단계에서는 신체적 상해에 대한 치료를 하고, 성폭력치료를 위한 임상적 개입을 개인 혹은 집단 수준에서 실시하고, 일시보호시설의 알선 등 사회적 지원과 더불어 교육적, 법적 지원을 병행하며, 마지막으로 사후관리단계에는 피해자에 대한 지속적인 관리를 통해 사회 재적응 과정을 점검해야 한다.

성폭력피해자가 정상적으로 사회에 재적응하는 것을 돕기 위해서는, 피해자 가족에 대한 가족치료적 접근도 병행해야 한다. 피해자 가족치료는 가능한 한 모든 가족구성원이 치료과정에 참여할 수 있도록 유도해야하며, 성폭력으로 받은 정신적 충격에 대한 치료내용과 성폭력 및 성폭력피해자에 대한 올바른 인식을 하도록 하여 피해자가 가족 내에서 재적응 하는 데 적극적 도움이 되어야 한다.

지금까지 성폭력문제에 대한 임상적 접근은 주로 피해자에게만 초점이 있었으나, 성폭력의 재발을 방지하고 성폭력 가해자가 정상적인 사회생활을 할 수 있게 하기 위해서는 가해자에 대한 치료적 접근도 필요하며 이를 가능하게 하는 제도적 지원이 요청된다(김인숙 외, 2000: 309-333).

• • • • CHAPTER

11 실천대상별 서비스Ⅱ

1 청소년 정신건강/ 학교정신보건프로그램

1) 청소년 정신건강 : 청소년과 약물중독 중심으로

개인이 문제가 있다는 것을 인정하고 도움을 찾는다는 것은 매우 두려운 일이다. 클라이언트는 '제시된 문제(presenting problems)'를 가지고 상담에 임한다. 그러나 이것은 빙산의 일각이거나 숨겨진 문제의 한 증상인 경우가 많다. 이들 대부분의 문제는 약물남용과 관련된 경우가 많고 약물남용 클라이언트가 아닌 경우에는 종종 약물의존으로 고충을 갖고 있는 부모에게서 자라난 결과로 발생한 문제를 가지고 있다. 물론 약물 사용이 주요문제로 제시되고 그 밑에 깔려 있는 문제를 숨기는 경우도 있다. 어찌되었건 청소년이 문제를 해결하거나 극복하려고 또는 자신의 감정을 다스려 보려고 약물을 사용했다면, 전문적 개입 없이는 그의 정서적 이슈나 문제의 심각성은 시간이 지날수록 더욱 악화될 것이다. 성숙하고 성장하기 위해서는 청소년들이 자신의 감정과 문제에 대항해 싸워 나가야 할 필요가 있는데 약물사용은 이러한 과정을 막아버린다. 개별상담을 통해, 청소년은 약물사용 속에서 자신이 형성해 왔던 관계들을 상담가와의 관계로 대치시켜 의미 있고 지속적인 방법으로 문제를 풀어나가게 된다.

개별상담은 포괄적인 청소년 약물의존 치료의 필수적 요소이며 효과적인 개입 전략이다(Polcin, 1992). 약물남용자를 상담하는 것은 심리적인 어려움 외에도 가족, 직업, 교육, 성, 영적인 문제들을 포함하는 많은 영역을 다루게 된다. 이 중의 몇몇

영역들은 집단상담을 통해 다룰 수 없는 개인적 관심이 필요한 것이기 때문에 개인상담은 치료과정에 반드시 필요한 요소이다. 개별적 약물상담은 정신역동적이라기보다는 좀 더 과제지향적이고 문제중심적이며 행동주의적인 경향이 있다(Cook & Peterson, 1989). 실제로 일련의 연구들은(Friedman & Glickman, 1986, 1987; Friedman et al., 1989) 정신분석적 또는 대응적 치료보다는 실용적인 문제 중심 접근을 하는 치료진들로 구성된 프로그램이 효과적이라는 것을 보고한 바도 있다.

클라이언트에게 지지를 제공하면서도 약물상담의 초기에 정신보건사회복지사가 의도하는 것은 클라이언트를 기분 좋게 만들기 보다는 그들의 삶의 고통과 문제를 일으키는 것이 바로 약물 사용 때문이라는 것을 알아차리도록 하는 것이다. 클라이언트들은 자신의 행동에는 자신이 책임이 있다는 것을 이해할 필요가 있다. 약물 사용과 클라이언트의 문제와의 연결성을 서서히 탐색해 나가면서, 약물 사용 행동의 부정적 결과를 클라이언트가 느끼고 인식하도록 하는 동시에 지지적 관계형성을 이루어 나가는 것이 일반 클라이언트와의 상담과 다소 다른 점이라 할 수 있다.

한편 직접적으로 약물남용자들을 너무 빨리 또는 너무 집중적으로 대응하는 것은 좋지 않다. 이는 클라이언트가 정신보건사회복지사를 위협적으로 느끼거나 권위적으로 인지하게 만들기 때문에 지지적이고 지속적인 관계형성에 좋지 않다. 약물치료의 성공에 가장 기본적인 요소는 치료자의 신념이다. 약물의존은 치료할 수 있는 질병이며 청소년이 약물을 끊고 더 좋아질 수 있다는 신념을 가져야만 한다. 이러한 믿음 없이는 클라이언트에게 희망을 전달할 수 없다. 약물중독자가 그들의 삶 속에서 가장 필요로 하는 것은 바로 강력한 희망감이며 상황이 좋아질 것이라는 믿음이다.

(1) 상담의 구조

다음에 제시되는 약물남용 클라이언트에 대한 개별상담 기법은 구조적 접근을 하는 데 중요한 요소들이다.

이들 각 기법들의 사용여부와 시기는 클라이언트의 개별적 욕구에 따라 다르다는 것을 명심해야 한다.

① **개입준비 : 관계형성**(engagement)

관계형성은 클라이언트와 정신보건사회복지사 사이의 모든 중요한 관계가 성립되는 과정이다. 정신보건사회복지사의 따스하며, 진지하고, 정직한 모습과 수용하는 자세가 중요시된다. 이러한 특성들이 청소년 클라이언트의 치료에 대한 불안과 두려움을 줄이는 데 도움이 된다. 격려는 개입준비의 필수적 요소이다. 상담을 지속적으로 받게 하는 요인에 관한 한 연구에 의하면 낮은 동기를 가진 클라이언트라고 하더라도 인테이크 과정부터 격려를 받은 클라이언트는 서비스를 계속적으로 받았다는 결과를 보고하였다(Ripple, 1964).

청소년을 준비시킨다는 것은 다소 도전적인 과제일 수 있다. 특히 자발적이 아니라 법원으로부터 명령을 받아 치료를 받는 청소년에 있어서는 더욱 그렇다. 종종 청소년들은 방어적이고 저항적인 경우가 있다. 그러나 그들의 태도에 상관없이 청소년들을 준비시키는 방법은 간단하다. 그들의 문제에 관해서 그들이 말하고 느끼고 인지하는 것을 존중하면서 들어주는 것이다.

청소년이 약물을 사용할 때 그들의 자존감은 낮아져 있고 그들의 인지 및 사고방식은 왜곡되어 있다. 그들의 문제와 관심 및 행동에 대한 설명을 들어주기가 힘들 수도 있다. 하지만 신뢰관계가 형성되기 전에 현실을 직시하도록 사실만을 말하게 하는 것은 청소년의 입을 다물게 하는 결과가 된다. 청소년의 상황에 대한 전반적 그림을 빨리 알고 싶다면 청소년의 인지스타일, 사고방식, 문제에 대한 설명을 진지하게 들을 필요가 있다. 그러면 곧 전반적 상황을 알게 된다.

치료적 세팅에서 청소년이 침묵을 지킨다면 어떻게 할 것인가? 몇 분간은 침묵을 허락해도 좋다. 그러나 너무 아까운 시간이 흘러가게 할 수는 없는 것이다. 이를 위한 한 가지 방법이 있다. 부모가 바깥에서 기다리고 있다고 가정하자. 다음과 같이 말하는 것이다. "자 얘기할 것이 더 이상 없다면 엄마와 같이 얘기하도록 하자. 엄마가 무언가 얘기하고 싶으신 것이 있을 거야." 이럴 경우 청소년은 자신의 얘기를 시작하겠다고 한다. 부모와 같이 얘기하는 것은 다소 부담스럽기 때문이다.

② **문제의 성격을 규정**

청소년이 약물을 상당기간 사용해 왔다면 그들은 기분을 좋게 하기 위해서 뿐만 아니라 하나의 생활양식으로도 약물을 사용한다고 봐야 한다. 약물중독자들은 자신의 약물 사용 행위를 방어하려고 거짓말을 하곤 한다. 즉, 약물문제가 없다고 주장을 한다. 정신보건사회복지사는 약물청소년이 거짓 정보를 제공할 수도 있다는 것을 염두에 두어야 한다. 약물상담은 처음에는 탐색전을 펴야 한다. 첫 번째 몇 세션은 정보를 얻고 문제에 대한 클라이언트의 관점을 측정해야 한다. 이러한 정보는 약물 사용이 큰 문제가 되는지 아닌지, 된다면 어떤 측면이 문제가 되는지 등을 결정하는 데 유용하다. 많은 정보를 얻을수록 클라이언트가 말하는 것들 사이에서 불일치를 발견할 수 있다. 그러면서 클라이언트의 욕구를 명확히 알 수 있게 된다.

정신보건사회복지사는 클라이언트가 제공하기를 원치 않는 정보를 얻어내는 것을 도전적인 과제로 생각해야 한다. 클라이언트는 어떤 사실이나 행동 또는 문제를 부정하거나 축소하고 숨기는 경향이 있다. 덧붙여 약물의존 청소년은 자신의 약물 사용 행동을 방어하기 위해 여러 가지 저항 기법을 사용하는 데 이에 대해서도 민감히 대응해야 한다. 전형적인 저항의 예를 들어보면 다음과 같다 (Marks, Daroff, & Granick, 1989).

- 약속시간을 잊거나 늦게 온다.
- 상담 회합 전에 약물이나 알코올을 사용한다.
- 상담가의 제안을 따르지 않는다.
- 자신의 행동이 문제라고 보지 않는다.
- 지난 시간에 충분히 설명하고 토론한 이슈나 문제를 잊어버린다.
- 클라이언트 행동의 의미를 분명하고 정확하게 설명했지만 받아들이지 않는다.
- 어려움에 직면하면 할 수 없다는 식으로 행동한다.

정보를 얻기 위한 좋은 방법으로 '콜롬보 형사' 기법이 있다. 상담가는 마치 형사 콜롬보가 질문하는 방식으로 질문하는 것이다. 상담가는 중립적으로, 그러나 관심을 표하며 명확히 하는 질문을 던진다. 예를 들면, "너는 약물 사용이 너의 부모를 화나게 한다는 것을 알고 있다. 그러나 너는 약물 사용이 문제가 안 된다고 얘기한다. 이 부분이 이해가 안 가는데 설명을 좀 해보렴."

약물에 관계했던 다른 청소년들에 대한 이야기를 꺼내는 것도 대화를 트는 좋은 방법이다. 예를 들면, "이게 네게는 해당 안 될 수도 있지만, 내가 아는 어떤 애들은……." 이렇게 비심판적으로 존중을 표하며 정보를 얻으려 노력해야 한다.

③ 청소년이 치료를 받도록 동기화시키기

청소년은 종종 어른들보다 치료를 받으려는 동기가 약하다. 청소년 중독자에게 명확히 던져야 할 질문은 바로 이것이다 : "약물을 포기한다면 당신은 무엇을 잃을 것인가?" 청소년들은 약물을 그만둔다면 잃을 것이 많다고 느끼곤 한다. 예를 들어 자신의 이미지, 친구, 스릴을 즐기는 생활, 쾌감 등과 같은 것이다. 그러나 약물을 그만두지 않는다면 청소년은 그들의 삶과 미래를 잃는 게 자명하다. 이러한 통찰력을 약물청소년에게 가져다주는 것은 사실 매우 어려운 일이다.

청소년 약물중독자들은 자신들이 약물에 대한 통제력을 잃었고 도움이 필요하다는 것을 종종 인정한다. 그러나 공개적으로 인정하려 하지는 않는다. 체면을 잃고 싶지 않은 것이다. 이때 강제적인 치료 의뢰가 효과적인 경우가 많다. 흥미롭게도 부모가 치료를 강력히 강요하거나 또는 법원에서 치료를 명령하면 쉽게 받아들인다(Bastien & Adelman, 1984). 체면을 어느 정도 세웠다고 느끼는 것이다. 치료프로그램에 들어가는 많은 청소년들은 법원이 또는 부모가 치료를 강요했다고 주장하며 겉으로는 저항을 하고 화가 난 것처럼 행동한다. 그러나 내심 청소년은 상당한 안도의 한숨을 쉰다. 누군가 통제할 수 없는 자신의 상황에 대해 조취를 취한다는 안도감이다. 많은 청소년들이 치료를 강요받을 때 이러한 안도감을 느낀다고 고백한다. 분명한 것은 청소년들이 심각한 비행을 보일수록 그들은 더 강력히 도움을 갈망한다는 것이다.

때때로 자발적으로 치료를 받으러 오는 청소년들도 있다. 이들에게는 치료를 받는 동안 어떤 일들이 진행되는지를 알려줄 필요가 있다. 치료프로그램은 무엇이고 자신들의 일상은 어떻게 되는지에 대한 사실적 내용을 정신보건사회복지사는 알려주어야 한다. 치료과정에 대한 신뢰를 보여주고 격려해 주어야 한다. 이를 위해 프로그램을 끝낸 청소년과 이야기할 기회를 주는 것도 좋다. 물론 치료프로그램에 들어갈 때 발생하는 두려움을 전부 해소시킬 수는 없다. 그러나 이러한 두려움을 완화시키는 것이 회복과정을 촉진하는 데 도움이 된다.

④ 수용

대부분의 약물청소년은 그들이 약물의 사용으로 인해 고충 속에 있다는 사실을 인정하려 하지 않는다. 그러나 그들의 삶은 통제할 수 없게 되었고 그들은 왜 그렇게 되었는지 이해하지 못한다. 그들은 막대한 정신적 고통을 느끼며 두려워한다. 마치 손가락 끝으로 벼랑에 매달려 있는 것처럼 말이다. 그들이 자신의 비참한 현실에 압도되지 않기 위해 사용하는 방어기제가 바로 부정(denial)이다. 그러므로 부정은 목적을 가지고 있다. 중독이 심할수록 부정을 능수능란하게 사용한다.

청소년 중독자들도 어른들과 비슷하게 부정(denial)을 사용한다. 또한 이들은 자신의 문제에 대해 다른 사람이나 그 외의 모든 것을 비난하는 경향이 있다.

약물치료를 시작하기 위해 약물청소년은 자신의 약물 사용이 문제라는 점을 비록 잠시 동안만이라도 인정해야 한다. 이러한 현실인식은 어려운 과제이다. 왜냐하면 약물로 인한 고통이 클수록 부정도 강해지기 때문이다. 이 단계에서 주의할 점은 직접적 대응은 클라이언트를 두렵게 할 뿐이라는 것이다. 덧붙여 그들의 부정이 너무 빨리 제거되면 그들의 자존심을 유지하고 있던 마지막 기둥이 무너지는 결과를 낳아 치료를 위한 준비에 어려움을 가질 수 있다.

Wallace(1987)는 알코올 중독자들의 방어기제를 너무 일찍 너무 심각히 대응하는 것은 음주를 줄이기보다는 늘릴 가능성이 높다고 지적한 바 있다. 그들은 인내심 있고, 수용해 줄 수 있는 그리고 자신들을 안내하고 동기화시키고 치료를 위한 준비를 시켜 주는 정신보건사회복지사를 필요로 한다. 정신보건사회복지사의 역할은 클라이언트가 자신의 약물 사용에 대해 스스로 질문을 던질 수 있도록 가르치는 것이다.

⑤ 은유의 사용(the use of metaphores)

약물청소년이 사용하는 강력한 부정(denial)은 결국 수정되어야 하는 것이다. 클라이언트가 방어기제를 활용하고 있을 때 은유의 사용이라는 간접적인 대화를 통해 문제를 해결해 나갈 수 있다. 은유는 대화의 간접적인 형태로서 받아들이기 어려운 교훈을 점잖게 전달하는 방법이다. 은유를 통해 독특한 아이디어가 제시되고 클라이언트의 문제에 대한 이해와 인식이 확대될 수 있다(Marlatt & Fromme,

1987). 일화, 직유, 비유, 이야기를 포함하는 은유법은 부정을 줄이는 효과적인 방법이다.

동화 같은 이야기 들려주기는 문제행동을 보이는 6~15세 아동들을 상담할 때 유용한 기법으로 알려져 있다. 이야기는 아동들이 자신과 자신의 행동을 돌아보게 하며 자신의 현실에 대응하는 데 필요한 이미지를 제공해 준다(Guggenbuhl, 1991). 단주동맹(Alcoholics Anonymous)에서 사용하고 있는 교재는 이야기들로 가득 차 있다. 약물의존 청소년들은 자신이 추구해야 할 행동변화를 묘사하고 있어 이들에게 많은 도움이 된다.

⑥ 행동계약

행동계약은 청소년들의 저항이나 부정을 다루는 유용한 방법이다. 행동계약은 청소년에게 부정(denial)에 대한 통찰을 제공할 뿐만 아니라 청소년을 개입으로 이끌어 나가는 한 조치로 사용될 수 있다. 이 계약은 청소년이 약물에 대한 통제력을 잃지 않았다는 것을 보여주는 하나의 시범, 실험 또는 내기 게임으로 사용될 수 있다. 예를 들어 정신보건사회복지사는 약물청소년에게 "너, 내기게임 할 줄 아니? 좋아, 난 네가 3주 동안 약물을 사용하지 않고 지낼 수 없다는 데 걸겠어. 네가 해낸다면 내가 점심을 사겠어. 네가 해내지 못한다면 우리는 부모님이나 보호관찰사와 함께 약물검사에 대해 얘기할 필요가 있겠지."

계약 내용은 간단히 "약물 절대 금지"처럼 쓸 수도 있고 특별한 행동마다 점수를 부과할 수도 있다. 계약의 중요성은 계약은 강요적이고 계약이 깨어진다면 취하기로 했던 조치를 취한다는 데 있다(Schaefer, 1987). 행동계약이 성공하려면, 계약서를 작성할 때 청소년이 순응하지 않은 결과에 대해 명확히 설명해야 하며 그 계약 내용대로 시행해야 한다는 것이다. 청소년이 계약기간동안 잘 따르고 행동변화 면에서 향상이 있었다면 재계약을 시행하게 된다. 계약서는 명확히 작성되어야 하고 청소년과 정신보건사회복지사 모두가 사인을 해야 한다.

정신보건사회복지사는 청소년이 계약 내용을 잘 이행하는지를 알 수 있는 방법을 강구해야 한다. 다음과 같은 질문을 던질 수 있다 : "네가 잘 해나가고 있는지 내가 어떻게 알 수 있을까?" 그러면 청소년은 종종 체크할만한 구체적 행동을 말해주곤 한다. 때때로 부모를 계약과정에 포함시켜 청소년의 행동을 체크하도록 할 수 있다. 수시로 소변검사를 하는 것이 가장 좋은 방법이다.

⑦ **교육**

교육은 치료의 기초가 되며 중요한 구성요소이다. 알코올 및 약물에 대한 정확한 정보를 주는 교육은 치료를 위한 동기를 형성시켜 주고 심각한 죄의식을 경감시켜 주며, 동시에 청소년이 절제를 준비하는 데 도움을 준다.

엉망이 되어버린 삶을 경험해 온 중독자는 자신의 인생에 도대체 무슨 일이 일어난 것인가를 이해할 필요가 있다. 이를 위해 약물의존을 당뇨병이나 간질환 같은 어떤 질병으로 간주해 설명하는 것이 유용하다. 질병이라는 개념은 중독자가 이해할 수 없었던 것을 설명하는 데 도움을 준다. 질병개념은 왜 절망감이 생기고 통제력이 상실되는지에 대한 통찰을 제공할 수 있으며 완전히 회복될 수 있다는 희망을 주는 데 도움을 준다. 약물중독자는 자신이 미친 것이 아니라 치료할 만한 질병에 걸렸다고 인식하게 된다. 또한 질병 개념은 클라이언트가 자기 주위의 사람들에게 상처를 주었다는 죄의식을 경감하는 데도 도움을 준다. 피할 수 없는 어떤 질병처럼 약물중독도 그런 질병이었다고 생각한다면 위안이 될 것이다.

클라이언트의 약물절제(abstinence)를 위한 준비가 잘되면 잘될수록 성공의 가능성은 높아진다. 교육을 통해 약물절제를 함으로써 얻을 수 있는 것에 대한 정보를 클라이언트에게 줄 수 있다. 우리가 기억해야 할 것은 약물중독자에게 있어 약물을 포기하는 것은 가장 좋은 친구를 잃는 것과 같다는 것이다. 약물은 언제나 항상 그들과 함께 있었다. 약물은 그들이 우울할 때 기분을 변화시켜 주었다. 중독자가 약물을 포기하겠다고 결정했을 때, 처음에는 자기의 인생을 책임질 결심을 하게 되어 흥미로울 수도 있겠으나 약물포기는 친밀한 관계의 상실을 의미하기 때문에 절제에 대해 양가감정을 갖게 된다. 약물을 그만둔 후 처음에는 문제가 없다고 부정하지만 상실감과 우울한 감정이 일어나고 다음과 같은 말을 하곤 한다. “나는 최상의 친구를 잃어버린 것 같다.” “내 인생의 무엇인가가 빠져나간 느낌이다.” 클라이언트는 이러한 상실과 슬픔에 대해 준비할 필요가 있다.

⑧ 긍정적 재구조화

약물상담은 청소년이 맑은 정신으로 삶을 살아가도록 재사회화시키는 과정이다. 그들의 약물 사용은 현실에 대한 인식을 왜곡시켰고, 그들의 감정과 생각과 행동을 움직이는 힘이 되었다. 그리고 그 힘은 청소년으로 하여금 자신의 가치체계를 무너뜨리는 방식으로 행동하도록 이끌었고 이는 결국 정서적 갈등과 고통의 원인이 되었다. 이제 클라이언트는 왜곡된 사고방식과 생활방식, 중독 이미지를 벗어버리고 자존감을 다시 세워야 한다. 청소년들에게 있어서는 미뤄진 청소년기의 중요한 발달과업을 시작해야 한다. 청소년은 지금까지 어떤 일들이 일어났는지를 정리해 볼 필요가 있고 그들의 삶을 재건설하기 위해 무슨 조치가 필요한지 따져볼 필요가 있다.

상담은 먼저 예전의 사고 및 행동 양식을 변화시키기 위한 조치에 초점을 맞출 필요가 있다. 이를 위해 긍정적 재구조화 기법을 활용할 수가 있는데, 긍정적 재구조화 기법은 클라이언트의 삶을 재규정하고 희망을 고취시키는 데 도움을 준다. 이 기법은 개인의 행위에 대해 긍정적 의미와 동기를 붙여줌으로써 상황을 재규정하여 비난을 줄이고 개인적 성장을 북돋아 주는 것이다. 긍정적 재구조화의 개념 속에는, 누구나 긍정적 태도변화를 만드는 데 필요한 내부적 또는 외부적 자원을 가지고 있다는 믿음을 함축하고 있다.

종종 약물청소년들은 자신이나 가족의 문제에 관심을 끌기 위해 어떤 극적인 행동을 하곤 한다. 현재 회복기에 있는 한 여학생의 아버지는 과거에 그의 딸이 손에 칼을 들고 화가 나서 자신에게 달려왔다고 얘기한 적이 있다. 아버지는 딸이 자기를 증오하는 것이 틀림없다고 말했다. 나중에 아버지는 회고하기를 딸의 행동은 자신의 약물중독의 심각성을 아버지가 인식하도록 하기 위한 극적인 노력이었다고 인정했다.

비행적인 행동을 "도움을 요청하는 울부짖음"으로 재구조화하는 것은 클라이언트를 회복으로 이끌 수 있다. 왜 그러냐 하면서 부정적인 측면에 초점을 맞추고 감정적인 분규를 보이는 것은 절대 청소년을 성장시킬 수 없다.

긍정적 재구조화는 정신보건사회복지사와 클라이언트 모두를 긍정적인 측면에 초점을 맞추도록 돕는다. 중독자가 회복의 방향으로 눈을 돌리도록 하는 것은 절대적으로 필요하다. 긍정적으로 보는 힘이 마련되어야 변화를 촉진할 수 있다.

이러한 힘을 증진시키기 위해서는 긍정적 확신을 갖도록 노력해야 하는데, 한 가지 방법은 하루에도 수차례 "매일 매일 모든 면에서 나는 좋아지고 있어."라고 외치는 것이다. 마음속에서 부정적인 생각과 부정적인 혼잣말을 제거하는 것이 새로운 행동을 위한 출발점이다. 정신보건사회복지사가 긍정적인 재구조화를 사용함으로써 클라이언트도 그 기법을 생활 속에서 따라하게 될 것이다.

한 가지 주의할 점은 긍정적 재구조화가 자칫 부정(denial)을 심화시킬 수 있다는 것이다. 예를 들어 정치가가 자신의 대의를 주장하기 위해, 테러주의자들을 자유투사로 명명할 수 있다. 청소년들의 부정을 합리화시키지 않도록 주의해야 할 것이다.

⑨ 새로운 언어, 새로운 행동

새로운 언어와 새로운 행동은 단주동맹에서 시행하는 12단계 프로그램을 통해 학습될 수 있다. 단주동맹에서는 회복을 시작하는 중독자들을 돕기 위해 의미심장하면서도 간단한 슬로건을 사용한다.

예를 들어, 생활방식을 고치기 위해 많은 것을 요구하면 중독자들은 압도될 뿐이다. 회복으로 가는 길이 복잡하고 어렵게 보인다면, 간단히 "하루에 한 번", "단순화하자", "해낼 때까지 따라하자."라고 외친다. 중독자들이 새로운 언어와 행동을 연습함에 따라 그들은 성공을 경험하기 시작하며 그들의 왜곡된 사고와 감정은 분명해지기 시작한다. 물론 여기서 말하는 단주동맹(AA)은 약물청소년들로 구성된 단주동맹을 말한다. 우리나라에서는 청소년 AA가 거의 없는 실정인데 하루속히 보급될 필요가 있다.

새로운 행동은 친구와 환경도 바꾼다는 것을 의미한다. 친구를 바꾸는 것은 학생들에게는 매우 어려운 과제이다. 수년 동안 같이 지내온 친구를 포기한다는 것은 커다란 상실이다. 한편 AA는 회복하는 약물청소년들에게 그들과 비슷한 친구들을 만날 수 있는 장소를 제공한다. 이곳에서 회복기의 사람들을 모델링하며 새로운 학습을 하게 된다.

⑩ 시간의 구조화 및 외적 이미지의 변화

◉ 시간의 구조화

회복기의 청소년에게 시간을 구조화시키는 것은 절대적이다. 특히 외래환자들에게는 하루의 일과를 분명히 정해 주어야 한다. 중독자들은 예전에는 약물을 사용하며 여가시간을 즐겼기 때문에 여가시간을 즐기는 것의 의미를 개발하고 배울 필요가 있다. 영화를 보고, 산책을 하고, 친구들과 모여 얘기를 하는 것 등을 실행해 나가야 한다. 운동과 자원봉사 활동을 하며 시간을 보내는 것도 약물을 사용하던 생활방식을 대치해 나가는 데 유용하다.

◉ 외적 이미지의 변화

행동이 변화함에 따라 청소년은 긍정적 경험에 대한 강화를 받고 자존감을 향상시킨다. 따라서 중독 이미지는 씻어버린다. 그러나 어떤 복장이나 언어는 중독 이미지를 연상시키고 약물 사용 청소년들과 휩쓸리게 할 가능성을 높인다. 질질 끌리는 통바지, 염색을 한 길거나 짧은 머리, 거친 언어 등은 비행이미지를 갖게 만든다. 청소년 중독자들이 자신의 생활방식, 친구, 행동을 바꾸길 원한다면 외적 이미지도 바꾸어야 한다. 치료센터에서는 즉각적으로 이 점에 대해 관심을 두어야 한다.

◉ 관계형성

치료를 받는 동안 청소년들은 과거의 낭만적 관계(특히 여자친구와)를 포기하도록 요구받는다. 회복프로그램에서 성공하려면 극도의 자기집중이 필요하다. 그런데 약물중독 청소년이 새로운 행동을 배워나감에 따라 과거의 친구와의 관계형성이 깨어져 가면, 청소년은 치료보다는 그 희미해진 관계를 재건립하고자 자신의 에너지를 소비한다. 또한 청소년기의 관계는 영구적이라기보다는 동요적이다. 이들의 관계는 불안을 일으키기 쉽고 걱정과 스트레스를 주기 때문에 치료받는 동안은 여자친구와의 낭만적 관계를 정리할 필요가 있다.

그러나 '이성친구와의 관계정리'라는 규정은 강요하기 어려운 게 사실이다. 청소년들은 회복보다는 차라리 이성친구를 선택한다. 반드시 둘 중 하나를 선택하게 할 필요는 없다. 행동변화와 생활스타일이 바뀜에 따라 이성친구와의 관계에 어떤 문제가 발생할지 미리 알려주고 준비시킨다면 청소년은 충분히 새로운 생활기술을 배울 수 있다고 본다.

⑪ 집단상담 및 가족상담과의 연계

집단상담과의 연계

집단은 개인 중독자들이 고립감을 깰 수 있고 다른 사람들의 경험을 공유함으로써 수치심도 줄일 수 있으며 새로운 행동과 언어를 연습하고, 효과적인 문제해결 기술을 배울 수 있는 장이다. 집단은 또한 새로이 회복기에 들어선 청소년이 자신의 회복과정에 대한 느낌을 얘기하고 또한 다른 완치된 청소년으로부터 피드백을 받는 장이기도 하다.

개인상담을 통해 클라이언트들에게 집단상담을 받을 준비를 시킨다. 많은 비밀과 수치를 숨겨왔던 약물청소년에게 있어서 집단의 여러 사람들에게 자신의 이야기를 한다는 것은 매우 두려운 일이다. 이러한 감정을 미리 경험시키는 연습을 하는 것도 좋은 방법이다. 집단상담과 개별상담을 연계시킨다면 집단상담에서 발생하는 개인의 변화를 지지하고 강화해 줄 수 있다.

가족상담과의 연계

가족의 문제는 초기에 다루어져야 한다. 가족의 문제가 미루어지는 주요 이유는 종종 가족문제를 다룰 때 발생하는 고통스런 기억과 이로 인한 불안 때문이다. 이런 불안에서 오는 스트레스는 재발의 위험을 증가시킨다. 그러나 청소년이 치료를 받고 돌아가는 곳은 가정이기 때문에 가족의 문제는 초기에 다루어져야 한다.

⑫ 재발방지 및 종결

재발방지

재발은 중독이라는 질환의 일부분이다. 그러므로 재발에 대한 교육은 치료를 시작하자마자 동시에 진행될 필요가 있다. 한 가지 분명히 지적하고 싶은 것은 클라이언트가 자신은 약물에 의존적이지 않다고 믿고 있다면 이는 바로 부정(denial)이라는 방어기제를 사용하고 있는 것이기 때문에 실로 회복기에 들어섰다고 볼 수 없다는 것이다. 절제를 시작했지만 자신은 중독됐다고 믿지 않으면 언제든지 약물 사용을 하게 되는데, 이는 재발이라고 보지 않는다.

왜냐하면 진정한 의미에서의 회복이 시작되지 않았기 때문이다. 재발은 약물의존을 인정하고 일정기간 약물을 절제하는 회복기에 들어선 이후 약물을 다시 사용하게 되는 과정을 말한다. 재발은 정신건강을 위협하고 회복의 질을 낮추는 행동 및 사고방식이 표면화되는 과정이다. 이 과정은 몇 시간, 며칠, 몇 주, 또는 몇 달을 거쳐 진행된다. 반드시 약물 사용을 초래해야만 재발은 아니다. 재발은 회복을 방해하는 행위로 신체적, 정신적 질환 또는 자살을 초래하기도 한다.

중독자들은 AA나 집단 멤버로부터 재발에 대한 체험을 듣고 재발에 대한 이해를 하게 된다. 중독자들이 알아두어야 할 것은 회복을 어렵게 하는 행동증상과 그때의 행동, 사고, 감정을 운용하는 방법이다. 청소년과 가족이 가장 두려워하는 것이 바로 재발이다. 그러나 사후지도를 철저히 할수록 재발은 줄어든다. AA에의 지속적 참가와 사후지도 그룹에 참여하는 것이 중요하다. 사실 새롭게 회복된 많은 클라이언트들이 90일/90번 모임 작전이라는 계획을 세워 어려운 시기동안 스스로 자조해 나가곤 한다.

Terrance Gorski(1986)는 재발경고 신호를 제시한 바 있다. 그러면 청소년들에게서 가장 현저히 나타나는 재발 사인을 검토해 보도록 하자. 여기에는 부정, 회피, 우울, 노여움 조절의 어려움, 변화의지의 부족이 포함된다.

사라졌던 부정이 은밀하게 되돌아온다. 청소년은 맑은 정신으로 유지해 나갈 수 없게 될까 두려워지지만 이러한 감정은 부정된다. 청소년은 그러한 두려움을 다른 사람들에게 고백하면 좋겠지만, 자신의 생각과 감정을 다른 사람들과 얘기하는 데 어려움을 갖는 것으로 보인다. 부정은 또한 불안전한 행동으로 표현된다. 전형적인 예는 약물청소년들이 모이는 장소에 가는 것이다. 청소년은 이 행위가 문제라는 것을 부정하며 완고하게 말한다 : "나도 친구들 모임에 갈 수 있어. 약물만 안 하면 되지 뭘 그래." 회복이 빠른 청소년이 이런 행동을 보일수록 재발의 위험은 크다.

또 하나의 신호는 회피다. 약물청소년이 치료프로그램을 권유한 사람들을 피하기 시작할 때, 문제가 발생할 신호다. 또한 회복기에 있는 청소년들의 모임에도 나오지 않는다. 치료 후 사후지도프로그램을 너무 일찍 떠난다는 것이다. 이들은 다음과 같은 말을 하곤 한다. "난 다른 모임에 참가하고 있기 때문에 이 모임은 필요 없어." 특히 AA 미팅에 참석하지 않는다면 이때는 재발가능성이 확실히 높다. 회피는 청소년이 혼자 보내는 시간이 많고 고립되는 형태로도 나타난다. 때때로 청소년은 다른 사람의 회복에 과도한 관심을 보이고 자신에게 초점을 맞추지는 못하는 데 이것도 회피의 한 형태이다.

변화의지 부족은 청소년이 자신의 삶에 책임을 지지 못하게 될 때 발생한다. 실패감이 충만하고 상황을 진전시킬 의지가 없다. 회복에 대한 불만족이 다음처럼 표현되기도 한다. "맑은 정신으로 산다는 것이 고작 이거야?" 친구들이나 정신보건사회복지사가 의견을 아무리 제시해도 자신이 왜 그렇게 안 하는지 변명만 늘어놓는다. 청소년이 이 의지 부족 상태를 극복하지 못하면 재발의 길에 들어선다.

우울은 변화의지 부족과 함께 동반되는 경고 사인이다. 약물 사용 또는 자살 생각이 들면서 우울이 심각해지고 지속적일 때는 긴급히 조치를 취해야 한다. 청소년 약물중독자는 자주 정동장애를 동반하기 때문에 정신장애 진단을 받아볼 필요가 있다. 우울이 해결되지 않으면 청소년은 약물을 다시 선택하게 된다.

노여움 조절의 어려움도 중요한 경고 사인이다. 회복기에 있는 학생들에게 있어서 학교에서 경험하는 스트레스, 두려움, 압력은 상당한 노여움을 불러일으킨다. 문제는 이들 청소년의 예전 노여움 해결 방식이 위협적이고 비난조였다는 것이다. 자신의 감정을 적절히 표현하지 못하게 됨에 따라 재발의 위험이 높아진다. 즉, 부적절한 감정표현은 무시되기 쉽고 따라서 자신의 노여움의 표현이 학교나 부모, 친구들에게 먹혀들지 않으면, 자신이 의도한 관심을 얻기 위해 극적인 행동을 하게 되는데, 그 한 방법으로 약물을 사용하는 것이다. 그러므로 상담가는 학생이 노여움을 인정하고 운용하는 데 도움을 주어야 한다. 청소년이 외적으로 비열하고 허풍스럽고 나쁘게 행동하는 것은 보통 그들이 내적으로는 두렵고, 힘이 없고, 미약하게 느끼기 때문이다. 노여움 뒤에 스며있는 것은 두려움과 고통이다. 노엽지 않다고 부정하면 두려움과 고통이 떠오르고 이는 우울로 진행된다.

상담을 통해 청소년들은 자신의 노여움을 잘 표현할 수 있는 방법을 배워야 한다. 청소년으로 하여금 노여움 밑에 깔려 있는 감정을 느껴 보도록 돕는 것이 유용하다. 그 깔려 있는 감정이 두려움과 고통이라면 그 감정들을 노여움과 연결시키는 것은 청소년이 자신의 노여움을 타당화시키는 데 도움을 준다. 만일 어떤 감정이든 타당하지 못하다고 느끼면 그것은 수치심과 고립감을 증가시킬 것이다. 자신의 노여움이 타당하다고 느낀다면 그 노여움을 적절히 다룰 수 있는 방법을 찾을 수 있다. 다음의 문장을 클라이언트가 완성하도록 함으로써 생산적인 방식으로 노여움을 전달할 수 있는 길을 알아볼 수 있다.

- 나는 네가 _____할 때 __________ 느낀다.
- 왜냐하면 __________.
- 또는 나는 ____________가 화가 난다.
- 나는 ___________면 좋겠다.

학교사회복지사는 재발예방을 위한 중요한 역할과 활동을 계획할 수 있다. 한 가지 방법은 학교에 돌아온 청소년과 재발에 대해 토론하는 것이다. 학생은 자신이 생각하기에 재발 신호가 무엇일지를 묘사하고 그런 행동을 자신이 나타내게 되면 어떻게 해야 하는지 적어 보도록 한다. 그 다음 학생은 그러한 정보를 동료들, 선생님 그리고 그 외 자신이 편하게 느끼는 사람들과 함께 나눈다. 이렇게 하여 정보를 공유한 사람들은 학생을 지지하는 하나의 팀이 된다.

종결

효과적인 프로그램은 반드시 치료 종결 후 클라이언트가 학교나 가정으로 돌아갔을 때에 필요한 사후지도 요소를 갖추고 있다. 치료 세팅에서 지역사회로의 전이를 돕기 위해 보통 청소년과 부모, 그리고 치료자가 가정에서의 할 일을 계약 맺는다.

특히 외래와 달리 환자가 입원해 있던 경우 가정에 돌아가는 것은 특별한 관심이 필요하다. 청소년이 집으로 돌아간다는 것은 청소년과 부모 모두에게 두려운 일이다. 이 두려움은 두 가지 방법으로 완화될 수 있다. 첫째, 퇴원 후에 다중가족치료를 사후지도프로그램으로 마련한다. 새롭게 퇴원한 청소년의 가족은 이 다중가족치료프로그램에 참가하여 자녀의 퇴원 후 갖게 되는 새로운 경험을 말하며 기존의 가족들로부터 격려를 받을 수 있다. 둘째, 갑자기 퇴원시키지 말고 주말이나 단기간 동안 청소년이 집을 방문하도록 하여 급작스러운 변화를 피하고 서서히 적응하게 한다.

학교에 다시 다니게 됨으로써 겪는 어려움도 많다. 아마 무인도에 떨어진 기분이 들 것이다. 더 이상 예전의 약물 사용 친구들과 어울릴 수 없고 소속감을 가질 수 없다. 새로운 행동과 정체감을 형성해 나가는 동시에 예전의 약물친구들을 잘 다루어 나가야 한다. 더욱이 선생님들이 갖고 있던 청소년에 대한 선입견은 말할 것도 없고 그동안 뒤떨어졌던 학습을 보충하는 것은 매우 어려운 일이다. 청소년은 학업뿐만 아니라 신용 면에서도 뒤져 있다는 것을 깨닫게 된다. 이 모든 것은 청소년에게 있어서는 역경이다. 덧붙여 사후지도프로그램에 참여하면 숙제나 보충수업을 할 시간을 더욱 빼앗기게 된다.

이러한 청소년을 돕기 위한 한 가지 기법이 바로 '동지체계구축(buddy system)'이다. 이는 마치 AA의 각 멤버가 스폰서를 갖는 것과 비슷하다. 회복기에 있는 학생에게 일정기간 동안 지지와 오리엔테이션과 각종 도움을 제공해 줄 학생을 붙여 주는 것이다.

많은 청소년들이 경험하는 시행착오는 바로 완벽하게 회복프로그램을 끝내겠다는 열망에서 나온다. 인간은 실수를 하게 마련이다. 회복기의 학생들은 프로그램뿐만 아니라 자신의 삶 속에서 실수를 하는 것이 당연하다는 것을 이해할 필요가 있다. 특히 이런 중요한 삶의 변화를 만드는 과정 속에서 문제가 발생하는 것은 당연하다.

또 하나의 실수는 회복기의 청소년들이 너무 많은 책임을 떠맡으려 한다는 것이다. 청소년은 수년 동안을 무책임하게 살아왔기에 이제 잃어버린 시간을 보충하길 원한다. 그들은 과중한 공부시간을 계획하고 아르바이트도 한다. 재미나 여가를 즐길 시간은 전혀 고려하지 않는다. 이렇게 되면 곧 심각한 스트레스를 받게 되고 약물에 대한 갈망이 발생하며 심각한 혼돈에 빠지게 된다. AA는 멤버들에게 너무 배고플 때까지 있거나(hungry), 화를 내거나(anger), 외롭게 있거나(lonely), 피곤해지지(tired) 말 것(HALT)을 경고한다. 이러한 규정은 청소년들에게도 마찬가지다.

청소년은 사후지도프로그램을 완성해 나가면서 삶의 질을 높이게 된다. 자신의 자아를 찾아 나가고 사람들과의 관계형성과 상호작용을 확대해 나가며 자신의 과거와 화해해 나가야 할 것이다.

2) 학교정신보건프로그램

현대 산업사회의 발전에 따라 정신건강문제는 개인과 그 개인이 속한 사회의 행복에 있어서 매우 중요한 위치를 차지한다. 대부분의 정신건강 관련연구들은 어린 시절의 경험과 교육이 일반적 건강은 물론 정신건강에도 핵심적으로 중요하다는 결과를 나타내주고 있다.

학교보건사업의 목적, 과정, 형태가 매우 다양하므로 그 효과를 과학적으로 입증하기란 매우 힘들다. 하지만, 지금까지의 연구결과는 학교보건사업이 학생들의 정신건강증진에 매우 효과적인 것으로 알려져 있다. 앞에서 열거한 모델에 따른 효과의 우열은 없다고 알려져 있으나, 대체로 교사는 행동자문모델을 효과적이라고 느끼며, 정신건강전문가는 정신건강자문모델을 선호한다.

학교정신보건프로그램의 진행 시 다음과 같은 세 가지 자문모델에 입각해서 프로그램에 대한 슈퍼비전과 평가를 받아야 한다(최영, 2004).

(1) 정신건강자문(mental health consultation)모델

자문인(정신건강전문가)과 자문의뢰인(교사)은 수평적인 협조관계를 가지며, 자문의뢰인(교사)이 피자문인(학생)에 대해 전적인 책임을 진다. 다시 말해, 학교 안에서 생기는 정신건강문제의 전반에 대해 교사가 의뢰하면 자문 정신과 의사나 자문 심리학자가 전반적인 도움을 주는 방식의 모형이다. 다음 네 가지 유형이 있다.

- 사례중심 자문(client-centered consultation) : 개인이나 집단 학생을 대상으로 자문인이 직접 상담과 조언을 시행한다.
- 프로그램 중심 자문(program-centered consultation) : 자문인이 교사 그룹을 대상으로 학생의 정신건강을 위한 전체적인 제도나 조직체계의 문제를 평가, 시정하거나, 새 프로그램이나 정책을 짜는데 조언을 준다.
- 의뢰인 중심 사례자문(consultee-centered case consultation) : 문제가 되는 사례 학생을 중심으로 문제해결의 주체인 교사를 대상으로 하여 어떻게 구체적으로 문제를 해결하는 것이 좋은지에 대한 조언을 하게 된다.
- 의뢰인 중심 행정자문(consultee-centered administrative consultation) : 정신건강 증진과

문제 해결을 위한 학교의 시스템 전체에 대한 행정적인 도움을 제공한다.

(2) 행동자문(behavioral consultation)모델

자문인(의료인)과 피자문인(교사)이 공동으로 학생의 문제행동을 교정하고 특정 목표행동을 성취하기 위해서 고안된 문제해결과정을 실시한다. 학생의 행동을 변화시키는데 초점을 두는 자문방식이다. 대개의 교사나 심리학자들이 선호하는 모델이다. 이 경우 문제해결의 주체는 피자문인(교사)이며, 학생들의 문제해결기술을 증진시키는데 초점이 주어진다. 매우 구체적이고 실천적인 문제가 다루어진다.

그 과정은 다음과 같다.

- 문제식별(problem identification) : 문제가 있다면 그 문제행동을 구체적으로 정의한다. 관찰을 통해 바람직한 행동, 바람직하지 못한 행동을 규명한다.
- 문제분석(problem analysis) : 어떤 요인들이 이런 문제행동에 영향을 미치는지, 이런 문제를 해결하기 위해서 어떤 계획이 필요한지를 분석한다.
- 계획시행(plan implementation) : 이런 계획을 구체적으로 학생지도에서 실천한다.
- 문제평가(problem evaluation) : 실시된 프로그램을 통하여 어느 정도 문제가 해결되었는지, 새로 발생한 문제는 무엇인지, 이 프로그램이 계속되어야 할 것인지, 중단되어도 될 것인지를 평가한다.

(3) 조직자문(organizational consultation)모델

이 모델에서는 학교를 하나의 체계(system)로 간주한다. 행동과학(behavioral science)의 개념을 학교에 적용하여 학교의 정신건강기능을 증진시키는 것이 목적이다. 이 모델이 가지고 있는 기본 개념은 정신건강이나 학습에서 문제가 발생하는 것이 건강하지 않은 ‘교육제도’나 ‘체계’ 때문이라는 것이다. 학교의 문화(school culture)가 많은 영향을 주므로, 끊임없는 학교체계나 제도의 개선을 통해 급변하는 사회에 적응하는 것이 학생들의 정신건강증진에 중요하다고 본다.

2 치매와 노인정신건강

1) 치매의 이해

치매(dementia)는 정신과에서 만날 수 있는 뇌의 기질성 질환이다. 치매의 주 증상에는 기억력장애 있다. 기억력장애를 포함한 복합적인 인지결손이 특징인 치매는 섬망(delirium)과 구분된다. 섬망은 단기간에 발생하는 의식장애와 인지변화가 특징이다. 기억상실장애(amnestic disorder)는 다른 심각한 인지장애는 없는 기억력장애가 특징적이다(윤규열 외, 2009). 치매환자에게서 보이는 극심한 정신혼란이나 비현실적인 행동은 정신과 입원치료의 대상이 되기도 한다. 정신과에서 행해지는 치매환자의 치료목표는 치매로 인한 정신증상의 억제와 치매에 따른 합병증을 제거하는 것이다. 치매는 유형에 따라 치료가 되기도 하지만, 치매라는 용어에서 알 수 있듯이 대부분이 치료가 잘 되지 않으며 지속적으로 악화되는 노인성 정신질환이다.

치매를 가진 노인의 삶의 질 및 인권의 문제, 치매환자를 둘러싼 가족의 심리적 · 정서적 · 경제적 부담, 치매환자를 원조하는 체계적인 제도의 미비, 치매의 특성인 난치성 등으로 인해 치매는 정신보건사회복지의 기능적 대상이 되고 있다.

2) 치매와 치매가족

사회복지사들의 주요한 서비스인 치매가 사회복지의 기능적 대상이 되는 요인은 다음과 같다(정원철, 2007: 257-265).

치매는 치료적인 접근보다는 관리가 요구되는 질환이다. 따라서 치매에 대한 의료적 접근은 치매의 증상억제와 치매로 인한 합병증을 제거하는 데 1차적 초점을 둔다.

최근 여러 연구들에서 치매환자는 가족에게 상당한 심리 · 사회적 부담을 주는 것으로 나타났다. 치매환자 관리의 일차 책임자는 가족이지만, 그렇다고 해서 가족에게 전적으로 치매관리의 책임을 떠맡기는 것은 심각한 사회문제를 유발시키는 요인이 된다. 노인복지와 가족복지라는 측면에서 볼 때 정부는 현재 절대적으로 부족한 치매요양기관의 수를 늘리고 치매환자를 둔 가족을 체계적으로 지원할 수 있는 다양한 방안을 강구하여야 할 것이다.

본 장에서는 사회복지사에게 필수적으로 요구되는 치매의 임상적 지식과 관리지침은 다음과 같다(이정균, 1987; Kaplan, 1990; DSM-Ⅳ, 1994).

- 치매노인의 정서적인 안정과 발병 전의 존엄성이 유지되도록 한다.
- 치매노인의 욕구는 존중되어야 한다.
- 치매노인의 영양상태가 유지되도록 한다.
- 가능하다면 치매노인을 병전의 친숙한 환경에서 보살피도록 한다.
- 치매노인이 난폭하거나 불안, 초조, 망상적 사고가 심할 경우에는 정신과 치료기관의 도움을 받는다.
- 치매노인이 혼란으로 인해, 방화, 가출, 골절과 같은 행동을 하지 않도록 보호한다.
- 야간에는 지남력의 상실과 섬망이 보다 심해지므로 치매노인의 생활공간에는 불을 켜주도록 한다.
- 치매노인의 적당한 의존심을 최대한 충족시켜 주도록 한다.
- 집안가구나 구조 등을 치매노인에게 유리하도록 배치한다.
- 치매노인을 둔 가족들을 원조하여 그들이 장기적인 원조에 지치지 않도록 한다.
- 호전되고 있는 치매노인에게는 재교육이 필요하다.
- 항정신성 약물이 치매환자의 일차적인 치료약물은 아닐지라도 치매노인의 불안, 우울, 초조, 망상을 제거하는 데는 많은 도움을 준다.
- 시설에 보호되고 있는 치매노인의 경우 치료목표를 정확히 세워야 한다. 즉, 어떤 유형의 치매인가를 파악하고 현실적인 치료목표를 설정하도록 한다.
- 치매노인에 대해 사회복지사는 케어제공자, 교사, 사회운동가, 상담자, 의뢰자, 촉진자, 대변자로서 역할을 한다.

3 여성과 정신건강

현대사회를 살아가는 여성들은 가정생활에서나 사회생활에서 어려움과 힘든 좌절을 경험한 후에 일시적 또는 장기적으로 우울한 감정을 경험하게 된다. 이 외에도 개인적인 충격적 사건이나 과도한 스트레스를 유발하는 문제 등을 겪게 되는데 이러한 이유로 다양한 정신질환을 겪을 수 있다.

여성의 정신건강영역 중에서 우리 사회는 전통적으로 폭행당하는 여성이나 아내구타를 사적인 가족문제로 다루어 왔다. 이 사회는 어떻게 폭력적인 배우자와 그 가족구성원을 다루어야 할 것인가를 고민해야 한다. 본 절에서는 치료방법을 구타당하는 여성 및 구타하는 가해자로서의 남성, 그리고 지역사회 차원으로 나누어 고찰해 본다.

1) 여성 치료

폭행당하는 여성과 그 자녀들을 위한 치료는 1980년 이후부터 활발해지고 있다. 미국 전역에 걸쳐 가정폭력이 범죄라고 성문화했을 뿐만 아니라 몇몇 주에서는 폭력범들을 그 자리에서 체포하는 것을 규정화하고 있다. 폭력에 시달리는 가정들을 위하여 경제적 지원도 시작하고 있다. 미국에서는 가정폭력으로부터 벗어나고자 하는 여성들을 지원하기 위해 24시간 가동 전화서비스, 쉼터, 여러 정부기관들이 동원되고 있다. 여러 쉼터나 보호소 등에서는 여성들이 폭력이 없는 환경에서 살 수 있도록 돕고 있다. 쉼터에서는 주거는 물론, 직업을 찾는 일을 도와주고 부모훈련 및 법률상담, 그리고 지지집단서비스를 제공한다.

우리나라도 1997년부터 가정폭력방지법이 제정되어 위와 같은 개입이 가능하게 되었다. 이런 시설들에서 여성들은 자신의 힘을 발견하게 되고 법적 보호와 함께 경제적 지원 등을 찾게 된다. 아마도 보호시설이나 쉼터에 여성 스스로 찾아가는 것이 여성들에게는 가장 도전이 되고 해내기 힘든 일일 것이다. 그러나 보호시설의 안전하고 지지적인 환경 속에서 여성들은 폭력으로부터 해방되어 자신 스스로의 힘을 찾고 인생의 의미와 스스로 살아갈 길에 대해 모색할 수 있는 좋은 기회를 갖게 될 것이다.

24시간 가동되는 가정폭력 상담전화가 있는데 다음과 같은 업무를 담당한다.

- 경찰 등의 지원을 얻어 삶을 위협 당하는 여성들에게 즉각적인 도움을 제공한다.
- 가정폭력에 관한 법적인 권리, 보호시설 안내 그리고 상담서비스 등을 제공한다.
- 비심판적인 수용과 관심 그리고 지지를 제공한다.

위와 같은 전화서비스와 연결을 했다가 직접 상담소로 찾아오게 된 여성이 많다. 구타당하는 여성들을 치료하고 상담하는 상담가들은 치료자가 됨과 동시에 옹호자, 지지자가 되어 주어야 한다. 폭행당한 여성들은 법적 지원, 숙식지 제공, 일자리 안내, 직업교육, 경제적 지원 등과 같은 사항들을 필요로 한다. 이런 서비스 외에 가정폭력 상담 - 개인적으로 혹은 부부를 대상으로 하거나 혹은 집단으로 상담을 받는 - 등을 제공해 주어야 한다. 이런 서비스를 통해 여성 스스로가 자신과 가족에게 안전한 환경을 꾸밀 수 있도록 도와주어야 하는 것이다.

가정에서 폭행을 당한 여성들의 경우 집단을 통해 치료하는 것이 효과적이다. 폭행당한 여성들은 소외된 삶을 살기 때문이다. 집단 내에서 여성은 관심과 이해, 지지를 얻을 수 있으므로 커다란 도움을 얻을 수 있다. 다음과 같은 이유로 집단치료가 필요하다.

- 고독감을 제거하기 위해
- 가정폭력에 대한 여러 가지 통념들을 다루는 집단토론을 통해 그 잘못됨을 알기 위해
- 정직하고 개방된 분위기 속에서 자신의 감정을 솔직하게 털어놓을 수 있는 관계 형성을 위해
- 역할모델을 제공받기 위해
- 집단을 통한 정보와 이해를 통해 가정폭력의 원인이 여성의 잘못 때문이 아니라는 것을 알게 하기 위해

폭력희생자들을 위한 집단치료는 보통 쉼터에서 시행되는데 보호시설 내에서 집단치료를 받는 것은 단 시간 내에 교육적인 면에서 그리고 지지적인 면에서 큰 도움을 얻을 수 있다(Tradewell & Vega, 1993). 각각의 집단상담 회합에서는 전형적으로 안전의 문제, 법적 보호, 자기충족성을 성취하기 위한 조언 등에 초점을 맞추고 슬픔, 재정관리, 이혼, 아동 교육, 상호의존, 성폭행 등의 중심 주제를 갖게 된다. 또한 무력감이나 죄책감 같은 감정도 다루어 준다. 많은 여성들이 자신에게도 폭행당한 것에 책임이 있다고 믿고 있기 때문이다. 소위 '미녀와 야수' 신드롬이라 하는데, 자신이 좀 더 좋은 아내였다면 야수 같은 남편이 왕자처럼 될 수 있었다고 생각한다.

집단에 의뢰할 때는 폭행당한 여성들의 요구나 문제 등을 잘 파악하고 그것에 관한 도움을 주는 것이 중요할 것이다. 더불어 각자의 배경에 따라 요구사항이나 그 처한 문제점들도 다르다는 것을 치료자들은 숙지해야 할 것이다. 즉, 여성내담자들 사이의 공통점과 차이점을 알고 의뢰해야 한다. 요약하자면 각 문화적인 배경, 가정 배경에 치료자들은 민감하게 대처해야 하며 아울러 근본적으로 가정 내의 힘의 불균형에서 가정폭력이 존재한다는 공통점도 숙지해야 할 것이다.

많은 여성 폭력희생자들은 동료 여성들로부터 받은 지지가 고립감이나 무력감을 극복하는 데 가장 큰 도움이 되었다고 말한다(Reiss & Roth, 1993). 지지집단에 대한 또 다른 연구는 지지집단이 자존감, 결혼 및 가족에 대한 전통적 태도의 변화, 부부기능, 인지된 스트레스 면에서 향상이 있었다고 지적한다(Tutty, Bidgood, & Rothery, 1993).

최근 연구 논문들은 가정폭력과 알코올 중독 그리고 성폭행 사이의 상관관계에 대해 인식하고 있다. 그러므로 알코올 혹은 약물에 관련되거나 또는 성폭행에 관련된 문제가 있었는지를 파악하는 것도 중요하다. 그러나 알코올이나 약물문제가 반드시 가정폭력을 일으켰다고 단정 짓는 것은 옳지 않다. 만약 여성이나 혹은 폭행을 행사한 남편이 약물이나 알코올 문제를 갖고 있는 경우, 여성은 가정폭력에 관한 상담 외에 자신 혹은 남편의 약물과 알코올 문제에 대해서도 상담이 필요할 것이다. 치료자들은 또한 여성의 아동기 때의 가정이 건강한 가정이었는지 아니면 건강하지 못한 가정이었는지에 대해서도 알아야 한다.

2) 폭력남성 치료

1970년대 말에 가정 내의 폭력을 근절하기 위해 폭력적인 남성에 대한 치료가 본격적으로 시작되었다. 첫 번째 치료 대상이 되는 것은 항상 희생이 되는 여성이나 아이들이었음에도 불구하고 근본적인 가정폭력의 근절은 남성들의 태도와 행동을 변화시킴으로써 가능하다는 인식이 확산되었다. Anderson과 그의 동료들(1991)에 따르면 구타남편들은 일반적으로 다음과 같은 특징을 갖고 있다고 한다.

"구타자는 반사회적 인격장애를 가지고 있으며 여성에 대한 전통적인 견해를 가지고 있다고 한다. 자신의 남성성이 도전을 받는다고 믿을 때 폭력에 의지하며 낮은 자아존중감을 갖고 있어 이를 보상받기 위해 폭력에 의존한다. 구타자는 의사소통기술이 부족하고 의사표현을 하는 방식으로 폭력을 사용한다. 아내에게 강하게 요구를 하는 경우가 많고 이러한 요구가 충족되지 않을 때 분노로써 반응한다. 구타자는 통제와 권력을 상실할 것이 두려워 학대적인 행동을 시도할 수 있으며 극단적으로 질투심에 불타고 배우자에게 절대적인 충성을 요구할 수 있으며, 원 가족에게서 폭력을 보고 배우면서 성장한 경우, 학습된 경우가 많다. 알코올 또는 약물의존인 경우가 있고 학대적인 행동을 심각하게 보지 않는다(김인숙, 1998, 재인용)."

(1) 아내구타를 한 남편을 법적으로 조치

전통적으로 경찰들은 부부폭력에는 관여하지 않았는데, 경찰들이 이 문제를 심각하게 생각하지 않거나 또는 구타당한 아내들이 남편이 처벌받는 것을 원치 않기 때문이다. 그러나 가정폭력법안이 통과되면서 구타자를 가정에서 격리시키는 것이 가능해졌고 가끔씩 이 법이 실제로 집행되곤 한다. 그러나 미국에서는 구타남편을 체포하고 격리시키는 것이 부부폭력의 재발에 대한 억제 효과측면에서 별 효과가 없다는 연구결과가 나오고 있다(Reiss & Roth, 1993).

2004년 여성부의 조사에서는 가정폭력방지법이 '가정폭력 감소에 기여를 하는가'에 대해 여성보다는 남성이, 응답자의 연령이 높을수록 긍정적으로 평가하였으나, 전체적으로는 가정폭력방지법의 효과에 대한 평가가 50 : 50 정도인 것으로 조사되었다. 가정폭력방지법이 가정폭력 감소에 '기여하지 못한다'고 생각하는 응답자가 아내에게 폭력을 행사한 경우는 70%로 나타나 남성을 대상으로 한 가정폭력방지법에 대한 홍보와 의식 교육이 필요한 것으로 사료된다.

(2) 전통적인 정신건강프로그램

주로 분노, 충동조절, 알코올 문제, 스트레스 및 긴장해소 등에 관해 개인, 부부, 가족이 개별적으로 또는 집단적으로 함께 심리치료를 받게 된다.

폭행자에 대한 집단치료는 전형적으로 인지적 재구조화, 분노조절, 폭력에 대한 대안 찾기를 강조한다. 전형적으로 구타하는 남편들은 희생자를 비난하거나 자신은 잘못된 것이 하나도 없다거나 부인이 맞을 짓을 했다고 주장한다(Ingrassia & Beck, 1994).

또한 때때로 폭력 외에 대안은 없다고 주장한다. 종종 이런 남편들은 실업 상태에 있거나 언어적 기술이 부족하고 문제해결능력이 부족하다(Gelles, Lackner, & Wolfner, 1994). 치료과정에서는 부인이 맞을 만한 잘못이 있다하더라도 남자들이 폭력에 대한 책임을 받아들이도록 기대된다. 가해자 자신의 신념체계를 정직하게 돌아보고 갈등을 이전과는 다르게 해결하려는 의지와 자기인생에 왜 여성이 필요한지 진지하게 검토해 보는 것이 필요하다(윤경자 외, 2001).

분노의 징조를 알아차리도록 교육받고 그 분노를 조절하도록 훈련받으며, 부부문제 외의 좌절감을 갖게 하는 요소를 알아내도록 교육받는다. 분노조절프로그램은 분노를 참을 수 없어 폭력을 행사하는 사람들에게 적합하다(그러나 아내를 통제하기 위해서 폭력을 행사하는 사람들에게는 적절한 조치가 아닐 수 있다).

집단치료는 효과적인 것으로 나타나고 있는데 한 연구에서는 세 명 중 두 명의 남편이 치료 후에 18개월 동안 배우자를 폭행하지 않은 것으로 나타났다. 그러나 가장 폭력적인 남편들은 치료를 회피하였다. 약 50%만이 치료를 완료하였다(Ingrassia & Beck, 1994).

Deschner, McNeil, Moore(1986)는 14~16명으로 구성된 분노조절 집단치료를 10주 동안(1주마다 약 2시간 30분의 회합을 가짐) 시행하였는데 논쟁의 수를 줄이고 구타자의 분노의 강도를 낮출 수 있었고 추후조사에서도 85% 이상이 아내구타를 피할 수 있었다고 보고하고 있다. 이들은 타임아웃(time out : 논쟁의 상황이 심각해질 때 이 상황을 잠시 피하는 것)이 적절한 전략이라고 지적한다.

부부치료에서는 분노나 갈등이 가족생활에 정상적인 부분일지라도 폭력이 결코 정당화될 수는 없다는 것을 강조한다. 부부치료프로그램은 전형적으로 폭력의 원인과 결과(법적, 심리적)에 대한 교육, 분노조절, 의사소통 및 문제해결기법, 스트레스 해소, 가정 내의 권한과 통제에 대한 논의를 포함한다(Feldman, 1994).

Pence와 Paymer(1993)가 개발한 Domestic Abuse Intervention Project(DAIP)는 부부가 참여하는 비단교육모델인데, 시행결과 1년 후 추적조사에서는 폭력비율이 낮아졌지만 5년 후의 추적조사에서는 100명 중 40명이 다시 폭력을 휘두른 것으로 경찰기록에 나타났다.

지금까지의 전반적인 연구결과는 구타자를 위한 집단치료나 부부치료가 치료를 전혀 시행하지 않은 것보다는 낫다는 결론을 제시하고 있지만 치료가 폭력을 완전히 단절시키지는 못한다는 것이다(Feldman, 1994). 한편, 많은 비평가들은 부부치료가 여성들을 폭력의 위험에 노출시키는 것이라고 지적한다. 대부분의 연구자나 치료자들은 부부폭력 희생자가 안전을 보장받을 수 있을 때만이 치료가 효과적일 수 있다고 지적한다. Yegidis(1992)에 따르면 폭력이 통제될 수 있을 때에만 부부 또는 가족치료가 유용하다고 한다.

(3) 쉼터에서 제공되는 프로그램

쉼터에서는 폭력남성의 여성에 대한 인식 및 태도의 변화, 성차별, 권력, 사회적 지위 등 사회적·정치적 문제들, 분노 및 충동 또는 스트레스 조절 등의 문제와 관련하여 프로그램을 실시하거나 개발한다. 대부분의 프로그램은 여성주의적 차원에서 이루어진다.

(4) 자조집단

자조집단에서는 집단을 이용한 아내구타, 성격장애, 사회적 부적응 등의 남편이나 남성을 위한 상담 또는 다양한 집단모임 등을 실시하고 있다.

위의 네 가지 방법 중 어떤 것이 가장 효과적인지는 가정마다의 배경과 분위기 등이 너무나 다르기 때문에 단정적으로 말하기 어렵다. 그러나 전통적인 정신건강프로그램에 있어서의 문제는 폭력행동에 젖어 있는 남성들이 자신들을 문제가 있어서 치료를 받아야 하는 사람들로 보지 않고 있어, 정신치료를 회피하는 경우가 많기 때문에 개인적 치료가 어렵다는 것이다. 부부치료도 성립하기가 어려운데, 폭력을 노출시키길 두려워하기 때문이다.

자조집단의 경우도 전문적 치료자가 직접 개입하지 않고 도움을 필요로 할 때에만 관여하기 때문에 심각한 심리적 문제를 다루기가 어렵다. 법원에서 의뢰하는 쉼터프로그램이 현실적으로 가정폭력을 다루는 데 있어서는 가장 효과적인 프로그램이라고 말할 수 있다. 폭력행동을 하는 남성들의 치료에 있어서는 위의 네 가지 개입유형을 다 활용하는 것이 이상적이다. 한편, 약물중독이 주원인이 되었을 경우에는 먼저 약물치료에 중점을 두어야 한다.

(5) 지역사회와 연계하기

사회서비스 단체, 법적 기관, 치료제공자가 서로 협력하는 것이 양질의 치료를 제공하는 데 중요한 요소가 될 수 있다. 불행하게도 최근까지 사법기관에서는 구타당하는 여성을 위해서 지원을 거의 해주지 않고 있다. 그 이유는 법적인 대안이 없어서라기보다는 사회 내에 팽배해 있는 성적 불평등 때문이라고 보는 것이 현실성이 있다. 경찰기관에서는 경찰들에게 가정에서 폭행을 당하는 여성들을 범죄의 희생자로 인식하게 하고 법적으로 조처를 받을 수 있도록 돕는 것이 그들의 임무라는 것을 강조해야 한다. 아내폭행은 가장 보고가 안 되고 있는 범죄 중 하나이다. 다행히도 최근 교육과 지역사회의 인식을 통하여 가정폭력이 사회에 보고되고 있는 수가 늘어나고 있다.

여러 단체에서 가정폭력에 대해 인식시키는 교육을 하는 것도 중요하다. 가정폭력은 전 가정과 지역사회에 영향을 주는 사회범죄 중의 하나라는 것을 지역사회에 인식시키는 교육이 행해져야 하며 구타당하는 여성에 관한 정책을 개발하는 데도 노력해야 한다. 법적으로 증인이나 변호사 등을 후원하고 보호하는 것도 잊지 말아야 할 사항이다. 심리치료가, 사회복지사, 변호사, 경찰관 등이 하나의 단체로 움직여 가정폭력문제를 해결하는 것이 가장 효과적인 문제해결 방법일 것이다. 즉, 각 분야의 전문가들이 하나의 팀을 이루어 문제를 해결하려고 노력해야 할 것이다.

가정폭력 치료는 재정적 지원이 필요하다. 따라서 지역사회로부터 재정적 지원을 얻는 것도 중요하다. 가정폭력을 해결하기 위해 지역사회차원에서 개발된 바 있는 미국 일리노이 주의 'Family Option Program'을 간단히 소개한다. 이 프로그램은 긴급구조전화 911에 가정폭력에 관한 전화가 걸려오면 'Family Option 팀'이 개입을 시작한다. 이 팀은 두 명의 사회복지사와 두 명의 지역사회 시민단체대표, 그리고 법조인으로 구성된다(Caputo & Moynihan, 1986).

사회복지사는 가족의 문제를 측정한다. 사회복지사는 또한 직업훈련, 약물남용치료, 아동보호 같은 서비스 욕구를 검토하며, 확대가족이나 지역사회로부터 확보될 수 있는 도움이나 서비스가 있는지 가족이 파악하도록 돕는다. 지역사회대표는 폭력희생자에게 각종 법적 서비스를 제공한다. 또한 지역주민을 대상으로 교육을 실시하기도 한다. 이러한 지역사회 개입은 점차 그 효력이 나타나고 있으며 가장 바람직한 방향이라고 인정되고 있다.

PART 04

정신보건사회복지의 체계와 과제

PART 04에서는 다음과 같은 질문들에 대해서 다룰 것이다.

- 정신보건서비스 전달체계의 현황 및 문제점과 개선방안, 그리고 지역사회정신보건센터, 주거시설, 사회복귀시설 등과 같은 정신보건관련 기관과 시설의 종류 및 내용은 어떤 것들이 있는가?

- 정신보건사회복지 인력체계 즉, 정신보건전문인력 체계는 어떤 것들이 있으며, 정신보건전문요원의 교육과 수련내용과 전문요원 업무의 범위 및 한계 등은 무엇인가?

- 정신보건법의 이념과 체계는 어떤 것들이 있으며, 정신보건사회복지의 윤리문제는 무엇인가?

- 정신보건사회복지의 현황과 과제는 무엇이며, 정신보건사회복지의 정책방향에는 어떤 것들이 있는가?

• • • CHAPTER

12 정신보건서비스 전달체계

1 정신보건서비스 전달체계 문제점과 개선방안

1995년 말 국내에서 정신보건법(법률 제 5486호)이 제정되면서 정신질환에 대한 우리 사회의 태도 · 인식 및 대처에 대전환이 예상되고 있다. 이 법의 제정을 계기로 우리사회에서 극히 제한적으로 사용되어 왔던 정신건강의 의미가 이제 국민 정신건강증진을 포함하는 것으로 논의의 범위가 확대되었다. 아울러, 그 동안 만성정신질환자들을 주요 대상으로 수용 보호에 머물렀던 정신보건서비스가 사회적 통합을 목적으로 하는 지역사회 중심의 서비스로 그 방향이 전환되었다. 이러한 변화는 지역사회를 중심으로 하는 전달체계의 기본 골격 구축에 그 역점이 있었던 만큼 성과에 대한 평가의 기회는 상대적으로 적었다. 법 제정 12년을 맞는 이 시점에서 그간에 발생되었던 전달체계의 구조 변화를 정리하고 그에 따른 문제점과 개선방안을 모색하여 향후 발전방향에 대하여 고려해 보아야 한다.

1) 서비스 전달체계의 개념

전달체계라는 용어는 연구자에 따라 다양한 방식으로 정의되고 있는데, Gilbert와 Terrell에 의하면, 수요 · 공급자 간의 직접적 관계 형성이 가능한 지역사회의 맥락에서(우리나라의 경우 시 · 군 · 구 기초자치단체 수준)와 수요자와 공급자를 연결시키는 조직적 배열을 일컫는다. 또한, "서비스 제공기관을 중심으로 투입(클라이언트, 인적 · 물적 자원 기술, 사회적 인가 등)"으로 시작하여 클라이언트에게 각종 서비스를 전달하는 모든 중간 또는 전환과정을 거쳐 산출(프로그램 결과)에 이르는 협동적인 서비스 체계로 정의되기도 한다. 한편, 의료부문에서 의료전달체계는 광의의 의미에서 의료제도와 의료인력의 개발 및 교육에 관련된 체계이며, 협의의 의미에서 병원과 의원의 배치, 기능과 그들 간의 상호관계를 중심으로 한 의료의 공급체계로 정의된다.

정신보건서비스에 있어서 전달체계는 개념상으로는 서비스 공급의 체계라는 공통점을 가지는 반면, 수요자 또는 클라이언트의 치료, 보호, 재활, 예방에 관련된 다양한 욕구로 인해 기존의 의료부문과 사회복지부문의 서비스 요소를 동시에 요하는 통합적 성격의 전달체계라는 점에서 보다 포괄적인 성격을 가지는 것으로 볼 수 있다.

2) 서비스 전달체계의 구조 및 기능

서비스 전달체계는 그 구조에 있어서 서비스 전달을 기획, 지원, 관리하는 '행정'체계와 전달자가 소비자와 상호 접촉하면서 서비스를 직접 전달하는 '집행'체계의 이중구조로 구성되어 있다. 전달체계는 운영주체의 성격에 따라 역점의 차이를 보이는데, 행정기능은 자원의 효율적 배분을 위한 조직적이고 체계적인 계획 및 의사결정 역할을 포함하므로 주로 공공부문에서 중점적으로 수행되며, 서비스 전달자로서의 기능은 민간부문에 상당 부분 치우치게 된다. 우리나라 정신보건서비스 전달체계의 경우 정책자문・심의와 행정을 담당하는 '행정'체계와 서비스 기능을 수행하는 '집행'체계의 큰 틀은 이미 구성되어 있는 것으로 볼 수 있다.

3) 서비스 전달체계에 있어서 몇 가지 개념 고찰

(1) 포괄성

포괄성(Comprehensiveness) 개념은 전달체계 상에 일련의 서비스 요소들이 완전하게 또는 골고루 구비되어 있는지의 여부 및 그 정도에 관한 것으로서, 클라이언트가 필요로 하는 모든 자원과 다양한 유형의 원조가 체계 상에 존재하는지, 동시에 클라이언트가 그것들을 필요로 할 때 접근 가능한 상태인지의 여부와 관련된다. 포괄적인 관리체계는 치료 과정상의 시점, 동기수준, 질환의 심각성, 질병과 관련된 장애정도에 따르는 상이한 욕구들에 대응할 수 있도록 하는 다양한 서비스 요소들(외래, 주간보호, 거주재활프로그램, 부분입원, 입원)로 구성된다. 더 나아가, 포괄성 개념을 만족시키는 전달체계는 다양한 치료 및 재활접근법에 대한 선택의 여지까지도 가능하게 하는 서비스 요소를 포함하는 체계로 정의될 수 있다.

(2) 연속성

연속성(Continuity)은 클라이언트의 수준에 초점을 맞춘 상태에서, 클라이언트가 전달체계 상에서 필요에 의해 프로그램 사이클을 이동할 때 전문적 책임성의 기제 하에 일련의 서비스가 단절됨이 없이 고리지어졌는가의 문제를 말한다. 서비스의 연속성은 일정시점에서 개인에게 주어진 서비스가 포괄적이고 조정되었는가의 문제를 다루는 횡단적 차원과 포괄적·통합적으로 주어진 서비스가 시간의 흐름에 따른 개인의 욕구변화에 민감하게 대응했는가의 문제를 다루는 시계열적 차원의 두 가지 측면에서 조명될 수 있다. 후자는 그 정도가 심각하고 평생 지속되는 속성의 장애를 가지는 클라이언트들에 있어서 결정적인 시안으로 부각된다.

(3) 조정

조정(Coordination)이란 서비스 제공 주체들 간에 협력과 교환이 이루어져서 결과적으로 볼 때 서비스가 유의미하고 적절한 시간적 진행에 의해 제공되는 정도로 정의될 수 있다. Aiken 등은 이러한 조정 행위가 발생하는 영역으로써 프로그램, 자원, 환자, 정보의 네 가지 요소를 들고 있는데, 첫째, 프로그램이란 보호연속체를 제공하는 데 요구되는 모든 서비스를 말한다. 둘째, 자원이란 요구되는 모든 재원과 그에 대한 의사결정의 자율성 정도를 포함한다. 셋째, 환자란 각종 욕구를 가진 모든 적격 환자에 대한 치료를 포함한다. 넷째, 정보란 환자기록의 중앙집중적 보유 및 유지, 서비스프로그램 명부, 활용 가능한 자원에 대한 지식, 환자-자원·프로그램에 대한 지속적인 환류작업(feedback)을 포함한다.

서비스 조정과 관련된 논의에 자주 등장하는 개념으로서 연계와 통합이 있는

데, 양자는 조정과 유사하거나 대등한 개념으로서 보다는 서비스 조정의 방식 및 수준을 나타내는 개념으로 사용된다. Ries는 다중진단에 대한 접근모델을 서비스 조정의 수준에 따라 일련, 연계, 통합모델의 세 가지로 구분하고, '일련모델'보다는 '연계모델'하에서 서비스 조정이 보다 증대되며, 정신보건과 약물중독치료를 프로그램 상에서 통합한 '통합모델'하에서 조정의 정도가 극대화되는 것으로 보았다. 즉, '일련모델'에서는 조정 자체가 어려운 점, '연계모델'에서는 조정이 시도되기는 하나 포괄성이 전제되지 않는 점이 한계로 지적되고 있으며, 이들을 보완하기 위한 궁극적 방법으로서 프로그램 통합을 제시하고 있다.

4) 우리나라 정신보건서비스 전달체계의 현황

(1) 1998년 '정신보건발전 5개년 계획'

1997년 정신보건법의 시행과 함께 보건복지부에 정신보건업무를 과 단위에서 담당하는 당시 보건국 내 정신보건과가 설치되었다. 새로 출범한 정신보건과에서는 정신보건정책의 효율적인 추진을 통한 정신보건발전을 위해 외부 전문가의 자문을 통해 '정신보건발전 5개년 계획'을 수립하였다. 정신보건발전을 위해 정부가 추진해야 할 주요한 정책과제를 체계적으로 정리한 정신보건발전 1차 5개년 계획은 예산계획까지 마련되어 예산확보 등에 활용되지는 못했으나 향후 정신보건정책 추진에 있어서 기본적인 정책참고자료로 활용되었다.

정신보건발전 1차 5개년 계획의 목표는 '건강한 정신, 정신장애인과 함께 하는 복지국가'라는 최종 목표를 두고 있다. 이는 정신보건과 이전에 정신병원이나 정신요양시설 관리 등 주로 정신질환자의 관리에 집중되었던 데에서 벗어나 전체 국민의 정신건강수준의 개선을 위한 보편적 정신건강증진 사업체계의 구축이 포함된 것이다. 또한 정신질환자의 관리 정책의 목표도 정신질환으로 고통 받고 있는 정신장애인에 대한 보건의료 및 사회경제적 지지체계를 구축하고 편견해소를 위한 적극적 노력을 통해 사회통합을 지향함을 집약적인 표어형태로 표현한 것이다. 이 목표는 이후에도 지속적으로 정신보건사업 지침 등을 통해 정신보건정책의 목표로 표현되었다.

(2) 2002년의 'Health Plan 2010 중 정신보건발전 계획'

2002년 보건복지부에서 건강증진국을 중심으로 미국의 Health 2010을 모델로 한 건강증진 관련 정책의 중장기계획을 수립하였다. 2002년부터 2009년까지 국민건강생활실천 확산, 만성질환 관리체계 구축, 생애주기별 건강증진서비스 제공, 보건의료서비스의 형평성 확보 등의 5개 주제별로 중장기적인 정책과제를

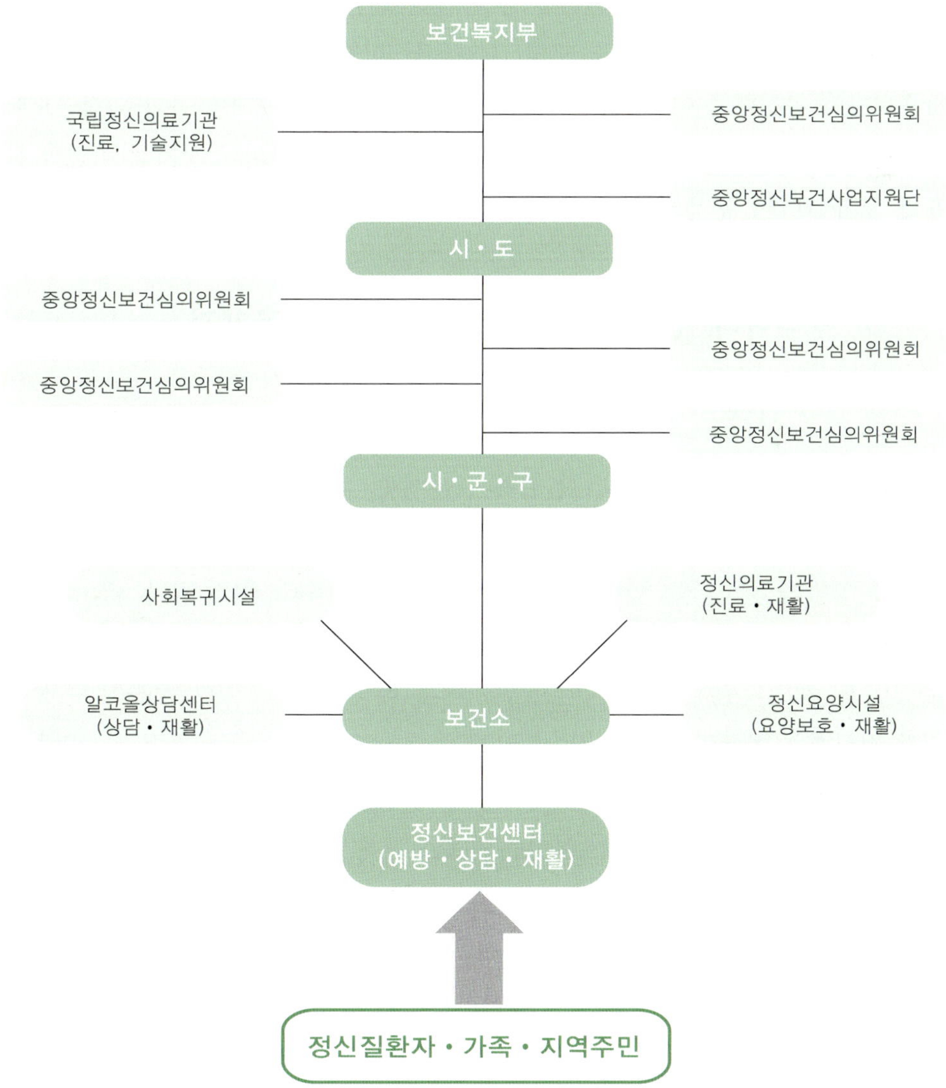

[그림 12-1] 우리나라 정신보건서비스 전달체계

제시하였다. 이 계획에서는 2002년부터 2009년까지 각 과제의 정량적인 목표와 함께 이의 추진을 위해 필요한 예산계획이 포함되었다. 2003년부터 매년 각 과제의 성과를 보고하고, 외부 전문가의 자문을 받아 계획을 수정하거나 추진상의 어려운 점을 파악하고 해결하기 위한 방안을 강구하기도 한다.

'Health Plan 2010'에 포함된 정신보건정책과제는 2002년 초반에 정신보건과에서 자체적으로 작성되었는데, 모두 5개 과제가 포함되어 있다. 여기에는 첫째, 지역사회정신보건사업 확대, 둘째, 정신요양시설 운영비 현실화 및 환경 개선, 셋째, 사회복귀시설 확대 설치, 넷째, 알코올상담센터 확대, 다섯째, 정신질환 예방홍보사업 활성화 등이 포함되어 있다. 그러나 정신보건정책의 통합적 접근보다 정신보건과에서 추진하는 개별 예산사업 중심으로 나열하여 중장기적 비전과 목표가 부재하다는 문제점을 안고 있다.

5) 우리나라 정신보건서비스 전달체계의 문제점

(1) 정신보건시설의 현황과 문제점

국가와 지자체가 정신병원을 설립하여 운영할 수 있도록 하고 있으나 국민의 정신보건을 담당하고 있는 의료기관이나 관련기관도 정부 혹은 지방자치단체가 직접 운영하는 것보다는 민간기관에 의해 운영되는 수가 훨씬 많다. 즉, 정부는 정신보건시설의 설립과 운영에 대한 책임을 민간에게 위임하고 있으며 형식적으로 일부의 재정지원에 대한 책임만 맡으려는 태도를 갖고 있다. 연도별로 보면 민간 정신병원 병상의 비중은 지속적으로 증가하고 있으며, 국·공립 정신병원과 정신과의원의 비중은 점차 감소하고 있다.

보건영역과는 달리 정신보건 분야는 의료전달체계의 원칙이 전혀 적용되지 않고 있다. 정신과의원, 정신과전문병원, 종합병원 정신과, 대학병원 정신과 등으로의 전달체계가 이루어지지 않고 있는데 이는 각 기관마다 거의 동일한 수준의 서비스가 제공되고 있기 때문이다. 정신질환자들의 특성이나 질병의 정도 그리고 욕구에 따라 병원의 선택이 이루어지지 않고, 보호자들의 경제적 수준에 따라 정신보건의 수요나 병원의 선택이 이루어지기 때문에 의료기관의 분화에 따른 입원 및 외래와 같은 치료서비스 이외에 다양한 재활서비스가 제공되지 못하였다. 또한 정신질환자의 사회복귀에 필수적인 낮병원과 주거서비스, 직업재활, 의식주 등 기본적인 생활에 대한 서비스가 제대로 주어지지 못하였다. 앞으로의 정신보건정책에는 각 기관마다의 입원기간, 서비스 제공의 차이 등에 따라 의료비 차등제 등의 제도적 장치가 필요하고 각 지역별로 여러 정신의료기관과 사회복귀시설의 기능을 세분화하는 것이 요청된다.

우리나라 정신보건현황은 지역적 분포가 매우 기형적으로 이루어져 있다. 이는 지역 분포를 고려하지 않은 정신보건정책의 결과라고 할 수 있을 것이다. 한 예로 충북대권은 95년 현재 인구 1천 명당 병상 수가 정신요양시설을 포함하는 경우 1.86병상으로 경인대권의 0.58보다 3.2배가 더 많은 병상 수를 나타낸다. 그러나 요양시설을 제외하면 충북대권이 0.6병상, 경기대권이 0.44병상으로 나타나 1.3배의 비율을 보일 뿐이다. 충북대권이 정신요양시설에 대한 의존도가 높은 편이다. 따라서 지역에 따라 의료기관 입원병상이 부족한 곳도 있고 반대로 의료기관 병상은 적정하나 장기요양시설이 부족한 곳이 있다.

1984년과 88년 사이에 정신요양원이 45개에서 76개로 늘어난 것은 1985년 무허가 기도원의 문제가 방송을 통하여 보도된 후이다. 무허가 기도원의 폐쇄와 정리에 돌입하였으나 그곳에 수용되어 있는 환자들의 처리문제가 크나큰 장애문제로 노출되자 비교적 규모가 크고 환경이 괜찮은 무허가 기도원의 일부를 양성화시키는 정책을 실시한 것이다. 마찬가지로 부족한 병상 수를 확보하기 위하여 대형 민간 정신병원의 설립을 지원한 결과 1996년 이들이 전체 병상 수에서 차지하는 비율이 70%에 이르고 있어 환자들이 단순 입원 중심의 보호를 받고 있는 경우가 많다. 이처럼 서비스가 수용보호에 치중하게 되면 수용이 장기화되고 수용인의 사회복귀에 어려움이 생길 수 있다.

정신보건법이 제정되기 전까지는 중앙에 정신보건을 위한 전담부서도 없이 정신보건서비스는 대단위 정신병원 중심의 치료와 요양원에서의 보호가 그 중심축을 이루어 왔고, 예방과 재활서비스는 최근에 와서야 조금씩 확대되고 있는 실정이다. 즉 환자의 치료, 재활 및 예방보다는 사회 방위적 차원에서 환자의 보호관리에 역점을 두어 왔다고 볼 수 있다. 정부는 그 동안 치료병상 확보에 주력해 왔으며 민간에 크게 의존한 결과 의료시설의 지역 간 불균형 분포와 대형화가 초래되었다. 또한 사회복귀를 위한 재활시설과 주거시설이 전무한 실정에서 정신보건법의 통과로 사회복귀시설이라는 명칭 아래 점차 시설들이 생겨나고 있으나 정부의 많은 재정지원이 필요한 부분이다.

시·도별 정신요양원의 현황을 살펴보면 충남, 부산이 기관 수와 병상 수가 많은 것으로 나타나고 있다. 이는 인구분포를 고려한다고 하더라도 정신요양원의 설립이 정신보건시설의 기능에 따른 지역적 분포를 고려하지 않고 이루어진 것이다. 앞으로 이러한 문제는 정신요양원이 정신요양병원으로 전환되는 과정에서도 정신병원과 정신요양병원의 기능을 고려한 지역적 분산 배치를 생각하면서 전환인가를 해주는 것이 필요하다.

시설수용자 대 종사자의 비율은 시설복지의 지표인데 33.3%는 너무나 열악한 것이다. 사회복지시설로서의 정신요양원의 직원 배치를 여타 사회복지시설의 그것과 비교해 볼 때도 같은 요양시설인 노인요양원에는 노인 20명당 간호사가 1명씩 배치되고 있고, 환자가 아닌 영아시설마저 영아 80명당 간호사가 1명씩이다. 보조원의 경우는 그 격차가 더욱 심하게 나타나고 있다. 즉, 영아시설에는 7명당 1명, 육아시설에는 15명당 1명, 아동장애인시설에는 8명당 1명씩인데 비해 정신요양시설에는 50명당 1명씩이다. 뿐만 아니라 수용 인원당 전체 직원 수를 대비하여 보면 아동시설에는 직원 1명당 수용자 8명, 양로시설은 9명임에 반해 정신요양시설은 직원 1명당 30명꼴이다. 더 나아가 생활지도원이나 상담원이 아동시설, 모자시설, 부랑인시설에는 배치되어 있으나 정작 가장 필요한 정신요양시설에는 매우 부족하다(전국요양원에 생활지도원 13명)는 사실은 정신요양시설이 특별한 욕구를 가진 정신질환자를 위한 요양시설로서 기능할 수 있도록 적절한 프로그램과 서비스를 제공하기 어렵게 만들고 있다.

또한 국고지원이 부족하기 때문에 운영규준에 따른 인력을 채우지 못하고 있는 경우도 많으며, 요양원의 위치를 포함한 근무여건의 열악한 사정으로 인하여 간호인력의 확보가 매우 어려운 실정이다. 혹 근무하더라도 평균 1년을 넘기지 못하는 경우가 허다하다.

사회복지시설로서의 요양원 운영의 재정은 정부보조금, 사회복지법인 자체 수입, 그리고 민간지원금에 의하여 충당되는데 그중 가장 중요한 재원은 정부보조금이다. 정신질환자를 위한 요양시설을 위해 중앙 정부가 투입하고 있는 국고보

조금은 1992년에 다소 감소한 적이 있지만 매년 조금씩 증가하여 1995년에 276억 원이었다. 이러한 재원의 부족은 정신요양원에서의 환자에 대한 보호 수준을 열악하게 하고 질 높은 전문 인력의 확보를 어렵게 만드는 근본적 요인이 된다.

이러한 현실은 정신질환의 특성상 포괄적이면서 지속적인 서비스와 보호를 필요로 하는데, 현재까지는 주로 정신의료기관에서의 입원 및 외래 치료서비스, 최근에 전국적으로 많이 생겨나고 있는 낮병원 서비스와 병원 중심의 정신사회재활서비스에 한정되고 있다. 환자가 병원에서 퇴원한 후 가정에 성공적으로 복귀하기 전까지 혹은 가정에 있으면서 이용할 수 있는 사회복귀서비스와 재활서비스가 절대적으로 부족한 실정이다. 이 때문에 경제적 이유나 재활치료의 필요에 의해 가정으로 돌아갈 수 없는 환자들이 중간 형태의 입소형 및 통원형 보호시설과 이용시설이 부족하여 병원이나 요양원에 장기간 동안 방치되는 결과를 초래하게 된다.

정신보건법의 시행으로 사회복귀시설의 설립이 아직은 시작단계이기 때문에 그 수나 기능에 있어 너무나 부족한 실정이다. 전국의 75개 정신요양원이 전환되는 과정에서 사회복귀시설로의 전환을 유도할 수 있으나 각 요양원들은 정신요양병원으로의 전환을 원하고 있으므로 많은 사회복귀시설의 신설이 필요하고 이에 대한 정부지원이 절실히 요청되는 시점이라고 할 것이다(<표 12-1> 참조).

〈표 12-1〉 정신보건기관 · 시설현황(2006년 6월말) (단위 : 개, 명, 병상)

구 분		기관수	인원/병상 수	주 요 기 능
계		1,432	–	–
정신보건센터*		105	19,688(등록)	정신질환 예방, 정신질환자 발견 · 상담 · 진료 · 사회복귀훈련 및 사례관리, 정신보건시설 간 연계체계 구축 등 지역사회정신보건사업 기획 · 조정 및 수행
정신의료기관	국 · 공립	18	8,251(병상)	정신질환자 진료, 지역사회정신보건사업 지원
	민 간	1,079	56,822(병상)	정신질환자 진료
정신요양시설		57	14,224(정원)	만성정신질환자 요양 · 보호
사회복귀시설		147	914(입소) 3,591(이용)	치료 · 요양하여 증상이 호전된 정신질환자 일상생활 · 작업훈련, 주거
알코올상담센터		26	2,688(등록)	알코올 중독 예방, 중독자 상담 · 재활훈련

(2) 정신보건사회복지사 교육훈련 현황과 문제점

규정에 따른 정신보건사회복지사의 자격 규정은 미국의 임상사회복지사의 자격 기준에 견주어 보아도 별 차이가 없을 정도로 되어 있지만 문제는 이들을 어떻게 양성해낼 수 있도록 정부가 재정지원을 하고 감독을 하며, 전문 관련 단체는 수련교육프로그램을 운영할 수 있느냐 하는 것이다.

정신보건사회복지사의 고유한 직무를 어떻게 규정하느냐 하는 것은 정신보건 영역에서 사회복지사의 정체성을 어디에 두느냐와 밀접한 관련이 있다. 정신보건법시행령에서는 정신보건전문요원의 업무를 공통 업무와 각 해당 업무로 나누어 규정하고 있다. 여기에 따르면 정신보건사회복지사의 고유한 업무 범위를 대체로 의료보험 급여에서 인정하고 있는 항목과 일치시키고 있으며 사회복지사들이 고유한 업무라고 생각하고 있는 환자와 가족에 대한 심리상담을 정신보건임상심리사의 업무 범위로 규정하고 있어 앞으로 정신보건사회복지사들이 정신의료기관과 사회복귀시설 그리고 지역사회에서 역할을 수행해 나감에 있어 갈등의 소지가 있을 수도 있겠다. 또한 정신보건사회복지사들이 주도적으로 역할할 수 있는 지역사회에 대한 측면들이 강조되지 못하고 있는 것은 앞으로 확보되고 큰 노력이 이루어져야 할 영역이다.

사회복지사의 경우 근거법이나 규정도 없고, 주무 기관도 그들 고용하는 각 병원이며, 지도감독자도 병원마다 달라 임상수련에 있어 아무런 체계를 가지고 있지 못함을 알 수 있다. 즉, 이 당시 병원에서의 사회복지사 수련은 각 병원이 사회복지사에게 요구하는 역할을 수행하는 데 필요한 능력을 기르는 수준에서 이루어지고 있었다.

그동안 이런 이유로 인해서 타전문직이나 행정가들이 사회복지사들에 대해 갖고 있는 일반적 및 전문성에 대한 인식도가 매우 낮은 편이었다. 정신과 의사 90%가 정신보건사회복지사를 치료자로 여기지 않고 있다. 이런 문제를 극복하기 위하여 그동안 주장되어 오던 사회복지사의 국가고시 실시가 실현되기에 이르렀다. 1997년의 사회복지사업법 개정으로 사회복지사제도가 1급은 시험을 통하여 자격을 부여하도록 변화되었다. 그럼에도 불구하고 1996년부터 각 대학에서 추진되고 있는 학부제 및 복수전공제의 확대 시행으로 전공 학점의 감소가 이루어지고 있어 사회복지사를 대학에서 진정한 전문가로 양성해 내는 데는 커다란 어려움이 있다고 여겨진다.

6) 우리나라 정신보건서비스 전달체계의 개선방안

(1) 정신보건사회복지 제도화의 확립

정신보건시설에서의 정신보건사회복지사의 의무배치인원의 기준을 높인다. 1973년에 개정된 의료법 시행령과 1992년에 개정된 의료법 시행규칙 제28조 ② 항 5호(의료인의 정원)에 의해 종합병원에는 환자의 갱생, 재활과 사회복귀를 위한 상담 및 지도업무를 담당하는 사회복지사를 1인 이상 둔다고 규정하여 종합병원에서 사회복지사가 근무할 수 있는 기틀을 마련하였다. 그러나 아직도 사회복지사가 배치되지 않거나 배치되어 있어도 적절한 역할을 확보하지 못하고 있는 경우가 많다. 정신병원에 사회복지사가 배치되기 시작한 것은 1977년 7월 1일부터 의료보험이 실시되면서이다. 의료보험의 진료비 청구에서 사회복지사의 활동에 대해서도 수가를 청구할 수 있게 됨으로써 점차 증가하기 시작하였다.

그리고 근년에는 각 정신병원에서 정신질환자들의 정신 사회재활프로그램을 확대 실시함으로써 사회복지사의 배치가 더욱 증가하고 있는 실정이다. 그리고 1995년 12월에 정신보건법이 제정되고 이어서 시행령과 시행규칙이 마련됨으로써 이제 정신보건사회복지사의 자격제도화가 이루어져서 정신보건전문요원으로서 자격을 갖고 일할 수 있는 근거가 마련되었다. 그러나 입원환자 100명당 1명의 정신보건전문요원을 배치하도록 되어 있어 아직도 정신의료기관에 의무적으로 배치되어야 할 전문가에 포함되는 정도이지(참고로 의료법에서는 의료인에 대한 규정에서 의사(정신과 전문의)는 입원 환자 20명당 1명, 간호사는 입원 환자 5명당 2명으로 규정되어 있다) 실질적인 역할을 할 수 있을 정도의 인원은 아니다. 그래서 정신보건시설의 유형과 정신장애인의 숫자에 비례한 정신보건사회복지사의 채용을 법적으로 보장하여 정신장애인에 대한 사회복지서비스의 질을 높일 수 있도록 해야 한다.

(2) 정신보건과 사회복지와의 연계 : 정신보건복지서비스 전달체계의 확립

탈원화 현상은 짧은 입원기간과 지역에서의 외래 서비스를 통하여 정신질환자의 사회복귀를 용이하게 하지만 탈원화한 환자들을 지역사회에서 관리할 수 있는 체계가 충분히 갖추어져야 한다.

빈곤문제를 지닌 생활(의료)보호대상자들은 많은 의료적 문제를 지니고 있다. 부랑인으로 정신병원에 입원한 의료보호대상 환자를 위해 정부는 매년 많은 재원을 투자하여 치료하거나 요양시키지만, 치료 중 혹은 치료 후 환자가 퇴원해도 적절하게 관리할 수 있는 체계가 마련되어 있지 못한 관계로 환자는 지속적인 치료를 받지 못하여 재발하여 재입원하고 정부는 또 많은 치료비를 부담하게 된다. 의료보호환자가 입원 중 혹은 퇴원 후에도 적절하게 지도·관리될 수 있도록 입원 중에는 의료기관에 근무하고 있는 정신보건사회복지사에 의해 그리고 퇴원 후에는 지역(보건소 혹은 보건복지사무소)에서 근무하고 있는 정신보건사회복지사를 포함하는 정신보건전문요원들에 의해 지속적으로 관리되어야 한다. 그리하여 그들의 재발을 억제하고 재활될 수 있도록 정신보건전문요원(정신보건사회복지사)의 배치와 역할을 명시하는 것이 바람직할 것이다.

(3) 사회복지활동에 대한 의료수가의 현실화와 병원행정가의 이해증가

병원행정적 차원에서 볼 때 병원행정가는 사회복지사에 대한 올바른 인식을 가져야 하며 사회복지사가 정신장애인에게 양질의 서비스를 제공할 수 있도록 인력충원과 근무여건의 개선, 재교육의 기회를 제공해야 할 것이다. 그러기 위해서는 정부의 지나친 저 의료수가 정책이 지양되고, 의료보험에 규정되어 있는 정신보건사회복지사의 활동 항목과 그에 따른 보험청구액수의 현실적 조정을 통하여 정신보건사회복지사가 일할 수 있는 의료기관의 환경을 조성하는 것이 무엇보다 시급하다고 하겠다.

(4) 보건소 중심으로 서비스 간의 통합, 조정, 관리

지역중심의 정신보건사업이 중요한 문제로 누차 제기되었음에도 불구하고 아직 우리나라의 정신보건사업은 그 수준에 미치지 못하고 있다. 예산편중과 각종 센터의 부족으로 인해 그 실행도 어려운 실정이다. 앞서 법령에서는 지역사회정신보건프로그램을 확산하는 거점역할을 수행한다고 하였으나 현실적으로 지켜지지 않고 있다. 예산확보와 적절한 분배로 지역사회정신보건사업에 전력을 기울여야 하며, 현재 정신보건사업의 거점인 보건소와 정신보건센터를 중심으로 현재

편중적인 서비스를 개선시켜야 한다. 또한 이러한 지역사회 중심의 정신보건사업 추진으로 그동안 발견하지 못했던 지역사회의 정신보건자원을 적극적으로 개발하여야 할 것이다. 또한 따로따로 운영되고 있는 지역사회의 모든 정신보건체계들을 하나로 연결하는 노력이 필요하며, 이를 통해 클라이언트가 단계적이고 연속적인 서비스를 받을 수 있도록 해야 할 것이다.

(5) 서비스 단계상의 차별화(체계 간의 차별화)와 프로그램의 개발

지역사회정신보건사업을 통합적으로 연계된 서비스로 운영하면서, 각각의 체계들이 차별화된 프로그램을 운영하는 데 중점을 두어야 한다. 현재 우리나라의 정신보건서비스프로그램들은 경계선 없이 모호한 편이다. 이는 전문 인력의 부족으로 인한 결과라고도 할 수 있겠다. 전문 인력을 늘려서 각각의 체계들이 필요한 인력을 고용해, 서비스를 받고 있는 클라이언트들의 욕구와 현재 상황을 제대로 파악하는 노력이 먼저 선행되어야 할 것이다. 이러한 노력으로 각 전달체계들은 그에 상응하는 프로그램의 개발을 위해 노력해야 할 것이다. 이로 인해 클라이언트가 다양한 체계들과 프로그램을 통해 각자에게 맞는 서비스를 제공받아야 할 것이다.

(6) 자원개발 & 정신장애에 대한 인식 개선 및 홍보

지역사회 내에서의 정신보건사업이 중요함은 앞서 계속해서 강조해 왔지만 지역사회와 주민들의 인식 개선 없이는 지켜지기 어려울 것이다. 지역주민들의 정신장애인에 대한 인식을 개선시키기 위해서는 먼저 정부에서 적극적으로 이에 대한 이해를 선행하여야 할 것이다. 적극적인 정책과 각종 다양한 홍보활동, 그리고 지역주민들의 재교육을 통해, 우리 사회에 잘못 인식되어 있는 정신장애인에 대한 편견을 고쳐야 할 것이다. 이를 통해 지금껏 지역사회와 격리되어 생활하던 클라이언트들을 사회 안으로 참여시킬 수 있는 서비스도 같이 제공되어야 할 것이며, 지금껏 발견하지 못했던 지역사회에 내재되어 있는 자원을 개발시킬 수 있는 노력도 필요하다. 또한 각종 사회적 편견으로 자립할 수 있는 기회조차 박탈되었던 클라이언트를 지역사회 안에서 보호하고 참여시킬 수 있는 각종 법령과 정책 등도 마련되어야 할 것이다.

(7) 다양한 사회복귀시설의 설립과 운영에 대한 정부지원의 충실화

정신장애인의 다양한 욕구에 부응할 수 있는 다양한 기능을 수행하는 정신보건시설의 설치를 통하여 정신장애인의 욕구를 보다 적절히 충족시킬 수 있는 체계를 갖추는데 대한 정부지원이 이루어져야 한다. 정신요양병원뿐만 아니라 장기적인 요양을 위한 보호시설인 현재의 요양원과 유사한 시설, 그룹홈, 통원형 이용시설, 입소형 이용시설, 복지공장, 정신장애인을 위한 단기보호시설 등이 유기적인 연관을 맺고 설치・운영되어야 한다.

2 정신보건관련 기관과 시설

1) 지역사회정신보건센터

미국에서는 1963년에 정신보건법이 제정되고 연방정부가 지역사회정신보건센터를 급격히 설립하면서, 지역사회에서의 여러 가지 치료와 재활 및 사회복귀를 위한 서비스프로그램의 중추적인 역할을 지역사회정신보건센터에서 담당했다.

우리나라도 1995년 12월 정신보건법이 제정되면서, 정신장애인의 지역사회재활과 적응을 위해 다양한 서비스를 제공할 수 있는 지역사회정신보건에 대한 정책적 뒷받침이 되었다. 정신보건센터는 공공부문이 정신건강서비스를 제공하기 위해 기존 보건소를 활용하여, 보건소와 민간기관을 연계하거나, 보건소 중심으로 정신보건사업을 실행하는 주체이다. 1994년 대도시와 농촌지역에서 시범사업을 실시하였고, 이를 바탕으로 1995년 1월부터 강남구 보건소를 통해 용인정신병원 산하의 서울시립병원과 연계한 지역사회정신보건센터가 개소하였다.

지역사회정신보건센터의 성격은 전통적인 정신병원의 입원치료에서 다루지 못하는 영역인 예방, 보호, 그리고 재활서비스를 다루는 것으로 정신질환의 예방과 재활을 보다 강조한 프로그램을 제공하면서 지역사회 전체의 정신보건 욕구를 전반적으로 충족시킬 수 있도록 한다. 따라서 지역의 다양한 정신보건서비스를 통합하고 조정하면서 포괄적인 서비스를 제공하는 것을 목적으로 한다.

정신보건센터는 정신보건전문인력, 즉 정신과 의사, 정신보건간호사, 정신보건사회복지사, 정신보건임상심리사 등을 확보하여 정신장애인 발견·등록, 주간재활프로그램, 정신장애인과 가족을 위한 교육, 정신장애인 가족모임에 대한 지원, 위기개입, 가정방문, 직업재활 등 직접적인 서비스를 제공할 뿐 아니라, 지역주민의 정신장애인에 대한 편견해소를 위한 사업, 지역의 보건복지관련 공무원들에 대한 정신보건교육 등, 지역사회의 교육과 상담·자문서비스를 제공하고 있다.

정신보건센터는 앞으로 탈수용화되어 지역사회로 복귀하는 만성정신질환자를 지속적으로 치료하고 관리하며 이들의 사회적응 능력을 향상시키는 역할을 담당해야 하는 한편, 정신의료기관·사회복지관·공적자원 등과의 긴밀한 협조체계를 구축하여 지역사회자원을 최대한 활용하고 지역사회정신보건사업을 통합·조정할 수 있도록 활용되어야 한다(정지영, 2000).

2) 주거시설

(1) 주거시설의 법적 기준

우리나라 주거시설의 법적근거는 정신보건법 제15조에 근거하며 사회복귀시설 중 하나이다. 보건복지부(2005)가 발행하는 '정신보건사업안내'를 보면 사업의 목적은 정신질환자가 병원이나 시설에서 치료·요양 후 상태가 호전되면 지역사회로 나아가 사회적응훈련, 작업훈련 등 재활훈련을 통해 사회복귀를 촉진시키는 것이다.

주거시설 설치는 '정신질환으로 가정에서 생활하기 어려운 자에 대하여 저렴한 비용으로 주거를 제공하는 것을 목적으로 하는 시설'이라 정의되어 있다. 신고제이며 시설 설치자는 국가 또는 지방자치단체, 사회복지법인, 기타 비영리법인으로 정신보건전문요원도 설치 가능하다. 설치자 자격을 갖춘 사람이 정신보건법 시행규칙 제8조에 의거 구비서류를 준비하여 관할부서에 제출하면 된다. 주거시설의 이용 대상자는 만 15세 이상으로 주요정신장애로 진단받은 만성정신질환자로서 재활이 필요하며 자해 및 타해의 위험이 적은 사람이 입주가능하고 알코올 문제가 있거나 아동, 정신지체인은 입주가 안 된다. 정원이 10인 이하의 시설로 운영되며 바닥면적이 1인당 4.3m^2 이상, 1실은 6인 이하로 남·여 구분하고 거실 및 화장실 등 주거에 필요한 기본시설을 갖춰야 하는 것이 설치기준이다. 인력기준은 7인 이상 시설은 시설장 포함하여 종사자가 2인까지 가능하며 정신보건전문요원이 반드시 근무하여야 하며, 시설장이 정신보건전문요원일 경우 관리인은 두지 않아도 된다.

주거시설 운영의 목표는 정신질환자에게 재활훈련서비스를 제공하여 사회복귀를 촉진시키는 것으로, 전문적이며 효율적으로 적절하게 운영되어야 한다. 또한 지역 내 정신보건센터나 사회복귀시설, 정신질환자 수의 분포를 감안하여 설치하고 대중교통 이용이 편리한 곳으로 주택을 활용한다. 주거시설 이용 시 주치의 소견서를 반드시 제출하여야 한다. 정부보조금을 지원받는 시설은 국민기초생활보장법에 의한 수급권자를 우선 입주하도록 하고, 사회복귀 이용시설, 정신보건센터, 보건소의 재활프로그램, 보호작업장, 직장, 학교 등을 다니는 것을 원칙으로 하여 낮시간 활동을 권장하고 있다. 비용은 보건복지부장관이 정하는 비용수납한도액을 받을 수 있다. 그 이외에는 '사회복귀시설 공동업무지침'을 참조하여 운영한다.

주거시설의 서비스는 생활훈련 중심적이다. 생활훈련은 정신질환자의 일상생활유지와 사회적응능력 향상을 위한 훈련으로서 일상생활기술훈련, 약물관리교육, 긴장이완훈련, 여가활용훈련, 사회기술훈련이 포함된다. 그리고 작업훈련과 기타 필요한 훈련을 실시하게 되어있으며, 주거시설의 경우 낮시간에 타 기관을 이용하도록 되어있다.

이상과 같이 주거시설의 법적 기준이 다소 모호하고 포괄적이며 해석하는 사람에 따라 차이가 있어 실제 운영함에 어려움이 있다. 이것은 초기에 정신보건법의 사회복귀시설인 주거시설을 법제화하는 과정에서 주거시설에 대한 이해와 경험이 부족했기 때문이라 생각된다. 그러므로 그동안의 경험을 바탕으로 문제점을 보완하여 충분한 논의와 합의를 거쳐 사회복귀시설의 분류와 기준이 보완되어야 한다(임영희, 2005).

3) 사회복귀시설

정신보건법에 의하면 국가 또는 지방자치단체는 사회복귀시설을 설치・운영할 수 있으며(법 제15조 제1항) 사회복지법인 및 기타 비영리법인, 정신과전문의, 정신보건전문요원은 시・도지사에게 신고를 하고 사회복귀시설을 설치・운영할 수 있다(법 제15조 제2항). 그리고 사회복귀시설의 장은 보호 중인 정신질환자에 대하여 자유로운 생활이 보장되도록 하여야 하고(법 제15조 제3항), 사회복귀시설에서 정신질환자의 사회복귀를 위한 훈련 등 의료에 있어서 보건복지부장관이 정하는 바에 의하여 정신과전문의의 지도에 따라 행하여야 한다(법 제15조 제4항).

사회복귀시설의 종류는 다음과 같다(이영실, 2004: 305).

(1) 정신질환자 생활훈련시설

정신질환 때문에 가정에서 일상생활을 영위하는 데 지장이 있는 정신질환자를 위하여 일상생활에 적응할 수 있도록 저렴한 요금으로 거실 기타 시설을 이용하게 하고 필요한 훈련 및 지도를 함으로써 정신질환자의 사회복귀를 촉진할 것을 목적으로 하는 시설(법 제16조 제1항)

(2) 정신질환자 작업훈련시설

고용되기 곤란한 정신질환자가 자활할 수 있도록 저렴한 요금으로 거실 기타 시설을 이용하게 하고 필요한 훈련을 하며 직업을 알선함으로써 사회복귀 촉진을 도모하는 것을 목적으로 하는 시설(법 제16조 제2항)

(3) 기타 보건복지부령으로 정하는 시설

정신질환으로 가정에서 생활하기 어려운 자에 대하여 저렴한 비용으로 주거를 제공하는 것을 목적으로 하는 시설(규칙 제12조 제1항)과 정신질환자종합훈련시설로써 정신질환자에 대하여 저렴한 비용으로 생활훈련과 작업훈련 등을 실시하는 것을 목적으로 하는 시설(규칙 제12조 제2항) 등

〈표 12-2〉 사회복귀시설의 시설기준 및 수용인원(제10조 제1항 관련)

구 분	시 설 기 준
공통사항	1. 사회복귀시설은 보건위생·급수·안전·환경 등을 고려하여 쾌적한 환경을 갖추고 도심 기타 대중교통수단을 통한 접근이 편리한 곳에 설립하여야 한다. 2. 사회복귀시설은 일조·채광·환기·난방·급배수 등 이용자의 보건위생·안전 및 생활편의에 적합한 시설을 갖추어야 하며 청결을 유지하여야 한다. 3. 사회복귀시설은 소화기 및 경보기를 설치하고, 출입구는 비상시에 대피하기 쉽도록 복도 또는 넓은 공간에 직접 연결되어야 한다.
정신질환자 생활훈련시설	1. 생활훈련실, 사무실, 휴식실 또는 오락실, 식당(생활훈련실 겸용가능) 및 화장실을 설치하여야 한다. 2. 입소시설로 운영할 경우에는 거실·목욕실 및 조리실을 설치하여야 한다.
정신질환자 작업훈련시설	1. 작업훈련실, 사무실, 휴식실 또는 오락실, 식당, 화장실, 탈의실 및 샤워실을 설치하여야 한다. 2. 입소시설로 운영할 경우에는 거실·목욕실 및 조리실을 설치하여야 한다.
정신질환자 종합훈련시설	1. 작업훈련실, 생활훈련실(식당 겸용가능), 사무실, 휴식실, 식당, 탈의실, 샤워실 및 화장실을 설치하여야 한다. 2. 입소시설로 운영할 경우에는 거실·목욕실 및 조리실을 설치하여야 한다.
주거시설	1. 정원 10인 이하의 시설로 운영하여야 한다. 2. 거실·화장실 등 주거에 필요한 기본시설을 갖추어야 한다.

※ 비고 : 가. 거실 바닥면적은 1인당 4.3m^2 이상으로 하고, 1실의 정원은 6인 이하로 하며, 남·여 입소자를 구분하여야 한다.

나. 생활훈련실은 일상생활적응에 필요한 교육훈련 및 취미·오락활동에 필요한 시설을 갖추어야 한다.

다. 작업훈련실은 작업인원 및 업종을 고려하여 전체 입소이용자가 사용하는 데 지장이 없는 규모의 시설을 갖추어야 한다.

CHAPTER

13 정신보건사회복지 인력체계

1 정신보건전문 인력체계

정신보건전문요원은 정신보건임상심리사, 정신보건간호사, 그리고 정신보건사회복지사로 나누어지며, 각 정신보건전문요원의 역할을 살펴보면 다음과 같다(보건복지부, 1998. 6 ; 이충순 등, 1996 ; 이영실, 1995 ; 박종원 등, 1994 ; Spect, 1972 ; Sunley, 1970 ; Meyer, 1970 ; Riley, 1971).

1) 정신보건임상심리사

(1) 기본 원칙

임상심리학은 과학적 심리학에 뿌리를 두고 있는 건강전문직이므로 전문직이자 과학이다. 이러한 전문직의 기본 원칙은 다음의 세 부분으로 이루어져 있다.

① 심리학은 자율적인 전문직이므로 다른 전문직과는 달리 제공한 심리학적 서비스에 대한 궁극적인 책임을 지게 된다.

② 심리학은 건강관리 전문직이므로 환자가 가질 수 있는 전 영역의 건강문제에 관심을 두고 있다. 전통적으로 초기에는 건강문제에 대한 심리학적 관심이 정신건강 분야에만 있었으나 요즘은 매우 다양한 건강 분야들에서도 심리학적 개입을 하기 시작하였다. 그 이유는 정신건강 이외의 분야에서도 심리적인 문제가 내재되어 있고 신체적 치료만이 일반 대중을 괴롭히는 많

은 주요한 건강문제들을 치료하기에 불충분하다고 인식하였기 때문이다.

③ 심리학은 과학이다. 심리학자들의 수련과정 속에는 건강문제들을 발생시키거나 악화시키는 데 관련되는 행동과학의 바탕을 이루는 이론들이 포함된다. 또한 심리학의 과학적 뿌리에 근거하여 서비스를 제공할 때는 그 과정뿐만 아니라 결과에 대해서도 대중에 대하여 전문직으로서 책임감을 가져야 한다.

(2) 임상심리학의 기능적 정의

① 평가, 진단, 특히 다양한 상황과 활동상태에서의 개인과 집단의 기능평가
② 개인과 집단의 기능 고양을 위한 개입-상담, 심리치료, 심리과정에 대한 자문
③ 위의 ①, ②항과 관련된 자문
④ 위의 ①, ②, ③항과 관련된 분야에서의 프로그램 개발과 서비스 제공
⑤ 심리학적인 서비스들에 대한 지도, 감독

(3) 임상심리학의 활동 분야

① 임상심리학자들은 공공건강서비스를 제공하며, 개인과 집단의 상담치료뿐아니라 클리닉과 CMHC(지역사회정신보건센터)에서 외래환자와 입원환자들에게 서비스를 제공한다.
② 종합병원-정신과는 물론이고 여러 분과에서 서비스를 제공한다.
③ 거주지를 제공하는 사회복귀시설과 재활센터에 참여 및 운영을 한다.
④ 정신건강프로그램을 실시한다.
⑤ 정신보건서비스를 제공하는 기관들의 책임자가 되다.
⑥ CMHC, 정신병원, 외래환자 클리닉, 정신지체프로그램, 재활프로그램의 행정담당을 한다.
⑦ 교육, 훈련, 연구과정의 일을 하며 대학교수, 전문가 학교 등에서 실무자 역할을 한다.

(4) 지역사회정신보건에서 임상심리사의 역할

① 평가자의 역할

정신보건임상심리사는 개인의 인지적, 정서적, 대인관계상 잠재능력과 현재의 수행능력을 관찰하고 평가하는 역할을 수행한다. 이 평가적 기능을 수행하는 데는 각종 심리검사가 가장 중요하게 사용되지만, 때로는 환자와의 면담과 행동관찰을 통해서 환자를 평가하기도 한다.

정신보건임상심리사의 임상평가는 다음과 같은 사항을 포함하게 된다.

첫째, 환자의 인지적, 정서적, 대인관계 기능이 어떻게 장애받고 있는가?

둘째, 어떤 심리적 혹은 환경적 문제가 개인의 장애를 유발하고 지속시키는가?

셋째, 환자의 문제를 어떻게 진단하겠는가?

넷째, 어떤 치료적 개입이 그 환자에게 가장 적합하겠는가? 등이다.

정신보건임상심리사가 맡고 있는 평가자로서의 역할은 지역사회정신보건체계에서 정신질환의 조기 발견에 매우 중요하게 활용될 수 있다.

정신보건임상심리사는 정신병리나 심리진단에 대한 기본 지식과 임상경험을 갖추고 있어 비의료전문인력 중에서는 정신병의 조기 발견을 가장 정확하게 수행해 나갈 수 있는 정신보건전문가이다.

정신보건임상심리사가 지역사회정신보건센터에서 정신질환을 가진 사람이나 정신질환으로 발전될 가능성이 있는 심리문제를 가진 사람을 조기에 발견하고 정확하게 평가하여 전문의료인에게 의뢰하는 역할을 담당한다면, 정신병의 조기 발견이나 예방에 투입될 전문의료 인력이 부족한 현 체재를 가장 잘 보완할 수 있을 것이다.

② 치료자의 역할

정신보건임상심리사는 인간행동의 원리나 행동변화 과정에 대한 과학적 지식을 바탕으로 많은 심리학적 치료기법을 개발해 왔다.

그 중에서도 특히 행동수정, 인지치료, 인간 중심 치료법은 다양한 비정신병적 정신장애나 적응장애를 치료하는 데 치료효과가 입증되어 구미에서는 정신질환자의 치료에 적극적으로 사용되고 있다. 뿐만 아니라 심리학에서 개발된 사회기술훈련이나 의사소통훈련 등은 정신질환자의 재활치료에 필수 불가결한 요소가 되고 있다.

정신보건임상심리사가 심리사회적 치료를 담당하기에 적합한 기본 지식과 수련경험을 갖추고 있음에도 불구하고 우리나라에서는 아직껏 임상심리학자의 치료자 기능이 잘 활용되지 못하고 있다.

이는 비의료전문인인 정신보건임상심리사가 정신질환자의 치료를 수행하는 데 대한 우려와 저항이 전문의료인들 사이에 널리 퍼져 있고, 임상심리사도 정신치료에만 집착하고 있기 때문이다. 그러나 임상심리사가 전문의료진과의 긴밀한 협조를 통해 적절한 환자에게 심리사회적 치료를 선별적으로 적용한다면 큰 문제없이 치료가 수행될 수 있으리라고 본다.

만일 정신보건임상심리사가 지역사회에 뿌리를 둔 정신보건센터에서 정한 심리장애나 적응문제, 청소년문제를 가진 지역구민에게 심리사회적 치료서비스를 제공해 준다면 정신질환의 예방적 차원에서나 정신건강서비스의 확산에 큰 도움을 줄 수 있을 것이다.

③ 연구자의 역할

심리학은 인간행동에 대한 과학적 접근을 매우 중요시하는 학문이기 때문에 연구자로서의 훈련은 심리학 교육과정에서 대단히 강조되는 부분이다.

실제로 정신보건임상심리사들이 현재 임상장면에서 전문의료인과 가장 긴밀히 협조하여 공동작업을 하는 분야는 연구 분야라고 할 수 있다.

그 결과 정신질환에 대한 많은 연구가 수행되어 왔고, 이러한 연구결과들은 환자들에게 보다 나은 정신보건서비스를 제공하는 데 활용되어 왔다.

앞으로 우리나라 실정에 맞는 정신보건체계가 마련되고 정신보건정책이 수립되기 위해서는 정신질환자에 대한 정확한 통계와 객관적 자료가 절대적으로 필요한 상태이다.

만일 정신보건임상심리사가 지역사회정신보건센터에서 정신질환자에 대한 기초자료를 수집하고 나아가서 여러 치료법의 효율성을 객관적으로 평가하는 연구를 수행하게 된다면, 이러한 연구결과에 기초하여 지역사회정신보건사업이 더욱 효율적으로 운영될 수 있을 것이다.

2) 정신보건간호사

병들거나 지친 사람들을 목욕시키고, 간호하고, 영양분을 공급하며, 위로해 주고 편안하게 안심시키는 것과 같은 가정 내에서 여자의 역할로 인식되던 기능이 현재의 병원 내에서는 간호사에 의해 행해지고 있다.

이런 측면이 간호사의 대부분이 여성인 이유가 되기도 하지만, 간호사로서의 지속적인 학문적 교육을 기피하는 현상의 원인이 되기도 한다. 즉, 간호는 전문적인 교육이 필요 없는 상식으로 여기도록 전통적으로 기대되었다. 그러나 최근의 간호는 전문적으로 환자를 돌보라는 사회적 요구에 부응하여 점차 학문적 기초를 지닌 전문적인 역할로 발전하게 되었다.

(1) 정신간호의 기본 원칙

정신간호는 총체적인 건강간호의 한 분야로서 개인, 가족, 더 나아가서 사회에 대한 복합적인 서비스를 제공한다. 일반적으로 간호사는 질병을 예방하고 상처와 질병을 치료하며 건강을 최적상태로 회복시켜 건강을 유지하고 촉진시키는 데 기여한다.

또한 간호사들은 대중들에게 여러 가지 서비스를 제공함에 있어서 타분야 전문가들과 상호 밀접한 연관성을 갖는다.

정신보건간호는 타 분야와 역할이 구분되거나 공유되는 기능을 갖고 있어 긴장과 갈등을 초래할 수 있는데, 가장 크게 구분되는 특징은 간호와 정신보건 양 분야에 대한 지식과 경험을 통합시켜 활용한다는 점이다.

정신보건간호사는 환자를 위해 다른 분야의 전문가들과 밀접한 연관성을 가지고 활동해야 하며, 높은 수준의 간호를 제공하기 위해서는 전문가 상호 간에 서비스에 대한 평가 및 계획이 필요하고, 조심스럽고 침착한 판단을 내릴 필요가 있다.

정신보건간호사는 건강관리 전달체계 속에서 정신보건과 관련된 모든 분야에 기여하여야 하므로 정신건강의 유지 및 촉진뿐만 아니라 인간의 잠재력을 최대한으로 이용하는 역할을 수행해야 한다.

정신보건간호사들은 건강관리 체계 내의 변화에 책임감을 갖고 가용자원들이 단절되거나 분산되는 것을 최소화시켜야 하며, 타 분야 전문가들과 마찬가지로 자신들의 분야에 책임을 갖고 자신들에게 부여된 역할에 대해서는 결정권을 주장해야 한다.

정신보건간호사는 정신보건법과 간호사 규약이라는 합법적인 범위 내에서 전문성을 인정받고 활동하며 근무하게 된다. 이러한 관계법령은 정신보건간호사로서의 책임과 활동영역 및 관계성에 관한 규범을 제공하며 간호의 질을 규정하고, 인간을 존중하며 환자의 비밀을 보장해 주며 불법적이고 위험스런 시술로부터 환자를 보호해 주는 전문가적인 윤리적 의무를 규정한다. 또한 정확한 판단을 하고 전문적 지식을 향상시켜 대중의 정신건강에 대한 요구에 부응하도록 타분야 전문가들과 협조하라고 제안하고 있다.

(2) 정신보건간호사의 역할

정신보건간호사의 역할을 총체적으로 요약하면 다음과 같다.

① 사회적·생물학적 및 물리학적 이론 등과 임상적 실제를 통해 개인의 정신건강에 지속적이고 총체적으로 기여한다.

② 통상적인 질병에 관한 개념에 따라서 개인이 최상의 정신건강을 유지하도록 기여한다.

③ 임상적 실기와 연구를 통해 의학과 사회적 체계 모두에 관련된 내용과 경험을 통합시킨다.

④ 체계적이고 확인 가능한 절차를 가진 전문적인 방법으로 정신간호업무를 수행함으로써 질적인 면에서 전문가로서의 책임을 다한다.

(3) 정신보건간호의 기능적 정의

정신보건간호는 인간행동이론을 과학적으로 간호업무에 적용하는 매우 전문화된 영역으로, 정신질환의 예방 및 교정뿐 아니라 지역사회와 주민들의 정신건강을 최대한 증진시키도록 노력하고 있다.

(4) 정신보건간호사의 활동

정신보건간호사는 다음의 활동들을 한다.

① 치료적 환경을 제공함으로써 환자 환경의 사회생태학적 측면에 관여한다.
② 환자들이 직면하고 있는 현 생활상의 문제에 관여하고 개입한다.
③ 대리부모로서의 역할을 수행한다.
④ 환자의 신체증상 측면에 대해서도 이상의 발견 및 간호를 제공하고 약물 및 기타 치료를 제공한다.
⑤ 여러 가지 행동양상에 수반되는 정서적 건강상태에 대한 교육을 제공한다.
⑥ 직업 및 사회적 능력 향상을 위한 사회적 대행자로서의 역할을 받아들이고, 오락과 여가활용기술을 가르친다.
⑦ 다른 간호사와 일반 보건관계 종사자에 대한 임상적, 지도적 역할을 유지하고 제공한다.
⑧ 지지적 정신치료를 수행한다.
⑨ 정신보건과 관련된 사회 및 지역사회의 활동에 적극 개입한다.

정신보건은 심리사회적 측면의 이론과 생물학적 과학의 이론에 중점을 둔 기틀을 마련해야 한다. 인간행동과 심리사회적 및 문화적 측면에 관한 이론은 임상간호 분야에서 절대적으로 필요한 분야이긴 하지만, 정신보건간호는 이 분야들에 대한 좀 더 깊이 있는 지식과 능력이 필요하다. 정신보건간호사는 정신건강과 정신질환에 대한 의학적·사회문화적 모델에 모두 다 합당한 여러 이론들을 이해하고 유연하게 적용시켜 환자의 문제를 균형 있게 평가하고 포괄적으로 다룰 수 있다. 통상적으로 정신보건간호사에게 유용하며 이용할 수 있는 이론으로는 체계이론, 상징적 상호관계성 이론(Symbolic Interactionism), 커뮤니케이션, 신체의학, 정신약물학, 학습이론, 정신분석, 스트레스, 위기이론 등이 있다.

(5) 지역사회 내에서의 정신보건간호사의 역할

지역사회정신보건사업에는 환자의 발견 및 치료 유지를 위한 모든 활동에 정신보건간호사의 역할이 매우 중요한데, 특히 정신보건간호사의 사례관리자로서의 역할이 매우 중요할 것으로 예측된다.

사례관리자는 환자의 자기 관리 능력을 향상시키고, 양질의 치료와 간호를 제공받을 수 있게 하며, 서비스의 불필요한 중복을 피할 수 있어 비용을 절약할 수 있으면서도 환자의 삶의 질을 높여 줄 수 있어서, 장기적인 지역사회정신보건사업의 핵심적인 위치를 차지하게 된다.

사례관리자는 환자의 건강욕구를 결정하고 개별화된 접근을 하게 되는데 정신보건간호사는 전문교육 과정을 통해 정신건강의 사정, 정신치료의 원리와 방법, 위기상담 및 가족상담, 활동요법 등 다양하고 전문적인 지식을 습득함으로써 지역사회정신보건사업에서 활용되는 사례관리자로서 잘 준비된 인력이라 할 수 있다.

사례관리자로서의 정신보건간호사는 지역사회정신보건센터에서 제공되는 각각의 치료와 재활프로그램을 연결하는 다리 역할을 해야 한다. 특히 환자의 정신건강뿐만 아니라 다른 건강문제가 있는지도 파악하여 적절한 도움을 받을 수 있도록 하는 데 통합적인 역할을 수행한다면 보다 전문적인 역할을 수행할 수 있을 것이다.

정신보건간호사는 전문적·비전문적인 기관 간의 활동을 조정하기 위한 연락 및 상담역할을 담당하고, 다른 치료자들에 비해 환자의 임상생활에 대한 접근이 용이하며, 심리, 생리, 정신 사회적 건강이론 등 이론적 기초가 광범위하므로 전문적인 협조체제망과 비전문적인 협조체제에서 도움을 줄 수 있다.

3) 정신보건사회복지사

정신보건분야에서 사회복지사는 환자의 정신사회 재활 치료적 접근을 시도해야 하는 특별한 책임을 갖고 있다.

비록 정신보건분야에서 다른 구성원이 정신사회 재활적인 요인에 관심을 갖고 있을지라도 정신보건사회복지사는 이 분야에서 사회기능에 지속적이고 중요한 관심을 쏟는 유일한 구성원이다.

지역사회정신보건영역에서의 사회적 서비스는 보다 광범위한 정신보건분야의 일부분이며 의료는 병을 다루는 치료에 초점을 갖는 치료체계이지만 정신보건이란 말은 일반적으로 정신건강의 유지와 질병예방에 초점을 둔 체계이다.

정신건강이란 인간의 기본적 욕구이므로 정신보건 분야에서의 초점은 정신건강예방과 재활치료에 있다.

정신보건기관에서의 사회복지사들은 그들이 활동하는 정신건강체계에 대하여 알고 이해하여야 하며 그들의 전문적인 협동치료팀의 일원으로서 협력을 할 뿐 아니라, 정신질환자에 관계된 서비스를 제공하는 데 효율적이고 효과적인 역할을 수행하기 위해 비공식적, 공식적, 사회적 체계와 어떻게 교섭해 나가야 하는지를 알아야만 한다.

초기에는 정신보건사회복지사가 정신질환자와 그 가족에게 직접적인 서비스를 제공하기 위해서 의사로부터 위임을 받는 데 의존해 왔으나, 오늘에 와서는 정신보건사업서비스가 확장되어 다학문적인 치료팀의 한 동료로서 정신보건사회복지사가 참여하고 있다.

이런 치료팀은 정신과 의사, 정신간호사, 임상심리사, 물리치료사, 작업치료사, 재활상담가 등 다양한 전문가들로 구성된다. 한편 서비스도 정신질환자 및 그의 가족에게 주는 직접적인 개별사회복지뿐만 아니라 집단치료, 가족치료, 사례관리, 지역사회지지 프로그램, 환경치료프로그램과 정책계획 및 개발, 진찰, 조사, 교육, 행정, 그리고 지도력 부여 등 실천방법 및 기술론 등이 활용된다.

(1) 정신보건사회복지 기본 원리

정신보건사회복지사가 전문가로서 그 자신과 정신질환자와의 관계에 의해서 환자가 가진 문제를 해결하도록 원조하며 돕는데, 그는 인간으로서 환자가 바라는 기본적 욕구를 바탕으로 한 전문가와 환자의 관계성을 유지해야 한다. 정신보건사회복지 기본 원리는 다음과 같다.

① 개별화의 원리

인간은 사례(case), 유형(pattern), 그리고 범주(category)로서 대접받는 것보다 독특한 개인으로서 대접받고 싶어하는 욕구를 가지고 있다.

따라서 환자는 모두 독특한 인격과 능력을 지니고 있어서 아무리 비슷한 증상을 가지고 있다 할지라도 환자 자신이 감지하는 병에 대한 반응도 다르고 처해 있는 상황이나 해결능력 또한 다르다.

정신보건사회복지사가 클라이언트나 그의 가족을 돕기 위해서는 각자가 갖고 있는 문제의 성격을 개별적으로 파악하여 타인과는 다른 원리나 방법을 활용하여 도움을 주어야 한다.

이와 같이 각 개인을 각기 개별적인 존재로 파악하고 그 개인에 따라 원조를 제공하는 것을 개별화하고 한다.

② 의도적인 감정표현의 원리

인간은 때로 부정적·긍정적 양면의 감정을 표현하고 싶어하는 욕구가 있는데 클라이언트나 그 가족에 있어서는 특히 공포, 불안, 분노 등의 부정적인 감정을 문제해결을 위해 의도적으로 표현하도록 자극하거나 격려하여야 한다.

이와 같이 어떤 목적을 가지고 의도적으로 감정을 표현하게 하는 것을 '의도적인 감정표현'이라고 한다.

클라이언트의 감정을 표현하게 함으로써 자체의 압력이나 긴장을 완화시켜서 자신의 문제를 객관적으로 볼 수 있게 하며 자신의 강점과 약점을 발견하게 하여 심리적인 문제에 대한 지지와 해결방법을 강구하도록 한다.

③ 통제된 정서적 관여의 원리

'통제된 정서적 관여'란 정신보건사회복지사가 클라이언트가 지금 어떤 감정을 느끼고 있으며, 그 감정은 당면한 질병문제에 어떻게 관련되어 있는지에 관해 민감하고 의도적으로 적절하게 반응하여 문제해결에 효과적으로 이용하는 것이다.

인간은 누구나 자신의 문제를 스스로 해결해 보고 싶은 욕구와 그렇게 할 수 있는 잠재력을 지니고 있으므로 클라이언트에게도 그 자신이 스스로의 문제를 해결하도록 돕는 반응이 필요하다. 정신보건사회복지사 자신이 환자를 돕는 중요한 자원임을 명심하고 반응해야 할 것이다.

④ 수용의 원리

여기서 수용이란 정신보건사회복지사가 클라이언트의 감정과 약점, 바람직한 성질과 그렇지 못한 성질, 그의 배경적인 감정, 그의 건설적 또는 파괴적인 태도나 행동을 포함하여 있는 그대로를 이해하고 다루어 나가며 이와 동시에 클라이언트를 가치있는 존재로 받아들이는 것을 의미한다.

정신보건사회복지사는 클라이언트가 갖고 있고 나타내고 있는 모든 것을 있는 그대로 이해하고 받아들임으로써 클라이언트는 사회복지사를 믿고 있는 그대로 자신의 모습을 드러내 보이며 사회복지사는 클라이언트의 문제를 있는 그대로 파악하여 현실적으로 효과있는 문제해결 계획을 세울 수 있어야 한다.

⑤ 비심판적인 태도의 원리

클라이언트는 자신이 직면하고 있는 어려움에 대해서 판단이나 질책을 받고 싶지 않은 욕구가 있다. 특히 만성환자나 임종에 이르는 클라이언트의 경우 열등감, 소외감을 갖기 때문에 비판에 대하여 극도로 예민하다.

그러므로 난치병환자나 위험도가 높은 클라이언트는 자기의 방어적인 태도가 강력하다. 이와 같은 클라이언트의 방어적인 태도가 자신의 문제를 객관적으로 보지 못하게 할 뿐 아니라 현실적인 면을 표현치 못하게 하여 관계 형성이 잘 되지 않고 오히려 문제해결에 장애가 되는 요소가 되기도 한다.

따라서 정신보건사회복지사는 클라이언트의 행동, 태도, 가치, 기준 등을 객관적으로 평가하되 비판하기 위한 것이 아니라 환자를 이해하기 위한 것이어야만 한다.

⑥ 자기결정의 원리

인간은 자기 자신의 생활에 대해서 손수 선택하고 결정하고 싶은 욕구가 있다. 환자의 문제를 해결해 가는 과정에서도 클라이언트 자신이 나아갈 방향을 결정할 수 있도록 도와주고 그와 같은 권리를 존중해 주며 스스로의 결정을 내릴 수 있는 잠재능력을 발휘하도록 자극해 주어야 한다. 이와 같이 클라이언트가 자신의 문제해결을 스스로 결정하는 것을 자기결정이라 한다.

정신보건사회복지사는 클라이언트의 신체적·정신적 능력을 객관적으로 평가하여 능력에 맞게 결정하도록 도와주어야 하고 도덕이나 법률적으로 위반되는 결정은 내리지 않도록 도와야 한다.

(2) 정신보건사회복지의 기능적 정의

정신보건사회복지의 기능을 사회복지의 통합적 체계이론으로 설명하자면, 사회복지 목적을 성취하기 위하여 정신보건사회복지사가 하는 일을 정의하는 데 있어서 주요 초점을 단순히 사람들의 문제나 자원체계 간의 상호작용과 자원체계 사이의 상호작용에 두는 것이다.

사회복지사는 어떤 기능은 자원체계로부터 도움이 필요한 사람들과 수행하고 그 외의 기능은 각종 자원체계 내의 사람들과 수행하게 된다.

정신보건사회복지의 목적을 이행하는 데 있어서, 사회복지사의 주요 기능을 4개로 구분할 수 있다. 정신보건사회복지사의 개입활동과 과업은 다음의 기능 중 어느 하나 또는 그 이상을 성취하도록 시도되어 이것은 정신보건영역에서 활동하는 정신보건사회복지사의 기능과 연계된다.

① 클라이언트의 문제해결과 처리능력을 향상시키고 보다 효과적으로 이용할 수 있도록 돕는다.
② 클라이언트들과 자원체계들 간의 최초의 연결을 성립시킨다.
③ 클라이언트들과 사회자원체계들 사이의 상호작용을 촉진시키고 관계를 수정하여 새로운 관계를 수립한다.
④ 사회통제의 매개인 역할을 수행한다.

실제에 있어서는 하나의 활동이 몇 개의 기능을 동시에 하기 위하여 이행될 수도 있다.

더 나아가서 클라이언트들과 자원체계 사이와 그 내부에 존재하는 연결이 상호작용적 혹은 의사거래적인 성질이기 때문에, 하나의 연결을 변화시키려는 정신보건사회복지사의 특수한 활동이나 과업은 다른 여러 개의 연결에 상대적인 변화를 연속적으로 일으킴으로써 그 외의 다른 기능도 성취할 수 있다.

(3) 정신보건영역에서의 사회복지사의 역할

정신보건법에는 정신보건영역에서 활동하는 사회복지사들을 정신보건사회복지사라는 명칭으로 규정지었다.

정신보건영역에서 사회복지적 개입은 환자의 질병보다는 질병으로 인해 저하된 문제해결 능력과 사회적 기능을 회복, 향상시키는 재활에 그 일차적 목적이 있다.

또한 클라이언트 개인과 환자집단 및 가족집단을 위한 전문적인 서비스프로그램을 시행하는 데 사회기술훈련, 일상생활기술훈련, 사회적응훈련 등과 지역사회 주민들의 편견불식을 위한 계몽, 홍보, 교육 등을 담당하게 된다.

특히, 정신보건사회복지사는 지역사회 내의 각종 인적・환경적 자원을 개발하고 활용하여 클라이언트들의 사회적응을 돕는 일은 물론 재가복지서비스도 주도적으로 개발해야 한다. 그간 의료기관이나 시설에 종사하던 사회복지사들은 지역사회와 접촉하는 데 소극적이었으며, 심지어 자신은 사무실에서 앉아 찾아오거나 의뢰되는 클라이언트들만 면담하거나 4~5명의 환자들에게 사회기술훈련을 시키는 일 등으로 자신의 업무를 축소시켜 왔다.

최근 정신보건사회복지사에게 요구되는 역할은 보다 적극적이고 광범위하며 직접 지역사회와 현장에서 움직이는 사회복지사 본연의 역할이다.

정신보건영역에서 사회복지사가 할 수 있는 역할은 거의 무한대라고 보아도 되고, 정신보건법은 이미 이러한 개념을 포함하고 있으며, 이에 따라 정신보건 분야에서 가장 활발하게 활동할 것이 기대되고 있다.

예를 들어, 예방영역에서만도 정신보건교육, 자문, 위기개입, 정신질환의 조기 발견과 조기 치료를 돕는 일, 정신건강에 대한 올바른 인식을 돕는 일 등을 해야 한다.

국내에는 대학교에서 가르치는 교수들의 임상경험이 적거나 한 분야의 이론에 편중되어 있으며, 보건과 의료의 개념을 무시한 채 복지 측면만 강조하고 있어 타 분야 전문가들과 갈등의 소지가 있으며 쉽게 발전되기 어려운 점이 있다. 그러므로 앞으로 정신보건 분야에서 전문가로서의 역할을 수행하기 위해서는 획기적인 내부개혁이 있어야만 한다.

이러한 시점에서 정신보건사회복지사는 다음과 같은 역할을 수행 할 필요가 있다.

① 정신장애인과 그 가족을 위해 일차적으로 다양한 정신사회 재활치료프로그

램과 양질의 서비스를 연구하고 개발하여야 한다.

② 정신장애인의 사회적응과 사회복귀를 위해 보건의료기관에서 활동함은 물론 지역사회 내의 각종 자원들과 협조하거나 연계 및 참여하여야 한다.

③ 지역사회에서 정신질환의 예방과 정신보건의 향상을 위한 운동을 전개해야 한다.

④ 정신장애인의 각종 권익을 옹호하고 정책에 반영되도록 노력해야 한다.

(4) 정신보건사회복지사의 이론교육 과목

정신보건사회복지사가 수련과정에서 이론교육을 습득한 후 그 이론을 실천현장에서 적용할 때만이 전문성을 인정받을 수 있다.

다음은 이론교육 과목의 개요를 간략하게 설명한 것이다.

① 정신보건사회복지(II) : 정신보건영역에서의 사회복지활동으로서 정신질환자와 가족 및 지역사회를 돕기 위한 정신보건사회복지사들의 역할과 프로그램 등을 연구하여 정신질환자의 지역사회 재활을 증진시키는 전문지식을 습득한다.

② 인간행동과 사회환경(II) : 인간의 신체적, 심리적, 사회적 발달과정에 대한 이해와 사회환경과의 상호작용 유형에 관한 전문지식을 습득한다.

③ 사회복지 윤리(II) : 정신보건사회복지사로서 사회복지의 기본 가치와 철학, 사회복지의 기본 이념과 복지권, 사회복지의 정체감 및 사회적 책임 등에 관한 전문지식을 습득한다.

④ 성격이론 : 인간의 성격발달과 행동특성에 관한 이론체계를 학습하여 정신질환자들의 문제행동을 이해하고 임상적 접근을 용이하게 하는 전문지식을 습득한다.

⑤ 지역사회정신건강 : 지역사회 주민의 정신건강 증진을 위하여 지역사회에서 행해지는 정신건강과 관련된 모든 형태의 서비스를 정의하는 다양한 이론과 방법을 습득한다.

⑥ 정신보건행정 및 정책 : 정신보건정책과 행정체계를 통하여 정신질환자를 위한 통합적 서비스전달체계의 확립을 도모하고 정신보건관련 기관 운영에

있어서의 지도체계와 지원 경영관계를 습득한다.

⑦ 정신보건관련법(Ⅱ) : 정신보건법 및 관련법규의 개요와 이념을 학습하고, 입법 배경, 문제점 등을 분석함으로 전문적 직무수행을 원활하게 할 수 있는 능력을 배양한다.

⑧ 지역사회자원개발 및 관리 : 지역사회 내 정신질환자의 사회복귀를 촉진시키기 위한 자원의 개발, 확보, 동원 및 관리에 관한 전문적 지식을 습득한다.

⑨ 임상심리(Ⅱ) : 임상심리학에 대한 구체적인 지식을 증진시켜 정신보건전문요원 간의 협동을 도모한다.

⑩ 정신간호(Ⅱ) : 정신간호학에 대한 구체적인 지식을 증진시켜 정신보건전문요원 간의 협동을 도모한다.

⑪ 심리사회적 사정(Ⅱ) : 정신질환자의 문제에 관한 심리사회적 요인, 스트레스 상황, 잠재적 변화의 자원 및 정신질환자의 변화욕구에 관한 정보수집과 문제해결의 목표, 개입방법 등의 전문적 판단과정을 위한 개인력 및 가족력 조사, 심리사회적 기능평가, 사정의 과정, 진단적 사정, 사정의 형태(역동적, 원인론적, 분류적) 및 방법 등에 대한 이해를 도모한다.

⑫ 임상기록(Ⅱ) : 기록목적과 도구들, 과정기록, 요약기록 등 다양한 기록유형과 진단계획 및 치료과정의 평가능력 등을 습득한다.

⑬ 사례분석 : 정신보건사회복지사가 수행한 사회복지적 사정, 진단계획, 치료과정 및 사후지도에 관하여 그 내용 및 이론적 모형의 적용여부 등을 분석할 수 있는 능력을 습득한다.

⑭ 조사평가연구 : 조사설계의 유형과 특성들, 표집, 자료수집의 유형과 특성들, 자료의 통계적 분석, 조사보고서 작성법, 프로그램 평가연구 등에 관한 내용을 습득한다.

⑮ 지도감독론 : 정신보건사회복지사의 업무수행 능력과 감수성을 평가하고 클라이언트와의 관계 형성과정, 면접기술·방법, 문제사정과 평가하는 구체적인 기술, 그리고 사례의 역동성과 분석능력 및 개입 전략에 관한 포괄적 평가능력을 습득한다.

⑯ 정신병이론(Ⅱ) : 정신질환의 원인론, 증상론, 증상내용과 정신역동 이해, 가족의 정신병리 스트레스와 적응 등에 관한 이해와 전문적 지식을 습득한다.

⑰ 진단분류체계(Ⅱ) : DSM-Ⅳ 및 ICD-10 등의 진단분류에 게재된 정신장애 분류의 특성, 정신장애 분류에 대한 전문적 지식을 습득한다.

⑱ 응급정신의학 : 자신이나 다른 사람의 생명을 위태롭게 하거나 환자가 극도의 흥분이나 혼란, 환각 또는 우울, 공황을 경험하거나 하여 즉각적인 개입이 필요한 경우에 대한 지식을 기른다. 이 외에도 중요한 타자의 죽음, 결혼 갈등이나 위기, 직장 상실, 법률 위반, 사고, 신체적 질병 등 어려운 상황에서 효과적인 대응을 위한 개입을 의미하기도 한다.

⑲ 정신생물학 및 약물학(Ⅱ) : 정신약물학은 인간의 정신기능 또는 행동에 영향을 미치는 약물, 즉 향정신성약물(psychotropic drug)에 대한 연구로서 이를 통해 약물에 대한 지식, 치료계획 수립 등에 대한 준비를 한다. 약물의 효과가 나타나는 시기, 부작용을 최소화하는 법 등에 대한 정확한 지식을 통해 정신질환자와 가족에게 치료계획을 잘 설명하고 협조를 얻을 수 있다.

⑳ 개별치료 : 클라이언트가 문제상황을 극복하고, 정서적 혼란에서 벗어나, 생의 의미를 발견하여 사회에 적응할 수 있도록 문제에 관련된 성격의 재구성, 불안감소, 행동양식의 개발 등을 목표로 하는 개별접근 방법을 습득한다.

㉑ 집단치료 : 집단지도방법 및 집단 역동성을 활용하여 비슷한 문제를 가진 클라이언트들 간의 활발한 상호작용을 촉진시켜 문제해결 방안을 모색하도록 도와줌으로써 개인의 관심사, 사고, 감정 및 행동양식의 변화와 사회적 기능 향상을 도모하는 지식을 습득한다.

㉒ 집단활동요법(Ⅱ) : 클라이언트가 오락, 음악, 작업, 그림, 문학 등 집단활동을 통하여 그들의 정신적·신체적 에너지를 성장 지향적으로 사용하도록 돕는 전문적 방법을 습득한다.

㉓ 가족치료 : 클라이언트와 가족구성원을 대상으로 치료와 재활에 관계된 제반 정보 제공과 정서적 지지, 그리고 가족이 직면하고 있는 문제에 대해 분석, 지도하며 가족관계의 개선뿐만 아니라 가족구성원 상호 간에 영향을 미치고 있는 부분에 대한 수정을 통하여 가족이 함께 질병을 극복하도록 도와주는 지식을 습득한다.

㉔ 가족교육(Ⅱ) : 가족들에게 정신질환 및 사회복귀에 관한 정보를 제공하고, 가족의 심리사회적 기능을 증진시키기 위한 전문적인 교육방법을 습득한다.

㉕ 위기개입(Ⅱ) : DSM-Ⅳ및 ICD-10 등의 진단분류에 게재된 정신장애 분류의 특성, 정신장애 분류에 대한 구체적 지식을 이해하고 있는지를 평가한다.

㉖ 알코올 및 약물남용 : 성인 및 청소년의 알코올 및 약물남용에 대한 원인과 증상을 분석하고 치료와 사회적 재활을 위한 사회복지적 개입방법론을 모색한다.

㉗ 폭력과 방임 : 아동학대, 배우자학대 등 가정폭력과 방임에 대한 이해를 증진시키고 이에 대한 사회복지적 개입방법을 습득한다.

㉘ 인간과 성(Ⅱ) : 인간의 성 역할과 그 기능에 관한 이해를 증진시키고 정신질환자의 성적 부적응 문제를 돕기 위한 전문적 지식을 습득한다.

㉙ 주거훈련프로그램(Ⅱ) : 클라이언트가 자립성과 독립성을 유지하면서 보호받고 안정감을 누릴 수 있는 주거환경을 제공하는 서비스에 관한 지식과 관리능력을 평가한다.

㉚ 생활훈련(Ⅱ) : 정신질환자들이 실제 생활에서의 다양한 사회경험과 대처기술을 습득할 수 있도록 원조하는 전문적인 방법을 습득한다.

㉛ 직업훈련(Ⅱ) : 클라이언트의 독립적 생활을 가능케 하기 위하여 개별적인 직업훈련과 취업기회의 모색, 후원회 결성을 통하여 그들에게 근로기회와 취업유지를 위한 서비스를 제공함으로써 진정한 사회복귀를 돕는 지식과 능력을 평가한다.

㉜ 사례관리(Ⅱ) : 복합적인 욕구를 가진 정신질환자의 심리사회적 기능 및 사회생활기술의 증진과 실천에 대한 전문지식을 이해시킨다.

㉝ 사회성 기술훈련(Ⅱ) : 클라이언트가 다양한 사회상황에서 사회인으로서의 적절한 역할수행을 할 수 있도록 돕는 전문적 지식과 방법을 습득한다.

2 정신보건전문요원의 교육과 수련

지역사회정신보건사업을 수행하기 위해서는 정신보건전문요원의 역할이 무엇보다 중요하다. 정신보건전문요원이 되기 위해서는 '정신보건전문요원의 수련과정'을 통해서 전문요원의 자격시험에 합격해야 한다. 그리고 전문요원의 업무활동 및 역할수행을 통해서 지역사회정신보건사업을 수행할 수 있다(보건복지부, 1998. 6.).

보건복지부 고시 제 97-16호(1997. 3. 11.)를 보면 '정신보건전문요원의 수련과정 등에 관한 규정'이 제정 고시되었는데 그 중 정신보건전문요원 수련과정의 이수과목 및 이수시간을 보면 다음의 <표 13-1~13-3>과 같다(보건복지부 고시 제97-16호, 1997. 3. 11.).

〈표 13-1〉 정신보건전문요원의 이수 과목 · 시간 정신보건임상심리사

구분 \ 기간		1년차		2년차		3년차	
급수	구분	과목	시간	과목	시간	과목	시간
1급	이론	합계	1,000	합계	1,000	합계	1,000
		소계	150	소계	150	소계	100
		개인심리치료 I 심리평가 I 정신사회재활이론 면담기법 정신병리학 (이상심리학) 정신약물학	30 30 30 20 30 10	개인심리치료II 심리평가II 정신사회재활실제 집단치료 I 신경심리평가 지역사회심리학	30 30 30 30 20 10	집단치료II 임상심리연구방법 가족치료 소아청소년심리장애 노년기심리장애 심리학적 자문	20 20 15 15 15 15
1급	실습	소계	830	소계	830	소계	880
		심리평가 개인/집단심리치료 정신사회재활 개별사례분석	330 150 150 200	심리/신경심리평가 개인/집단심리치료 정신사회재활 개별사례분석	280 200 150 200	심리평가 개인/집단심리치료 정신사회재활 개별사례분석	250 280 150 200
	학술활동		20		20		20
2급	이론	합계	1,000				
		소계	150				
		개인심리치료 I 심리평가 I 정신사회재활이론 면담기법 정신병리학 (이상 심리학) 정신약물학	30 30 30 20 30 10				

구분 \ 기간		1년차		2년차		3년차	
2급	실습	소계	970				
		심리평가 개인/집단심리치료 정신사회재활 개별사례분석	330 150 150 200				
	학술활동		120				

〈표 13-2〉 정신보건전문요원의 이수 과목 · 시간 정신보건간호사

구분 \ 기간		1년차		2년차		3년차	
급수	구분	과목	시간	과목	시간	과목	시간
1급	이론	합 계	1,000	합 계	1,000	합 계	1,000
		소 계	150	소 계	150	소 계	100
		건강사정 및 진단(Ⅰ) 정신간호중재 및 치료(Ⅰ) 발달단계별정신간호 지역사회정신간호 간호연구	30 60 26 25 9	정신사정 및 진단(Ⅱ) 정신간호중재 및 치료(Ⅱ) 정신보건행정정책 사례관리(Ⅰ) (재택중심)	50 60 10 30	건강사정 및 진단(Ⅲ) 정신간호중재 및 치료 (Ⅲ) 사례관리(Ⅱ) (기관중심)	30 40 30
1급	실습	소 계	830	소 계	830	소 계	880
		건강사정 및 진단(Ⅰ) 정신간호중재 및 치료(Ⅰ) 발달단계별정신간호 지역사회정신간호 간호연구	150 360 240 40 40	정신사정 및 진단(Ⅱ) 정신간호중재 및 치료(Ⅱ) 사례관리(Ⅰ) (재택중심)	150 530 150	건강사정 및 진단(Ⅲ) 정신간호중재 및 치료(Ⅲ) 사례관리(Ⅱ) (기관중심)	150 500 230
	학술활동		20		20		20
2급	이론	소 계	150				
		건강사정 및 진단(Ⅰ) 정신간호중재 및 치료(Ⅰ) 발달단계별정신간호 지역사회정신간호 간호연구	30 60 26 25 9				

구분 \ 기간		1년차		2년차		3년차	
2급		소 계	830				
	실습	건강사정 및 진단(Ⅰ) 정신간호중재 및 치료(Ⅰ) 발달단계별정신간호 지역사회정신간호 간호연구	150 360 240 40 40				
	학술활동		20				

〈표 13-3〉 정신보건전문요원의 이수 과목 · 시간 정신보건사회복지사

구분 \ 기간		1년차		2년차		3년차	
급수	구분	과목	시간	과목	시간	과목	시간
1급		합 계	1,000	합 계	1,000	합 계	1,000
		소 계	150	소 계	150	소 계	100
	이론	정신보건기초 사정 및 평가 정신의학 사회복지치료 정신건강문제 사회복귀서비스	35 20 25 20 10 40	정신보건기초 사정 및 평가 정신의학 사회복지치료 정신건강문제	20 40 25 50 15	정신보건기초 사정 및 평가 정신의학 사회복지치료 정신건강문제	16 36 6 36 6
	실습	소 계	830	소 계	830	소 계	880
		사회복지사정 사회복지치료Ⅰ 사회복지치료Ⅱ 사회복지치료Ⅲ	250 100 230 250	사회복지사정 사회복지치료Ⅰ 사회복지치료Ⅱ 사회복지치료Ⅲ	250 100 230 250	사회복지사정 사회복지치료Ⅰ 사회복지치료Ⅱ 사회복지치료Ⅲ	250 100 260 270
	학술활동		20		20		20
2급	총계	합 계	1,000				
	이론	소 계	150				
		정신보건기초 사정 및 평가 정신의학 사회복지치료 정신건강문제 사회복귀서비스	35 20 25 20 10 40				

구분 \ 기간		1년차		2년차		3년차	
2급		소 계	830				
	실습	사회복지사정 사회복지치료 I 사회복지치료 II 사회복지치료 III	250 100 230 250				
	학술활동		20				

3 전문요원 업무의 범위 및 한계

정신보건전문요원은 정신보건사회복지사, 정신보건간호사 및 정신보건임상심리사를 말한다. 각 정신보건전문요원은 1급과 2급으로 구분하고 있으며 1급은 석사학위 소지자로 정신의료기관에서 3년간의 실무경력을 가진 자, 2급은 학사학위 소지자로 정신의료기관으로 1년 이상의 실무경력을 가진 자를 일컫는다.

직종별로 공동사항은 첫째, 사회복귀시설의 운영, 둘째, 정신질환자의 사회복귀 촉진을 위한 생활 훈련 및 직업 훈련, 셋째, 정신질환자와 그 가족에 대한 교육 지도 및 상담, 넷째, 법 제25조 제1항의 규정에 의한 진단 및 보호의 신청, 다섯째, 정신질환 예방활동 및 정신보건에 관한 조사 연구, 여섯째, 기타 정신질환자의 사회적응 및 직업재활을 위하여 보건복지부장관이 정하는 활동이다.

직종별로 업무의 범위와 한계를 살펴보면, 정신보건사회복지사의 경우에는 첫째, 정신질환자에 대한 개인력 조사 및 사회조사, 둘째, 정신질환자와 그 가족에 대한 사회복지지도 및 방문지도이다. 정신보건임상심리사의 경우에는 첫째, 정신질환자에 대한 심리평가, 둘째, 정신질환자와 그 가족에 대한 심리상담이다. 정신보건간호사의 경우에는 첫째, 정신질환자의 병력에 대한 자료수집, 병세에 대한 판단 분류 및 그에 따른 환자관리활동, 둘째, 정신질환자에 대한 간호이다.

정신보건전문요원 업무의 범위와 한계에 대한 설명은 <표 13-4>와 같으며,

정신보건전문요원의 자격기준은 <표 13-5>와 같다

〈표 13-4〉 정신보건전문요원 업무의 범위와 한계

종 별	업무의 범위와 한계
공 통	1. 사회복귀시설의 운영 2. 정신질환자의 사회복귀 촉진을 위한 생활훈련 및 작업훈련 3. 정신질환자와 그 가족에 대한 교육 지도 및 상담 4. 법 제26조 제1항의 규정에 의한 진단 및 보호 신청 5. 정신질환 예방활동 및 정신보건에 관한 조사 연구 6. 기타 정신질환자의 사회적응 및 직업재활을 위하여 보건복지부장관이 정하는 활동
정신보건 임상심리사	1. 정신질환자에 대한 심리평가 2. 정신질환자와 그 가족에 대한 심리상담
정신보건 간호사	1. 정신질환자의 병력에 대한 자료수집, 병세에 대한 판단 분류 및 그에 따른 환자관리활동 2. 정신질환자에 대한 간호
정신보건 사회복지사	1. 정신질환자에 대한 개인력 조사 및 사회조사 2. 정신질환자에 대한 사회복지지도 및 방문지도

출처 : 보건복지부, 2000년도 개정 정신보건관계법령

〈표 13-5〉 정신보건전문요원의 자격기준

등급	정신보건사회복지사	정신보건간호사	정신보건임상심리사
1급	• 교육법에 의한 대학원에서 사회복지학을 전공한 석사학위 이상 소지자로서 보건복지부장관이 정한 정신의료기관에 3년 이상 수련을 마친 자 • 2급 정신보건사회복지사 자격증 소지자로서 정신보건시설 또는 보건소에서 5년 이상의 임상실무 경험이 있는 자	• 교육법에 의한 대학원에서 간호학을 전공한 석사학위 이상 소지자로서 보건복지부장관이 정한 정신의료기관에 3년 이상 수련을 마친 자 • 2급 정신보건간호사 자격증 소지자로서 정신보건시설 또는 보건소에서 5년 이상의 임상실무의 경험이 있는 자	• 교육법에 의한 대학원에서 임상심리학을 전공한 석사학위 이상 소지자로서 보건복지부장관이 정한 정신의료기관에 3년 이상 수련을 마친 자 • 2급 정신보건임상심리사 자격증 소지자로서 정신보건시설 또는 보건소에서 5년 이상의 임상실무의 경험이 있는 자
2급	• 사회복지사업법에 의한 사회복지사 1급 자격증 소지자로서 보건복지부장관이 정한 정신의료기관에서 1년 이상 수련을 마친 자	• 의료법에 의한 간호사면허를 가진 자로서 보건복지부장관이 정한 정신의료기관에서 1년 이상 수련을 마친 자	• 교육법에 의한 대학 또는 이와 동등한 학력이 있다고 교육부 장관이 인정하는 학교에서 심리학을 전공한 학사학위 이상 소지자로서 보건복지부장관이 정한 정신의료기관에서 1년 이상 수련을 마친 자

출처 : 보건복지부, 2000년도 개정 정신보건관계법령.

CHAPTER 14

정신보건법과 실천윤리

1 정신보건법의 이념과 체계

정신보건법은 정신질환의 예방과 정신질환자의 치료 및 사회복귀에 관하여 필요한 사항을 규정함으로써 국민의 정신건강 증진에 이바지함을 목적으로 한다(동법 제1조). 따라서 그 대상을 단순히 정신질환자로 국한하지 않고 있으며, 전 국민의 정신건강 증진을 목적으로 함으로써 정신장애인의 사회복귀에 대한 적극적인 개입이 부족한 것으로 보여지기도 한다.

정신보건법은 다음과 같은 기본이념을 표명하고 있다(동법 제2조).

첫째, 모든 정신질환자는 인간으로서의 존엄과 가치를 보장받는다.

둘째, 모든 정신질환자는 최적의 치료를 받을 권리를 보장받는다.

셋째, 모든 정신질환자는 정신질환이 있다는 이유로 차별대우 받지 않는다.

넷째, 미성년자의 정신질환에 대하여는 특별히 치료, 보호 및 필요한 교육을 받을 권리가 보장되어야 한다.

다섯째, 입원치료가 필요한 정신질환자에 대해서는 항상 자발적인 입원이 권장되어야 한다.

여섯째, 입원 중인 정신질환자는 가능한 자유로운 환경이 보장되어야 하며, 다른 사람들과 자유로이 의견교환을 할 수 있어야 한다.

정신보건법은 기본적으로 정신장애인들에 대한 규제나 통제를 강화하는 법이 아니라 정신장애를 가지고 있는 사람들에게 복지혜택을 주는 기반과 정신장애인의 인권 및 복지를 골자로 삶의 질을 보장해 주고자 하는 법이다. 그러나 정신장애인의 인권과 복지가 법의 목적과 이념으로 잘 표현되어 있지만 이를 구현할 구체적인 조항은 미비한 실정이다. 특히 미성년자의 교육, 특별한 치료와 보호, 정신질환자 최적의 치료 등에 대한 구체적인 언급이 없다. 따라서 사회복귀시설이나 정신요양시설 등에 입소되어 있는 미성년자의 교육에 대한 구체적인 조항이 필요하며, 정신요양시설에 입소되어 있는 무연고 정신질환자들에 대한 사회복귀 관련 조항이 구체화 되어야 한다(정원철, 2007: 46).

2 정신보건사회복지의 실천윤리

1) 전문직의 윤리적 책무성과 윤리강령

사회복지는 전문직이다. 사회복지사는 전문가로서 기능해야 할 다양한 측면의 책임을 가지고 있으며, 책무성은 바로 전문직의 기준이 된다(The NASW Code of Ethics). 즉, 사회복지전문직은 다른 어느 전문직보다 더 윤리적이며 가치지향적인 전문직으로서 책임수행을 위해서는 더욱 명확한 지침을 필요로 한다. 전문성이 가치를 구현하기 위한 지식과 기술이라고 한다면 윤리는 가치를 구체화시키는 전문직으로서의 주체적 책임성이라 할 수 있다. 즉, 사회복지사로서의 전문직 행동의 기준이 되고 원칙이 되는 것이 사회복지의 가치로부터 나온 사회복지사의 윤리이다.

윤리란 사회적 관계 속에서 '사람이 마땅히 지켜야 할 도리와 규범'을 말한다. 전문직의 직업윤리에 있어서는 여러 전문직 단체가 독자의 윤리강령을 정하고 있다. 윤리강령이란 단체나 기관이 '사람이 마땅히 지켜야할 도리와 규범을 정한 것'을 의미한다. 사회복지사 윤리강령은 '사회복지사로서 마땅히 행하여야 할 행동지침'으로 클라이언트와의 전문적 관계에 있어서 사회복지사로의 윤리적 행동의 기준을 제공한다. 또한 윤리강령은 사회복지전문직이 가지는 가치전제인 인간의 존엄성과 독특성 존중 및 클라이언트의 자기결정에 대한 신념을 그 기반으로 하고 있다. 이러한 가치를 전제로 한 윤리강령은 사회복지사의 행동지침으로서 사회복지사로 하여금 사회복지전문직에 충실하도록 이끌며 클라이언트, 동료, 사회복지전문직, 소속기관 및 사회에 대한 윤리적 책무성을 다하게 한다(김기태 외, 2009).

영국정신보건사회복지사협회의 윤리강령(1975)은 이념적이며, 전미사회사업가협회는 1979년 윤리강령을 채택한 이래 1991년과 1993년 두 차례에 두 차례에 걸쳐 개정하여 그 내용을 수정・보완한 바 있으면서 "클라이언트와 성적 관계를 가져서는 안 된다"와 같이 구체적 규정으로 되어 있다. 이는 전문직으로서의 행동규범이 되는 윤리기준을 가지는 것이 필요하다는 것을 의미한다. 이에 한국사회복지사협회는 사회복지사가 사회복지실천에서 준수해야 할 행동지침을 클라이언트, 사회복지전문직, 동료 및 소속기관의 세 영역에 대해서 10개 항목으로 요약하여 1992년 10월에 공포한 바 있다. 그러나 1995년 이래로 구성된 한국정신보건사회복지사협회는 아직 독자적 윤리강령을 마련하지 못하고 있어, 여기서는 1995년 제정된 일본정신보건사회복지사협회의 윤리강령을 소개하여 둔다.

〈전문〉

모든 정신보건사회복지사는 개인의 존엄성을 인식하고, 기본적 인권을 옹호하며, 사회복지학을 기초로 하는 전문직으로서의 지식, 기술, 가치관 외 사회복지, 정신보건, 의료의 향상을 위해 노력하고 클라이언트의 사회적 복권과 복지를 위한 전문적, 사회적 활동을 하는 것으로서 다음과 같은 윤리강령을 지닌다.

- 개인의 존엄성을 옹호 : 정신보건사회복지사는 클라이언트의 기본적 인권을 존중하고 개인으로서의 존엄성을 옹호한다.
- 법 앞의 평등을 존중 : 정신보건사회복지사는 클라이언트가 법 앞에 평등하며, (다른 사람에 비해) 부족함이 없는 존재로서 존중한다.
- 프라이버시 옹호 : 정신보건사회복지사는 클라이언트의 프라이버시를 권리로서 옹호한다.
- 생존권 옹호 : 정신보건사회복지사는 클라이언트가 건강하게 문화적 생활을 영위할 수 있는 권리를 옹호한다.
- 자기결정존중 : 정신보건사회복지사는 클라이언트의 자기결정권을 최대한 존중하고, 자기실현을 원조한다.

- 지위남용의 금지 : 정신보건사회복지사는 직무수행에 있어 클라이언트의 이익을 최우선 시 하고, 자기 이익을 위해 지위를 이용해서는 안 된다.
- 기관에 대한 책임 : 정신보건사회복지사는 소속기관이 클라이언트의 사회적 복권(사회복귀)을 위한 이념, 목적을 위한 업무를 수행하도록 협조하고, 업무의 개선, 향상이 필요한 경우에는 기관에 대해 적절하고 합당한 방법, 수단에 의해 제언하는 노력을 하지 않으면 안 된다.
- 전문직 향상의 책임 : 정신보건사회복지사는 사회복지와 관련 영역의 향상을 도모하는 전문직으로서, 자신의 전문지식과 기술의 수준을 유지, 향상하도록 노력하지 않으면 안 된다.
- 전문직 자율의 책임 : 정신보건사회복지사는 동료의 업무를 존중하고 만일 상호비판의 필요가 있는 경우에는 적절하고 타당한 방법, 수단에 의하여 행하지 않으면 안 된다.
- 비판에 관한 책임 : 정신보건사회복지사는 자기업무 상의 클라이언트에 의한 비판, 평가에 대해서 겸허하게 받아들이지 않으면 안 된다.
- 사회에 대한 책임 : 정신보건사회복지사는 전문직으로서의 기술 혹은 가치관을 가지고 클라이언트와 사회에 대해서 공헌하지 않으면 안 된다.

2) 실천현장에서의 사회복지사의 윤리문제

정신보건사회복지사는 실천현장에 있을 때 클라이언트를 돕기 위해 다양한 선택의 문제와 가치판단의 문제에 부딪히게 된다. 여기서는 주로 정신장애를 앓고 있는 클라이언트와 사회복지사가 실천현장에서 겪게 되는 윤리적 문제를 살펴보고자 한다.

- 임신문제 : 정신장애를 가진 여성 환자의 경우 임신문제를 어떻게 할 것인가?
- 사생활문제 : 정신장애의 성생활을 어떻게 보장할 것인가 아니면 규제할 것인가?
- 프라이버시 보장 : 집단생활에서 클라이언트의 프라이버시를 어느 정도 보장할 것인가?
- 생존권 옹호 : 빈곤문제가 있는 정신장애인을 위해 정신보건사회복지사는 무엇을 해야 하는가?
- 자기결정존중 : 정신장애인의 자기결정권을 어느 정도 존중해 줄 것인가?

- 지위남용의 금지 : 정신장애인의 재산권을 침해하고 돈을 횡령하는 경우 어떻게 해야 하는가?
- 책임문제 : 정신장애인의 권리와 기관의 정책이 충돌할 때 누구를 편들 것인가? 기관 책임, 전문직 향상 책임, 전문직 자율 책임, 비판에 대한 책임, 사회에 대한 책임 등의 문제는 어떻게 해야 하는가?

아직 한국에서의 이런 일들이 공식적으로 보고되지는 않고 있지만 정신장애인의 권리를 옹호하기 위한 역할을 하는 정신보건사회복지사가 공금을 횡령하는 사건이 과거 일본에서 몇 건 있었다. 이러한 사건들은 정신보건사회복지사협회의 윤리강령을 위배한 것은 물론이고, 사회적으로도 엄격히 처단해야 될 일이다. 사건의 개요를 소개하고 정신보건사회복지사의 직업윤리를 생각해 보기로 한다(김기태 외, 2009).

〈사건〉

1989년 8월에 신문에 보도되었던 사건이다. 관서지방의 A정신병원에서 근무하고 있던 B정신보건사회복지사에 의해 일어난 사건이다. B는 1989년 1월에 사망한 입원환자(62세)의 사망통지를 사회보험사무소에 내고 사망 후에도 3회에 걸쳐 후생연금이 나온 것을 생전에 환자로부터 받은(관리하고 있었던) 카드를 통해 인출하여 사용하였다. 이것은 후생연금의 통지를 받은 사무직원에 의해 밝혀졌다. B는 그 외에도 금전관리를 위탁해 왔던 입원환자의 입원비와 사회보험비의 지불 등을 하는 예금통장을 통해 차액을 챙기는 등 착복한 금액이 3년간 400만 엔이 되었다.

A병원에는 연금을 받고 있는 혼자 사는 환자가 100명 이상 입원하고 있었으며, 연금의 관리나 입원비의 지불 등을 병원이 대행하고 있었다. 그러나 환자 개인이 정신보건사회복지사에게 맡기는 경우가 있었는데 이를 병원 측에서 조직적으로 못하게 하지는 않았다. B는 입원환자로부터 평판은 좋은 편이었다. B는 사건 후 A병원을 퇴직하였고, 수령액 전부를 환자에게 돌려주었지만 다음 해 경찰에 의해 서류송치를 받았다. 그리고 정신보건사회복지사협회는 그를 회원에서 제명하였다.

이 사건은 실제로 일어난 사건으로서 어쨌든 사적인 목적으로 환자의 재산권을 침해한 행위이며, 환자의 기본인권을 침해한 행위이다. 정신보건사회복지사이기 이전에 사회인으로서 할 수 없는 행위이다. 우리의 현실에서도 정신보건현장에서 클라이언트가 병원에 입원하여 있을 때 본인이 돈을 소지하지 않고 그 관리를 직원에게 맡겨 두는 경우가 흔한데 이때도 투명한 돈의 관리가 이루어질 수 있도록 정신보건사회복지사는 노력하여야 한다.

이런 일은 아니지만 한국에서 실제로 일어날 수 있는 가장 흔한 경우는 클라이언트의 권리와 조직의 운영방안이 갈등을 하고 있을 때이다. 정신보건현장에서 일하는 정신보건사회복지사는 마땅히 클라이언트의 권리를 옹호하고 그 권리가 실현될 수 있도록 노력해야 함에도 불구하고 현실적으로는 자기가 속해 있는 조직의 특성에 따라 많은 갈등을 겪게 된다. 정신보건사회복지사가 제공하는 서비스가 법적으로 규정되어 있는 사회적 서비스가 아직 안 되고 있으며 이에 따라 정신보건사회복지사의 직무규정에 있어 클라이언트의 권리를 옹호해야 하는 내용이 규정될 필요가 있다.

CHAPTER 15

정신보건사회복지의 현황과 과제

1 정신보건사회복지의 현황과 과제

1) 정신보건사회복지시설의 운영현황

우리나라는 정신보건센터, 사회복귀시설, 보건소, 정신의료기관의 낮병동이 현재 지역사회정신보건을 추진하는 지역사회 내의 인프라라고 할 수 있다. 정부는 정신의료기관 또는 정신요양시설의 환자를 탈원화시키는 것은 물론 정신질환자가 지역사회에서 생활할 수 있도록 이들의 재활과 사회복귀를 돕는 다양한 프로그램을 운영하는 중·장기 계획을 추진하고 있다. 이를 위해서 정신보건센터를 2008년까지 모든 시·군·구에 설치하되 인구가 20만 이상 되는 기초자치단체(96개소)에는 모델형을, 기타 기초자치단체(147개소)에는 보건소에 기본형 정신보건센터를 설치하고, 2010년까지 모든 시·군·구에 정신질환자 사회복귀시설을 1개소 이상씩 설치하며 알코올 중독자에 대한 재활서비스 및 지역주민의 음주문화 개선을 위해 알코올상담센터도 인구 20만 이상의 모든 시·구에 설치할 계획으로 있다. 각 시설에 대해 자세히 설명하면 다음과 같다(서동우, 2001, 2002).

(1) 정신장애인의 현황

2008년 3월 말 장애인 현황은 <표 15-1>과 같다.

〈표 15-1〉 2008년 3월 말 장애인 현황

유형	1급			2급			3급			4급			5급			6급			Total		
	남	여	Total	남	여	Total	남	여	Total	남	여	Total	남	여	Total	남	여	Total	남	여	Total
간	695	200	895	939	251	1,190	1,120	293	1,413	40	14	54	2,172	783	2,955	7		7	4,973	1,541	6,514
간질	96	86	182	575	441	1,016	1,578	1,255	2,833	2,706	2,120	4,826	10	6	16	6	2	8	4,971	3,910	8,881
뇌병변	30,422	27,663	58,085	34,615	27,810	62,425	32,596	20,639	53,235	13,355	7,298	20,653	9,897	4,882	14,779	7,071	2,908	9,979	127,956	91,200	219,156
시각	16,283	15,178	31,461	4,245	4,074	8,319	6,571	5,923	12,494	6,047	5,132	11,179	10,810	7,827	18,637	91,384	46,587	137,971	135,340	84,721	220,061
신장	1,524	826	2,350	20,784	17,096	37,880	58	26	84	163	110	273	4,586	3,009	7,595	65	37	102	27,180	21,104	48,284
심장	370	265	635	1,578	1,035	2,613	6,956	4,178	11,134	13	7	20	131	50	181	17	6	23	9,065	5,541	14,606
안면	42	37	79	206	169	375	464	301	765	571	393	964				2		2	1,285	900	2,185
언어	61	32	93	922	506	1,428	4,922	1,616	6,538	5,101	1,902	7,003	12	12	24	12	5	17	11,030	4,073	15,103
자폐성	4,199	951	5,150	4,184	801	4,985	1,859	295	2,154	6	1	7	6	5	11	16	6	22	10,270	2,059	12,329
장루	21	5	26	138	80	218	691	271	962	2,951	1,525	4,476	3,274	2,372	5,646	22	6	28	7,097	4,259	11,356
정신	6,639	4,979	11,618	22,967	18,590	41,557	16,447	14,863	31,310	47	42	89	57	47	104	64	38	102	46,221	38,559	84,780
지적	24,667	16,648	41,315	32,282	21,719	54,001	28,068	16,237	44,305	62	53	115	83	81	164	109	70	179	85,271	54,808	140,079
지체	26,967	13,644	40,611	54,075	30,162	84,237	109,974	51,126	161,100	114,686	98,834	213,520	179,430	144,087	323,517	213,189	95,942	309,131	698,321	433,795	1,132,116
청각	3,177	2,470	5,647	25,078	21,088	46,166	21,850	16,153	38,003	23,301	17,594	40,895	23,829	19,401	43,230	20,149	13,293	33,442	117,384	89,999	207,383
호흡기	2,018	676	2,694	3,041	803	3,844	6,142	1,649	7,791	8	6	14	18	9	27	18	5	23	11,245	3,148	14,393
Total	117,181	83,660	200,841	205,629	144,625	350,254	239,296	134,825	374,121	169,057	135,031	304,088	234,315	182,571	416,886	332,131	158,905	491,036	1,297,609	839,617	2,137,226

출처 : 보건복지가족부(2008년 3월 말, 장애인 현황자료).

(2) 우리나라 정신보건시설 운영 현황(2006년 6월 말)

2006년 1,432개의 정신보건시설이 있으며 병・의원이 총 1,097개로 가장 많고, 지역정신보건센터도 증가추세에 있다. 특히, 2003년도에 정신보건센터의 수가 상당히 증가한 이유는 정신보건센터에 대한 시범사업이 끝나고 위탁운영체제로 전환했기 때문이다.

〈표 15-2〉 우리나라 정신보건시설 현황 (2006년 6월 말) (단위 : 개, 명, 병상)

구 분		기관 수	인원/병상 수	주 요 기 능
계		1,432	–	–
정신보건센터		105	19,688(등록)	정신질환 예방, 정신질환자 발견·상담·진료·사회복귀훈련 및 사례관리, 정신보건시설 간 연계체계 구축 등 지역사회정신보건사업 기획·조정 및 수행
정신의료기관	국·공립	18	8,251(병상)	정신질환자 진료, 지역사회정신보건사업 지원
	민 간	1,079	56,822(병상)	정신질환자 진료
정신요양시설		57	14,224(정원)	만성정신질환자 요양·보호
사회복귀시설		147	914(입소) 3,591(이용)	치료·요양하여 증상이 호전된 정신질환자 일상생활·작업훈련, 주거
알코올상담센터		26	2,688(등록)	알코올 중독 예방, 중독자 상담·재활훈련

출처 : 보건복지가족부(2007), 우리나라 정신보건시설 현황

(3) 지역사회정신보건시설 운영현황

2005. 12. 31. 기준으로 우리나라 전체 정신보건기관 수는 1,407개소이며, 정신보건기관을 이용 또는 입원(소)중인 환자 수는 95,282명에 도달한다. 이 중 정신보건시설(정신의료기관, 정신요양시설 및 사회복귀시설) 수는 1,261개소이며, 이용 또는 입원(소)중인 환자 수는 64,205명이다.

각 시설별 세부현황은 다음과 같다(<표 15-3>).

〈표 15-3〉 지역사회정신보건시설 (단위 : 개소, 명, '05.12.31)

구 분		기관 수	인원	주 요 기 능
계		1,407	95,282	–
정신보건센터[1]		126	28,885	정신질환 예방, 정신질환자 발견·상담·진료·사회복귀훈련 및 사례관리, 정신보건시설 간 연계체계 구축 등 지역사회정신보건사업 기획·조정 및 수행
정신의료기관[2]	국·공립	18	6,483	정신질환자 진료, 지역사회정신보건사업 지원
	민 간	1,044	41,774	정신질환자 진료
정신요양시설		57	12,556	만성정신질환자 요양·보호

구 분	기관수	인원	주 요 기 능
사회복귀시설	142	3,392	치료・요양하여 증상이 호전된 정신질환자 일상생활・작업훈련, 주거
알코올상담센터	20	2,192	알코올 중독 예방, 중독자 상담・재활훈련

1) 정신보건센터의 종류별 개소 수 : 모델형 32, 기본형 65, 지방비보조 29개소
2) 정신의료기관에 입원 인원 : 1일 평균 재원환자수 임
출처 : 보건복지가족부, 지역사회정신보건시설현황(2008).

① 정신보건센터

우리나라는 1987년 강화도에서 연세대학교가 시범적으로 운영한 것이 첫 시도였다고 할 수 있으며, 본격적인 시작은 1994년 보건복지부의 용역연구사업으로 시작한 서대문과 경기도 연천군의 정신보건센터라고 할 수 있다. 그 뒤 서울시가 강남정신보건센터를 운영하기 시작하고, 경기도가 지역사회정신보건사업에 많은 투자를 하기 시작하면서 확대되기 시작하였다.

현재 정신보건센터는 보건소와 민간기관이 협력체계를 이루어 운영되고 있는데, 보건소의 공공성과 행정력, 민간기관의 전문성과 유연성이 조합되어 운영되고 있다고 할 수 있다. 지역사회정신보건프로그램 중 지역사회를 대상으로 하는 간접 서비스와 환자를 대상으로 하는 직접 서비스를 모두 제공하고 있다.

지역사회정신보건사업을 추진하기 위한 교두보로서, 지역 내 정신질환자의 발견, 등록, 의뢰체계 구축, 전화 및 가정방문 등을 통한 사례관리, 주간재활프로그램 운영, 환자 및 가족 교육, 지역 내 정신보건 및 정신질환의 편견 해소를 위한 홍보, 공무원, 양호교사, 경찰관 등 관련인력에 대한 교육, 지역사회 주민을 대상으로 하는 정신건강상담 및 정신건강증진프로그램, 정신보건관련 행정지원 등의 기능을 수행하고 있다. 정신보건센터는 2004년 2월 현재 126개의 시・군・구에 설치되어 운영되고 있으며, 2005년도에도 정신보건센터 9개소를 확대하는 등 2008년까지 전국 246개소로 확대할 것으로 알려졌다.

② 사회복귀시설

사회복귀시설은 일본의 정신보건법을 모델로 우리나라의 정신보건법이 제정되면서 새로운 지역사회정신보건시설로 탄생하였다. 1980년대 중반 이후 운영되

기 시작한 샘솟는 집이 사회복귀시설로 편입되었고, 정신요양시설로 운영되던 사랑밭재활원이 사회복귀입소시설로 전환되었다.

현재 우리나라는 사회복지법인, 의료법인, 사단법인 등의 비영리법인이나 정신보건전문요원 등의 민간부문이 운영하는 사회복지시설의 형태를 이루고 있으며, 입소시설과 이용시설로 구분되고, 그룹홈 등의 주거시설도 사회복귀시설에 포함되고 있다. 주요 기능은 주간재활프로그램, 직업재활프로그램, 거주지 제공이라고 할 수 있으며, 주로 직업재활프로그램이 활발하게 수행되고 있다.

③ 낮병원

낮병원은 종합병원 정신과, 정신병원, 정신과의원 등의 정신의료기관에서 운영하는 부분 입원시설이라고 할 수 있다. 낮병원은 투약서비스 등 집중적인 치료서비스를 제공할 수 있기 때문에 일차적인 입원대체시설이라고 할 수 있다. 우리나라의 보건소, 정신보건센터, 사회복귀시설 등은 별도로 촉탁의를 두지 않으면 투약서비스를 받을 수 없으나 낮병원은 재활서비스와 약물치료서비스를 동시에 제공받을 수 있다는 것이 가장 큰 장점이 되고 있다.

그동안 다른 나라에 비해 낮병원에 대한 낮은 의료보험 수가로 종합병원에 낮병원 설치가 어려웠고, 의료보호 수가의 제정지연으로 낮병원이 활성화되지 못하였다. 그러나 최근 의약분업 이후 변화하는 의료 환경에서 정신의료기관이 외래만으로는 운영이 어려워지고, 2001년 11월부터 의료보호 낮병원 수가가 제정됨으로써 낮병원의 획기적인 활성화가 예상되고 있다.

④ 보건소

보건소는 정신보건법과 지역보건법에 의해 보건소가 수행하여야 할 필수업무에 정신보건사업이 포함되면서 사업의 참여가 시작되었다. 그러나 보건소에서 오랫동안 정신보건업무를 수행하지 않았었기 때문에 보건소의 인력, 조직, 시설 등의 제 측면에서 정신보건사업을 수행하기 어려운 점이 다소 있는 것이 사실이다.

2001년부터 보건복지부에서 건강증진기금을 통해 기본형 정신보건사업을 시작하면서 일부 보건소는 기본적인 정신보건사업 수행을 위한 틀을 마련했다. 그러나 1997년 이후 행정조직의 구조조정으로 조직과 인력이 축소된 보건소가 많아 정신보건사업에 충분한 인력을 투입하기가 어려운 상황에서 보건소 직원의 순환보직으로 인해 사업의 지속성과 전문성이 확보되기 어려운 것이 가장 큰 문제로 지적되고 있다(서동우, 2001, 2002).

⑤ 알코올상담센터

정부에서는 2000년 4월 26일 알코올 중독자에 대한 치료 및 재활대책을 수립·발표하고 당해 연도부터 알코올상담센터 4개소를 권역별로 설치하여 시범사업을 시작하였으며, 2001년 9개소, 2002년 14개소, 2003년 전국 17개소의 알코올상담센터 설치를 통해 알코올 중독 예방·상담·재활사업을 본격적으로 수행하기 위한 토대를 마련하였다. 아울러 민간의 적극적인 참여를 위해 2000년에는 재단법인 한국음주문화연구센터의 설립을 허가하였으며 절주운동 또한 지원하고 있다. 향후에는 지역사회에서 알코올 중독자를 조기에 발견, 상담, 치료, 재활할 수 있도록 인구 20만 이상 시·군·구(96개소)에 알코올상담센터를 확대 설치하는 한편, 운영프로그램의 개발·보급과 함께 사업 내용을 평가하고 기술지원을 하는 등 알코올 중독 치료·재활사업이 조기에 정착될 수 있도록 지원을 강화할 예정이다(조남권, 2003).

2) 정신보건사회복지의 과제

(1) 정신장애인의 과제

정신장애인들은 정상화를 도모하고 사회복귀를 성공적으로 하기 위하여 자신 스스로는 물론 인간에 대한 총체적 관심을 갖고 개인의 회복을 위하여 역량강화 및 정상화 철학을 고수해야 할 것이다. 또한 사회복귀와 독립생활을 위해 스스로 사회관계망(지지체계)을 재구축하고 본인의 권리옹호와 다른 정신장애인들이 살기 좋은 사회가 되도록 사회정의에 입각한 대변인이 되어야 한다.

(2) 정신보건관련 기관의 과제

정신장애인을 위한 정신보건사회복지가 발전하기 위하여 각 기관에서는 행정가로서의 사회복지사를 길러내고 각 기관의 정체성 확립(전달체계상의 기관역할 숙지)을 시급히 해야 할 것이다. 기관의 사명 및 비전 인식으로 민주적이고 투명하며 열린 기관이 되도록 노력해야 하며 정신장애인을 위한 후원 및 홍보활동을 강조하는데 신경을 써야 한다.

(3) 정신보건시설의 인력 과제

대학병원을 제외하고는 전반적으로 정신보건사회복지사의 보수는 공무원의 70% 수준으로 낮은 편이다. 특히 지역사회정신보건세팅에서 일하고 있는 정신보건사회복지사들의 급여는 일반 사회복지관에서 일하는 일반 사회복지사 보다 낮은 형편이다. 그리고 정신보건센터의 경우 협력기관의 계약직원으로 불안정한 신분을 유지하고 있다. 또한 정신보건사회복지사 대부분이 여성이고, 남자 정신보건사회복지사는 매우 적은 형편이다.

2000년 한 조사에 의하면 경기도 내 정신보건센터 정신보건사회복지사의 평균 재직기간이 16.2개월로 매우 이직률이 높았으며, 2001년 전국 지역사회정신보건세팅에서 근무하는 전문요원을 대상으로 한 조사에서도 36.5%가 업무환경이나 복리후생이 열악하기 때문에 이직을 생각하고 있는 것으로 나타났다.

소진을 예방하고 해소하기 위해 개인적인 차원의 대처도 필요하겠지만 기관 및 정책차원에서 개인의 전문적 역량을 강화할 수 있는 교육훈련의 기회를 보다 많이 부여하고, 전문성에 걸맞는 보수와 직제를 만들고, 인력을 충원하는 등 근무환경을 개선하고, 동료들과 지지적인 관계를 형성하도록 돕는 프로그램이 필요하다.

(4) 지역사회정신보건시설 운영 과제

바람직한 정신보건전달체계는 정신질환자들에게 예방 및 발견 · 치료 · 재활 · 지역사회지지서비스에 걸친 다양한 서비스들이 연속성을 갖고 통합적으로 제공될 수 있어야하나, 현재 한국 상황은 각 기관들의 서비스가 분절되어 있고, 내용이 중복되어있으며, 상호연계와 협력을 위한 체계차원의 접근도 충분치 못하다. 아직은 지역사회정신보건서비스 기관이 태부족인 상황에서 어쩔 수 없는 현실이고, 확산이 어느 정도 이루어지고 나면 자연스럽게 각 기관의 역할분담이 필요하리라는 주장이 설득력을 얻고는 있다.

이미 2005년부터 사회복귀시설 예산이 지방자치단체로 이양되었고, 수요자 중심의 통합적 복지서비스 제공과 지역사회 보건·복지자원의 효율적 활용체계 조성을 위한 지역사회복지협의체가 같은 해 8월부터 전국적으로 실시되는 현실에서 지역사회정신보건사업도 많은 영향을 받을 것은 명확하다.

따라서 지역사회차원에서 각 기관의 서비스 전문화와 기관 간 연계 및 조정을 향상시키기 위해 지역사회 전체를 관리체계 안에 넣어, 지역의 사회안전망을 구축하는 총체적인 체계를 갖춘 지역사회정신보건관리체계로의 개혁적 변화가 불가피한 상황이다(서규동, 2007).

(5) 정신보건사회복지사의 과제

정신보건사회복지사의 과제를 크게 다섯 가지로 나누어 설명하고자 한다.

① 정신보건사회복지의 제도화와 용어의 규정 통일성

우리나라 정신의학 분야에서 사회복지사 활동의 역사는 비교적 짧으며 다른 나라와 비교할 때 정신보건사회복지사의 수도 아직 많은 편이 아니다. 정신보건영역에서 사회복지가 전문직으로 인식되지 못한 큰 요인을 많은 사람이 전문성의 결여로 간주하고 있다. 실제로는 자격규정의 문제도 크다. 그동안 정신보건사회복지사의 공적 자격제도가 확립되어 있지 못하여 업무독점(다른 무자격자가 업무를 대행해서는 안 된다)이나 명칭독점(그 명칭을 사용해서는 안 된다)이 보장되어 있지 못한 탓이라 할 수 있다. 의료분야의 타 전문직이 그 명칭과 업무를 독점하고 있으며 이를 어기면 법적으로 처벌을 하는 것과는 달리 그에 대한 보장이 이루어지지 못함으로써 다양한 학문배경을 가진 전문가들이 정신보건사회복지사를 대신할 수 있는 것처럼 인식된다.

1995년 정신보건법의 제정과 시행으로 그 자격, 명칭문제, 그리고 추상적 업무범위가 규정되어 그러한 문제점은 많이 해결되었지만 여전히 정신보건영역에 배치되어야 하는 전문가의 자격에 대해서는 세분화되어 있지 않고 정신보건전문요원으로 통칭하여 규정하고 있다. 따라서 정신보건사회복지의 발전을 위한 제도화가 필요하다는 의미는 의료법에 따라 의료시설에 필요한 인력기준과 마찬가지로 모든 정신보건시설에는 사회복지서비스의 제공을 위해 일정 수의 정신보건사회복지사를 배치해야 한다고 의무화하는 제도화가 필요하다는 것이다.

또한 명칭도 사회복지사에 대한 명칭이 법의 규정과 관계없이 일선 현장과 사람들에 의해 다양하게 인식되었듯이 정신보건사회복지사, 정신의료사회복지사, 정신의학사회복지사, 정신보건사회복지가, 정신의학사회복지사 등 다양하게 사용되어 왔다. 현시점에서는 정신보건법에서 정신보건사회복지사로 규정하고 있기 때문에 앞으로는 모든 명칭을 정신보건사회복지사로 명명하는 것이 통일성을 높이고 정신보건사회복지의 전문성 인식 확산을 도모할 수 있을 것이다.

② 정신보건사회복지사의 전문직으로서 정체성 확립과 전문성 제고

정신보건사회복지사가 지나치게 의료모델에 입각하여 여러 가지 역할을 수행하게 됨으로써 사회복지 고유의 서비스라는 관점을 상실하기 쉽고, 지나치게 좁고 깊이 있게 업무를 수행하려고 하므로 사회복지가 갖고 있는 정신보건문제를 사회문제로서 대응하는 데 미흡해지는 문제가 발생하였다. 이처럼 질병의 특성에 초점을 둔 의료모델에 치우치면 정신보건사회복지사는 자신의 업무에 대한 혼란이 생기기 때문에 이러한 혼란을 겪지 않기 위하여 질병을 가진 사람을 돕기 위한 원조전문직으로 자리잡아 나가야 할 것이다(김기태 외 2009). 그러기 위해서는 정신보건사회복지의 대상영역은 넓혀 나가고 전문성은 깊게 해 가는 것이 무엇보다 중요하다.

동시에 정신보건사회복지의 용어에 대한 검토가 있어야 한다. 의료사회복지나 정신보건사회복지의 용어는 의학적인 면이 강조되므로 인간의 병리적인 면과 약한 면이 강하게 내포된다는 비판을 받게 된다. 따라서 사회복지 정체성 확립에 도움을 주지 못한다고 보고 있다. 강점과 건전한 면도 포함하는 용어의 정립을 위한 노력이 있어야 한다. 그런 의미에서 정신보건사회복지라는 용어를 통일적으로 사용하는 것이 바람직하다. 또한 정신장애인의 예방과 치료에 대한 선진국의 많은 이론과 기술을 습득하여 현장에 적용하는 것뿐만 아니라 우리의 상황에 적절한 실천기술을 개발하는 데 많은 관심을 기울임과 동시에 구체적 노력이 있어야 하겠다.

③ 팀 접근의 정착 문제와 공동연구의 필요성

의료분야에서 사회복지사가 역할을 수행할 때 다른 의료전문가들과 팀을 이루어 팀의 일원으로 클라이언트를 돕게 된다. 그러나 사회복지사도 팀 접근에 대한 이해가 부족하고 의료인도 교육을 받는 기간 중에 의료인과 사회복지사가 함께 팀으로 일하는 것을 보면서 수련 받을 기회가 부족하기 때문에 사회복지사에 대한 인식이나 팀 동료로서 어떤 역할을 기대해야 하는지에 대한 오리엔테이션이 없는 경우가 많다. 그 결과 의사와 사회복지사가 개별적으로 팀을 발전시켜 가야 하는 어려움이 있고 팀 접근을 한다고 하면서도 사실은 모두 다른 학문적 배경을 갖고서 개별적으로 접근해 버리고 마는 경우가 빈번하다. 앞으로 정신보건사회복지사는 정신장애인이나 그 가족의 치료를 위한 팀 구성원으로서 뿐만 아니라 정신건강문제해결을 위하여 인접 분야 전문가와 공동연구를 활발히 해야 한다.

④ 새로운 접근법 개발의 시급성

대부분의 사회가 그러하듯 현재 한국사회는 급변하는 가운데 이(異) 시대적인 것의 동시적 존재, 즉 전통적인 것과 근대적인 것이 공존하는 가운데 다문화의 유입이 광범위하게 이루어지고 있다. 앞으로 우리 문화에 맞는 토착적 접근법의 끊임없는 개발이 요청된다. 한편 다문화가족과 개인의 사회적응과 정신건강을 위한 새로운 접근법이 개발되어야 할 것이다.

⑤ 정신보건사회복지사와 행정 및 보건체계에서의 연계시스템 구축

질병을 가진 클라이언트의 사회복귀가 성공적으로 이루어지기 위해서는 클라이언트가 지역사회에 돌아간 후에도 광범위한 사회복지서비스를 연속적으로 제공받을 수 있고 클라이언트에 대한 관리가 이루어질 수 있도록 병원에 있는 사회복지사와 지역사회에 있는 사회복지사 간의 업무가 연계되는 시스템이 필요하다. 그러나 현재, 의료급여 환자들이 의료기관에서 치료를 받는 동안에는 클라이언트에 대해 사회복지사가 개입할 수 있지만 퇴원한 후에는 아무 연계조치도 없이 클라이언트가 방치된 상태에서 지내게 된다. 그러다 보면 또다시 재발하여 행려환자가 되거나 입원해야 하는 상태까지 이르러서 결국 국가와 가정의 치료비 부담을 증가시키고 만다.

정신질환자의 추적관리와 치료서비스의 제공이 재발을 예방하고 치료효과를 지속적으로 유지할 수 있다는 점에서 정신보건센터나 보건소에 근무하는 정신보건전문요원은 클라이언트의 조기발굴뿐만 아니라 지역사회로 돌아오는 클라이언트에 대한 철저한 사후관리를 위해 치료병원, 사회복귀시설 등과 적절한 연구체계를 구축하여야 할 것이다(김기태 외, 2009).

2 정신보건사회복지의 정책방향

정신보건사회복지의 정책방향은 정신질환자의 권익과 인권보호 및 장애인법의 제정, 정신보건시설의 기능 및 역할 재정립, 정신보건전달체계를 병원 및 시설위주에서 지역사회 중심으로 전환되었다. 또한 정신보건자원의 육성 및 정신보건사회복지 제도화, 정신보건전문요원 수련병원 제도의 운영과 평가, 자격증 제도의 강화와 지속적 교육 등을 볼 수 있는데, 그 내용을 간략하게 설명하면 다음과 같다(윤규열 외, 2009; 김기태 외, 2009).

1) 정신질환자의 권익과 인권보호 및 장애인법의 제정

정신질환자는 의사능력이 없거나 부족하며, 대부분의 정신보건시설이 폐쇄적으로 운용되고 있어 환자의 인권이 침해받을 가능성이 매우 높다. 따라서 환자의 인권침해의 소지가 없도록 입원의 종류와 요건절차를 규정하여 적법한 입원관리가 이루어지도록 지도·감독해야 한다. 더불어 환자에 대한 퇴원 및 처우개선 심사를 담당할 정신보건심의위원회의 운영을 활성화하여 환자의 인권과 권익보호를 신장하도록 해야 할 것이다.

정신장애인의 인권을 위하여 제정된 장애인법의 내용 중 2000년부터 정신질환자 가운데 만성정신질환자에 해당하는 정신분열병이나 기분장애 등을 가진 클라이언트는 이제 장애인으로 등록하여 장애인복지법에서 규정하고 있는 다양한 사회서비스를 받을 수 있게 되었다. 이는 정신보건사회복지가 장애인복지의 영역과 함께 노력해 나가는 것이 필요하며 장애인복지에서 발전되어 직업재활의 다양한 성과를 도입할 수 있는 계기도 되고 있다.

또한 정신장애인을 위한 다양한 사회서비스의 제공에 있어 정신보건사회복지사는 사회복지전문요원이나 지역사회복지기관, 재활시설이나 기관의 사회복지사와도 여러 가지 협력적 노력을 기울여 나가도록 만들 것이다.

2) 정신보건시설의 기능 및 역할 재정립

장기입원 위주의 기능을 수행하고 있는 정신병원은 점차 급성치료 병상으로 전환하여야 한다. 또한 입원환자를 사회에 복귀시킬 수 있는 단기집중치료를 제공하여 장기재원 환자를 탈원화하고 개방병동 및 낮병동을 확대하여야 한다. 동시에 장기수용 중심의 정신요양시설은 만성질환을 중심으로 점차 재원일 수를 줄이면서 개방적·생산적 주거시설로 개편하여 재활프로그램 등의 활성화로 환자들의 삶의 질을 확보하여야 한다. 또한 사회복귀시설의 설치를 확대하여 회복 중인 정신질환자에 대하여 각종 재활훈련을 실시하고 지역사회에 조속히 복귀할 수 있도록 하여야 한다. 이들 시설에서는 지역사회 내의 보건소와 타 정신보건의료기관 및 사회복귀시설과의 연계 협조를 강화하여야 한다.

3) 정신보건전달체계를 병원·시설 위주에서 지역사회 중심으로 전환

치유되지 않는 상태의 정신질환은 사회적 기능을 상실하기 쉬운 질병으로 입원치료를 받은 후 퇴원하더라도 장기적으로 지속적인 치료와 재활서비스를 필요로 한다. 따라서 지역사회를 중심으로 지역 특성에 적합한 포괄적인 정신보건체계를 구축하며 지역사회를 보다 지지적이고 치료적인 환경으로 변화시켜 정신질환자의 치료, 재활 및 사회복귀를 도모하여야 한다. 이를 위해 보건소의 역할이 그 어느 때보다 중요하며, 모든 보건소가 중심이 되어 지역사회정신보건사업을 전개하여야 한다. 이와 함께 국·공립 정신병원, 민간 정신의료기관(대학 포함)과 개별 협력관계를 맺고, 공중보건의(정신과), 공공근로인력, 자원봉사자 등을 확보하여 활용하는 등 정신보건사업을 수행하는 과정에서 효율적인 민·관 협력체계를 구축해 나가야 할 것이다.

4) 정신보건자원의 육성 및 정신보건사회복지 제도화

정신보건사업을 지역사회 중심으로 전개하려면 지역사회에서 정신질환자를 조기발견하고 지속적인 관리와 재활훈련을 담당할 인력이 필요하다. 이에 따라 정신보건법에 정신보건전문요원제도가 도입되었고, 보건소에 정신보건전문요원을 둘 수 있도록 하였다. 그런가 하면 각 정신병원 및 종합병원 정신과에도 입원환자 100인당 정신보건전문요원을 1명씩 배치하도록 하고 있다. 이러한 요구에 따라 정신보건전문요원이 2009년 1월 1일 현재 6,951명이 배출되었고 이 중, 정신보건간호사가 4,443명, 정신보건사회복지사가 1,395명, 정신보건임상심리사가 1,113명이다. 이처럼 정신보건전문요원은 해마다 증가 추세에 있다. 하지만 일선에서 정신보건업무를 담당해야 할 보건소 전문인력이 절대적으로 부족한 실정이므로 전국 보건소 정신보건업무 담당자에게도 전문교육을 지속적으로 실시하여야 할 것이다.

정신보건자원의 육성을 위하여 명칭·업무의 독점화를 위한 정신보건사회복지의 제도화가 필요하다. 즉, 의사가 아닌 사람이 의사 행세를 하지 못하며 의료행위를 할 수 없도록 규정하고 있는 것처럼 정신보건사회복지사도 자격증이 없는 사람이 의료기관에서 사회복지사의 역할을 수행해서는 안 된다는 규정이 만들어져야 한다. 이러한 측면에서 1995년 12월 31일에 제정된 정신보건법에는 국민의 정신보건 향상을 위하여 정신보건전문요원을 두도록 하고 이들에 대한 자격으로 정신보건간호사, 정신보건사회복지사, 정신보건임상심리사로 규정하고 있다.

또한 최근에 마련된 시행령과 시행규칙에는 각 전문가의 자격요건에 대한 상세한 규정이 더해지고 있다. 이를 위하여 우리나라의 사회복지계에서도 상당한 노력을 기울여 온 것으로 알려지고 있다. 더 나아가 입원환자 100명당 정신보건전문요원이 1인씩 배치되도록 하는 현실에서, 환자에 비례하여 보다 많은 인원을 배치할 필요가 있다. 특히 의료급여 환자들이 병원에 입원하여 치료를 받는 경우에는 사회복지사의 도움을 받을 수 있도록 의료보호지정 의료기관에 사회복지사가 의무적으로 배치되도록 그 규정을 강화하는 것이 필요하다. 그래야 환자가 병원에서 의료서비스를 받고 사후보호서비스를 받기 위해 지역에 있는 사회복지사에게 연계될 수 있는 시스템이 구출될 수 있을 것이다.

5) 정신장애인에 대한 편견 극복사업

지역사회정신보건사업을 활성화하고 정신질환자를 조기에 발견하고 적기에 치료할 수 있도록 하기 위해서는 정신질환에 대한 부정적 인식이 개선되어야 한다.

국민의 정신보건에 대한 인식부족으로 인해 정신질환자의 사회복귀가 지연되고 있는 현실을 감안하여 정신질환자와 일반인이 함께 사는 생활환경을 조성하고, 뿌리 깊은 정신질환자에 대한 편견 극복을 위해 장기적이고 전략적인 홍보사업을 활성화하여야 할 것이다.

6) 정신보건전문요원 수련병원 제도의 운영과 평가

정신의학 분야에 종사하는 사회복지사의 질을 높이는 문제가 고려되어야 한다. 현재 종사 중인 사람의 재교육프로그램 운영과 앞으로 진출할 사람의 자격기준의 강화를 통해 정신보건사회복지사는 자타가 공인하는 질 높은 전문가로서 인정받아야 한다. 이렇게 함으로써 다른 전문가와 협동을 함에 있어서나 자신들이 독자적으로 업무를 수행하는 데 있어서 보다 높은 차원의 기능을 할 수 있을 것이다.

정신보건사회복지사가 전문성을 갖추기 위해서는 보다 체계적인 훈련제도가 만들어질 필요가 있다. 그런 일환으로 현재 전국에서 운영되고 있는 정신보건전문요원 수련기관(사회복지사)을 수련욕구에 맞추어 현실적으로 더욱 다양하게 개설하는 것이 좋다. 즉, 정신의료기관과 사회복귀시설을 포함하여 지역사회복지기관까지도 필요하면 심사를 통해 수련기관으로 인정하려는 자세가 요구되는 것이다. 그 운영에 대해서도 질적으로 안정된 교육과 수련이 가능하도록 현재 정신보건사회복지학회가 많은 지원을 해 주고 있다. 더불어 효율적 수련이 이루어질 수 있도록 3년마다 수련기관에 대한 평가를 자체적으로 실시하는 것이 바람직하다.

그와 동시에 수련생을 지도, 감독하고 있는 슈퍼바이저의 역할이 효과적으로 이루어지고 있는지를 평가하고 수련생 지도를 위해 수련기관의 운영자가 전향적 자세로 노력할 수 있도록 행정적으로도 지도를 할 필요가 있다. 앞으로는 사회복지사 채용 시 근무조건을 따질 때, 근무할 곳이 수련기관이 아닌 병원이나 시설이라면 수련을 받기 위해 부가적 노력을 기울여야 하므로 그런 기관에는 사회복지사가 근무를 회피할 가능성이 많다.

7) 자격증제도의 강화와 지속적 교육

정신보건사회복지사가 되기 위해서는 반드시 사회복지사 1급 자격증을 가진 자가 수련기관에서 수련을 받은 후 자격시험에 합격해야 자격을 취득하게 된다. 이런 과정을 통하여 정신보건사회복지사는 어느 정도 객관적 능력에 대한 검증이 이루어지고 있지만 2급 정신보건사회복지사에서 1급 정신보건사회복지사로 승급될 때는 아무런 규정이 없기 때문에 이에 대한 보완적 규정이 마련되고 이 과정에서 더욱 보수교육이나 교육프로그램이 만들어질 필요가 있다.

1995년 12월 31일에 많은 우여곡절 끝에 정신보건법이 국회에서 통과되어 시행되고 있다. 정신보건법이 전체 국민의 정신보건을 향상시키고 정신장애인의 인권을 보다 잘 보장할 수 있게 하고, 사회복지에서는 두 가지 측면에서 의의를 지닌다고 볼 수 있다. 하나는 사회복지사, 임상심리사, 간호사들이 일정한 자격요건을 갖추면 정신보건전문요원이 되어 정신보건체제 속에서 활동할 수 있게 됨으로써 이 방면에 대한 사회복지사의 수요가 증가할 것이라는 사실이다. 다른 하나는 정신보건전문요원 중에서도 더욱 훈련을 받고 자격을 갖춘 자들은 정신질환자의 재활을 위해 만들어지는 사회복귀시설을 운영할 수 있는 자격을 부여받게 된다는 점이다.

이 두 가지 측면은 사회복지학을 전공하는 학생들이 이 방면으로 진출할 수 있는 길을 열어 주게 될 것이고 이는 사회복지사가 정신보건영역에 대해 보다 체계적인 교육과 훈련을 받도록 요구하게 만들 전망이다. 이로 인해 사회복지학과는 이제 다양한 형태로 교과과정에 상당한 영향을 받게 될 것이다. 이러한 필요성과는 달리 교육과학기술부는 대학교육과의 전공교과목 수를 축소하여 운영하는 방향으로 나아가고 있어 현실에서의 전문가 교육과 대학에서의 교양인 양성이라는 방향이 서로 어긋나고 있다 따라서 이를 제도적으로 그리고 운영 시에 어떻게 반영할 것이냐가 중요한 하나의 관건이 되고 있다.

또한 정신보건법의 제정은 이제 국가가 정신보건에서 일정한 책임을 지고 역할을 맡아서 하게 되는데 이때 국가가 보건정책의 입장에서보다는 사회복지정책의 입장에서 정신보건정책을 수립하고 운영해 나가려는 자세가 필요하다.

참/고/문/헌

강규(1990). "정신분열병한자의 재활치료". 신경정신의학. 제29권. 제1호.

권진숙 외(2009). 정신보건사회복지론. 공동체

권진숙 · 전석균(1999). 사례관리. 하나의학사.

김경빈(1994). "청소년 약물남용과 가정". 청소년 약물남용의 사회경제적 영향연구. 문화체육부.

김경우(2007). 의료사회복지론. 동문사.

김경호(2005). 정신보건 사회복지론. 청목출판사.

김규수(1992). 의료사회사업론. 형설출판사.

김규수(1999). 정신보건사회사업실천론. 형설출판사.

김규수(2005). 정신보건사회복지실천론. 형설출판사.

김기태(2009). 정신보건복지론(개정판). 양서원.

김기태 외(2001). 정신보건복지론. 양서원.

김기태 외(2009). 정신보건사회복지론. 양서원.

김만두 역(1993). 사례관리실천론. 에이비드 피 목슬레이. 홍익재.

김만두 · 한혜향(1994). 현대 사회복지개론. 홍익재.

김선심(역)(1980). 인간의 생활 주기 : 인간의 행동발달과 환경. 진흥문화사.

김인숙(1998). 구타남편에 대한 사례연구. 한국가족사회복지학. 제2호. 한국가족사회복지학회.

김인숙 외(2000). 여성복지론. 나남출판사.

김일령(1997). "가정 내 아동학대 근절에 관한 연구". 경희대학교 대학원 석사학위논문.

김재엽(1995). "지역사회중심의 정신건강 치료서비스와 사회사업가의 역할". 사회복지 봄호. 통권 제124호. 한국사회복지협의회.

김재엽(1998). 한국가정폭력실태와 사회계층변인과의 관계연구. 한국사회복지학. 제35호. 한국사회복지학회.

김종숙(1997). "집단음악활동이 정신분열증 환자의 감정표현력과 정신증적 행동에 미치는 영향". 숙명여자대학교 대학원 석사학위논문.

김준호 · 박정선(1995). 청소년의 약물남용 실태에 관한 연구. 한국형사정책연구원.

김중술 · 원호택(역)(1988). 임상심리학. 법문사.

김채원 외(1996). 정신분열증. 중앙문화진수출판사.

김철권(1993). "정신분열병 환자의 가족을 위한 교육 프로그램". 부산정신의학. 제2권.

김철권(1994). "사회기술훈련". 임상심리학회 5월 월례 집담서 구연. 양산병원재활정신의학연구소.

김철권 · 김명정 · 변원탄(1993). "한국에서의 정신 사회적 재활 현황에 대한 고찰". 부산정신의학. 제2권.

김철권 · 김길중(1993). "가족에게 있어서 정신분열병의 의미와 그 극복과정". 부산정신의학. 제2권.

김철권 · 변원탄(1995). 정신분열병을 극복하는 법. 도서출판 신한.

김통원(1994). 만성정신장애인을 위한 사례관리서비스. 성균관대학교 사회과학연구소.

김필숙 외(2001). "아내구타에 대한 원인과 대책". 생활과학연구소. 5. 47-65.

김향구(1994). "재활심리". 임상심리학과 3월 월례집담회에서 구연.

김현우 · 송승운(1995). "만성정신분열병 재활치료에서의 사회사업적 접근-사례관리를 중심으로". 용인정신의학보.

김혜영(1990). "아동학대 관련변인에 관한 연구". 이화여대학교 대학원 석사학위논문.

김효순(1994). "정신분열병 환자가족 교육프로그램". 한국정신보건사회사업학회 제2차 학술대회자료집. 한국정신보건사회사업학회.

나은영(1996). "만성정신질환자의 능력고취를 위한 자조집단의 형성과정에 관한 연구". 서울대학교 대학원 석사학위논문.

남궁기 · 이호영 · 이만홍 · 신승철 · 김병후(1989). "한국 일 농촌지역(강화도) 노인 주정중독의 역학적 연구". 신경정신의학. 제28호.

남정자 · 최창수(1993). 지역사회정신보건시행방안 연구. 한국보건사회연구원.

문선모(1980). "인간관계훈련 집단의 효과에 관한 일 연구". 경상대학교 논문집. 제19권.

문인숙 · 양옥경(1991). 정신장애와 사회사업. 일신사.

민성길(1996). 최신정신의학. 일조각.

민성길 감수(1991). 양성 및 음성증상척도 지침서. (주)한국 얀센 메디칼부.

민성길 외(1995). 최신정신의학. 일조각.

민성길(1993). 최신정신의학(개정판). 일조각.

박금윤(1998). "아동학대의 원인에 관한 연구". 중앙대학교 대학원 석사학위논문.

박종원 등 역(1996). 지역사회정신보건과 정신과적 재활치료. 서울시 지역사회정신보건시범센터.

박지영(1998). "알코올 중독 노인의 특성에 관한 연구-정신과 입원환자를 중심으로". 이화여자대학교 대학원 석사학위논문.

박현자(1985). "T.A.T로 본 정신분열증 환자의 심리적 특성". 고려대학교 교육대학원 석사학위논문.

배민진(1995). "만성정신질환자를 위한 사례관리 연구". 이화여자대학교 대학원 석사학위논문.

배정규 · 이철희(1995). 가족교육(제5차). 조호철 신경정신과 의원.

보건복지가족부(2008). 지역사회정신보건시설현황. 보건복지가족부.

보건복지부(1999). 보건복지백서.

보건복지부(1998. 6). 정신보건관련법령. 보건복지부.

보건사회연구원(1995). “한국인의 보건의식행태”. 1995년도 국민건강 및 보건이식행태조사.

서규동(1995). “알콜중독자 가족친목 모임이 알콜중독자 부인에게 미치는 영향에 관한 연구”. 숭실대학교 대학원 석사학위논문.

서규동(2007). 정신보건사회복지의 발전방향. 한국정신보건사회복지학회.

서동우(2001). 지역정신보건사업 기술지원단 사업보고서. 한국보건사회연구원.

서동우(2002). 보건소, 정신보건센터 및 사회복귀시설의 지역사회정신보건사업 활성화방안을 위한 연구. 한국보건사회연구원.

서동우 외(2001). 지역정신보건사업 기술지원단 사업보고서. 보건사회연구원.

성희자(1991). “알콜리즘 치료에 대한 집단치료의 보완적 연구”. 경북대학교 대학원 석사학위논문.

손경애(1992). 청소년 약물남용의 실태와 대책. 현대사회연구소.

손덕순 · 이준우(2007). 정신보건사회복지론. 서현사.

수원시정신보건센터 등(1966). 경기도 수원시 지역사회정신보건 시범사업 실행 보고서. 수원시 정신보건센터.

신현준 · 강필규 · 이규래(1994). “주정중독자와 비주정중독자 간에 정신증상과 가족기능에 관한 비교연구”. 가정의학회지. 제15권 제7호.

심영희(1998). 위험사회와 성폭력. 나남출판사.

안양시 만안구 보건소 등(1998). 안양시 지역사회 정신보건사업 시범보고서. 안양시 만안구 보건소.

안향림 · 박정은(2001). 정신보건사회복지. 홍익재.

안향림 · 박정은(1994). 정신의료사회사업. 홍익재.

양산병원 숭인재활정신의학연구소(1995). 정신분열이란 무엇인가?. 숭인재활정신의학연구소.

양옥경(1992). “정신장애와 가족 : 심리교육 가족치료를 중심으로”. 사회복지 여름. 통권 제113호.

양옥경(1996). 지역사회정신건강. 나남출판사.

양옥경(2006). 정신보건과 사회복지(사회복지학 총서 32). 나남출판사.

양옥경(1994). “한국 만성정신장애인에 대한 서비스 전달체계. 만성정신장애와 사회복지서비스. 한국정신건강복지연구소. 인간과 복지.

양옥경(1996). 지역사회정신건강. 나남출판사.

여성부(2004). 2004 전국 가정폭력실태조사 보고서. (주)한국갤럽연구소.

오석배(1993). “정신분열증 한자의 사회적응”. 서울의대정신의학보. 제7권. 제8호.

유명이(1994). “정신질환자를 위한 낮병원에서 사례관리 활용에 관한 연구”. 숭실대학교 대학원 석사학위논문.

유수현 · 박미은 · 윤명숙(2002). 정신보건사회복지론. 동인.

유재만(1980). "만성질환자의 정신의학적 문제와 치료". 대한의학협회지. 제23권. 제1호.

윤경자 외 역(2001). 가정폭력 가해자교육 프로그램. 하우기획.

윤규열 외(2000). 정신보건사회복지론. 동문사.

윤규열 외(2009). 정신보건론. 동문사.

이경춘(1996). "정신분열병 환자의 미술치료 용법에 관한 연구". 국민대학교 대학원 석사학위논문.

이근후 외 역(1995). 정신장애의 진단 및 통계편람 제4판(DSM-Ⅳ TM). 하나의학사.

이기숙(1989). "가정 내의 폭력에 관한 고찰". 부산여자대학 논문집. 제27호. 341-351.

이봉건 역(1992). 이상심리학. 성원사.

이부영(역)(1994). 정신 및 행태 장애 분류(ICD-10) : 임상기술과 진단지침. 일조각.

이사형(1974). "재활요법". 신경정신의학. 제13권.

이영문(1993). 환경치료의 이론과 실제. 용인정신병원.

이영실(2004). 정신보건사회복지론. 8585상담센터출판부.

이영실(1982). "한국 정신의료 사회사업지식의 영역 중에서 정신분열증의 정신역동학 및 재활치료에 대한 고찰". 사회사업학회지. 제3호.

이영실(1988). "불면증을 호소하고 있는 정신과 입원환자에 대한 행동정신치료적 접근에 관한 사례연구". 한국사회복지학. 통권 제11호.

이영실(1994). "사회사업교육에 있어서의 인간관계 이론에 관한 연구". 정신보건과 사업사회. 제1집. 한국정신의료사업사회학회.

이영실(1995). 정신의료와 재활(상). 도서출판 신한.

이영실(1995). 정신의료와 재활(하). 도서출판 신한.

이영실 · 이윤로(2008). 정신건강론. 창지사.

이영호(2006). 정신보건사회복지의 이해. 학지사.

이윤로(1997). 청소년 약물남용의 원인과 치료. 문음사.

이윤로(2000). 정신보건사회복지론. 학지사.

이윤로(2001). 정신보건사회복지론. 학지사.

이윤로(2002). 정신보건사회복지론. 학지사.

이윤로(2008). 정신보건사회복지론. 학현사.

이윤로 · 박종한(1996). 치매의 원인과 치료. 학문사.

이윤로 · 성규탁(1993). "사례관리-효과적 서비스 전달을 위한 방법". 계간 사회복지. 한국사회복지협의회.

이익섭 · 이윤로(2004). 사회복지조사방법의 이해. 학지사.

이충순 외 공역(1996). 현대정신보건과 지역사회. 용인정신병원.

이혜경(1998). "노인의 음주". 알코올 상식백과. 대한주류공업협회.

임영희(2005). "만성정신질환자 주거시설 실태와 서비스 및 삶의 만족도 인식". 이화여자대학교 대학원 석사학위논문.

장인협 · 오정애(1997). 아동 · 청소년 복지론. 서울대학교출판부.

전석균(1994). "정신분열증 환자의 재활을 위한 사회기술 훈련 프로그램의 효과성에 관한 연구". 숭실대학교 대학원 박사학위논문.

정수경(1996). "약물남용 청소년의 가족적 접근을 위한 초기개입 고찰". 연세사회복지연구. 제3호. 연세사회복지연구소.

정신보건센터기술지원평가단(1999). 지역사회정신보건센터 사업보고서. 보건복지부.

정원철(2000). 정신보건사회사업론. 학문사.

정원철(2007). 정신보건사회사업론. 공동체.

정지영(2000). "정신보건센터를 이용하는 정신장애인의 가족을 위한 전문적 도움에 관한 연구". 경희대학교 행정대학원 석사학위논문.

조규미(1991). "지역사회 정신건강 프로그램에 관한 연구". 이화여자대학교 대학원 석사학위논문.

조남권(2003). "정신보건". 보건복지백서. 보건복지부.

조미숙(1998). "아내구타가정 아동의 심리사회적 적응 관련 변인 탐색을 통한 사회사업적 접근에 관한 연구". 서울여자대학교 대학원 박사학위논문.

조흥식 외 공저(1999). 가족복지학. 학지사.

주왕기(1996). "한국의 약물남용 실태". 약물남용 청소년을 위한 지역사회 통합적 접근 자료집. 서울특별시 강남정신보건센터. 수서-일원지역 약물남용 청소년을 위한 지역협의회.

최영(2000). "학교정신보건사업의 배경과 필요성(광주광역시 서구 청소년정신건강센터 주최 심포지엄에서 발표)". 전남대학교 의과대학 정신과학교실. 전남대학교병원 정신과 소아청소년 정신건강클리닉.

최성연(1997). "정신질환자를 위한 사례관리 업무개발에 관한 연구". 서울여자대학교 대학원 석사학위논문.

최은영(1994). "소조활동을 통한 미술치료가 아동의 대상관계에 미치는 영향". 대구대학교 대학원 석사학위논문.

표갑수(1993). "아동학대의 원인론과 대처방안". 한국아동복지학(창간호). 한국아동복지학회.

허남순(1993). "아동학대의 실태 및 대책". 한국아동복지학(창간호). 한국아동복지학회.

한국마약퇴치운동본부(1993). 마약류 무엇이 문제인가.

한국마약퇴치운동본부(1995). 마약류 및 약물남용 예방 교육교재.

한국보건사회연구원(2001). 지역사회정신보건사업 활성화 방안 정책세미나.

한국정신건강복지연구소 편(1994). 만성정신장애와 사회복지서비스. 인간과 복지

한국정신건강연구소(편)(1994). "재활전략으로서의 사회기술훈련". 만성장애와 사회복지서비

스. 인간과 복지.

허은원(1996). "음악치료를 통한 자폐아의 행동수정에 관한 연구". 목포대학교 대학원 석사학위논문.

홍강의(1987). "미국의 사회정신의학". 서울의대 정신의학. 12(2).

Adams, W. L., Barry, K. K., & Fleming, M. F. Screening for problem drinking in older primary care patients. *Journal of the American Medical Association, 276*, 1964-1967.

Alford, G. S., Koehler, R. A., & Leonard, J.(1991). Alcoholics Anonymous-Narcotics Anonymous model inpatient of chemically dependent adolescents : A 2-year outcome study. *Journal of Studies on Alcoholism, 52(2)*, 118-126.

Allebeck(1986). "Mortality in Schizophrenia", *Archives of General Psychiatry 43*, 650-653.

American Psychiatric Association(1987). Diagnostic and Statistical Manual of Mental Disorder, 33rd Revised, A.P.A., Washington, D.C.

Anderson et al.(1991). Psychological maltreatment. In Ammerman & Hersen (ed.), *Case Studies in Family Violence*. New York : Plenum.

Anderson, C. M.(1983). *A Psycho Education Program for Families of Patients with Schizophrenia, In W. R. McFarlanne(Ed.) Family Therapy in Schizophrenia :* New York : The Guilford Press., 99-116.

Anderson, C. M., Reiss, D. J., & Hogarty, G. E.(1986). *Schizophrenia and the family : A practitioner? guide to psychoeducaion and management*. New York : Guilford Press.

Andreasen, N, Nasrallah, H. A. and Dunn, V.(1985). "The Economic Costs of Schizophrenia", *Archives of General Psychiatry 43*, 136-144.

Andrew, G., W. Hall, W. and Goldstein, G. et al.(1985). "The Economic Costs of Schizophrenia", *Archives of General Psychiatry 42*, 537-543.

Anthony, et al.(1982). "A Pshchiatric Rehabilitation Treatment Program" : Can I Recognize One If I See One?, *Community Mental Health Journal Vol. 18*, Human Sciences Press.

Anthony, et al.(1984). *Psychiatric Rehabilitation in Schizophrenia*, Orlando, Grune & Stratton Inc.

Anthony, W. A, & M. Cohen and M. Farkas(1988). The Chronically Mentally Ill Case Management : More than a Response to a Disfunctional System. *Community Mental Health Journal 24(3) : 219-228*.

Anthony, W. A. and Liberman R. P.(1986). "The Practice of Psychiatric Rehabilitation", *Schizophrenia Bull. 12(4)*, 542-555.

Anthony, W. A.(1988). "A Rehabilitation Model for Rehabilitating the Psychiatrically Disabled",

Rehabilitation counseling bulletin 24, 6-21.

Anthony, W. A., Nemec, P. B.(1984). "Psychiatric Rehabilition", In Bellack, A. S.(Ed.), *Schizophrenia : Treatment, Management, and Rehabilitation*, Orlando F. L., Grune and Stratton, 375-413.

Argyle, M., Trower, P. and Bryant, B.(1976). "Desensitization and Social Skills Training for Socially Inadaquate and Socially Phobic Patients", *Psychological Medicine 4*, 435-443.

Ashley, A.(1988). "Case Management : The Need to Define Goals" *Hospital Community Psychoiatry 39(5)*, 499-500.

Atkinson, J. H. & Schuckit, M. A.(1981). *Alcoholism and over-the-counter and prescription drug misuse in the elderly*. In C. Eisdorfer (Ed.), Annual review of gerontology and geriatrics (2). New York : Springer.

Atkinson, R. M. & Kofoed, L. L.(1984). Substance use and abuse in old age, *Substance Abuse, 5*, 12-17.

Atkinson, R. M.(1984). Substance use and abuse in late life. In R. M. Atkinson (Ed.), *Alcohol and drug abuse in old age*. Washington, DC : American Psychiatric press Monograph Series.

Austin, C. D.(1983). "Case Management in Long-Term Care : Options and Opportunities", *Health and Social Work, 10*, 16-30.

Backer F. and Intagliata, J.(1982). "Quality of Life in the Evaluation of Community Support System", *Evaluation and Program Planning 5*, 69-79.

Backer, T. E., Liberman, R. P. and Kuehnel, T. G.(1986). "Dissemination and Adoption of Innovative PsychoSocial Interventions", *Journal of Consulting & Clinical Psycholoby 54*, 111-118.

Baer, P. E., McLaughlin, R. J., Burnside, M. A., Pokorny, A. D., & Garmezy, L. G.(1987). Stress, family environment, and multiple substance use among seventh graders. *Psychology of Addictive Behaviors, 1*, 92-103.

Baker et al.(1979). Survey of community mental health attitudes among social work students. *International Journal of Social Psychiatry, 25(3)*.

Baker, Frank and Intagliata James(1992). "Case Management," in Robert P. Liberman (ed.), *Handbook of Psychiatric Rehabilitation*, Boston : Allyne and Bacon Press.

Baldessarin, R. J.(1985). *Chemotherapy in Psychiatry, : Principles and Practice*, Cambridge, Harvard University Press.

Ballew, J. and Mink, J.(1986). "Case Management in the Human Services" Springfield, Ⅲ : Charles C Thomas

Barrett, M. E., Simpson, D. D., & Lehman, W. E. K.(1988). Behavioral changes of adolescents in drug abuse intervention programs. *Journal of Clinical Psychology, 44*, 461-473.

Bateson, G., Jackson, D. D. and Haley, J.(1956). "Toward a Theory of Schizophrenia", *Behavioral Science 1*, 251-264.

Beard, J. H., Malmud, T. J. and Rossaman, E.(1978). "Psychiatric Rehabilitation and Long-Term Rehospitalization Raters : The Finding of Two Research Studies", *Schizophrenic Bulletin. 4*, 622-635.

Beck, A. T.(1996). *Depression : Causes and Treatment*. Philadelphia : University of Pennsylvania Press.

Belcher, J. R.(1993). "The Tradeoffs of Developing a Case Management Model Chronically Mental Ill People", *Health and Social Work, 18(1)*, 20-31.

Bellack, A. S.(1992). Cognitive rehabilitation for schizophrenia : Is it possible? Is it necessary? *Schizophrenia Bulletin, 18(1)*, 43-50.

Bellack, A. S., Mueser, K. T.(1986). "A Comprehensive Treatment Program for Schizophrenia and Chronic Mental Illness", *Community Mental Heath Journal 22*, 175-189.

Bemhein, K.(1982). "Supportive Family Counseling", *Schizophrenia Bulletin 8*, 634-640.

Benedict, R. H.(1989). "The Effectiveness of Cognitive Remediation Strategies for Victimsof Traumatic Head-Injury : A Review of the Literature.", *Clinical Psychology Review 9*.

Benson, J. I., David and J. J.(1986). "Coffee Eating in Chronic Schizophrenia Patients", *American Journal of Psychiatry 143*, 940-941.

Benton, M. K. & Schroeder, H. E.(1990). Social skills training with schizophrenics : A meta-analytic evaluation. *Journal of Consulting and Clinical Psychology, 58 : 741-747*.

Benton, M. K. and Schroeder, H. E.(1990). Social Skills Training with Schizophrenics : A Meta-Analytic Evaluation, *Journal of Consulting and Clinical Psychology 58 : 741-747*.

Berman, K. F., Zec, R. F. and Weinberger, D. R.(1986). "Physiologic Dysfunction of Dorsolateral Prefrontal Cortex in Schizophrenia", *Archives of General Psychiatry 43*, 126-134.

Bigelow, D., Gareau, M., & Young, D.(1982). Interrater reliability of a quality of life interview for chronically mentally ill people (Contract No.278-79-0053). Salem, OR : Oregon State Mental Health Department.

Black, Bertram J.(1988). *Work and Mental Illness*, The Johns Hopkins University Press.

Black, D. W., Yates, W. R., & Andreasen, N. C.(1988). Schizophrenia, schizophreniform disorder, and delusional (paranoid) disorders. In J. A. Talbott, R. E. Hales, & S. C. Yudofsky (Eds.), *The American Psychiatric Press textbook of psychiatry* (pp. 357-402).

Washington, DC : American Psychiatric Press.

Blackburn, I. M. & Bonham, K. G.(1980). Experimental effects of a cognitive therapy technique in depressed patients. *British Journal of Social and Clinical Psychology*, 19, 353-363.

Blackburn, I. M., Eunson, K. M., & Biship, S.(1986). A two-year naturalistic follow-up of depressed patients treated with cognitive therapy, pharmacotherapy and a combination of both. *Journal of Affective Disorder*, 10, 67-75.

Blazyk, S., Crawford, C., and Wimberley, T.(1987). "The Ombudsman and the Case Manager", *Social Work 32(5)*, 451-453.

Bloom, Bernare L.(1984). *Community Mental Health : A General Introduction*, Brooks, Cole Publishing Company.

Blume, S. B.(1983). Early intervention : a clinician's guide to secondary prevention of alcoholism, Postgrad. Med., 74, 146-155.

Blume, S. B.(1985). Group psychotherapy in the treatment of alcoholism. In S. Zimberg, J. Wallace, & S. B. Blume (Eds.), *Practical approaches to alcoholism psychotherapy* (pp. 7-107). New York : Plenum.

Bogerts, B. M. and Meertz, E., Schonfeldt-Baush, R.(1985). "Basal Ganglia and Limbic System Pathology in Schizophrenia", *Archives of General Psychiatry 42*, 784-791.

Bohman, M., Sigvardsson, S., & Cloninger, C. R.(1981). Maternal inheritance of alcohol abuse : Cross-fostering analysis of adopted women. *Archives of General Psychiatry, 38*, 861-868.

Borland, A., McRae, J., & Lycan, C.(1989). Outcome of five years of continuous intensive case management. *Hospital and Community Psychiatry, 40*, 369-376.

Botvin, G. J., Baker, E., Filazzola, A. D., & Botvin, E. M.(1990). A cognitive-behavioral approach to substance abuse prevention : One year follow-up. *Addictive Behavior, 15(1)*, 47-63.

Bracht, Neil F.(1978). Social Work in Health Case : A Guide to Professional Practice : New York : Haworth Press, 9.

Brady, J. P.(1984). Social Skill Training for Psychiatric Patients I : Concepts, Methods and Clinical Results, *American Journal of Psychology*. 141(3), 333-340.

Breier, A. and Astrachan, b. M.(1984). "Characterization of Schizophrenic Patients Who Commit Suicide", *American Journal of Psychiatry 141*, 206-209.

Brennan, J. P. and Kaplan, C.(1993). "Setting New Standards for Social Work Case Management", *Hospital and Community Psychiatry 44(3)*, 219-222.

Brenner, H. D., Kraemer, S., Hermamnutz, M. and Hodel, B.(1990). "Cognitive Treatment in Schizophrenia. In Straube, E., Hahlweg, K.(Eds.), *Schizophrenia : Models and Interventions*,

New York : Springer-Verlag, 161-191.

Brook, J. S., Whiteman, M., & Gordon, A. S., Nomura, C., & Brook, D.(1986). Onset of adolescent drinking : A longitudinal study of intrapersonal and interpersonal antecedents. In B. Stimmel (Ed.), *Alcohol and substance abuse in women and children*. New York : Haworth.

Brook, J. S., Whiteman, M., & Gordon, A. S., Nomura, C., & Brook, D.(1990). The role of older brothers in younger brothers' drug use viewed in the context of parent and peer influences. *Journal of Genetic Psychology, 151(1)*, 59-75.

Browder, S., German, D. C., & Shore, P. A.(1981). Midbrain dopamine neurons : Differential responses to amphetamine isomers. *Brain Research, 207*, 333-342.

Brown, M. A. and Munford, A. M.(1983). "Life Skills Training for Chronic Schizo- phrenics", *Journal of Nervous and Mental Disease, 17*.

Brown, M.(1982). "Mainternace and Generalization Issues in Skills Training with Chronic Schizophrenics.", In J. P. Curran, & P. M.Monti(Eds.), *Social Skills Training*, New York : The Guilford Press.

Bucholz, K. K., Sheline, Y. I., & Helzer, J. E.(1995). The epidemiology of alcohol use, problem, and dependence in elders. In T. Bresford (Ed.), *A review, alcohol and aging*. New York : Oxford University Press.

Bulter, R. W. and Namerow, N. S.(1988). "Cognitive Retraing in Brain_Injury Rehabilitation : A Critical Review", *Journal of Neuropsychology and Rehabilitation 2*, 97-101.

Butler, D. & Messiha, F. S.(1986). Alcohol withdrawal and carbamazepine. Alcohol, 3, 113-129.

Butler, L. and Meichenbaum, D.(1981). "The Assessment of Interpersonal Problem- Solving Skills.", In Kendall, P. C. & Hollon, S. D.(Eds.), *Assessment Strategies for Cognitive-Behavioral Interventions*, New York : Academic Press, 197-221.

Byalin, K., Jed, J. and Lehman, S.(1982). Family Intervention with Treatment Re- fractory Chronic Schizophrenics, Paper Presented at 20th International Congress of Applied Psychology, Ediburgh, Scotland.

Cantwell, D.(1972). Psychiatric illness in the families of hyperactive children. *Archives of General Psychiatry, 27*, 414-417.

Caputo, R. K. & Moynihan, F. M.(1986). Family options : A practice research model in family violence. *Social Casework, 67*, 460-465.

Chamberlain, R. & Rapp, C. A.(1991). A decade of case management : A methodological review of outcome research. *Community Mental Health Journal, 27*, 171-188.

Cherek, D. R. & Steinberg, J. L.(1987). Effects of drugs on human aggressive behavior. *Advances in Human Psychopharmacology, 4*, 239-290.

Cherek, D. R., Spiga, R., & Steinberg, J. L.(1989). Effects of secobarbital on human aggressive and non-aggressive responding. *Drug and Alcohol Dependence, 24*, 21-29.

Clarkin, J. F., Glick, I. D., Haas, G. L., Spencer, J. H. Lewis, A. B., Peyser, J., DeMane, N., Good-Ellis, M., Harris, E., & Lestelle, V.(1990). A randomized clinical trial of inpatient family intervention : *V. Results for affective disorders*.

Cohen, J.(1977). *Statistical Power Analysis for the Behavioral Sciences*. New York : Academic Press.

Cole, J. R., Klarreich, S. H. and Fryatt, M. J.(1982). "Teaching Interpersonal Copying Skills to Adult Psychiatric Patients", Cognitive *Therapy and Research 6*, 105-112.

Conger, R. D., McCarty, J. A., Yang, R., Lahey, B. B., & Kropp, J. P.(1984). Perception of child, child rearing values, and emotional distress as mediating links between environmental stressors and observed maternal behavior. *Child Development, 55*. 2234-2247.

Coogle, L. C., Osgood, N. J., Pyles, M.A., & Wood, H. E.(1995). The impact of alcoholism education on service providers, elders, and their family members. *Journal of Applied Gerontology, 14*, 321-332.

Corrigan, P. W., Davies-Farmer, R. M. and Lome, H. B.(1988). "A Curriculum Based Psychoeducational Program for the Chronic Mentally Ⅲ", *Journal of Psychosocial Rehabilitation, 12*, 71-73.

Cotton, N. A.(1979). The familial incidence of alcoholism. *Journal of Studies on Alcohol, 40*, 89-116.

Curtis, J. R. et al.(1989). Characteristics, diagnosis, and treatment of alcoholism in elderly patients. *Journal of the American Geriatrics Society, 37*, 310-316.

Davison, Gerald C. and Neale John M.(1990). Abnormal Psychology, Printed in the United States of America, 5th ed.

DeBarona, M. S. & Simpson. D. D.(1984). Inhalant users in drug abuse prevention programs. *American Journal of Drug and Alcohol Abuse, 10*, 503-518.

DeFranco, C., Tarbox, A. R., & McLaughlin, E. J.(1985). Cognitive deficits as a function of years of alcohol abuse. *American Journal of Drug and Alcohol Abuse, 11*, 279-293.

DeFrank, R. S., Jenkins, C. D., & Rose, R. M.(1987). A longitudinal investigation of the relationships among alcohol consumption, psychosocial factors, and blood pressure. *Psychosomatic Medicine, 49*, 236-249.

Desoto, C. B., O'Donell, W. E., Alfred, L. J., & Lopes, C. E.(1985). Symptomatology in alcoholics at various stages of abstinence. *Alcoholism : Clinical and Experimental Research, 9*.

DiClemente, C. C., Prochaska, J. O., & Gibertini, M.(1985). Self-Efficacy and the stages of self-change of smoking. *Cognitive Therapy and Research, 9*, 181-200.

Dimascio, A., Weissman, M. M., Prusoff, B. A., Neu, C., Zwilling, M., & Klerman, G. L.(1979). Differential symptom reduction by drugs and psychotherapy in acute depression. *Archives of General Psychiatry, 36*, 1450-1456.

Dixson, L. B. & Lehman, A. F.(1995). Family interventions for schizophrenia. *Schizophrenia Bulletin, 21*, 631-643.

Dobson, D.(1996). Long-term support and social skills training for parents with schizophrenia. *Psychiatric Services, 47*, 1195-1199.

Donovan, J. E. & Jessor, R.(1978). Adolescent problem drinking : Psychosocial correlates in a national sample study. *Journal of Studies on Alcohol, 39(9)*, 1506-1524.

Draine, J.(1997). A critical review of randomized field trials of case management for individuals with serious and persistent mental illness. *Research on Social Work Practice, 7*, 32-52.

Drake, R. E. and Sedever, L. I.(1986). "The Adverse Effects of Intensive Treatment of Chronic Schizophrenia", *Comprehensive Psychiatry 27*, 313-326.

Drake, R. E., Gates, C. and Cotton, P. G. et al.(1984). "Suicide among Schizophrenics", *Journal of Nervous and Mental Disease 172*, 613-617.

Dupree, L. W., Broskowski, H., & Schonfeld, L.(1984). The gerontology alcohol project : A behavioral treatment program for elderly alcohol abusers. *The Gerontologist, 24*, 510-516.

Early, T. S., Reinman, E. M. and Raichle, M. E.(1987). "Left Globes Palidus Abnormality in Nerver ; Dedicated Patient with Schizophrenia", *Proceeding of the National Academy of Science 84*, 561-563.

Eckman, T. A., Wirshing, W. C., Marder, S. R., Liberman, R. P., Johnston-Cronk, K., Zimmermann, K. and Mintz, I.(1992). "Technique for Trainging Schizophrenic Patients in Illness Self-Management : A Controlled Trial", *American Journal of Psychiatry 149*, 1549-1555.

Eldred, C. A. & Washington, M. N.(1976). "Interpersonal relationships in heroin use by men and women and their role in treatment outcome," *International Journal of the Addictions, 11*, 117-130.

Emery, E. M. et al.(1993). The relationship between youth substance use and area-specific self-esteem. *Journal of School Health, 63(5)*.

Emery, R.(1982). Interparental conflict and the children of discord and divorce. *Psychological Bulletin, 92*, 310-330.

Fallon, I. R. H., Kydd, R. R., Coverdale, J. H., & Laidlaw, T. M.(1996). Early detection and intervention for initial episodes of schizophrenia. *Schizophrenia Bulletin, 22*, 271-282.

Falloon, I. R. H., Boyd, J. L., & McGill, C. W.(1982). Family management in the prevention of exacerbations of schizophrenia : A controlled study. *New England Journal of Medicine, 30*, 1438-1440.

Felman, C. M.(1994). *The Etiology and Treatment of Domestic violence between Adult Partners. Unpublished manuscript.* University of Arizona, Tucson.

Fennell, M. J. & Teasdale, J. D.(1984). Effects of distraction on thinking and affect in depressed patients. *British Journal of Clinical Psychology, 23*, 65-66.

Fennell, M. J.(1995). Depression. In K. Hawton, P. Salkovskis, J. Kirt, & D. Clark (Eds.), *Cognitive behavior therapy for psychiatric problems : A practical guide* (pp. 169-234). Oxford : Oxford University Press.

Fenton, W. S., McGlashan, T. H., Victor, B. J., & Blyler, C. R.(1997). Symptoms, subtypes, and suicidality of patients with schizophrenia spectrum disorders. *American Journal of Psychiatry, 154,* 199-204.

Fingarette, H.(March/April 1985). Alcoholism : Neither sin nor disease. *The Center Magazine, 56-63*.

Folkman, S., Bernstein, L., & Lazarus, R. S.(1987). Stress processes and the misuse of drugs in older adults. *Psychology and Aging, 2*, 366-374.

Foy, D. W., Wallace, C. J. and Liberman, R. P.(1983). "Advances in Social Skills Training for Chronic Mental Patients", In K. D.Craig, & R. J.McMahon, *Advances ion Clinical Behavior Therap*y, New York, Brunner/Mazel, Inc.

Franklin, J., Solovitz, B., Mason, M., Clemons, J., & Miller, G.(1987). An evaluation of case management. *American Journal of Public Health, 77*, 674-678.

Frederiksen, L. W., Jenkins, J. O., Foy, D. W. and Eisler, R. M.(1976). "Social Skills Training to Modify Abusive Verbal Outbursts in Adults", *Journal of Applied Behavior Analysis 9*, 117-127.

Friedman, A. S. & Glickman, N. W.(1987). Residential program characteristics for completion of treatment by adolescent drug abusers. *Journal of Nervous and Mental disease, 175(7)*, 419-424.

Friedman, A. S., Utada, A. T., Glickman, N. W., & Morrissey, M. R.(1987). Psychopathology as an antecedent to, and and as a consequence of, substance use in adolescence. *Journal of Drug Education, 17(3)*, 233-244.

Gaitz, C. M. & Baer, D. E.(1971). Characteristics of elderly patients with alcoholism. *Archives of*

General Psychiatry, 24, 372-378.

Gambert, S. R., Newton, M., & duthie E. H.(1984). Medical issues in alcoholism. In J. T. Hartford, & T. Samorjski (Eds.), *Alcoholism in the Elderly*. New York : Raven Press.

Gelles, R. J., Lackner, R., & Wolfner, G. D.(1994). *Violence Update, 4(12)*, 1-10.

Glantz, M.(1983). Alcohol use and abuse. In U. S. Department of Health and Human Services : Drugs and the elderly adult. *Research Issue, 32*.

Goldman, H. H., Gattozzi, A. A., Taube, C. A.(1981). "Defining and Counting the Chronically Mentally Ⅲ", Hosp. *Community Psychiatry (32)*, 22.

Goldstein, M. Z.(1991). *Family Involvement in the Treatment of Schizophrenia*. Washington, D.C. : American Psychiatric Press.

Goldstein, M. Z.(1991). *Psychosocial(nonpharmacologic) treatments for schizophrenia. Review Pshchiatr Vol 10*, ed by Tasman A, Goldfinger SM, Washington, D.C, Amer Psychiatr, Inc, pp. 116-135.

Gomes-Schwartz, B.(1984). Individual psychotherapy of schizophrenia. In A. S. Bellack (Ed.), *Schizophrenia : Treatment, management, and rehabilitation (pp. 307-335)*. New York : Grune & Stratton.

Gonet, M.(1994). Counseling the adolescent substance abuser. Sage.

Goodwin, D. W. & Guze, S. B.(1989). *Psychiatric Diagnosis*. New York : Oxford University Press.

Goodwin, D. W.(1981a). Alcoholism : *The facts*. New York : Oxford University Press.

Goodwin, D. W.(1981b). Genetic component of alcoholism. *Annual Review of Medicine, 32*, 93-99.

Goodwin, D. W., Hill. S., Powell, B., & Viamontes, J.(1973). Effects of alcohol on short-term memory in alcoholics. *British Journal of Psychiatry, 122*, 93-94.

Goodwin, F. K. & Jamison, K. R.(1990). *Manic-depressive illness*. New York : Oxford University Press.

Gottlieb, N. H. & Baker, J. A.(1986). The relative influence of health beliefs, parental and peer behaviors and exercise program participation on smoking, alcohol use and physical activity. Social *Science and Medicine, 22*, 915-927.

Graham, K., Carver, V., & Brett, P. J.(1995). Alcohol and drug use by older women : Results of a national survey. *Canadian Journal on Aging, 14*, 769-791.

Green, M. F.(1993). "Cognitive Remediation in Schizophrenia : Is It Time Yet?", American *Journal of Psychiatry 150 : 178-187*.

Greenley, J. R. et al.(1997). Measuring quality of life : A new and practical survey instrument.

Social Work, 42, 244-254

Gunderson, J. G., Frank, A., Kats, H. M., Vannicelli, M. L., Frosch, J. P., & Knapp, P. H.(1984). Effects of psychotherapy on schizophrenia : II. Comparative outcomes of two forms of treatment. *Schizophrenia Bulletin, 10*, 564-598.

Hagen, J. L.(1994). "J.O.B.S. and Case Management : Devolopments in 10 States", *Social Work, 39(2)*, 197-205.

Haley, J.(1976). *Problem-solving therapy*. San Francisco : Jossey-Bass.

Halford, W. K. and Hayes, R.(1991). "Psychological Rehabilitation of Chronic Schizophrenic Patients : Recent Findings on Social Skills Training and Family Psy- choeducation", *Clinical Psychology Review 11*, 23-44.

Hansen, D. J., St. Lawrence, I. S. and Christroff, K. A.(1985). "Effects of Interpersonal Problem-Solving Training with Chronic Aftercare Patients on Problem- Solving Component Skills and Effectiveness of Solution", *Journal of Consulting and Clinical Psychology 53 : 167-174*.

Hargie, O., Saunders, C. and Dickson, D.(1981). Skills in Interpersonal Communication, *London Croom Heln*.

Hatfield, A. B(1981a). "Families as Advocates for the Mentally Ⅲ; A Growing Movement", *Hospital and Community Psychiatry 32*, 641-642.

Hatfield, A. B(1981b). "Self-Help Groups for Families of The Mentally Ⅲ", *social Work 26*, 408-413.

Hawkins, J. D., Lisher, D. M., & Catalano, R. F.(1987). Childhood predictors and the prevention of adolescent substance abuse (National Institute on Drug Abuse, Research Monograph Series No. 56). Washington, DC : Government Printing Office.

Hepworth, D. H. and Larsen, J. A.(1993). *Direct Social Practice*, Pacific Grove : Brooks Cole Publishing Company, "When Case Managers Man Manage the Seriously Mentally Ill : A Role Contingency Approach", Social Service Review, March, 79-93.

Hepworth, D. H., & Larsen, J.(1986). *Direct Social Work Practice*. Pacific Grove, CA : Brooks/Cole Company.

Hersen, M. and Bellack A. S.(1976). "Social Skills Training for Chronic Psychiatric Patients; Rational Research Finding and Future Directions", *Comprehensive Psychiatry 17* ; 4, 559-580.

Hinrichsen G. A., Revenson, T. A., & Shinn, M.(1985). Does Self-Help Help?, *Journal of Social Issues, 41*.

Hoffman, A. L. & Heinemann, M. E.(1986). Alcohol problems in elderly persons. In N. J. Estes

& M. E. Heinemann (Eds.), *Alcoholism.* St. Louis : The C. V. Mosby Company.

Hogarty, G. E. & Flesher, S.(1992). Cognitive remediation in schizophrenia : Proceed with caution. *Schizophrenia Bulletin, 18*, 51-57.

Hogarty, G. E. et al.(1986). Family psychoeducation, social skills training, and maintenance chemotherapy in the aftercare treatment of schizophrenia : I. One year effects of a controlled study on relapse and expressed emotion. *Archives of General Psychiatry, 43*, 633-642.

Hogarty, G. E., Anderson, C. M. and Reiss, D. I.(1987). "Family Psychoeducation Social Skills Training and Medication in Schizophrenia : The Long and Short of It", *Psychoparmacolegy Bulletin 23 :* 12-13.

Hogarty, G. E., Anderson, C. M., Reiss, D. J., Kornblith, S. J., Greenwald, D. P., Ulrich, R. F., Carter, M., and the EPICS Research Group (1991). Family psychoeducation, social skills training, and maintenance chemotherapy in the aftercare treatment of schizophrenia : II. Two year effects of a controlled study on relapse and adjustment. *Archives of General Psychiatry, 48*, 340-347.

Hogarty, G. E., Anderson, C. M., Reiss, D. J., Kornblith, S. J., Greenwald, D. P., Ulrich,R. F. and Carter, M.(1991). "Family Psychoeducation, Social Skills Training, and Maintenace Chometherapy in the Aftercare Treatment of Schizophrenia I : Two-Year Effects of a Controlled Study on Relapse and Adjustment", *Archives of General Psychiatry 48 :* 340-347.

Holland, B. E.(1989). *Prediction of alcohol treatment outcome for the elderly alcohol abuser*. South Illinois University at Carbondale(RHD).

Hooyman, N. R. & Kiyak, H. A.(1999). *Social gerontology*. Allyn & Bacon.

Huba, G. & Bentler, P. M.(1983). Causal models of the development of law abidance and its relationship to psychosocial factors in drug use. In W. F. Laufer & J. M. Day (Eds.), *Personality theory, moral development, and criminal behavio*r. Lexington, MA : Lexington.

Hughes, J. R. and Hatsukami, D. K. and Mitchell, J. E.(1986). Prevalence of Smoking among Psychiatric Outpatients, *American Journal of Psychiatry 143*, 993~997.

Hurd, G., Pattison, E. M., & Smith, (1981, February 20-21). Test-retest reliability of social network self-reports : The Pattison Psychosocial Kinship Inventory(PPI). Paper presented to the Sun Belt Social Network Conference, Tampa, Florida.

Ingrassia, M. & Beck, M.(1994). Patterns of abuse. *Newsweek, 26*.

Jacobs, J., Crichton, E. and Visotina, M.(1989). "Teaching Skills to Clients Life Skills", *In Pratice Approaches to Mental Care*, New York : The M. C. Millan Company.

Jennison, K. M.(1992). The impact of stressful life events and social support on drinking among older adults : A general population survey. *International Journal of Aging and Human Development, 35*, 99-123.

Jertson, J. M.(1975). Self-help Groups, *Social Work*.

Jessor, R. & Jessor, S. L.(1977). *Problem behavior and psychosocial development*. New York : Academic Press.

Johnson, L., O'Malley, P. M., & Eveland, L. K.(1978). Drugs and delinquency : A search for causal connections. In D. Kandel (Ed.), *Longitudinal research on drug use*. New York : John Wiley.

Kaij, L.(1960). Alcoholism in twins : *Studies on the etiology and sequels of abuse of alcohol*. Stockholm : Almquist & Wiskell.

Kanas, N.(1993). Group psychotherapy with schizophrenia. In H. I. Kaplan & B. J. Sadock (Eds.), *Comprehensive group psychotherapy, (pp. 407-417)*. Baltimore : Williams & Wilkins.

Kanter, J.(1982). "Clinical Case Management : Definition, Priciple, componets," *Hospital and Community, 40 : 361-368*.

Kaplan, H. B.(1980). *Deviant behavior in defense of self*. New York : Academic Press.

Kaplan, H. B., Johnson, R. J., & Bailey, C. A.(1988). Explaining adolescent drug use : An elaboration strategy for structural equations modeling. *Psychiatry, 51*, 142-163.

Kaplan, H. B., Martin, S. S., & Robbins, C.(1984). Pathways to adolescent drug use : Self-derogation, peer influence, weakening of social controls, and early substance use. *Journal of Health and Social Behavior, 25*, 270-289.

Kaplan, H. I and Sadock, B. J.(1989). C*omprehensive Text Book of Psychicaty, 5th Ed*, Baltimore London, Williams and Wilkins.

Kaplan, H. I. and Sadock, B. J.(1985). *Comprehensive Group Psychotherapy : Textbook of Psychiatry 4*, Williams and Wilkins, Baltimore.

Kaplan, H. I., Sadock, B. J., & Grebb, J. A.(1994). *Kaplan & Sadock's Synopsis of psychiatry (7th ed.)*. Baltimore : Williams & Wilkins.

Kaplan, Harold I. and Sadock B. J.(1988). *Synopsis of Psychiatry : Behavior Services and Clinical Psychiatry*, Baltmore, Williams and Wilkins.

Kaplan, S.(1967). *Comprehensive textbook of Psychiatry*. Baltimore : Williams & Wilkins.

Katz, A. H. & Bender, E. I.(1976). *The Strength in Us : Self-Help Groups in the Modern World* (New York : Franklin-Watts).

Katz, M. M. & Lyerly, S. B.(1963). Methods for measuring adjustment and social behavior in the community : Rationale, description,discrimination,validity and scale development. *Psychological*

Reports, 13, 503-507.

Kelly, J. A., Urey, J. R. and Paterson, J. T.(1980). "Improving Heterosocial Convert- sational Skills of Male Psychiatric Through A Small Group Training Procedure", *Behavior Therapy II*.

Kemp, B.(1981). "The Case Management Model in Human Service Delivery", In E. Pan & T. E. Backer, C. L. Vash.(Eds.), *Annual Review of Rehabilitation.(Vol. 2)*, New York : Spranger.

Kent, T. A., Gunn, W. H., Goodwin, D. W., Jones, M. P., Marples, B. W., & Penick, E. C.(1986). Individual differences in state-dependent retrieval effects of alcohol intoxication. *Journal of Studies on Alcohol, 47*, 241-243.

Kerr, P.(1986). Experts say some antidrug efforts by schools harm more than help. *New York Times, p. 1*.

Kindness, K. and Newton, A.(1984). "Patients and Social Skills Groups : Is Social Skills Training Enough?", *Behavior Psychotherapy 12 : 212-222*.

Knapp, M., Beecham, J., Koutsogeorgopoulou, V., Hallam, A., Fenyo, A., Marks, I. M., Connolly. J., Audini, B., & Muijen, M.(1994). Service use and costs of home-based versus hospital-based care for people with serious mental illness. *British Journal of Psychiatry, 165, 195-203*.

Kolackowska, T., Williams, A. O. and Jambor, K.(1985). "Schizophrenia with Good and Poor Outcome", *British Journal Psychiatry 146*, 348-357.

Kolb, L. C.(1982). Modren Clinical Psychiatry, 10th(Ed.), *Philadelphia and Londo*,. W. B. Saunders Company.

Korff, V. M., Nestadt, G. and Romanoskiu, A, et al.(1985). "Prevalence of Treated and Untreated DSM-Ⅲ Schizophrenia", *Journal of Nervous and Mental Disease 173*, 577-581.

Kottgen, C., Sonnichsen, I., Mollenhauser, K., & Jurth, R.(1984). Group therapy with families of schizophrenia patients : III. Result of the Hamburg Camberwell family interview study. *International Journal of Family Psychiatry, 5*, 84-94.

Kovacs, M., Rush, A. J., Beck, A. T., & Hollon, S. D.(1981). Depressed outpatients treated with cognitive therapy or pharmacotherapy : A one-year follow-up. *Archives of General Psychiatry, 135*, 525-533.

Kuehnel, T. G. and Liberman, R. P.(1988). "Functional Assessment. In Liberman, R. P.(Ed.), Psychiatric Rehabilitation of Chronic Mental Patients", *American Psy- chiatric Press, 59-116*.

Lakoski, J. M. & Cunningham, K. A.(1988). The interaction of cocaine with central serotonergic neuronal systems : Cellular electrophysiologic approaches. In D. Clouet, K. Asghar, & R.

Brown (Eds.), Mechanisms of cocaine abuse and toxicity. Rockville, MD : National Clearing House for Alcohol and Drug Information.

Lam, D. H.(1991). Psychosocial family intervention in schizophrenia : A review of empirical studies. *Psychological Medicine, 21*, 423-441.

Leff, H. P.(1987a). "The Family's Response to Mental Illness in a Relative, in Families of the Mentally Ⅲ ; Meeting the Challenges", In A. B. Hatfield.(Ed.), *New Directions for Mental Health Services, No. 34*, San Francisco, California ; Jossey-Boss, 3-21.

Leff, J. and Vaughn, C.(1985). *Expressed Emotion in Families*, New York. The Guilford Press.

Leff, J. P. and Vaughn, C. E.(1981). "The Role of Maintenance Therapy and Relatives Expressed Emotion in Relapse of Schizophrenia ; A Two Year Follow", *British Journal of Psychiatry 139*, 102-104.

Lehman, A. F.(1983). "The Well Being of Chronic Mental Patients", *Archives of General Psychiatry 40,* 369-373.

Lehman, A. F., Kernan, E., & Postrado, L.(1995). Evaluating the quality of life for persons with severe mental illness. Baltimore : Center for Mental Health Services Research.

Levine, I. S. and M. Fleming(1984). Human Resource Development : Issues in Case Managment, Boltimore, University of Maryland.

Lewinsohn, P. M., Clarke, G. N., Hops, H., & Andrews, J.(1990). Cognitive-behavioral treatment for depressed adolescents. *Behavior Therapy, 21*, 385-401.

Liberman, R. P. & Foy, D. W.(1983). Psychiatric rehabilitation of chronic mental patients. *Psychiatric Annals, 13*, 539-545.

Liberman, R. P.(1988). Social skills training. In R. P. Liberman (Ed.), *Psychiatric rehabilitation of chronic mental patients (pp. 147-198)*. Washington, DC : American Psychiatric Press.

Liberman, R. P.(1988b). Coping with chronic mental disorders : A framework for hope. In R. P. Liberman (Ed.), *Psychiatric rehabilitation of chronic mental patients (pp. 1-28)*. Washington, DC : American Psychiatric Press.

Liberman, R. P. and Eckman, T. A.(1989). Dissmination of Skills Training Modules to Psychiatric Facilities-Overcoming Obstacles to the Utilisation of a Rehavilitation Inovation, Brish, *J. of Psychiatry, 155 : 5 : 117-122*.

Liberman, R. P. and Enavs, C. C.(1985). "Behavioral Rehabilitation for Chronic Mental Patients", *Journal of Clinical Psychopharmacology 5*, 8-14.

Liberman, R. P.(Ed.)(1987). "Psychiatric Rehabilitation of Chronic Mental Patient", American Psychiatric Press, Washinton D. C.

Liberman, R. P., DeRisi, W. J., & Mueser, K. T.(1989). *Social skills training for psychiatric patients*. New York : Pergamon.

Liberman, R. P., Meuser, K. T., & Wallace, C. J.(1986). Social skills training for schizophrenic individuals at risk for relapse. *American Journal of Psychiatry*, 143, 523-526.

Liberman, Robert P.(1988). *Pshchiatric Rehabilitation of Chronic Mental Patients*, American Psychiatric Presss, Inc.

Libermanm, R. P., Massel, H. K. and Mosk, M. D.(1985). "Social Skills Training for Chronic Mental Patients", *Hospital & Community Psychiatry 36*, 396-403.

Lidz, T. Fleck S. and Comelison, A, R.(1969). *Schizophrenia and the Family*, New York : International University Press, P. 327.

Lieberman, M. A. & Borman, L. D.(1979). *Self-Help Groups for Coping with Crisis*. San Francisco; Jossey-Bass.

Lundquist, F.(1971). Influences of ethanol on carbohydrate metabolism. *Quarterly Journal of Studies on Alcohol, 32*, 1-12.

Lurie, A. & Shulman, L.(1993). The Professional Connection with Self-Help Groups In Health Care Setting. *Social Work in Health Care, 8(4)*.

Macias, C. & Jackson, R.(1990). The self-report inventory : An interview schedule for adults with serious mental illness. *From Community Mental Health Journal, (1994)*, 30(4).

Macias, C. & Kinney, R.(1990). The brief psychological well-being scale. From Community *Mental Health Journal, (1994), 30(4)*, 329.

Macias, C., Kinney, R., & Vos, B.(1991). The Utah family burden scale. *From Community Mental Health Journal, (1994), 30(4)*, 330.

Maddux, J. F. & Desmond, D. P.(1981). *Careers of Opioid Users*. New York : Praeger.

Maddux, J. F.(1988). Clinical experience with civil commitment. *Journal of Drug Issues, 18*, 575-594.

Maddux, J. F., Desmond, D. P., & Costello, R.(1987). Depression in opioid users varies with substance use status. *American Journal of Drug and Alcohol Abuse, 13*, 375-385.

Maddux, J. F., Hoppe, S. K., & Costello, R. M.(1986). Psychoactive substance use among medical students. *American Journal of Psychiatry, 143*, 187-191.

Malm, U.(1982). The influence of group therapy on schizophrenia. *Acta Psychiatrica Scandinavica, 65* (Suppl. 297).

Markward, M. J.(1997) The impact of Domestic Violence on Children. Family in society : *The Journal of Contemporary Human Services. 66-70*.

McAlister, A. L., Krosnick, J. A., & Milburn, M. A.(1984). Causes of adolescent cigarette smoking : Tests of a structural equation model. *Social Psychology Quarterly, 47*, 24-36.

McFarlane, W. R., Link, B., Dushay, R., & Marchal, J.(1995). Psychoeducational multiple family groups : Four-year relapse outcome in schizophrenia. *Family Process, 34*, 127-144.

McFarlane, W. R., Lukens, E., Link, B., Duushay, R., Deakins, S., Newmark, M., Dunne, E., Horen, B., & Toram, J.(1995). The multiful family group, Psychoeducation and Maintenance meditation in the treatment of schizophrenia. *Archives of General Psychiatry*.

McLaughlin, R. J., Baer, P. E., Burnside, M. A., & Pokorny, A. D.(1985). Psychosocial correlates of alcohol use at two age levels during adolescence. *Journal of Studies on Alcohol, 46*, 212-218.

McNeece, C. A. & Dinitto, D. M.(1994). Chemical Dependency : *A systems approach*. Prentice Hall, Englewood Cliffs, New Jersey.

Mechanic, David(1980). *Mental Health and Social Policy*, Englewood Cliffs, N. J., Prentice-Hall, Inc.

Millis, C. J. & Noyes, H. L.(1984). Patterns and correlates of initial and subsequent drug use among adolescents. *Journal of Clinical Psychology, 52*, 231-243.

Minuchin, S. & Fishman, H. C.(1981). *Family therapy techniques. Cambridge*, MA : Harvard University Press.

Minuchin, S.(1974). *Families and family therapy. Cambridge*, MA : Harvard University Press.

Mirabi, M., Weinman, M., Magnetti, S. and Keppler, K.(1985). "Professional Attitudes toward the Chronically Mental Ⅲ", *Hospital & Community Psychiatry 36*, 404-405.

Mitic, W. R., McGuire, D. P., & Neumann, B.(1987). Adolescent problem drinking and perceived stress. *Journal of Alcohol and Drug Education, 33(1)*, 45-54.

Mittleman, G.(1985). "First Presion Account ; The Pain of Parenthood of the Mentally Ⅲ", *Schizophrenia Bulletin 11*, 300-303.

Molgaard, C. A., Nakamura, C. M., Stanford, E. P., Peddecord, M., & Morton, D. M.(1990). *Journal of Community Health, 15*, 239-251.

Monti, P. M., Curran, J. P., Corriveau, D. P., Delancey, A. L. and Hagerman, S. M.(1980). "Effects of Social Skills Training Groups with Sensitivity Training Groups with Psychiatric Patient", *Journal of Consulting and Clinical Psychology 48 : 2*.

Moos, R. H., Brennan, P. L., fondacaro, M. R., & Moos, B. S.(1990). Approach and avoidance coping responses among older problem and nonproblem drinkers. *Psychology and Aging, 5*, 31-40.

Morgan, A. J. and Johnston M. K.(1976). *Mental Health and Mental Illness*, Phiadelpia : J. B. Lippinott Co.

Morrison, R. L. and Bellack, A. S.(1984). *Schizophrena : Treatment, Management and*

Rehabilitation, New York : Grune & Stratton, Inc.

Moxley, david, P.(1989). T*he Practice of Case Management, Sage Publications*, The Intrenational Professional Publishers.

Mueser, K. T. & Berenbaum, H.(1990). Psychodynamic treatment of schizophrenia. *IS there a future? Psychological Medicine, 20*, 253-262.

Mufson, L., Moreau, D., Weissman, M. M., & Klerman, G. L.(1993). *Interpersonal psychotherapy for depressed adolescents*. New York : Guilford Press.

National Association of Social Workers(1981). Standards for Social Work in Health Case Sotiting, (June), Policy Statement No. 6, Professional Standards, Washington, D.C : National Association of Social Worker. 6-7.

National Institute of Mental Health(1980). Use of Health and Mental Health Outpatient Service in Four Organized Health Care Setting, Washington, D. C. : U. S Government Printing Office.

O' Keefe, M.(1998). Factors mediating the link between witnessing interparental violence and dating violence. *Journal of Family Violence, 13*, 39-57.

Osgood, N. J., Wood, H. E., & Parham, I. A.(1995). *Alcoholism and Aging*. Westport : Greenwood Press.

Pandina, R. J. & Schuele, J. A.(1983). Psychosocial correlates of alcohol and drug use of adolescent students and adolescents in treatment. *Journal of Studies on Alcohol*, 44(6), 950-973.

Paul, G. L.(1984). *Residential Treatment Programs and Aftercare for The Chronically Institutionalalized*, New York : S. P. Medical and Scientific Books.

Peele, S.(1988). *Visions of Addiction : Major contemporary perspectives on addiction and alcoholism*. Lexington, MA : D. C. Heath.

Peled, E. & Davis, D.(1995). *Groupwork with children of battered women : A practitioner's guide*. Thousand oake CA : Sage.

Pence, E. & Paymer, M.(1993). *Understanding and Preventing Violence*. Washington DC : National Academy press.

Perception of child, child rearing values, and emotional distress as mediating links between environmental stressors and observed maternal behavior. *Child Development, 55*, 2234-2247.

Polinsky, M. L., Fred, C. and Ganz, P. A.(1991). "Qualitative and Qualitative Ass- essment of A Case Management Program for Cancer Patiento", *Health and Social Work, 16(8)*, 176-183.

Potocky, M.(1993). An art therapy group for clients with chronic schizophrenia. *Social Work with Groups, 16(3)*, 73-82.

Powell, T. J.(1995). Self-Help Group, *Encyclopedia of Social Work*, NASW.

Rapp, C. A and Charmberlain, R.(1985). "Case Management Services for the Chronically Mentally Ill", *Social Work 30(5)*, 417-422.

Rathbone-McCuan, E., Schiff, S. M., & Resch, J. E.(1987). The aging alcoholic : A summary of the Michigan Experiment as a model of outreach and intervention. In G. Lesnoff-Caravaglia (Ed.), *Handbook of Applied Gerontology*. New York : Human Sciences Press.

Ratliff, B. W.(1982). *Social Work in Hospital*, Charles C. Thomas, Publisher.

Rees, C. D. & Wilborn, B. L.(1983). Correlates of drug abuse in adolescents : A comparison of families of drug abusers with families of non drug abusers. *Journal of Youth and Adolescence, 12*, 55-63.

Reiss, A. J. & Roth, J. A.(1993). *Understanding and Preventing Violence*. Washington DC : National Academy press.

Reissman, F.(1987). "Foreword" in Thomas J. Powell, *Self-Help Organizations and Professional practice*. Silver Spring, Md. : National Association of Social Workers.

Remington, M. & Tyrer, P.(1979). The social functioning schedule : A brief semi-structured interview. *Social Psychiatry, 14*, 151-157.

Reneshaw, J(1988). "Case in the Community : Individual are Planning and Case Management," *British Jounal of Social Work, 18 : 79-105*.

Reynolds, W. M. & Coats, K. I.(1986). A comparison of cognitive-behavioral therapy and relaxation training for the treatment of depression in adolescents. *Journal of Consulting and Clinical Psychology, 44*, 653-660.

Ripple, L., Alexander, E., & Polemis, B. W.(1964). Motivation, capacity, and opportunity : Studies in casework theory and practice. Chicago : School of Social Service Administration.

Roberts-DeGennaro, Maria(1987). "Developing Case Management as a Practice Model," Social Casework : *The Journal of Contemporary Social Work*, Oct.

Rockland, L. H.(1993). A review of supportive psychotherapy, 1986-1992. *Hospital and Community Psychiatry, 44*, 1053-1060.

Rothman, Jack(1991). "A Model of Case Management : Toward Empirically Based Practice," *Social Work 36*, No.6.

Rubin, A. & Babbie, E.(1993). *Research Methods for Social Work*. Belmont, Wadsworth Publishing Company.

Rubin, Allen(1987). "Case Management," in Encyclopedia of Social Work, Vol. 1, Silver Spring, M. D. : National Association of Social Workers, 212-222.

Ryan, C. & Butters, N.(1980) Further evidence for a continuum of impairment encompassing male alcoholic Korsakoff patients and chronic alcoholic men. *Alcoholism : Clinical and Experimental Research, 4*, 190-198.

Ryglewicz, H.(1989, July). Psychoeducaional work with families : Theme and variations. TIE-Lines, 6(3), 1-3.

Salem, D. A. et al.(1988). Community Treatment of the Mentally Ill : The Promise of Mutual-Help Organizations, *Social Work*.

Sands, R. G.(1984). Correlates of success and lack of success in deinstitutionalization. Community *Mental Health Journal, 20*, 223-235.

Satir, V.(1967). Conjoint Family therapy. Palo Alto, CA : science and Behavior Books.

Schonfeld, et al., (1987). *Alcohol abuse and the elderly : Comparison early & late-life onset*. Presented at the 95th annual convention of the American Psychological Association.

Schuckit, M. A.(1977). Geriatric alcoholism and drug abuse. Gerontologist, 17, 168-174.

Scott, J. E. & Dixon, L. B.(1995). Psychological interventions for schizophrenia. *Schizophrenia Bulletin, 21*, 621-620.

Segal, S. P. et al.(1995). Measuring Empowerment in Client-Run Self-Help Agencies. *Community Mental Health Journal, 31*.

Shainess, M.(1979). Vulnerability to violence : Masochism as process. *American Journal of Psychotherapy, 33*, 174-189.

Simpson, D. D., Joe, G. W., & Lehman, W. E. K.(1986). Addiction careers : Summary of studies based on the DARP 12-year follow up (National Institute on Drug Abuse Treatment Research Report, DHHS Publication No. ADM 86-1420). Washington, D. C. : U. S. Government Printing Office.

Smetana, J. G.(1989). Adolescents' and parents' reasoning about actual family conflicts. *Child Development, 60*, 1052-1067.

Soskis, D. A.(1970). A brief follow-up rating. *Comprehensive Psychiatry, 11(5)*, 445-449.

Stein, L. I. & Test, M. A.(1980). Alternative mental hospital treatment : I. Conceptual model, treatment program, and clinical evaluation. *Archives of General Psychiatry, 37*, 392-397.

Stein, Leonard I. and Test M. A.(eds.) (1985). "The Training in Community Living Model : A Decade of Experience," *New Direction for Mental Health Services, No.26*, San Francisco : Jossey-Bass.

Steinberg, J. L. & Cherek, D. R.(1989). Brief report : Menstrual cycle and cigarette smoking behavior. *Addictive Behaviors, 14*, 173-179.

Steinglass, G.(1981). "The impact of alcoholism on the family," *Journal of Studies on Alcoholism, 42*.

Straus, M. A.(1977). Wife beating : How common and Why?. *Victimology, 2*, 443-458.

Straus, M. A.(1991). *Children as witness to marital violence : A risk factors for life long problems among a nationally representative sample of American men and women*. Paper presented at the Ross Roundtable, Washington DC.

Stroul, Beth A.(1986). Models of Community Support Service : Approaches to Helpong Persons with Long-term Mantal Illness, Boston, Center for Psychiatric Rehabilitation.

Sunseri, A. J., Alberti, J. M., & Kent, N. O.(1983). Reading, demographic, social, and psychological factors related to pre-adolescent smoking and non-smoking behaviors and attitudes. *Journal of School Health, 53*, 257-263.

Szasz, T. S.(1960). The myth of mental illness. The American Psychologist, 15, 113-118.

Tarbox, A. R.(1983). Alcoholism, biofeedback and internal scanning. *Journal of Studies on Alcohol, 44*, 246-261.

Tarbox, A. R., Weigel, J. D., & Biggs, J. T.(1985). A cognitive typology of alcoholism : Implications for treatment outcome. *American Journal of Drug and Alcohol Abuse, 11*, 91-101.

Thornicroft, G.(1990). "Case Manager for the Mentally Ill, Social Psychiatry and Psychiatric," *Epidemiolgy, 25(3) : 141-143*.

Toseland, R. W. & Hacker, L.(1982). Self-Help Groups and Professional Involvement, Social Work.

Tradewell, C. & Vega, D. P.(1993). Treating spouse abuse. In Zastrow, C., Social Work with Groups. Chicago : Nelson Hall.

Tutty, L. M., Bidgood, B. A., & Rothery, M. A.(1993). Support groups for battered women : Research on their efficacy. *Journal of Family Violence, 8*, 325-343.

Van Dam-Baggen, R. and Kraaimaat, F.(1980). "A Group Social Skills Training Pro- gram with Psychiatric Patients : Outcome, Dropout Rate and Prediction", *Behavior Research and Therapy 34*.

Vaughan, K., Doyle, M., McConaghy, N., Blaszczynski, A., Fox, A., & Tarrier, N.(1992). The Sydney intervention trial : A controlled trial of relatives' counseling to reduce schizophrenic relapse. *Social Psychiatry and Psychiatric Epidemiology, 27*, 16-21.

Vaughn, C. E. & Leff, J. P.(1976). The influences of family and social factors on the course of psychiatric illness. *British Journal of Psychiatry, 129*, 125-137.

Voth, H.(1980). How to get your child off marijuana. Los Angeles : Patient Care Publications.

Walker, L. E.(1979). The battered woman. New York : Harper & Row.

Wallace, C. J. and Liberman, R. P.(1985). "Social Skills Training for Patients with Schizophrenia : A Controlled Clinical Trial", *Psychiatry Research, 15*.

Wallace, C. J.(1984). "Community and Interpersonal Functioning in the Course of Schizophrenic Disorders", *Schizophrenia Bulletin, 10*.

Wasylenki, D. A., Goering, P. M., Lemire, D., Lindsey, S. and Lancee, W.(1993). "The Hospital Outreach Program", *Hospital and Community Psychiaty 44(9)*, 848-853.

Weil, M.(1985). "Hisorical Origins and Recent Development," in M. Weil & J. Karls(eds.), *Case Management in Human Service Practice*, San Francisco : Jossey-Bass. 1-28.

Weissman, M. M., Parkel, E. S., Siegel, R. and Klerman, G. L.(1983). "The Social Role Performance of Depressed Woman, Comparisons with a Normal Group", *American Journal of Orthopsychiatry 41*.

Welesh Office Social Service Inspectorate(1990). *Community Care : Guidance on Assessment and Case Management*, Welsh Office.

Wiens, A. N. Menustik, C. E., Miller, S. I., & Schmitz, R. E.(1983). Medical-behavioral treatment of the older alcoholic patient. *American Journal of Drug and Alcohol Abuse, 9*, 461-475.

Williams, F. G, Warrick, L. H., J. B., and Netting, F. E.(1993). "Critical Factors for Successful Hospital-Based Case Management", *Health Case Management*, Winter, 63-70.

Williams, M. E.(1984). Alcohol and the elderly : an overview. *Alcohol Health Research World, 8*, 3-9.

Williams, M. E.(1995). The American geriatrics society's complete guide to aging and health. New York : Harmony Books.

Wilson, G. S.(1989). Clinical studies of infants and children exposed prenatally to heroin. *Annals of the New York Academy of Sciences, 562*, 183-194.

Wilson, J.(1981). The plight of the elderly alcoholic. *Geriatric Nursing, 2*, 114-118.

Wilson, S. K., Cameron, S., Jaffe, P., & Wolfe, D.(1989) Children exposed to wife abuse : Am intervention model. social case work. *The Journal of Contemporary Social Work, 70*, 180-184.

Wolfe, D. A. & Jaffe, P.(1991) Child abuse and family violence as determinants of child psychopathology. *Canadian Journal of Behavioral Science, 23*, 282-299.

Wright, L. S.(1982). Parental permission to date and its relationship to drug use and suicidal thoughts among adolescents. *Adolescent, 17*, 409-418.

Yalom, I. D.(1985). The theory and practice of group psychotherapy. New York : Basic Books.

Yegidis, B. L.(1992). Family violence : Contemporary research findings and practice issues. *Community Mental Health Journal, 28*, 519-530.

Yudofsky (Eds.). *The American Psychiatric Press textbook of psychiatry* (pp. 357-402). Washington, DC : American Psychiatric Press.

Zarit, S. H.(1980). *Aging and Mental Disorders*. New York : Free Press.

Zastrow, C.(1990). *Social Work with Groups*. Nelson Hall.

Zimberg, S.(1975). The elderly alcoholic. *Gerontologist, 14*, 221-224.

Zubin, J. & Spring, B.(1977). Vulnerability-a new view of schizophrenia. *Journal of Abnormal Psychology, 86*, 103-126.

저자 소개

이 영 실

[현재 약력]
사회복지박사〈Ph. D.〉, 사회복지전공
성결대학교 사회복지학부 정교수
성결대학교 사회복지대학원장
성결대학교 복지발전연구소 소장
성결대학교 일반대학원 사회복지학과 전공주임
성결다문화복지센터 운영위원장
청운가정폭력상담원교육훈련원장
한국임상사회사업학회/한국사회복지학회 이사
한국사회복지사협회교육·훈련위원 외 다수

[주요 경력]
안양시수리장애인종합사회복지관장(06.3.1~09. 2.28)
안양시 비산사회복지관 관장(03.3.1~05. 2.28)
제5회 사회복지사 국가고시출제위원(2007년)
한국사회복지사협회 자격관리 위원
한국사회복지(사업)대학협의회 이사
복지개혁 시민연합 사무처장
8585 가족·여성상담센터 사회복지팀장
미국 USC School of Social Work 객원교수
미국 California Bethany Bible College and Theological Seminary 객원교수
한국정신보건사회사업학회 학술분과위원장/대외협력위원장/학술편집위원장
한국정신사회재활협회 운영위원 및 학술이사
노동두 신경정신과 정신보건사회복지사
세브란스병원 정신보건사회복지사 외 다수

[주요 저서]
가족치료(양서원, 공동, 2010)
사회복지현장실습(창지사, 공동, 2010)
정신건강론(창지사, 공동2인, 2008)
사회복지실천기술론(와이드프로, 사회복지사1급, 2008)
지역사회복지론(신정, 공동/임상사회사업학회, 2008)
사회문제론(파란마음, 공동/임상사회사업학회, 2008)
사회복지개론(2002, 공동, 학지사)
정신보건시리즈(1권~4권; 양서원, 2000) 외 다수

이 윤 로

[현재 약력]
사회복지학 박사(Ph. D.), 미국 Uni. of Texas at Austin 사회복지전공
서울여자대학교 사회사업학과 정교
한국임상사회사업학회장
한국노인복지학회 편집이사
서울시공동모금회 배분분과위원
서울여자대학교 사회복지연구센터 소장 외 다수

[주요 경력]
제1회, 제2회 사회복지사 국가고시출제위원(2003년, 2004년)
2004년도 청소년상담사 국가고시 출제위원
서울시정개발연구원 위촉책임연구원(1995년 9월~1995년 12월)

[주요 저서]
지역사회복지론(신정, 공동/임상사회사업학회, 2008)
사회문제론(파란마음, 공동/임상사회사업학회, 2008)
정신건강론(창지사, 공동2인, 2008)
사회복지조사론 핵심 · 예상문제(창지사, 2005), 사회복지실천기술론(학지사, 2005)
사례로 배우는 사회복지실천(창지사(번역서), 공동5인, 2005)
집단사회사업의 실천과 평가(21세기사, 공동2인, 2004)
사회복지조사방법의 이해(학지사, 공동2인, 2004)
사회복지실천기술론(현학사(번역서), 공동8인, 2003)
치매노인과 사회복지 서비스(학지사, 2003), 의료사회사업론(학지사, 공동2인, 2001)
치매노인과 사회복지실천(학지사, 공동4인, 2000) 외 다수

강 윤 경

[현재 약력]
성결대학교 대학원 사회복지학과 박사과정
성결대학교 사회복지학부 겸임교수
성결대학교 복지발전연구소 팀장 및 연구원
성결대학교 복지발전연구소 (부설) 성결다문화복지센터 운영위원
한국임상사회사업학회 이사
성결대학교 사회복지학부, 교양학부 강사 한세대학교 외래강사

[주요 경력]
성결대 정신건강연구소 연구원
수리장애인복지관 프로그램 진행자 및 슈퍼바이저
대림대학 사회교육원, 안양과학대학 외래강사
8585 가족여성상담센터 사회복지팀장
안산시정신보건센터 정신보건사회복지사
아주대학교정신과학교실 보조연구원

[주요 저서]
가족치료(양서원, 공동, 2010)
사회복지현장실습(창지사, 공동, 2010)
EBS 사회복지사 1급 모의고사: 인간행동과 사회환경(공저3인, 2007. 9). 와이드프로
EBS 사회복지사 1급 모의고사: 사회복지조사론(공저3인, 2007. 9). 와이드프로